燕京创意文化产业学刊

YANJING　2014年卷（总第5卷）

CHUANGYI WENHUA CHANYE XUEKAN

包晓光　主　编

郭　嘉　副主编

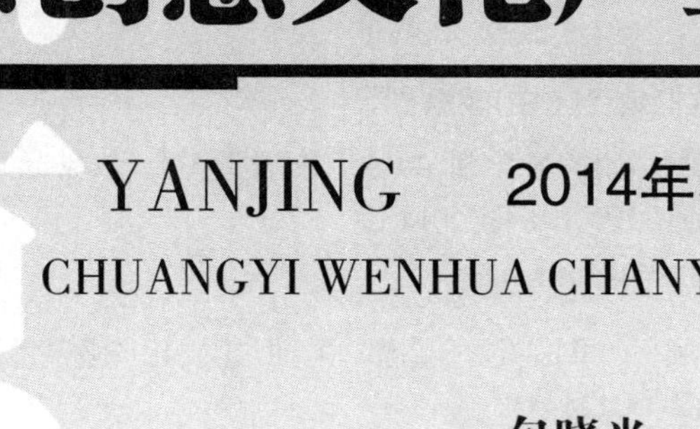

文物出版社

责任编辑：孙　霞
封面设计：王　超
责任印制：张道奇

图书在版编目（CIP）数据

燕京创意文化产业学刊. 2014年卷：总第5卷 / 包晓光，郭嘉主编.
—北京：文物出版社，2014.12

ISBN 978-7-5010-4206-7

Ⅰ.①燕…　Ⅱ.①包…②郭…　Ⅲ.①文化产业－北京市－丛刊　Ⅳ.①G124-55

中国版本图书馆CIP数据核字(2014)第310762号

燕京创意文化产业学刊

2014年卷（总第5卷）

包晓光　主　编

郭　嘉　副主编

*

文物出版社出版发行

（北京市东直门内北小街2号楼）

http://www.wenwu.com

E-mail:web@wenwu.com

北京市通州运河印刷厂印制

新　华　书　店　经　销

710×1000　1/16　印张：31

2014年12月第1版　2014年12月第1次印刷

ISBN 978-7-5010-4206-7　定价：68.00元

本卷学刊出版得到
首都师范大学研究生教育专项及文学院专项经费资助

目　录

营销传播

文化产业

教学改革

业界物语

创意孵化器

前　言

从宏观的历史角度来看，2012年或将成为中国当代社会发展的一个新的界标。因为在这一年，中国共产党召开了第十八次全国代表大会，实现了国家政治权力的交接和过渡。在两年的时间里，中国党和政府提出了一系列治国理政的新理念，并以强有力的措施推行这些理念，在很短的时间内，中国社会的政治、经济、文化和社会风气发生了显著变化，人们普遍地感受到这一点——一个似乎迥异于过去的时代开始了。

这是一个什么样的时代，它意味着什么，对我们的精神、文化和创意产业会带来哪些影响呢？这是文化教育工作者、文化创意产业人都很关心的问题。在此，我们不妨用媒体上正火的“习式热词”——“新常态”来稍微解读一下。

我们正在步入经济上的“新常态”。这个“新常态”意味着中国经济进入了一个中高速增长的时期。显而易见，我们的GDP将不会重现过去那样的高速，因为我们意识到，无论是我们的自然生态，还是我们的人文生态，都不能再承受那样的高速度了。“新常态”意味着经济发展速度在一段较长时间内维持在一个相对合理的区间。在此状态下，中国经济将逐渐下行至一个比较稳定的增长阶段。而要做到这一点，中国经济必须摒弃粗放的增长模式，完善市场结构，树立市场精神，优化产业结构，以创新驱动国民经济健康发展。

如果说现在的中国经济正在通过改革调控步入“新常态”，那么，过去的十年、二十年，中国的经济则是超常态。没有过去20年的高速增长，中国经济就不会有今天这样的规模和地位。所以，在我们反思过去经济发展的种种弊端的时候，不能不正视中国经济超常态发展的历史地位与成就。

按照马克思主义经典作家的观点，精神、文化是社会意识形态，虽然具有相对独立性，但是最终要受到社会经济基础的制约和决定，这种决定作用往往通过政治上层建筑来实现。从这个观点来审视过去的20年，可以说超常态的经济正与超常态的文化相适应。超常态的文化“超”在哪里呢？简言之就是我们以超常的胆量、力量、速度和规模对文化形态进行了变革，使之适应社会主义市场经济初级阶段的要求。到2012年，与这个阶段相适应的中国文化事业，可以说成就斐然，问题多多。

先说成就。首先，改革开放以来，中国在文化事业上的最大成就是以文化的变革与发展支持和捍卫了中国的改革开放。思想解放本身就是文化精神的变革，从这个意义上说，文化的革新是中国社会变革的先声，引领了中国改革开放的方向。所以，文化的开放与自由对中国的现代化建设来说具有决定性的意义。其次，文化上的成就斐然，还表现在伴随经济的高速增长，文化愈来愈能够满足人民群众日益增长的精神消费需求，考虑到中国的人口规模和巨大需求，能够做到这一点可以说是一项伟大成就。第三，文化体制改革和文化产业崛起是1992年以来、特别是新世纪以来，中国文化所取得的令人瞩目的成就。文化体制改革盘活了国有文化资产，实现了文化主体多元，激发了文化创造力，为文化精品的持续涌现创造了体制前提。文化产业崛起使知识、文艺、科技与经济进一步融为一体，创造了规模宏大的文化经济，为中国文化走出去创造了条件。这些成就的取得，有赖于中国经济的高度增长，打上了经济急剧扩张的烙印。

再说问题。这个时期文化方面的最大问题，是价值观的错乱和信仰的低迷。低俗、奢靡之风渐成流行，社会风尚被拜金主义、权力崇拜所左右。官商勾结、权力寻租酿成的腐败文化侵蚀、伤害了民族精神。即使是在当下，我们仍然不难感受到拜金主义与权力崇拜的交互运作对人们的巨大影响。不要以为只有政府才有权力，实际上那些掌握了巨大财富、能主宰和支配市场的少数人同样拥有巨大的权力。即便是在2012年以后，社会风气有所改良的背景下，文化风尚仍然可以受到金钱、高科技、商业权力的摆布。特别是以互联网、智能手机为代表的高科技力量，使得商业权力对文化风尚的操控变得更加容易。所以，我们对“权力”的理解不能仅仅限于对政府行政权力的感受，其实，新旧媒介、文化资本、高新科技、流行文化、大型企业都有其权力形态，而且，有些权力很难像政府的行政权力那样可以通过政治体制改革装进制度的笼子，资本的权力有时真的很“任性”，它可以让你完全感受不到被它所左右。2012年之前的十年、二十年，我们充分体验了充斥于电视文化、网络文化之中的资本的种种“任性”，这些“任性”之举与中国社会流行风气的低俗、奢靡和娱乐主义息息相关。

“新常态”被表述为经济上的变化，实际上它带给政治、文化和社会生活的影响是显而易见的。因此，倒不如说“新常态”是中国整个社会的“新常态”。“新常态”是对过去“超常态”的继承和扬弃，是反思与调整，是制度文化、观念文化的进一步完善。在此状态之下，文化创意产业理所当然也应该回归“新常态”，这也许意味着文化经济要挤掉更多的“泡沫”和“忽悠”，要更加遵守市场游戏规则，文化创意产业的生产和经营要更多地考虑到社会效益和文化价值，要更加尊重创意个体的权力、智慧和力量。

中国是一个文化大国，拥有丰富的文化资源、巨大的文化市场、旺盛的文化需求、多种多样的的文化生产、海量的文化商品。在这样的国家发展文化创意产业，可以说占尽天时地利人和。我们有理由期待中国文化的“新常态”风清气正，但无论如何也不能设想中国的文化生产千部一腔、千人一面，都是清一色的高雅或低俗。健康、常态的中国文化理应自由、多元、丰富多彩，能够充分体现人民的首创精神并能够满足人民的精神需要。

本卷学刊是在“新常态”之下出版的，内容方面充分体现了编者对社会生活和文创业态的密切关注。我们衷心希望本卷学刊不仅能够融入“新常态”，而且能够成为“新常态”的文化先声。

编者

2014年11月11日

卷首特稿

“小时代”的症候观察：2013年三案看中国文化

肖　鹰

摘要： 在乡村城市化、城市国际化的背景下，当代中国的文化生存正在经历百年以来最深刻的“革命”。中国的传统价值核心——个人归属于社会，已经被自我中心化的“个人化”所替代。这种“个人化”对社会伦理基础产生了严重挑战，它反映在文艺活动中，则是反伦理规制的价值虚空化，从而使文艺生活的“不道德”乱象丛生。本文通过分析2013年中国文化界发生的三件重要事件，再次指出中国社会面临的一个基本伦理问题（文化价值核心）是在个人化社会怎样重建社会的“公共伦理”。

关键词： 小时代　个人化　消费主义　娱乐至上　公共伦理

在乡村城市化、城市国际化的背景下，当代中国的文化生存正在经历百年以来最深刻的“革命”。对传统价值体系与传统生活的“革命”正在以显性和隐性两个层面进行。我们看到，“复兴传统”的旗帜举得越高，“传统文化”越有市场，对“传统”的“革命”就越热烈和深入。

中国的传统价值核心，是以小我归属于大我——个人归属于社会。这种核心价值，已经遭遇了现实严重撕裂，取而代之的自我中心化的“个人化”。这种“个人化”对社会伦理基础产生了严重挑战，它反映在文艺活动中，则是反伦理规制的价值虚空化，从而使文艺生活的“不道德”乱象丛生。

实质上在当代社会生活中，是只有“个人”而没有“公共”的伦理在操作。因此，中国社会面临的一个基本伦理问题（文化价值核心）是在个人化社会怎样重建社会的“公共伦理”。

一　从建筑到文化的“拆迁时代”：“小时代”的大背景

伴随着中国改革开放的延展，中国社会进入了高速的城市化转型。根据中国国家统计局资料：2000年，中国的城市化率为36%。2012年10月31日，最新报告显示，2011年的中国内地城市化率首次突破50%，达到了51.3%。值得注意的是，中国不仅是世界上人口最多的国家，而且也是世界上城市人口最多的国家。

乡村的城市化和城市的高速扩张，是近20年来中国社会发展最普遍的景象。开发、拆迁、重建和扩展，是中国正在进行的“城乡一体化”的关键词。高速公路和高速铁路的建设，使乡村与都市的距离在快速缩短，使普通中国人的旅行变成生活常态，更使乡下人与城里人的生活在日益趋同，甚至同质化。可以说，中国社会正在经历前所未有的“迁移”运动，农民向城市迁移，低级城市居民向高级城市迁移，西部居民向东部迁移，北京、上海和广州，则成为最具诱惑力的“一线城市”。当然，更有能力和条件的中国人，首选的是跨国移民。从乡村到都市，从国内到国外，也许，中国正在进行历史上从来未有的移民潮。

在传统中国社会，民众具有非常强烈的乡土观念，“离乡背井”，是一个人遭遇命运打击，被迫而行的生活；而“落叶归根”，即以死于故土为人生的理想归宿。这种乡土观念，不仅因为中国的传统社会长期是以农业为主体的乡土社会，而且因为中国传统的精神导师孔子把忠于故土，作为一个最重要的道德品质“孝”的基本原则之一。他说：“父母在，不远游，游必有方。”（《论语》）当代中国人，为了谋求更好的生活环境和职业机会，主动遗弃乡土，远走异国他乡，显然是违背孔子确立的伦理精神的。

在这里，我们需要提出一个问题，为什么具有深厚的乡土精神传统的中国人，会如此轻易地抛弃了他们祖先的传统精神，而主动进入一种普遍迁移的“现代化进程”？为什么“都市”如此容易地取代了“乡土”成为他们生存的精神目标？

回答中国人生存精神的转变，我们无疑应当首先考虑到将中国社会转型为城市化的“现代化社会”，是一个当代中国政府决定并执行的“强国政策”。所以，拆迁和移民，很大程度上是“政府行为”的产物。但是，我们也应当看到，当代中国人的精神，自20世纪以来，经历了近百年的“社会革命"，这个"世纪革命"对于普通中国人的深刻影响，就是被割断了他们与中国文化的历史传统的联系。换句话说，在缺少传统精神资源的意义上，当代中国人的精神是"无根"，正是这种精神无根性，使他们可以没有精神负担地进入迁移性的生活状态。

但是，中国人过去30年以来，日常生活受到文化开放的影响，现代西方的图书、影视逐渐做到了同步传入中国，特别是由于电脑、网络在中国的快速普及，新的媒体技术为中国人，尤其是年轻人提供了无距离地接受全球咨询的技术条件。中国青年是世界上最大的网络使用群体，博客和微博的发展，使他们"地球村"的自媒体公民。他们不仅从网络获得日常信息，而且也作为信息发布者，参与网络世界的构成。

网络信息交流的互动性、自主性和全球超速度传播的技术力量，构成了既有别于现实、又有别于主流媒体的"第三世界"。尽管中国政府对网络仍然实施严格监控，但是网络的技术特性，尤其是微博的及时效应，为中国青年的"自主表达"和"自由交流"提供了"非常空间"，在这个空间中，引导舆论的是各种网络明星和意见领袖。由于主流媒体是接受着严格的意识形态监控的，因此，中国的网络世界，成为政治、经济、娱乐超载的媒体，在其中，各种力量博弈。

网络改变了中国人受教育的方向，在种种似是而非的"自由经验"下，"虚拟成真"的体验将新一代中国人纳入"一切都是可能"的幻觉中，而且"娱乐就是权利"的病毒化发展。这种新的媒体环境，带给普通中国人一种广泛的"非真实感"和"非稳定性"。网络化生活，强化了社会变化的不确定性，使中国人对传统的乡土观念，更加隔阂，更愿意在一种"迁移"的状态中寻找到精神安慰。

中国历史学家钱穆说："在中国的文化传统下，道德观念一向很看重。它要负修身、齐家、治国、平天下一番大责任，它要讲忠孝、仁义、廉耻、节操一番大道理。这好像一条条的绳子，把每人缚得紧紧，转身不得似的……中国人生可说是道德的人生。"（《中国文化史导论》）这种以道德为本位的文化传统，强调教化和学习，强调将自然人培养为君子、甚至圣贤。而且学习是终生的人身修养，即孔子所谓"学而时习之"。

但是，在革命割断个体与传统精神的联系之后，广泛的社会迁移和新信息技术的普及，特别是信息技术与娱乐技术的一体化，在当代中国青年的文化生活中，出现的新趋向是娱乐压倒学习，自我表现压倒社会教化。因此，在最近10年来，产生重大影响的明星人物，都是“非官方”、“非主流”的“另类人物”：如超女李宇春所代表的选秀节目明星，替代了传统的演艺明星；如网络偶像芙蓉姐姐、凤姐等。网络娱乐，表现出种对道德本位和传统审美的颠覆力量，它针对教化，主张娱乐，而且是颠覆性的、亵渎性的。“娱乐，而且非道德化”，是当代为标榜为“草根文化”的“时尚精神”。“向时尚学习”，则被网络推动为“新趣味”。

二　“小时代”的个人精神：物质崇拜和消费主义

根据麦肯锡全球研究所(McKinsey Global Institute)的数据，目前在中国国内生产总值(GDP)中，私人消费仅占37%，而美国在全球金融危机爆发前，私人消费占到71%。这个消费指数，显示中国人似乎还有钱不敢花。然而，事实并不是这样的。

“在一则面向中国市场的迷人广告中，台湾超级名模林志玲坐着一辆奔驰GLK时尚型汽车，前往农村贫困地区送书。这则广告抓住了中国的一个鲜明特点：一面是都市的繁华，一面则是普遍存在的贫困。但广告也体现出，作为全球最大出口国的中国，正开始成为一个消费大国。”①在林志玲的帮助下，今年一季度，德国汽车公司梅赛德斯(Mercedes)在华汽车销量同比增长一倍以上。

在中国传统文化精神中，“节俭”是一种被普遍要求的美德，“勤俭持家”，被认为是保持家族持续繁衍和兴隆的必要条件。俭朴的生活方式，是和勤劳朴实的精神品格相联系的。在1949年中华人民共和国建立以来，毛泽东领导的近30年中，“节约”也是被要求的一种基本品格。毛泽东曾告诫人民：“贪污和浪费是极大的犯罪。”毛泽东树立的青年榜样雷锋，有两个重要的品质，一个是“助人为乐”，另一个就是“艰苦朴素”。

在2010年，时任中国国家副主席习近平曾表示，中国“必须主要依靠国内市场来推动经济发展，必须重视内需，尤其是消费需求”。习近平的讲话传达的是一个鼓励消费的国家政策，是“拉动内需，刺激经济”。鼓励消费的经济政策，引来的是青年一代的生活观念的变化。他们把接受广告和影视的影响，把享乐和消费作为自我人生价值的重要标志，时尚化，把追求名

① 凯文·布朗：《中国开始成为消费大国》，FT中文网，2010年05月14日。

牌和奢侈品定义为青春梦想。消费被理解为自由权力，而炫富被广泛推崇。

“中国人或许不拥有参与政治的自由。但自从1979年改革开放、特别是2000年加入世界贸易组织(WTO)以来，执政的共产党赋予了国民一项自由——那就是消费的自由。”①

1983年出生的作家郭敬明，在2008年被《纽约时报》介绍为当代中国最成功的“流行作家”。郭敬明在中国被作为两个是具影响力的“80后作家”之一（另一位是韩寒）。他的作品被题标签为“青春文学”。在他写于2000年初期的小说中，他主要抒写中学生的孤独、忧伤和爱恋故事；但在近期的以《小时代》为总名称的三部小说中，他写作的是一群青年男女追求名牌、过着奢侈生活的“小时代”。

郭敬明做编辑、导演，以这套小说拍摄的同名电影《小时代》，以粗劣的电影制作极度展示剧中人物的奢侈生活，不仅引起了中国主流媒体的严厉批评，也引起了美国的老牌杂志《大西洋月刊》的批评。“这部电影完全以无耻炫耀财富、帅气和男性权力等所谓‘女人渴望之物’，绑架并且愚弄我们。”②

但是，小说与同名电影《小时代》，在中国的青年学生中都获得了巨大的市场。电影成为中国今年最畅销的电影，以2000万人民币的投资，获得了5亿人民币的票房。许多观看这部电影的青年学生明确宣布，他们喜欢这部电影，就是因为喜欢电影中的帅气富有的男生形象。而郭敬明面对主流媒体的批评，坚持表示，他展示现的是当下中国都市生活的真实，是当代中国青年的青春梦想，他在一个电视节目代表当代青年宣称：“我的青春你不懂。”

中国哲学家梁漱溟认为，中国是伦理本位的社会，“伦理始于家庭，而不止于家庭”，而是从家庭伦理而扩展为“天下一家”、“四海兄弟”的伦理关系。孟子说：“亲亲而仁民，仁民而爱物。”（《孟子·尽心上》）在这个以家庭为基点的伦理本位社会中，中国人的种种观念是以两大精神为中心的：一则“向上之心强”——亦称“人生向上”；又一则“相与之情厚”——亦称“伦理情谊”。他认为这两大精神在中国传统社会中，造成了对个体的严重压抑。“中国文化最大之偏失，就在个人永不被发现这一点上。一个人简

---

① 马利德《中国的消费自由》，FT中文网，2010年09月07日

② We were caught completely off guard, stupefied by the film's unabashed flaunting of wealth, glamor, and male power passed off as "what women want." Its vulgar and utter lack of self-awareness is astonishing, but perhaps not too surprising. YING ZHU AND FRANCES HISGEN, The Atlantic, JUL 16 2013.

直没有站在自己立场说话的机会，多少感情要求被压抑，被抹杀。”（《中国文化要义》）。

郭敬明用“少时代”反对主流意识形态的“大时代”。“大时代”的理想是国家整体的、精神向上的；“小时代”的理想则是个人自我的、物质享乐的。郭敬明作品的“畅销”，在文学和电影上都乏善可陈，但是，他的确在这个意义上表达了当代中国的现实：青年一代精神上的个人化，这种个人化突出的表现在“我消费，我存在”，尽管这种“消费”因为经济能力的限制，更大程度上表现在对郭敬明式的拜金主义和物质主义的小说、电影形象的追求和迷恋中。

三　有票房，无品质：娱乐至上的艺术空心化

据媒体报道，2013年金球奖提名，“最佳外语片方面，华语电影《一九四二》《太极侠》《一代宗师》《大明劫》均铩羽而归”。

21世纪以来的中国电影（不只于电影！）的发展主旨奉行用“国际大奖”撑腰，惟国内票房至上的“硬道理”。10余年下来，中国电影的票房英雄出了不少，国际大奖也拿了不少，“票房奇迹”逐年刷新，但是，国产电影的品质日益沉沦：电影题材日益萎缩于旧朝宫闱的权争色奸，电影表演不出于鸡鸣狗盗、血腥与窥淫，仿佛是导演们不得不出手的护命法器。

中国一线导演的高招，就是用“国际大奖”忽悠国内票房，用国内票房忽悠国际大奖，在国内票房和国际大奖之间玩“驴打滚”，只要炒作，不容批评。在这种电影环境中，我们可以寄希望中国电影的真正创新而不是面对数年来的“有票房，没品质”的艺术败落之景吗?

2013年，搏10余年之力，对“奥斯卡”志在必夺的“电影国师”张艺谋的《金陵十三钗》，不仅在奥斯卡奖角逐中全面败落（申报十三项奖，无一入围），而且招致美国舆论一片“人道与艺术”的斥责。研究张氏导演路数，就可预知这场“惨败”是其必归之路。

持续市场看好，以娱乐挣票房的一线导演冯小刚，近年转型悲剧正片，做出“不要票房要艺术”的姿态。但看过他的《夜宴》、《集结号》和《唐山大地震》之后，你就会发现“娱乐精神”已经在这位“市场型电影导演”的骨子里定了格，他怎么拍，都是“逗你玩儿”。因此，他的号称“悲剧史诗”的《一九四二》在观众的心目中，既唤不出“史”，也感不到“悲”，是

可想而知的。《一九四二》落败在金球奖提名前，是绝无意外的。

王家卫的《一代宗师》，风风火火，从赵本山的"名徒"小沈阳被央视春晚捧红的第一夜开始，就以特邀这"二人秀"的师徒两人加盟，火炒劲爆。王家卫是拍出一些颇有口碑的电影的实力派华语导演，他竟然要仰仗小沈阳作秀挣票房，这真令人大跌眼镜。片子出来后，很勉强地看了（在网上看的，因为没有期待），真不出所料，《一代宗师》是一部"赵本山－小沈阳化"的"演员秀"——没有细致的情理，只有精致的镜头，它的成就则只是章子怡荣封"金马影后"。此片被拒金球奖门外，王家卫应当自认不冤。实际上，如王家卫这样资深的港上优秀电影导演都沾染了大陆当下电影的"败风"，可见中国电影的"败风"之盛。

我对今年中国电影"集体铩羽金球奖"唱赞歌，大概是要被不少的"电影卫国者"骂汉奸的，轻者也要治以"崇洋媚外"的罪。其实，我并不以为"金球奖"甚至"奥斯卡奖"就是至真至高的电影水准，只是多年来，中国电影在品质沉沦中一味以"国际大奖"撑腰，如果"国际大奖"继续为品质败落的中国电影撑腰，我们是不能寄希望中国电影的触底反弹的——它只会更低，不能最低。这不，2013年的中国观众除了看"让你笑到死"的《泰囧》，就只能看郭敬明的拉长版的MTV电影《小时代》了。

1927年，鲁迅先生致友人信中说："我觉得中国实在还没有可得诺贝尔赏金的人，瑞典最好是不要理我们，谁也不给。倘因为黄色脸皮人，格外优待从宽，反足以长中国人的虚荣心，以为真可与别国大作家比肩了，结果将很坏。"在近30年的焦虑渴望之后，2012年，中国的一位作家终于得挣得了这个"全球含金量高"的"国际文学大奖"。但是，从圈内圈外对这位作家的闹剧般地追捧（而且只许追捧，不准说不！）来看，中国文学更糟糕而不是更好的日子到来了！鲁迅先生80余年前的警告，在今天变成了谶言。

如果我们真看重"国际大奖"，将之作为衡量中国电影水平的标准，并且以此促进中国电影的内涵发展，扭转品质下滑的"败势"，那么，我们要说，中国电影还是少获国际大奖好。否则，以现在的劣质去挣了大奖回来，不仅忽悠国内观众的票子，而且也让导演们自我忽悠，结果当然是惯性加速沉沦！

从1987年张艺谋的《红高粱》获柏林电影节金熊奖以来，"走向世界"的中国电影曾与国际电影大奖有过一段时间的蜜月期。但是，近年以来，中国电影开始与重大国际电影奖渐行渐远。原因何在？从国际电影来看，张艺谋式的“中国传奇”已经看厌了，然而，中国电影导演们还是走不出“张艺谋的高粱地”；从中国电影自身来看，“要票房，不要艺术”，结果是“有票房，没品质”。

未来的中国电影如何行走？张艺谋、冯小刚辈“斯人已老”，真的无可期望了！我们所可能期望的，最早也是现在的在校青年学业完成以后。张艺谋、冯小刚们都是在中国“文革”反文化、反教育的反智主义时代中成长起来的，无论心智还是情怀，他们属于“教育撂荒”的一代——真正的天才和大师可以超越时代和引领时代，但张艺谋、冯小刚辈不是，相反，他们只是时代的宠儿。十年树木，百年树人，中国电影的中兴，不要20年，也需要再等待十年。

四　有艺无德：明星的娱乐生存错位

12月15日中广协发布的《中国广播电视协会电视文艺工作委员会自律维权声明与倡议》一纸公文，将10月20日相声艺人郭德纲公开发表打油诗侮辱19日病逝的北京台王晓东事件，再度推上舆论焦点。

在这个应北京台致函“请求中国广播电视协会电视文艺工作委员会强烈谴责郭德纲侮辱逝者行为”而做出的《声明与倡议》中，中广协向全国电视工作者呼吁：“该人（郭德纲）侮辱逝者的言行，是对生命的放肆践踏，对人性、良知的无视，对道义的颠覆。我们大众有权力放弃对他的关注，有权力撤销对他的‘封号’，莫让今天的王晓东先生之车，变成为千千万万个电视传媒人之辙。”

“逝者为大”，尊重逝者，是尊重生命，尊重生者——这是人性底线。中广协对郭德纲公开“侮辱逝者”做出严厉谴责，是正当负责的行业规制。但是，值得注意的是，在《声明与倡议》中，中广协还对身为“公众人物”、拥有“名人”身价的郭德纲做了如此鉴定，“一个为沽名钓誉而哗众取宠、幸灾乐祸，其做人的底线已彻底被抛弃”的人。这就令业外公众质疑了：一个如此缺德无节的“艺人”，为什么能够在今日中国文艺界被推上如此张狂无忌、连堂堂北京台都对他无奈的“上位”？

在这个致“全国各级电视台、各文化传媒机构及行业从业人员”的《声明与倡议》中，在强烈谴责并暗语号召抵制不良艺人郭德纲的同时，中广协并没有向它的会员单位和个人倡议反思：郭德纲“有今天”，相关的电视从业人员是否也有一份责任或"功劳?"中广协警告旗下四百家电视台的从业人员"莫让今天的王晓东先生之车，变成为千千万万个电视传媒人之辙。"那么，王晓东先生之于郭德纲，"前车之辙"是什么呢?既然倡导"自律"，为了避免重踏前车之辙，中广协难道不应当提议它声称代表的"千千万万个电视传媒人"自我反思吗?

针对郭德纲打油诗侮辱新逝的王晓东台长，北京台多位员工在媒体上发表了一致对郭德纲的强烈愤慨和对王晓东先生的拥戴。综合这些员工的个人微博和媒体报道，他们一致表示：王晓东先生是一位忠诚尽职（"一个为其事业燃尽最后一点热"——中广协语）的电视台领导者，而且正是因为他的卓越胆识和利用北京台这个平台全力扶持，使落败无归的草根艺人郭德纲有了"明星艺人"的"今天"；郭德纲则以一己私怨，在王晓东先生逝后恩将仇报。在北京台员工的公开言论中，节目主持人乌晔纬的一则微博令人特别关注。该微博说："你（郭德纲）忘了2003参加北京相声小品邀请赛时，排名倒数第一，你求给你一个奖时的孙子样；你忘了你多次托人邀请王台长吃饭的可怜样；你忘了跪求北京台领导原谅你的德行样；你忘了你痛哭流涕要和王台长讲和时的丑态……"（2013－11－20）

这则微博已经被乌晔纬先生删除，但是，它透露的信息是不能在公众当中消除的，舆论的是非评说很多。这一点是不容置疑的：乌晔纬这则微博将王晓东与郭德纲的关系，讲述为东郭先生与中山狼的关系。撇开具体事实陈述不谈，对于郭德纲的人格评价，乌晔纬的说法是与中广协的"定性"是一致的。从公开信息可见，乌晔纬先生对郭德纲的评价在北京台是有"普遍代表性"的。既然如此，北京台的各位人士，在表示对"中山狼"恩将仇报的正义愤慨的同时，是否也应当作为王晓东先生的未亡同仁，为自己，也为王晓东先生反思一下：从小都受到"警惕中山狼"的教育，为什么王晓东先生（乃至北京台）还是重演了东郭先生的悲剧?中广协言而不明的"王晓东先生之车"，是否就是做了东郭先生那只在赵简子眼下庇护中山狼的布袋?

北京台同仁痛失敬爱台长，更加蒙受大惠于斯的郭德纲对逝者缺德侮辱，真是悲愤交加，亡者已逝，生者何堪?因此，现在表现出用情于事，是可以体谅的。但是，北京台作为一个官办公共电视台，面对郭德纲这种"对人性、良知的无视，对道义的颠覆"的缺德艺人，更应当理性规范行事。关键之关键，反思而自律，不做失智的东郭先生，若此，贵台就不会再为"中山狼"做养患之窝，王晓东先生亡灵亦可安息。

推而广之，中广协在以人道正义的名义为旗下人员撑腰的同时，也应当致力通过理性引导，在电视行业自上而下、身体力行，倡行“行业自律”。如果中广协400家电台多数能够“自律”，“中山狼”不仅无藏身之地，更无声息之所，何须竭力号召“封杀”？在当今中国电视界，享有“名人”资本、“为沽名钓誉而哗众取宠、幸灾乐祸，其做人的底线已彻底被抛弃”的“公众人物”，非郭德纲一个，而是频频爆出。原因何在？就是追求效益最大化的电视台上下缺少“自律”。进一步言之，“明星们”的无德，很大程度是电视台的“无律”给捧出来的。

郭德纲公开羞辱死者事件，也许是一个孤案。但是，在这个娱乐至死的时代，作为公众人物，明星失道行为却是一再出现，而且势头有增无减。究其原因，一方面是，在这个强调经济效益至上的社会发展环境中，我们的文化行业、娱乐文化市场只要效益不要品德，所谓票房才是硬道理，明星反而绯闻越多、骂声越多越出名。这使得一些明星放弃自我道德约束、不再注重道德修养的提升，并且错误地认为越是这样越有市场。这就是说，“明星失德”现象的加剧，是整个社会的伦理体系、伦理价值被虚空化的产物。另一方面，在当下中国一味追求“效益”，片面强调“个人”的文化环境中，社会对明星缺少相应的规制。在西方自由的文化市场当中，如果明星缺少应有的道德品质，会遭到公众的抵制和行业的限制。但现在我们的社会一再给一些有艺无德的明星过多的宽容，在道德层面未建立一种有效的约束机制。

值得注意的是，以人道正义呼吁谴责和抵制郭德纲的北京台和中广协，并没有获得应有的公众和舆论支持。相反，现在北京台和中广协的做法，被不少舆论指责，是举“自律”之幌，做“封杀”之活，“用公权封杀民艺”。这就是说，这两大机构的做法，在伦理上是把“犯主”搞成了“苦主”，招公众诽怨，致使舆论是非颠倒，势在必然。

为什么会产生这样的逆转？这在一定程度上可归结为当今中国社会普遍“缺失公信力”。但是，更进一步我们会看到，这个事件中的“舆论逆转”，实质上是在当代社会生活中，是只有“个人”而没有“公共”的伦理在操作。因此，中国社会面临的一个基本伦理问题（文化价值核心）是在个人化社会怎样重建社会的“公共伦理”。

（肖　鹰：清华大学哲学系教授，博士生导师）

媒介研究

媒体从业者的职业尊严与行为底线

王　军

摘要： 传媒业接连发生《新快报》记者陈永洲涉嫌侵害商业信誉案，央视二套总监郭振玺涉嫌受贿案，21世纪网涉嫌新闻敲诈案，震惊国内外。原本被世人奉为“社会良心”的媒体，从个体见利忘义搞“有偿新闻”、“受贿无闻”到集体有组织的新闻敲诈，损害的不仅是公众的知情权，更令新闻从业者丧失职业尊严、直接威胁到媒体行业的权威性和公信力，一旦形成“塔西佗陷阱”即当媒体失去公信力时，无论说真话还是假话，做好事还是坏事，都会被认为是说假话、做坏事。对整个新闻事业将是致命地打击。

关键词： 新闻敲诈　职业尊严　行业权威　公信力　新闻专业主义

2013年10月《新快报》记者陈永洲发表10余篇有关中联重科“利润虚增”、“利益输送”、“畸形营销”等一系列批评性报道，涉嫌损害商业信誉被刑事拘留；2014年7月央视二套总监郭振玺左手靠“3·15晚会”打压企业、右手靠“年度经济人物”拉拢企业，形成独特红黑敛财术，8年敛财22亿元，平均一年捞了2.5亿元，涉嫌受贿，被检察机关立案侦查并采取强制措施。随后，央视多人被查，惊爆业内。9月，上海警方侦破一起重大新闻敲诈案，21世纪网与公关公司联手，以上市公司、IPO企业为“目标”，对愿意“合作”的企业收取高额费用，通过夸大正面事实或掩盖负面问题进行“正面报道”；对不合作的企业，发布负面报道，以此要挟企业破财消灾投放广告或签订合作协议。此种“拜山头”征收“媒体保护费”的做法震惊国内外，也使新闻行业蒙羞，引发舆论热潮。

改革开放以来，西方拜金主义和利己主义作祟，多种价值取向并存，中国的传统文化以及社会道德体系在逐利思潮中逐渐丧失，导致社会道德水准和国民素质的整体下降，唯利是图、见利忘义，各种不良社会现象层出不穷。市场化过程中分配不均、官员贪污腐败、生活作风腐化，导致“仇官”、“仇富”的对立情绪弥漫，社会各种矛盾交织，治安恶化，社会舆情就像一堆“干柴”，一个火苗就可能引起熊熊大火。社会有病，媒体难免。从“有偿新闻”到“有偿沉默”；从“媒介寻租”到“新闻腐败”；从个体见利忘义，到有组织的新闻敲诈，甚至成为一种经营模式，并衍生出一条畸形的产业链[①]。“新闻敲诈”现象源自于报刊的逐利动机，马克思称之为“非常卑鄙可耻以致不敢公开说出的隐秘动机”[②]。个别媒体及其从业者将职业道德、媒体伦理、社会责任抛于脑后，突破法律底线，带来的是对全体媒体从业者职业尊严的玷污，对整个媒体行业权威性的损害，对新闻事业整体公信力的摧毁。

一 反思媒体用人机制

现在不少市场化媒体的大量记者、编辑属没有编制的临时工。他们底薪极低，没有职称，没有“三保一金”，收入差不多完全与绩效挂钩，多劳多得，很多人甚至连劳动合同都没签。不少媒体还实行“末位淘汰制”，一年半载甚至三个月排一次位次，不管你多努力，只要排在后面几位，只有卷铺盖走人。这种完全市场化的用人机制是媒体为适应残酷的市场竞争设置的，好处是可以最大限度地激发人的积极性和创造力，逼着记者编辑做出好搞好栏目，从而扩大社会影响力，争取最大份额的广告收入。但其缺陷也是显而易见的：在朝不保夕的生存压力下，媒体从业者一方面急功近利，赶着出成绩、出名气，把本来很崇高很严肃的新闻工作仅仅当做一项赚钱的营生，缺乏对新闻事业应有的敬畏；另一方面，“新闻民工”的身份也使他们缺乏对本单位的归属感和责任心，主动维护其名誉的意识淡薄[③]。2003年3月到4月的一项调查结果，让人能够感知到“新闻民工”对于职业生涯、生存状况的

---

① 王 丹：《西方民主制度的三个“基因缺陷”》，《光明日报》，2014年9月20日。

② 陈力丹、王娟：《马克思论新闻敲诈》，《新闻前哨》，2014年第4期。

③ 黄林斌：《从“纸馅包子”事件反思媒体用人机制》，《今日中国论坛》，2007年第9期。

一丝苦涩：60.3%的新闻从业人员未与所在单位签订劳动合同，61.4%没有办理社会保险关系，此外，还存在拖欠工资、奖金等情况①。2014年另一项调查显示：以女性为主的网络新闻从业者呈年轻化、高学历特征，他们对目前的工作最不满意的地方是薪酬福利，愿意将网络新闻工作作为终身职业的人只占少数，大多数人考虑在5年之后离开，或是处于待定状态②。还有一项由复旦大学周葆华完成发布的“中国调查记者的社会关系网研究”也显示：由于生存状态的不理想，有40%的调查记者“不打算继续”从事调查性报道。在这种背景下，出现“有偿新闻”、“有偿沉默”的事情也就不足为奇，但新闻敲诈是逾越法律底线的行为，要承担相应的责任。因此，市场化媒体要舍得下本钱善待从业人员，通过提高薪酬和购买商业保险来解除他们的后顾之忧，给予适当的压力但不使之压力太大，加强职业培训，引导他们把新闻当做一项崇高的事业来做，培养他们对本媒体的归属感，从而使之愿意积极维护本单位的声誉并将之与自己的发展联系起来。2014年9月23日国家版权局在其官网公布了“关于《使用文字作品支付办法（修订征求意见稿）》公开征求意见的通知”，其中规定原创作品基本稿酬千字最少为100元，翻译为每千字80~300元。此前的标准是1999年颁布的，为原创作品每千字稿酬30~100元，翻译每千字20~80元。提高稿酬是对文字工作者劳动的尊重。人才决定事业的兴旺和发展，要用事业、待遇和感情把人才留下来。

二 媒体从业者职业尊严何来？

尊严，意为尊贵庄严，尊严不仅是个人价值的象征，更是民族、国家的立身之本。职业尊严，是指一个职业的身份、地位、人格、价值观、奋斗精神在社会中受到广泛尊重，是媒体从业者幸福感、成就感、自豪感的基础和选择此职业的根源。新闻从业者的职业尊严来自于：

（一）来自于勇于捍卫公平正义

新闻传媒在西方被誉为“社会的良心”，在中国是党和政府的“喉舌”，

---

① 中国社会保障杂志社同中华传媒网对电视、平面（报纸和杂志）、广播、互联网等四类媒体的相关从业人员，以及出版社、广告公司的部分岗位人员共600人进行有关社会保障状况的网络调查，有效问卷522。

② 张志安等：《中国新闻业年度观察报告2014》，2014年9月13日中山大学首发。

是每一个公民对于这个社会和国家的最根本的信心来源，也是新闻事业公信力的基础。媒体是社会的守望者，是维护社会公平正义的一道防线。媒体从业者只有勇于捍卫事实与真相，不昧着自己的良心，不搞“有偿沉默”，敢于说真话，揭真相，敢为天下先，走在时代的前头，正如普利策的名言：“倘若一个国家是一条航行在大海上的船，新闻记者就是船头的瞭望者。他要在一望无际的海面上观察一切，审视海上的不测风云和浅滩暗礁，及时发出警告……”财经类媒体，如果置股民知情权于不顾，打着舆论监督的幌子，行骗钱敛财之术，放弃监督那些有问题的上市公司或缺乏资质的IPO企业，使股市混沌不清，不仅严重损害股民的切身利益，玷污了“社会良心”，摧毁了媒体从业者的“节操”，还会形成“塔西佗陷阱”，当媒体失去公信力时，无论说真话还是假话，做好事还是坏事，都会被认为是说假话、做坏事。一旦这样，对媒体从业者的职业尊严、媒体的权威性和公信力将是致命的打击。

（二）来自于尊重自己的良知

良知是人的一种天赋的道德观念。包括：知耻，是道德的自觉。有羞耻心，人就知道什么该做，什么不该做；才能有所为，有所不为，才能行之皆宜。知愧，就是知道内疚。“人非圣贤，孰能无过。知过能改，善莫大焉。”知愧而忏悔，知愧而努力，将良心安妥好比任何物质利益都值得珍视。人生的最高境界，不是高官厚禄、锦衣玉食，而是问心无愧，凡事对得起自己的良心。知恩，就是常怀感恩之心，“滴水之恩，当涌泉相报”。人要懂得知恩、感恩、谢恩，才谓之为人，自己的路才能走得长远、顺利。因此，媒体从业者下笔要对得起时代、发声要无愧于未来①。“记者笔下有是非曲直、有毁誉忠奸、有财产万千、有人命关天”，每年11月8日“记者节”都在提醒媒体从业者应该担当的社会责任。

（三）来自于节制、理性的报道

节制，指适可而止，不过分；控制、克制。《老子·下篇》：“节制是一种美德，不懂节制的人无法享受幸福生活。”“食不过饱、酒不过量”，节制自己不合理的欲望，才能感受到生活的快乐。古人云：“祸莫大于多贪，富

① 《守住底线才有媒体公信》，《人民日报》，2014年9月12日。

莫富于知足”。变革中的中国是座新闻富矿，财经类媒体从业者，因为职业特点，经常接触上市公司、IPO[①]企业，看到的都是利益攸关的金钱交易，成为各种利益关系交织的节点，面对很多现实的诱惑，更要节制自己的欲望，抵制不正当的商业利益的诱惑。一旦媒体从业者“心怀不端，造成的危害将无法想象。长此以往，我们不仅不会成为社会进步的推动者，相反会成为价值毁灭者”[②]。

理性，是人类能够运用理智的能力，包括有敏锐的警觉、理性的辨析、冷静的质疑和自觉的防范。遇事冷静、深思熟虑；面对挑战时，不冲动、不轻易受到外部因素干扰，提高风险控制能力。资本市场关系到股民的真金白银，关系到企业的正常发展乃至国计民生，更需要舆论监督。媒体人掌握着一定的话语权，应该接受比常人更加严格的道德要求。媒体从业者能否严守节操、行为世范，关乎其职业尊严能否真正深入人心。从这个角度看，媒体从业者更需把握好自己在整个社会中的角色定位。一旦舆论监督异化为待价而沽的牟利工具，对社会的危害性极大。

三　媒体的行为底线

底线，指最低的条件、最低的限度，是人们在社会、经济生活中谈判双方讨价、还价时心里可以承受或能够认可的下限，或某项活动进行前设定的期望目标的最低目标和基本要求。行为底线，指一个行为在社会大众心里可以承受或能够认可的下限，或某项活动进行前设定的期望目标的最低目标和基本要求[③]。媒体的行为底线主要有：

（一）恪守新闻专业主义

新闻的专业主义，是一种独立于任何权威之外的新闻从业理念，带有一定的理想主义色彩和强烈反权威精神。它要求记者以客观、真实、准确的态度去报道事实，挖掘事实的真相，把事实的原生态展现在读者面前。新闻专

① IOP，Initial Public Offer，即“首次公开发行”，指股份公司首次向社会公众公开招股的发行方式。

② 《守住底线才有媒体公信》，《人民日报》，2014年9月12日。

③ 赵　昆：《论网络行为的道德底线》，《道德与文明》，2014年第3期。

业主义严格规范新闻职业道德，要求媒体从业者有强烈的历史使命感和高度的社会责任感，必须遵守职业的道德标准和团体组织的规范制约，其以真实性、客观性、独立性、以自律求自由为特点，以全体人民的利益为重。其内涵是追求卓越，人道主义、问责原则、利他精神、道德与法律基础、沟通技巧、专业知识等。[①]要求：探寻和报道事实真相、将伤害最小化，独立行事、可被问责。[②]

（二）崇尚媒体伦理

伦理学研究善，既研究个人的善，如勇气、正义、自制、智慧。也研究社会的善，如自由、公平、正义。伦理学意味着学习在善与恶，合乎道德的正义行为与非正义行为之间做出抉择。媒体伦理是新闻事业整体、新闻媒介实体（包括报社、电台、电视台、网站等新闻组织）和新闻工作者（编辑、记者、播音、主持等）在新闻传播活动中的价值取向、道德表现与日常行为品德规范等的总和。伦理底线即是社会成员普遍认同的需普遍遵守的、最低的、最起码的行为规范，是善的最低、最基本的层次。媒体在报道新闻时不说假话，这是媒体伦理的最低要求，也是媒体行为的道德底线。在舆论监督时不畏压力、远离金钱的诱惑，不损害他人的正当权益；在遇到伦理困境时，即多种利益并存需要抉择忠诚其一时，能够按照内心的良知，运用“两利相权取其重、两害相权取其轻”的善意原则，做出有利于大多数人利益的选择。

（三）不逾越法律底线

我国对传媒领域规制的法律法规散见于宪法、法律、行政法规、部门规章、地方性法规、特别行政区法律和国际公约中，凡是调整大众传播媒介组织、传播行为、传播参与者之间社会关系的法律规范，统称为传媒法、媒体法或传播法。

如《宪法》规定公民对国家机关及其工作人员有批评和建议权（第41条）；《刑法》中有73个罪名与新闻传播活动有关：如内幕信息交易罪（第180条）、侵犯著作权罪（第217条）、侮辱罪和诽谤罪（第246条）、传播淫

---

① 苏伦机：《四川地震香港记者反思录》，香港新闻教育基金出版，2008年10月。

② 参见《职业新闻工作者协会伦理规约》。

秽物品罪（第364条）、泄露国家秘密罪（第398条）、敲诈勒索罪（274条）等等，已经有多名记者因为触犯刑法而被判刑，如四川工人日报遂宁记者站站长唐克林，因贪污罪、受贿罪、挪用公款罪、敲诈勒索罪、虚报注册资本罪等五罪并罚，判刑20年。央视12套的女记者李敏，因受贿罪判处有期徒刑3年，缓刑4年。

我国的行政法规：《出版管理条例》（第32条）、《广播电视管理条例》（第26条）、《电影管理条例》（第25条）、《互联网信息服务管理条例》（第15条）、《广告法》（第7条）都有明确的禁载规定。一旦违反禁载规定，依照情节轻重，依法追究行政责任、民事责任、刑事责任。

记者一定要关注新法规的出台，不传播含有危害国家安全、扰乱社会秩序，侵害公民权利、侵犯著作权、干扰司法公正内容的信息，要提高自身的法律素养，加强新闻敏感性，对有害信息有高度的警惕性和辨别能力，以保护国家利益、社会秩序、公民权利和道德风尚为己任，增强公民意识和社会责任感。

敬畏法律、遵纪守法；崇尚伦理、践行新闻专业主义；媒体从业者只有做人有节制，报道有理性，勇于捍卫公平和正义，才能维护新闻职业的尊严、提高媒体的权威性，捍卫新闻事业的公信力。

（王 军：中国传媒大学教授，网络新闻与新媒体专业硕士生导师）

台网联动：提升媒体品牌影响力的新路径

谭云明　罗琛亚

摘要：随着新媒体的迅速发展和全媒体时代的来临，电视媒体在我国的广电业格局中的垄断性地位正在逐步丧失，近年来“台网联动”作为一种新的运作模式迅速崛起更是为传统电视媒体品牌的生存发展提出了新的挑战，对此，本文在对“台网联动”的动因、特点及其过程进行简要分析，并在此基础上提出“台网联动”背景下传统电视媒体提升品牌影响力的新路径。

关键词：台网联动　媒体品牌　影响力　新路径

随着以互联网为代表的新媒体种类及其影响力的不断增长，在媒介互动性上处于弱势的传统媒体尤其是电视媒体，在新媒体的冲击下所面临的垄断性传播平台优势丧失，以及收视人群、收视时间、广告收入及其品牌影响力的下降等趋势和问题逐步为业界和学术界所深刻认识，于是，在数字时代，传统媒体特别是占据龙头地位的电视媒体往何处去，如何增强品牌影响力的议题开始得到广泛的讨论。在这样的背景之下，作为媒体人探索新型运作模式以提升媒体品牌影响力的重要方向之一，“台网联动”的概念应运而生。所谓台网联动，即“一种基于网络和电视的集播出、宣传、互动、效果反馈于一身的现代跨媒体合作形式。”[①]目前，全国各大卫视和各大视频网站充分利用自身优势进行节目、营销等各方面的合作与创新，频频推出台网联动节目，其中不乏成功之作，如爱奇艺和东方卫视联合推出的《妈妈咪呀》、湖

---

① 陶　芊：《台网联动的分析与思考》，《青年记者》，2012年第14期。

南卫视和搜狐视频联合制作的《向上吧！少年》等。然而，作为广电业的一种创新运作模式，“台网联动”在我国尚处于发展阶段，但毫无疑问它是符合全媒体时代发展要求的，“内容为王”的时代逐渐成为过去，未来电视台将会成为“台网联动”产业链上的一个市场主体，媒体人面临的将是包含内容、渠道和平台在内的综合实力竞争①，因此，在这样的背景下探讨未来电视媒体品牌影响力提升的新路径具有一定的现实意义。

一　台网联动的动因分析②

（一）台网优势互补

尽管从2005年世界上第一家视频网站Youtube诞生至今不过十年时间，但它作为互联网时代新媒体的重要成员给传媒业带来的冲击和影响却是革命性的，尤其是在媒介融合时代，其和电视台之间天然的优势互补关系愈发显现。本文主要从受众构成、媒介互动及传播效果来进行阐述。先从受众构成的角度看，电视台和网络视频二者的用户是有较为明显的年龄区分的，截至2012年12月，我国网络视频用户已达3.72亿，其中40岁以下的年轻用户占比达到80.6%③，这和电视媒体收视群体的老年化趋势形成了鲜明的对比，不仅如此，61.6%的网络视频用户每周收看电视的频率不到一天，也就是说有一半的年轻用户已经基本转向了网络视频媒体，这意味着将来可能形成以老年观众为主的电视受众和以年轻用户为主的网络视频受众两大受众群体，因此，台网受众群体的分离为二者的联动带来了受众的基础。其次，从媒介互动的角度看，网络媒介的互动性要大大强于传统媒体，而由于视频网站拥有自主搭建的互动平台，加上与社交平台的联合，其互动性又大大优于被动的电视媒体，因此，视频网站互动性强的优势很好地满足了年轻观众的互动需求特性，为扩大传播效果、提升品牌影响力奠定了基础。最后，从传播的效果角度来看，一方面尽管电视台可以实现重复播放，但固定播出时间和播出成本的因素使得其传播效果受到限制，节目播出结束后的影响力随之下降，

---

① 喻国明：《传媒发展：从“内容为王”到“产品为王”》，《新闻与写作》，2007年第11期。

② 下文的阐述中部分观点借用黎斌博士在2013年“中国台网融合峰会”上的讲话：《台网联动，谁将是最后的赢家》。

③ 数据来源：《2012年中国网民网络视频应用研究报告》，中国互联网络信息中心。

不如网络视频不受时间限制的多次播放和社交分享所带来的传播效果的放大，另一方面电视台覆盖性广的特性很好地弥补了互联网发展较弱的地区网络视频传播效果的不足。

（二）台网联动整合带来互利共赢格局

之所以说台网联动会带来互利共赢的格局，这是在二者优势互补的基础上提出来的，即优势互补是因，互利共赢是果，对此，许多研究者已经从台网联动的各参与方多角度地进行过比较详细的阐述和分析，下面主要从台网联动的供给方（电视台和网络视频网站）和需求方（广告商和受众）两个角度进行阐述。

从需求方的角度看，台网联动下的媒介多元化扩大了传播市场的容量，对广告主而言意味着他面对的将是一个买方媒介市场，在更便捷地将品牌信息传达给更多受众，强化传播的效果获得自身影响力提升的同时，还促进了广告千人成本的下降，此外，台网联动带来的互动性大大提升了品牌传播的自动化，甚至增加了实现品牌传播的长尾效应的可能性。对广大的受众而言，在获得内容的数量上和互动性上都大大增加和增强，不仅赢得了媒介选择权的扩大和受众地位的转变，更重要的一点是受众在节目与品牌传播中的影响力或曰话语权增强了，视频网站和电视台需要更多地考虑受众的反馈和互动来对节目的制作和品牌营销计划做出适当的改变。

从供给方的角度看，网络视频网站获得的最大收益莫过于借助电视台的广告效应下用户的主动搜索带来大流量，如去年《中国好声音》热播期间，各大视频网站的流量也大大提升，其在爱奇艺平台上的累积播放量更是超过4亿，此外，网络视频网站还可以根据电视台的节目进行相关衍生产品的开发，或借助电视台的渠道优势扩大影响，比如爱奇艺开发的衍生节目产品《中国好声音后传之酷我真声音》和《中国好声音学员推介会》加强了与观众的互动沟通，获得了不错的反响①。对电视台而言，其节目的平台营销和品牌影响力提升，使用互动平台加强与受众互动沟通，提高电视节目的质量和品牌的形象，这些方面都离不开视频网站的联动协助。

---

① 数据来源：新浪科技讯.中国好声音收视率破5，新浪网，2012年9月27日。http://tech.sina.com.cn/roll/2012-09-27/16067663472.shtm

二 台网联动的特点分析

从中央电视台1996年开办央视国际网站至今，台网联动经历了将近二十年的时间，纵观台网联动这些年的发展历程，有三个特点值得注意：

（一）联动程度由浅入深，产业链逐渐明晰

从我国台网联动的历史看，其发展呈现出初期由电视台创办附属的官方网站，到后来逐步深化与第三方商业平台合作的趋势，从简单化充实网站内容资源、围绕具体电视节目打造互动平台、完善网站功能建设以达到增强节目传播效果为目标的浅层联动，到站在电视台发展战略的高度、以提升品牌影响力为核心开展产业链运作的深度联动。

（二）从“台网联动”走向“网台联动”

从“台网联动”到“网台联动”的转变，从其外在表现看，是一字颠倒或曰二者的地位发生了变化，电视台、电台的主导地位逐步让渡给了网络视频网站，自身则居于一个相对次要的位置，如今，我们在新闻上看到的电视媒体与网络视频公司或网站的合作，大都由后者主导，比如，搜狐视频和湖南卫视在节目制作和宣传包装上的深度合作，又如爱奇艺与浙江卫视、江苏卫视频频联合推出联播大剧，类似的例子不胜枚举。但笔者认为究其本质还是新媒体的迅猛发展倒逼传统媒体加速转型和走向台网融合带来的必然结果。一方面随着网民数量的增长，网络视频网站聚集了大量的用户，并依靠平台优势快速成长，媒体优势与日俱增，另一方面2005年后传媒产业的优质人力资本和产业资本加速向网络视频网站集中，为其进行大规模的内容和技术创新提供了保障，在不断提升用户体验的同时竞争力获得进一步提升。因此，“网台联动”是网络视频网站地位不断提升的必然，也即在未来电视媒体品牌影响力的扩大、品牌价值的提升将会越来越依赖于“网台联动”，其发展亦有可能进一步影响网络视频公司和网站的运行机制。

（三）移动化、社交化、集中化、规模化

随着移动终端的普及、4G技术的成熟、移动资费的下调和移动网络速度的提升，一个包含手机、平板电脑在内的多元化移动平台将逐渐形成，未

来会有越来越多的移动视频产生，从而大大促进视频互联的进度，加速视频移动化的趋势。与此同时，借助社交平台的移动化普及成果，移动视频的社交化正在飞速发展，移动视频巨头们纷纷与人人网、新浪微博、微信等热门的移动社交平台成为合作伙伴，如56网、百度视频和爱奇艺等的移动客户端都联合了上述平台实现了视频的社交共享。可以预见的是，未来包括移动视频在内的网络视频用户将随着行业竞争的加剧、一波又一波的兼并整合浪潮的来临而越来越集中化，比如继去年优酷与土豆正式合并之后，PPS又成为爱奇艺的子品牌等，兼并组合的序幕正在逐步拉开，而这又会进一步促使视频网站的经营成本的降低和规模化，这对于化解竞争所导致的版权成本不断走高和盈利模式的形成具有关键意义，相信有朝一日我们会迎来一个寡头垄断的视频网络时代。

三　台网联动的过程分析

台网联动并不是一蹴而就或者一劳永逸的事情，而是一个新媒体的不断发展和电视媒体的自我转型相互作用的过程，这个过程包含台、网的地位和二者之间关系的变化，展现了一部动态的传统媒体人和新媒体人的合作史。一般来说，台网联动要经历三个阶段，第一阶段台为中心，网是辅助，第二阶段是台网地位平行，相互促进，第三阶段则网为中心，台是辅助。①

第一阶段主要以台为主导，其所创建的官网处于从属的地位，节目复制、新闻发布、台网广告捆绑经营等是这一时期惯用的运作方式，台的内容和网的内容只有形式上而无本质上的区别，品牌意识比较薄弱，打造视频网站品牌的观念尚未形成（栾铁玫，2009），这是因为一方面电视媒体仍然处于上升期，另一方面，新媒体的影响力也由于互联网普及程度的原因受限。

第二阶段，网的地位逐步提升，台网关系日趋平等，一方面互联网的普及使得视频网站拥有了聚拢大量用户的契机，依托视频分享技术积极搭建互动和社交平台，影响力日益提高，实现品牌化运作被提到日程上来，另一方面网的内容实现了差异化，原创内容急剧增加，经营业务走向多元化，进一

① 栾铁玫：《台网联动　台网互动　台网融通——中国广电媒体台网一体“三段论”》，《中国广播》，2009年第4期。

步推动了台网分离。

第三阶段，网的地位进一步上升直到居于中心，台转而成为辅助角色，二者转变为上下游的关系，电视台更多地作为内容提供商，视频网站将对其优质资源进行整合吸收，并在完成集内容平台、社交平台、互动平台于一体的基础上实现品牌影响力的提升。

四 台网联动背景下传统电视突围路径

在台网联动的背景下，传统的电视媒体面临着诸多的机遇和挑战，其中最重要也是最为紧迫的莫过于提升品牌影响力，对此，得到研究者们的普遍认同的一个方式就是电视媒体需要“重塑品牌”，笔者认为，传统电视媒体“重塑品牌”可以有以下几个方法：

（一）多种方式打造精品内容资源，促进内容升级

与技术出身的网络媒体新贵们相比，传统媒体在数字时代的立身之本，就是有着雄厚积累的内容资源[①]。其实，无论是用好历史积累的旧资源，还是联合新媒体创造符合市场经济规律的精品资源，都是电视媒体保持内容资源优势的途径，同时也是其重塑品牌的基础，毕竟，没有好的资源，台网联动就无从做起，所谓品牌重塑也会成为空谈。但其中有一个非常重要的步骤是积极寻求版权资源，把握源头创意，这方面可以加强与国内外著名作家、各大文学网站的合作，同时将内容生产过程中的一些非核心环节分包给专业公司，集中力量制作精品，加快从购买国外版权、引进模式到自主创新、自主开发节目模式的转变，此外，还应促进版权交易和推进衍生产品开发，这对于电视媒体依靠内容升级来扩大影响、提升品牌是非常重要的途径，也是提高资源综合利用程度，扩大资金回收渠道的重要策略。

（二）加快平台建设，推动传统电视向全媒体转型

如果说内容是台网联动的基础，那么平台建设一定是台网联动的手段，

① 聂红江：《新媒体环境下的媒介融合——兼议传统电视媒体发展之路》，《电视研究》，2009年第6期。

台网联动背景下的平台一定是包含电视、PC和其他各种移动终端在内的全媒体平台，其中，电视媒体既可以自建平台，同时也可以兼并其他平台。可以预见的是，随着技术的进步，兼备便携功能和随时随地上网优势的移动设备将会成为用户上网观看视频的首选，数据显示，2012年，网络视频用户使用移动设备（平板电脑和手机）上网看视频的比例达到49.4%①，因此，移动互联网平台也将成为电视媒体和各大视频网站的必争之地。以凤凰新媒体和央视为例，目前已经凤凰视频已经推出手机凤凰网、新闻客户端和凤凰视频客户端等在内的多个产品，着力打造移动互联平台，央视则从2011年10月推出国内首款视频新闻客户端《视频手机报》到2013年5月宣布入驻搜狐新闻客户端，大力布局移动互联网，争夺入口。从上述媒体平台建设的历程来看，需要着力解决与互联网企业、移动终端设备制造商的协作问题。

（三）联动社交平台

在传统的主流媒体和门户网站流量下降的时候，社交媒体的崛起显然夺去了人们在网络上所花费的更多时间，也逐渐成为网络视频的最大入口，这就使得电视媒体在进行品牌重塑的过程中不得不将和社交媒体的互动摆在十分重要的位置，一方面，社交媒体庞大的用户流量是台网联动和电视品牌传播的重要依托，另一方面，极强的互动性有助于电视媒体在品牌重塑过程中获得最新的反馈信息，方便电视媒体及时地调整和更新品牌策略。

此外，近年来在美国兴起的社交电视产品，其在我国也获得了极大的发展，目前，国内大概有包括蜗牛电视、呼啦在内的社交电视产品十余个，郭小平指出："严格来说，社交电视不是一种新技术，而是一种融合传统电视行业和新兴互联网社交服务的新媒体形式，是已有技术的综合运用。"②社交电视在丰富了社交形式的同时，也为用户提供了一种新的电视参与方式，随着功能和体验的完善，社交电视有望成为数字时代电视媒体品牌重塑的主力军。

（谭云明：中央财经大学新闻系教授、硕士生导师；
罗琛亚：中央财经大学新闻系学生）

---

① 据来源：《2012年中国网民网络视频应用研究报告》，中国互联网络信息中心

② 郭小平：《社交电视：传统电视的社会化生存及其网络分析》，《现代传播》，2013年第3期。

互联网普及背景下的数字鸿沟问题[1]

陈国战

摘要： 在互联网日益普及的背景下，最为突出的数字鸿沟已不再是“接入鸿沟”，而是“使用鸿沟”，即人们在接入互联网之后用它来做什么。如果说“接入鸿沟”的解决，可以通过加强信息基础设施建设来完成，那么“使用鸿沟”的消除，却没有一蹴而就的办法。从根本上说，缩小数字鸿沟与缩小人们在其他方面的差距是同步的，它不可能先于、也不会滞后于其他社会差距问题的解决。

关键词： 数字鸿沟　接入鸿沟　使用鸿沟　互联网普及

像人类历史上出现的任何一项新技术和新发明一样，互联网从出现到普及也经历了一个过程。在1996年的时候，全球互联网用户还不到4000万。根据国际电信联盟(ITU)发布的《2014年信息与通信技术》报告,到今年年底,全球互联网用户数量将达到约30亿。与20世纪出现的其他信息传播技术相比，网络的普及速度是十分惊人的，有学者通过研究发现，“互联网花了7年时间进入了30%的美国家庭，而电话则花了38年、电视花了17年的时间才达到同样的水平”[2]。在互联网得到迅速普及的背景下，一些学者乐观地认为，早期人们所忧虑的数字鸿沟问题正在消失。事实果真如此吗?

---

① 数据来源：《2012年中国网民网络视频应用研究报告》，中国互联网络信息中心

② 詹姆斯·E. 凯茨、罗纳德·E. 莱斯著，郝芳、刘长江译：《互联网使用的社会影响》，商务印书馆，2007年版，第29页。

一 数字鸿沟的内涵

"数字鸿沟"一词最早出现于20世纪90年代，时至今日，它早已成为人们司空见惯的一个概念，以至于人们在使用它的时候都无需去思考它的确切含义是什么，但严格说来，它却有不同层次的内涵，人们对它的理解也经历了一个由浅入深的过程。

最初，它的含义非常明了，即是指人们在互联网接入机会上的不平等，也就是说，一部分人有机会接入互联网并享受它所带来的便利，而另一部分人却没有这种机会。这不仅包括不同国家和地区之间的差别，同时也包括同一国家和地区内部不同社会群体之间的差别。人们通过大量的调查研究得出结论：不同的收入水平、教育程度、种族、性别、年龄等都是造成数字鸿沟的直接原因。不管从哪项指标来看，处于数字鸿沟不幸一边的都是那些在其他方面也同样处于相对弱势地位的人群，比如，欠发达国家、低收入人群、少数族裔等，很多人提出，由于数字鸿沟的存在，这些人群将在未来的社会竞争中处于更加不利的地位。基于这种认识，早期人们提出的消除数字鸿沟的对策一般都是加强信息基础设施建设，以实现互联网接入机会的平等化。

然而，随着互联网的普及以及人们对它认识上的深化，"数字鸿沟"的含义也变得更为丰富，越来越多的学者感到，最初人们将"数字鸿沟"仅仅理解为有没有机会接入互联网之间的差别显得过于狭窄，无法呈现人们在互联网使用问题上存在的更为复杂的不平等关系。正如查德威克所说，"大量研究是从种族、收入、教育、地域或性别的角度对互联网获取机会的不平等进行论述，而没有探讨互联网使用技能的社会差异如何影响上网人群真正能做的事情"①。在他看来，人们在互联网使用上的差异也应该被看成是一种数字鸿沟，它同样能够加剧人们在社会生活中的不平等地位。诺里斯提出，"数字鸿沟"有三种主要的表现形式，即全球鸿沟、社会鸿沟和民主鸿沟。其中，全球鸿沟是指发达的西方社会与其他社会之间在互联网接入方面存在的差距；社会鸿沟是指一个社会内部的不同群体之间在互联网接

---

① 安德鲁·查德威克著，任孟山译：《互联网政治学：国家、公民与新传播技术》，华夏出版社，2010年版，第68页。

入方面存在的差距；而民主鸿沟则是存在于那些已经接入互联网的人群中间的差别，即一些人能够利用数字资源去从事、动员或参与公共生活，而另一些人则不能。

在当前社会中，由于接入互联网的成本已经变得越来越低，虽然人们在互联网接入机会上的不平等状况——即诺里斯所说的“全球鸿沟”和“社会鸿沟”——依然存在，但它们已经不是最为关键的数字鸿沟问题，现在最为关键的问题是不同人群在具体使用上的差异，即人们在接入互联网以后用它来做什么。比较而言，这是一个更为复杂而棘手的问题，如果说要解决互联网接入机会上的不平等状况，我们只需要不断加强信息基础设施建设就可以了，那么，要想解决互联网使用上的差异却没有一种简单易行的方法。

二　数字鸿沟：一种十分正常的社会现象？

一些人乐观地认为，数字鸿沟是一种十分正常的社会现象，而且它正处于不断弥合乃至消失的过程之中，因而我们大可不必为此而杞人忧天。一方面，任何一项新技术和新发明都有一个逐步扩散的过程，都会经历一个“有者”和“无者”并存的时期，这是一种再正常不过的社会现象；另一方面，在正常的市场条件下，企业必然会在利润动机的驱使下不断寻求降低成本和扩大市场的机会，从而使接入互联网的经济成本和技术门槛都不断降低，按照这种发展趋势，总有一天每个想要接入互联网的人都能如愿以偿，到那时，所谓的数字鸿沟也就自然消失了。因而，与人们在生活中司空见惯的其他社会差距相比，数字鸿沟并没有什么特殊的社会意义，也不值得人们大惊小怪，美国联邦通讯委员会主席迈克尔·鲍威尔打趣说：“我认为存在一种‘奔驰鸿沟’：我想拥有一辆奔驰，但我买不起。”[①]

在我们看来，数字鸿沟绝非无关紧要之事。虽然任何一个社会都不可避免地会存在各种各样的社会差距——比如，就像迈克尔·鲍威尔所提出的，一些人拥有足够多的财富，有能力购买奔驰车，而另一些人却没有这种能力，但是，与这些社会差距相比，数字鸿沟却具有完全不同的性质和影响，

---

① Warschauer, M. Technology and social Inclusion: Rethinking the Digital Divide. Cambridge: MIT Press, 2003. p.217.

我们应该对它给予特别的重视。针对迈克尔·鲍威尔的观点，有学者反驳说："没有一辆奔驰车并不会成为人们工作、接受教育和公民参与的障碍，但没有与互联网相关的技能则有可能会限制人们的这些机会。"[①]虽然与吃饭、穿衣、居住等人类的基本需求相比，上网显得不那么迫切；与选举权、集会权、言论自由权相比，上网的权利也显得不那么紧要，但是，在当前这个信息化的社会中，人们对互联网的使用状况已经越来越成为决定他们经济状况和政治地位的关键因素。

从经济角度看，只有消除数字鸿沟，才能给社会边缘性群体提供更多的经济机会，并缩小他们与其他社会群体之间的贫富差距。正如莉萨·塞文所说，"贫民可能会得到他们赖以生存的东西，但却永远无法前进。信息技术等资源可以帮助这些人走出贫困"[②]。在当代社会中，经济的运作越来越与信息和信息技术密不可分，为了缩小不同社会群体之间的贫富差距，那种对社会弱势群体进行物质性救济的传统方法已经越来越显得治标不治本。人们逐渐认识到，"授之以鱼不如授之以渔"，从长远看，只有逐步消除数字鸿沟，以使所有人都能平等地利用互联网带来的便利，才能从根本上解决当代社会的贫富分化问题。

从政治角度看，只有消除数字鸿沟，才有望实现不同社会群体之间的权力平等。斯各特·拉什提出，在当前这个信息社会中，虽然权力还是像福柯所说的那样与知识有着紧密的联系，但不同于以往的是，信息性的知识正日渐取代叙事性的和论说性的知识。这也就意味着，那些掌握更多信息资源以及获取信息手段的人将被赋予更多的权力，并对其他人施加一定的影响；相反，那些在信息方面处于劣势的人也会在权力关系中处于弱势地位。他提出："在信息秩序里，不平等倾向于愈来愈少以在某个企业或工厂中资本家与劳工之间的生产关系来界定——这是在工业秩序中不平等的范式。在信息秩序里，核心是排除而非剥削，而关于排除，首先且最重要的一点是：它是与信息和通信流、与信息和通信的结果一道被定性的。"[③]拉什在这里所说的"排除"，在很大程度上就是指我们正在讨论的"数字鸿沟"问题。由此可

---

① Joo-Young Jung, Jack Linchuan Qiu, Yong-Chan Kim. Internet Connectedness and Inequality: Beyond the "Divide" .Communication Research 28 (4).

② Lisa J. Servon. Bridging the Digital Divide: Technology, Community, and Public Policy. Oxford: Blackwell Publishing, 2002. p.20.

③ 斯各特·拉什著，杨德睿译：《信息批判》，北京大学出版社，2009年版，第18页。

见，数字鸿沟已经成为一种新的、最为重要的社会不平等的来源，那些处于不幸一端的人不仅拥有更少的信息，而且还拥有更少的权力。

正是因为意识到了数字鸿沟与权力不平等之间的紧密联系，目前很多国家都已经把上网的权利认定为一项基本人权并将它写入法律。比如，2009年6月，法国最高法院裁定，上网的权利是人权。同年，芬兰成为世界上第一个将宽带上网列为公民基本权利的国家，他们立法规定，自2010年7月1日起，芬兰公民将享有不低于1Mbps的宽带上网速度，这项新的法律意味着，互联网接入服务商将不得以侵权为由切断用户电脑与互联网的连接。据悉，目前联合国也正在考虑将“上网权”列为一项基本的人权。

三　数字鸿沟：正在走向消失？

还有一种观点认为，人们对数字鸿沟的忧虑主要基于早年互联网应用的现实，那时，接入互联网不仅需要支付高昂的经济成本，而且还存在很高的技术门槛，因而它把大部分人都排除在外了。然而时过境迁之后，“一旦浏览器、调制解调器、带宽、大众和商业互联网资源以及连接变得更加适合用户和更为普遍时，很多数字鸿沟都会消失”①。不可否认的是，这种乐观的预测自有其道理，也得到了很多统计数据的支持。根据国际电信联盟提供的数据，截至2012年6月30日，在北美和欧洲等发达社会中，互联网的使用率已经接近于饱和，分别达到了是78.6%和63.5%，这也就意味着，早期存在于不同社会群体之间的数字鸿沟有的已经消失，如性别和种族方面的差距，而另一些也正处于迅速弥合之中，如收入水平和教育程度方面的差距。在全球范围内，虽然西方发达社会与其他社会之间在互联网使用方面仍然存在较大的差距，但这种差距也已呈现出逐步缩小的趋势：自2000年以来，亚洲和非洲的互联网用户分别增长了841.9%和3606.7%，远远高于同期欧洲和北美洲的增长率393.4%和153.3%。②由此可见，不管是在一个社会内部的不同群体之间，还是在发达社会与其他社会之间，人们在互联网接入机会上的差距都在逐步缩小。

---

① 詹姆斯·E. 凯茨、罗纳德·E. 莱斯著，郝芳、刘长江译：《互联网使用的社会影响》，商务印书馆，2007年版，第46页。

② 数据来源：http://www.internetworldstats.com/stats.htm.

然而，这些关于数字鸿沟正在消失的乐观判断都是基于互联网使用者数量不断增长的现实，而没有考虑不同人群在具体使用过程中所呈现出的各种差异，如果将这些差异也考虑在内的话，事情恐怕就没有那么令人鼓舞了。在具体使用过程中，除了常常被人提到的使用时间和程度的差距外，不同人群之间至少还在以下三个方面存在着不容忽视的差距：首先是技能方面的差距，在那些已经接入互联网的人群中，即使每个人都拥有相同的硬件条件，甚至是相同的带宽，但由于不同人群在使用计算机和应用互联网的技能方面仍存在着不小的悬殊，所以，同样的互联网对于不同的上网人群来说可能意味着完全不同的东西。其次，人们对互联网的使用方式也存在很大差异，也就是说，对于不同的人群来说，互联网发挥的主要功能是不同的。对于一些人来说，互联网既是他们工作中必不可少的工具，也是他们寻求社会提升、增强社会影响的有用助手；而对于另外一些社会边缘性群体来说，互联网可能与他们的工作并没有什么紧要的联系，而只是充当了一个娱乐和打发时间的工具。迪吉克通过调查发现，“受过良好教育的人因工作、个人业务、教育及其他原因使用电脑，但受教育少的人和年轻人使用电脑首先是为了娱乐和打游戏”[①]。这绝不仅仅是喜好上的差异，而是关乎人们能在多大程度上利用互联网的优势。最后，还有一种常常被人忽视的更为隐蔽的差距，即互联网提供的信息内容上的不平等。正如查德威克所说，“互联网大大降低了进入理想的自由市场的门槛，但全世界仍有许多地区以及发达国家的大部分人口，他们的文化没有在互联网上得到充分的体现”[②]。对于这些社会边缘性群体来说，由于他们在互联网上找不到自己感兴趣的内容或需要的内容，所以他们就不会产生接入互联网以及掌握相关上网技能的动机。这也就意味着，信息内容上的不平等不仅会使一部分人的文化被边缘化，而且还会反过来进一步拉大人们在互联网接入和使用技能方面的差距。

让事情变得更加雪上加霜的是，所有这些不同层面的数字鸿沟都呈现出一种叠加效应，也就是说，那些拥有较少机会接入互联网的人群，常常就是那些掌握较少使用技能、无法充分利用互联网的优势且他们自己的文化也较少在互联网上得到呈现的人群，因而，各种劣势的叠加必然会使那些处于数

---

① Van Dijk, J. The Network Society: Social Aspects of New Media. CA: Sage. P.153.

② 安德鲁·查德威克著，任孟山译：《互联网政治学：国家、公民与新传播技术》，华夏出版社，2010年版，第70页。

字鸿沟不幸一边的人变得更为不幸。显然，相对于互联网接入方面的鸿沟，人们在使用过程中出现的这些差距都不是简单地通过加强信息基础设施建设就能够拉平的，而且在短时间内我们似乎还看不到有弥合的趋向。因而，如果我们单纯从互联网接入数量这一角度看，目前的数字鸿沟确实正在走向消失，渐行渐远——不管是从不同国家和地区之间的差距来看，还是从同一国家和地区内部不同社会群体之间的差距来看，都是如此。但是，如果我们把数字鸿沟理解为不同人群在互联网使用上呈现出的多维差异——既包括使用时间和程度的不同，也包括使用技能和方式上的差别，那么，我们就会发现，数字鸿沟并不是在向着远离我们的方向做直线运动，以某些标准来衡量，它甚至还呈现出不断拉大的趋势。

四 数字鸿沟的社会影响

数字鸿沟具有多重的社会影响，从政治角度看，随着互联网日益成为人们最为重要的信息来源，数字鸿沟将越来越影响人们在知情权方面的平等地位。根据皮尤研究中心（Pew Research Center）提供的数据，从2007年到2010年的短短3年间，美国人主要通过互联网获得新闻的比例已经从24%上升到41%，与这一变化构成此消彼长关系的是，主要通过电视获得新闻的比例则从74%下降到66%。仅从这组数据来看，看电视依然是普通美国人获得新闻的主要途径，但是，通过对调查对象进行分组考察我们会发现，越是年轻的群体，越是倾向于把互联网作为最主要的新闻来源。在18至29岁的年龄组中，已经有65%的人将互联网作为主要的新闻来源，比2007年的34%上涨了几乎1倍，同期选择电视的比例则从68%下降至52%。[①]这也就意味着，随着时间的推移，互联网将很快取代电视成为人们获得信息的最为重要的媒介，那些没有使用互联网或只掌握很少相关技能的人将很难获得平等的知情权，而这势必会影响他们对公共领域的参与以及在公共领域中的平等地位。与其他信息传播媒介不同，互联网不仅仅是人们获得信息的重要来源，而且还是他们表达个人意见、参与公共讨论的重要途径。随着当代社会的公共讨论越来越向网络空间转移，那些处于数字鸿沟不幸一边的人不仅在知情权方

---

① 数据来源：http://pewresearch.org/pubs/1844/poll-main-source-national-international-news-internet-television-newspapers.

面处于劣势，更为严重的是，他们还将成为公共领域的缺席者，从而在社会中沦为一种被淹没的声音。

数字鸿沟问题的复杂之处还在于，如果一个社会中有越来越多的人能够熟练地使用互联网，利用它所带来的各种便利，那么，那些不幸被排除在外的人就越是会处于更加不利的地位。这里出现的吊诡逻辑是，我们通常所谓的“数字鸿沟”越是缩小，那些处于数字鸿沟不幸一边的人的劣势越是会被拉大。一个颇能说明这一问题的例子是，2012年“春运”期间，中国铁道部推出了网络订票业务，此后，很多人抱怨这不仅没有给他们带来便利，反而使他们买票变得更加困难了。重庆籍农民工黄永红在写给铁道部领导的信中说：“前几年，春运买票只要排队就行，来得早就有机会，拼的是体力，所以我都是凌晨过来排队。今年不一样，弄了个网络购票，对我们来说太复杂，太不切合实际了。其实这是非常不公平，我们连买票的资格都没了。”[①]此事经媒体曝光后，立即引起人们的热烈讨论，它所反映出的深层问题是：随着当代社会生活越来越离不开互联网，在那些有机会和能力使用互联网的人与那些没有这种机会和能力的人之间将会出现更加严重的不平等。正如布鲁斯·宾伯所说：“1996年的‘离线’状态几乎没有意义，因为在政治上和经济上，非使用者的劣势几乎为零；而在新的世纪，考虑到政治信息的直接获取性，‘离线’状态就变得有意义了。”[②]在这种意义上，我们甚至很难说，随着互联网的日益普及，数字鸿沟是缩小了，还是被拉大了？

面对当前社会中的数字鸿沟问题，我们一方面要承认它不可能得到彻底的解决，就像人与人之间的其他社会差距不可能被完全抹平一样；另一方面，我们也不能放弃缩小数字鸿沟的努力。查德威克提出：“认为在计算机和互联网使用十分普遍的社会中，不平等现象可以逐渐消失，这是天真的。工业革命期间，社会从主要以农村和农业为主向主要以城市和工业为主过渡时，带来了许多新形式的社会分工，在社会向后工业主义/信息主义时代过渡时也同样如此。”[③]作为人类历史上的一项具有革命性的技术应用，互联网必然会带来一些新形式的社会分工，并造成一种新的不平等关系。正如

---

① 黄永红：《一个农民工写给铁道部的一封信》，《温州都市报》2012年1月4日。

② 布鲁斯·宾伯著，刘钢等译：《信息与美国民主：技术在政治权力演化中的作用》，科学出版社，2011年版，第233页。

③ 安德鲁·查德威克著，任孟山译：《互联网政治学：国家、公民与新传播技术》，华夏出版社2010年版，第104页。

拉什所说，在信息社会中，人与人之间的不平等关系主要不再表现为剥削的形式，而是以各种各样的“排除”为基础，从这个意义上说，想要完全消除数字鸿沟，实现所有人在互联网使用上的绝对平等是不可能的。然而，为了追求社会公平和正义，我们又不能放弃缩小数字鸿沟的努力，而这注定是一个漫长而复杂的社会工程。由于数字鸿沟与其他社会差距是密切相关的，也就是说，那些处于数字鸿沟不幸一边的人常常就是那些在其他方面也同样处于弱势地位的人，所以，数字鸿沟问题的解决不可能是一蹴而就的。如果说要解决人们在互联网接入方面的鸿沟，我们只需不断加强信息基础设施建设、不断降低互联网使用的成本就可以了，那么，要想解决人们在互联网使用上的差异就不那么简单了。从根本上说，缩小数字鸿沟与缩小人们在其他方面的社会差距是同步的，它不可能先于、也不会滞后于其他社会差距问题的解决。

（陈国战：首都师范大学文化研究院，副研究员）

中国网络公共领域的危机与未来

张加春

摘要： 中国网络公共领域经过20年的发展，在推动社会进步方面起到了重要作用。但是网络公共领域的发展过程也面临着一些问题，特别在公共领域商业化、私人领域公共化、空间结构不平衡、信任危机、现有文化范式等方面都对网络公共领域的发展提出了重大的挑战。本文认为网络公共领域的前景依然是一个博弈的过程，主要在于国家和社会二者的权力结构如何调整。

关键词： 网络　公共领域　新媒体　国家

以互联网为代表的新信息传播技术在打破传统政治格局，扩大意见交流、提高政治参与和描绘民主革新方面提供了一幅全新的图景，因此互联网空间被视为有异于传统公共领域的新型公共领域，即网络公共领域。中国网络公共领域在微博等WEB2.0技术推动下获得了很大的发展，包括网络空间中意见交流的发展、平民话语权的发展、公共事件议程对社会进步的影响、网络行动主义扩大了社会政治的参与度，这种景象都让我们充分相信，网络公共领域的发展正在重新编织一幅美好的“民主乌托邦”①。

但是自2013年以来，微博的社会影响力正在逐渐降低，甚至有人认为，微博正在逐渐走向衰落，以微博为代表的网络公共领域也在出现危机。与微博相对应的是微信的兴起，二者之间的逆转也体现在日常生活中，人们

① Papacharissi,Z.,The virtual sphere: The internet as a public sphere. New media & society,2002. 4 (1):p.9~27。

用手机或按，或扫，或摇，口头禅从“关注我吧”变成了“加我吧”，从“快转发”变成了“快点赞”，新浪微博的活跃度在2013年中就已经快速下滑，其用户活跃度已经降至2011年初的水平，距高峰时期持续下滑超过30%。[①]微博的衰落因素本身是多方面的，但是却折射出的网络公共领域的发展过程中潜存的一些危机。

一　公共领域的商业化

与公共领域的前景相比，利润仍然是网络公司运营的首要目标，公共领域不过是一种商业模式下产生的副产品。这种定位的不同，首先决定了一种网络技术本身在最初设计到发展完善过程中考虑的是完善用户的体验还是通过用户的体验来获取更多利润。由于原初设计的不同，决定了一种技术平台是更有利于意见、观点的交流和扩散还是更有利于商业模式的推广。阿里巴巴、百度、搜狐、新浪都是国内最有影响力的互联网公司，也是为民众提供意见交流中影响最大的互联网平台，但是在这些空间中，对于意见交流的平台设计并没有随着商业利润的增长而得在理念方面更为完善。以微博为例，已经成为商业营销的主要模式，广告成为微博上内容主体，很多商家将意见的扩散同商业信息糅杂在一起，使得意见的扩散变得更加困难，网民会因为要挑选有用的信息而花费更多的时间和精力。公共领域商业化的首要特征是利润至上，由商业公司搭建起来的公共空间平台，显然，公共领域不会成为这个平台的主要方向，意见的流通和交换不过是在电子市场中的一幅值得期待的图景。

商业化本身是一种中性的力量，但是在网络空间中，它就可以像漩涡一样，将公众的注意力和网络资源转向商业的一方。这种负向的力量一方面上演了金钱交易下的舆论辩论假象，即网络水军现象；另一方面加速了意见消费者的壮大，从而促成了意见流动的虚假繁荣。

网络水军的背后是各种商业力量的操控，为了获得各种利益，商业力量可以人为操控舆论，在网络空间中形成某种舆论流占上峰的假象，从而通过舆论的影响来达到商业目的或者其他目的如政治的或者社会的。通过商业力

① 中商情报网，http://www.askci.com/news/201307/09/0917531232586.shtml，2013年7月9日。

量，网络推手将某个话题或者人物、事件在短时间内迅速通过渠道推广出去，形成炒作，瞬间扩大了议题的传播范围，在短时间内在网络空间中形成了强意见流。

与网络水军的商业目的相关联的是，在网络空间中产生了“意见观点的消费者”。与传统媒体受众身份不同的是，意见消费者的主要身份成为了与商业公司对应的客户关系，作为某种产品的用户，他们需要的是这种信息产品符合自己的口味。这种分众化虽然很符合新闻受众的分众化原则，但是作为特有的消费者，那些符合猎奇原则的事件、故事更容易在互联网中传播和扩散，而那些真正具有公共理性和价值的公共事件反而淹没在信息海洋中。为了满足消费者的需要，商业公司也会生产各种各样的“意见、观点”，来扩大自己的影响。因此，在网络空间中，公共领域中的“意见的交流与讨论”成为了一种被设计出来的表征，什么样的意见会成为消费者关心的主要话题，什么意见会左右舆论，都成为商业力量可以操控的手段与方式。

二　私人领域的公共化

公共领域与私人领域的界限是否清晰直接影响着公共领域的功能实现。中国从传统社会向现代社会的转型一个重要的方面就是要实现公共领域与私人领域的分离，将私域的保护置于同公共领域一样的位置。互联网被给予了这种公共领域现代性的希望。但是在网络空间中，公共领域与私人领域的界限仍然是模糊不清的，甚至私人领域的公共化趋向更加明显，对私人领域的保护也是欠缺的。在网络空间中，微博既体现了充分的公共性，又体现了充分的私人性，微博功能的实现实际上是通过私域的公共化实现的。

微博为代表的WEB2.0的技术领域更新更使得互联网的公共性凸显出来，集体行动主义通过微博得以实现，比如绿色环保、动物保护、女权主义、新公民运动等在微博的空间中都可以找到很多成功的例子。但是国内微博的发展在积极推动公共事务方面的同时，却存在另外一个缺陷，即私人领域与公共领域的重合，或者说私人领域搅进了公共领域当中，公共领域将私人领域吞并了。在国内的一个比喻是将微博看做是晾衣服的广场，谁家的衣服都拿到这个广场上来，每个人都成了众目睽睽之下无处躲藏的忍者。的确，在这个广场中，个体在“晒”自己的故事，舆论领袖在将那些具有公共性质的故事扩大化，而商业力量则在助推那些对自己有利润向好的故事。这种私人领域与公共领域的混合，既有向好的一面，比如在提供公用议题方面，几乎不用担心每天是否会有重要的议题出来，而只需要注意会有什么样的议题进入公共视野；也有负向的一面，隐私的保护成为微博环境下最为严峻的一个话题。实际上，中国互联网发展之初就一直面对着隐私权的保护问题，但是由于网络空间中对于隐私权的保护一直是法律和政策的盲点，对于隐私权的保护就成为互联网治理中的难点。由于对这种私域保护意识的淡薄，互联网上也时常发生各种网络暴力事件。人肉搜索也将个体置于了没有任何保护的境地，忽视了隐私权的重要性。因此，微博的发展，从公共领域的角度来看，由于对私域的侵害，或者说公共领域与私人领域的界限模糊不清，进而导致了微博用户对私人领域与公共领域不同诉求的分离。私人领域公共化，私人问题公共化，都成为中国网络发展过程中一个比较显著地特征。

这种界限模糊也导致了另外的一个问题，即公共领域的基础比较脆弱。国内现实空间的公共领域的薄弱导致社会发展过程中对网络公共领域更加看重，更多的公共议题也都被挤压到网络上来，从而形成了网络空间独有的公共特征。这种公共领域的繁荣背后是以牺牲私域为代价的。尽管这种现象不能完全用集体与个人的关系来解析，但是在网络空间中，个体的利益与价值与集体的利益与价值却形成了鲜明的对比，对于公共领域的积极建构却有可能在另外一个层面削弱公共领域的基础。公共领域的发展需要在充分尊重私人领域并且将私人领域置于同公共领域同等重要的位置来发展，才能够发展出积极、完善的公共领域。因此，当微博走向势衰的同时，公共领域也就走向衰弱了。

三　结构的不平衡

公共领域的良好发展有赖于一个较为平衡的网络空间结构，在这个结构之中，一方面意见流可以自由地流动，意见的扩散不受结构本身和外在因素的制约，另一方面，网络空间中的权力结构是相对稳定的，各种权力因素在这个结构中可以相互制约，国家权力与社会权力之间处于相对平衡的状态。但是从目前的网络空间结构来看，并没有为公共领域的发展提供这样的网络结构。

首先，网络空间中的意见流动结构虽然不是金字塔式或者是中心扩散式的，但是意见流的形成仍然在很大程度上依赖于大V的转发，这将大V置于了意见流动的节点位置，他们成为可以左右意见流动和控制意见流动速度的关键人物。这种大V的结点性传播特征进一步突出了网络传播的等级结构。在这样的情况下，意见的流动就不是成网格状的平行流动结构，小群体内的意见领袖在整个信息的传播过程中的作用就容易被忽略。大V的角色将网络意见流动置于了可以操纵的位置。事实上，也正是这样的结构，加快了网络谣言的扩散。这也造成了网络空间中普通的发言者的意见流动处于大V的影响之下，那些名人和大V的意见往往处于流通的优势地位，而普通网民的意见则成为了整个信息流动过程中不可见的分母。这也导致了网络空间中，意见的集中化和单一化，那些经过大V挑选和扩散的信息更容易进入到人们的视野当中，更能被讨论；而普通网民的意见则容易处在被忽视的境地，从而影响网民发言的主动性。这种现象的一个习惯是大家常用“刷微博”来形容通过微博浏览、获取信息的过程，而微博刚刚兴起的时候大家常说的是“发微博”，现在浏览微博，网民常说的是微博上已经没有多少货。意见的发表和流通的主体本应该是普通的网民，但是在原有的结构之下，微博依然成为了名人大V们的“秀”之门，这里成为了一个掠取“料”的基地，何种“料”更能够吸引眼球，关键还是看何种料更“猛”。这种类金字塔式的等级制的意见流动结构限制了普通网民的意见流动，制约了微博这种网络平台发展，因此微博也就慢慢丧失了充足的活力。

第二，在网络空间中的权力结构是不平衡的。曼纽尔·卡斯特认为，在网络空间中，权力的扩散有效解决了现实社会中的权力过于集中的现状，“权力不再集中于机构（如国家）、组织（资本主义企业）和符号的控制者（公司制媒体、教会）之手。它散布在财富、权力、信息与图像的全球网络中，在可变的几何学和非物质化的地理学系统中传播和嬗变”[①]。但是，他所叙述的这种景象仍然是一种动态的过程，这种平衡还没有达到。在国家、社会、商业三者的力量当中，国家的力量依然是最强大的，而商业力量也在利用利润驱动来吞噬着公共领域的边界，社会力量尽管在网络当中处于一种表面多数的状态，但是由于缺少政治和商业权力的支撑，这种力量是相当薄

① 曼纽尔·卡斯特著，曹荣湘译：《认同的力量》（第2版），社会科学文献出版社，2006年版，第416页。

弱的。尽管国家和商业在一定程度上也都在推动公共领域的发展，但是内在的目标同社会力量之间仍然是存在着很大的差距。国家在不断收紧网络意见流动的政策，通过法律和政策对网络空间中的意见表达进行限制，这种严格管制的取向是同整体的政治格局相适应的，通过政策权限的收紧，网络公共空间的表达方式、途径都在受到一定的限制。一个规制政策是在微博中“转发500次”谣言就要受到制裁的风险，未经验证转发信息成为意见流动环节很大的风险，因此对于网民来讲，在一些敏感议题上是否发表意见都成为了需要再斟酌的事情。国家的权威是一种统领式的权力方式，即使在网络空间中，国家权力依然可以通过法律、政策等途径对公共领域的空间进行管控、挤压。尽管这种结果与政策本身的目标之间存在着相悖的问题，但是网民意见表达的过程会选择那些风险最小的方式和途径进行。这也进一步导致了微博的势衰和微信的火爆。

四　无法消弭的信任危机

公共领域本身最初并不是由信任关系搭建的，但是信任关系却是公共领域得以良好发展的重要支撑和表现之一。在网络空间中，信任依然是一种奢侈品，信任危机成为影响公共领域发展的重要障碍。网络炒作、网络诈骗、网络推手、网络黑客、人肉搜索等等都是网络信任危机的重要表现。网络信任危机的形成本身是非常复杂的，在网络上大家何以渐渐地缺少信任，一个原因是在网络社会中信任成为了一种可以让渡的交换资源。以网络谣言为例，谣言本身既是由于信任链条而形成的，在微博空间中谣言是通过转发而实现的，这种由于对某人的信任而造成的信息扩散背后却是信任的滥用，特别是关于网络水军和网络个别意见领袖利用这种信任关系推动谣言的扩散与传播，从而构成了网络空间中公共信任关系的解体。在这个过程中，信任关系换来的是点击量、转发量，还可成为进行商品营销的客户量。信任关系同其他商品要素不同的是，这种信任关系如果在资源交换的过程中被滥用，信任就会成为社会危机的导火线，依靠信任建立的社会结构就会受到影响。当信息时代正在从以内容为王向以关系为王迈进的过程中，不论是内容生产还是社会关系网络的构建，都仍然需要信任作为这个网络社会结构的基石。但是当这种信任关系被打破时，网络公共空间的发展就成为了一个缺少灵魂的酒瓶，酒精与水所勾兑的混合物不论多么有味道、不论被置于多么有名的酒瓶之中，其自身都难脱离虚假的本质，也就很难说这样的公共空间会成为怎么样的一个可以代表民意并成为民众自由意见交换的平台。因此，公共领域的危机也就更加的严峻，人们更容易为这个空间的华丽外表所吸引，而忽视了这个空间中本应该具有的内容应该为何。

微博的衰退，表明公共事务在这个平台中的比重正在减退。公共事务虽然不是商品、娱乐、政治三者中最能糅合信任关系的，但是公共事务却代表着政治社会生活中的基本面貌，即人们愿意在什么样的层面上在一个空间中去为改变公共生活而努力的程度。在一个成熟的市民社会中，公共领域通过相互的协商而形成一个相对稳定的社会结构。但是在网络空间中，骤然形成的关系网络和网络社会结构并不是建立在协商基础上的或者说协商并没有成为这个社会结构的稳定基因，因此信任在这个过程中也就失去了可以建立和维系的基础。

从微博到微信的转变，一个主要的因素就是人们重新回归小圈子的信任关系模式，即重新依赖熟人关系来拓展关系网络和社会结构。在微博空间中，其关系网络仍然体现了很强的单向关系，而非双向认同关系，这种生人社会特征给关系网络增加了很大的脆弱性。而微信空间中的关系网络则是依赖熟人社会关系网络建构的，其网络是建立在相互认识、信任的基础之上，这种关系网络本身可以经受得住诸如网络谣言的考验，即使谣言通过关系网络扩散了，但是并不会对关系网络稳定性产生毁灭性的影响。而且在这样的社会结构之下，社会关系网络内部依靠自组织的功能，其自我验证、纠错机制还是具有足够的空间的。

五　未形成一种新的文化范式

公用领域的衰弱或者说公共领域存在的更大的危机的原因并不在于是否存在有公共领域这样的结构和平台，公共领域能够长久发展的关键性因素在于在网络空间中是否形成了一种新的文化，这种文化是可以支撑公共领域的发展。轻言网络空间中没有形成新的文化因素是不可以的，这种新技术本身就是新的文化因素，附着在这种新技术上的各种用户体验也都在积极创造新的文化因素。但是与传统的文化相比较，网络空间中并没有形成新的文化，我们在网络空间中看到的各种文化现象更多的是现实空间中文化潮流在网络空间中的反应和扩大。“新技术提供了额外的工具，但是它们不能改变已经繁荣了几个世纪的政治和经济结构”。[①]

与创造一种新的文化相比，互联网和新技术更可能会适应已经存在的政治文化。[②]新技术平台与传统文化之间的确存在着博弈的关系，新技术平台也在对传统文化做出各种影响，甚至我们也可以看到传统文化在适应这种新的信息技术，但是仅仅是传统文化的调整而已。在各种社会思潮进行激烈碰撞的同时，网络空间不过是这些思潮进行碰撞的一个场域，尽管这些社会思潮在现实空间与网络空间中的影响力是不同的，比如民粹主义在网络空间中的扩散比现实空间更容易，民粹主义通过网络进行动员、组织来拓展现实空间的行动可能性，但是网络空间中的民粹主义与现实空间的民粹主义并没有显著地差异。

网络为各种社会文化提供了充分的博弈空间，但是为何在这个博弈过程中没有形成新的文化机制呢？从传统的权力视角来看，国内互联网尽管属于商业性质，但是在其中发挥重大影响力的仍然是国家力量，国家权力的介入会在最大程度上影响网络的格局和走向，进而对微观产生影响。但是，这是一种传统的解释路径，从本文的角度来讲，这并不能为我们重新理解公共领域提供更好的解释。一种有效的权力机制的产生，必然是在不断的博弈过程中形成，国家和社会之间才能够达到有效的平衡。在社会力量处于比较薄弱的情况下，国家力量必然会在网络空间中占据特别的影响力和控制力。因此，我们从社会力量来看，为什么不能孕育出一种新的文化。哈贝马斯提出“交往理性”的概念，将其作为交往行为的基础，用交往理性来重新建立一种理想化的交往关系，从而实现自我的解放，“不再直接地与客观世界、社会世界或主观世界上的事物发生关系”[③]。但是，哈贝马斯仍然没法回答，在这样的交往过程中个人是如何跳跃现实世界和主观世界的，特别是一个人该如何跳跃其自身所附着的文化基因。文化本身就是诞生在交往之中的，什么样的交往原则产生什么样的文化范式，而在什么样的文化范式下又产生什么样的交往。虚拟空间中的交往，就从来没有跳出现实文化的影响和现实文化的路径。

---

① Papacharissi,Z., The virtual sphere: The internet as a public sphere. New media & society,2002. 4 (1):p.9–27。

② McChesney, R.W., The internet and US communication policy-making in historical and critical perspective. Journal of Communication,1996. 46(1): p.98–124。

③ 哈贝马斯著，洪佩郁、蔺青译：《交往行动理论》. 重庆出版社，1994年版，第140页。

一是交往规则仍然遵循的是主流文化下的交往规则，交往目的仍然是在现实框架下进行的。社会力量仍然是在现实框架下进行着各种活动。以社会运动为例，网络社会运动并没有成为独立的一个运动结构，而仍然是社会运动进行的一个平台，社会运动从线上到线下之间的流动决定了网络运动更多是为现实社会服务，达成现实目的，而没有形成独立的运动力量束。

二是文化的有限性。当今社会很多亚文化都在消失，文化都处在不断的变动之中，即文化失去了传统文化的稳定性。这既可能会加快一种新的文化的形成，也更可能为一种新的文化的生成带来更多的困难。与产生一种新的文化相比，显然适应既有的文化更加容易并符合大众的习惯。因此，文化的惯性加之于人之后，当既有的文化还有不断调整的空间和支持的情况下，在网络空间中就不会有新的文化取而代之。因为文化的生命力便是如此，尽管新技术的影响已经遍布社会、政治、经济、生活的各个方面，但是传统文化并不会因此被新的文化所取代。

文化与技术之间的关系本身要比政治与文化之间的关系松散的多，但是一种主流文化的形成必然要通过政治的介入而形成。在网络空间中，国家与社会的关系仍然是不平衡的，国家占有者主导性的力量，因此国家对于文化的影响仍然是最主要的。在这样的背景之下，网络空间中的权力机制并不会发生根本性的逆转。

六　网络公共领域的前景

网络公共领域的发展仍然是中国公共领域发展的希望和重要的突破口。在各种社会结构中，技术变革仍然是各种因素中最容易发生变化、并且也是政治权力博弈最为薄弱的环节。通过技术变革来推动社会变革，通过新技术的使用来改变既有的权力结构、关系网络是改变网络空间结构的有力方式。

网络公共领域的发展仍然需要尊重个人隐私权，私人领域与公共领域的分离是公共领域得以健康发展的保障。尽管在社会关系网络的联结之下，在网络空间中，私人领域与公共领域表现出了越来越强的混合性特征，但是微信的发展也在昭示，不论是社会结构如何发生改变，私人领域仍然是社会生活中不可或缺的一部分，而且这个部分需要在一定程度上同公共领域发生分离来彰显这个领域独有的结构特征和发展前景。

同样需要理解的是，私人领域与公共领域又绝对不是截然可分的两个二维世界，在这种概念性结构之下，公共领域本身就是在凸显从私人领域到社会再到国家这样的一个进阶特征，公共领域是实现一个社会与国家平衡发展的重要领域。因此，对于一些将公共领域看做是瓦解国家权力的人来讲，需要重新来思考国家的边界及国家的有限性等诸多问题了，公共领域本身是处在国家与社会之间的一个中间地带，它既防止国家向着专制极权的危险方向发展，也在防止国家向无政府主义边缘滑行的危险。它本身就是在导引着一个国家的国民不要对国家事务漠不关心，也不能对公共事务处于过分依赖的程度，公共领域对国民素养的养成正恰于一个池塘的水对于旁边农田的重要性，公共领域实际上就是在汇集一个社会的意见营养来滋润社会的成长。

而在一个网络时代，公共领域的发展的前景仍然是不可判断的，这既包含了乐观的成分，也包含了悲观的成分。特别是全球公共领域时代的到来，正在重新书写国家与社会的关系，国家结构和社会结构都在进行着逐渐的变革，反全球化浪潮和宗教极端主义也在重新书写地缘政治关系。在网络空间中，各种力量的角逐只会越来越激烈，任何一个国家的公共领域都是全球公共领域的一部分，都会受到全球权力结构变化的影响。因此，中国网络公共领域的发展，是同全球公共领域结合最为紧密的部分，在一定程度上代表了中国公共领域的发展前景，它仍然需要一种较为稳定的空间来进行自我的调整。这种自我调整包含了诸多方面，如重建信任关系，拓展有效的社会关系网络，甚至包含了它对现实社会结构的重建。在这些关系的调整中，我们仍然希望在这个进程中，一种崭新的文化基因可以从这个母体中得到孕育，并且能够发展壮大，成为网络空间中的主流文化，从而对社会的发展提供足够的滋养。网络和现实社会从来就不是相互分离的部分，二者共生共存，相互影响，因此对于公共领域的发展既不能完全依赖于网络公共领域的发展，而是要实现网络社会和现实社会的共同发展，通过彼此的进步来推动中国公共领域的发展。

（张加春：首都师范大学，助理研究员）

从国外民族广播看我国民族广播发展新思路

张　彩　陈蕾伊

摘要： 民族广播是我国广播体系的一个重要组成部分，为了强化其传播效果，以更好地服务少数民族群体，本文考察了英国、美国和澳大利亚民族广播发展的三种形态：社区性质、商业性质和公共性质的民族广播，分析其运营模式和特点。并取其精华，在民族广播的体系搭建、内容生产等方面给我国民族广播事业发展提供新思路。

关键词： 民族广播　少数族裔广播　商业广播　社区广播　公共广播

民族广播是我国广播体系的一个重要组成部分，在传播社会主义核心价值体系和核心价值观，传播民族文化和促进多元文化发展，以及维护民族团结等方面都做出了卓越的贡献。经过半个多世纪的发展，我国民族广播建设积累了丰富的经验，但面对日新月异的媒介变化和复杂的民族问题，仍需要不断探索新的发展路径，以强化我国民族广播的传播效果。而考察他国的民族广播，了解在当前的国际民族版图和传播环境中，不同国家民族广播的运营情况、特征及传播效果，能够为我国民族广播的发展提供新思路。

本文旨在了解我国民族广播发展现状的基础上，考察分析英国、美国、澳大利亚三个国家民族广播事业的发展概况和特点，在差异化发展中寻找共性，取其精华，从而对我国民族广播的发展提出可行性意见。

一　中国特色的民族语言广播

对于“民族”这一概念的理解和定义，在世界各地各个国家间有些许差别，因而对民族广播概念的界定也有所不同。就我国而言，我国的民族广播主要是指面向非汉族人口、使用少数民族语言播出的广播节目，包括电台、频率和节目等几个维度的内容。[①]

我国的民族广播始于建国初期，1950年5月藏语广播作为第一个面向少数民族的民族语言广播拉开了我国民族语言广播的序幕。改革开放以后，民族广播在受众需求和政策发展的双重促进下更进一步发展，初步形成了新时期的民族语言广播体系。随着“西新工程”的实施与发展，包括汉语和少数民族语言在内的多语种广播已经覆盖了我国的广大民族地区，成为我国民族地区广大受众获取多元信息的重要手段。

目前，我国民族广播体系主要由两部分构成。首先是由中央人民广播电台民族中心开设的面向少数民族受众的广播频率民族之声。当前中央人民广播电台的民族之声广播共用蒙语、藏语、维吾尔语、哈萨克语和朝鲜语五种民族语言进行播音，其中蒙语和朝鲜语组成民族之声频率，同频播出，藏语、维吾尔语和哈萨克语各有一套频率。另一方面，除了中央广播媒体承担的中央级民族语言广播外，在各民族自治区及多民族省份的省（自治区）、市、县级少数民族聚居地也由当地的广播电台开设了相应的少数民族语言频率。

除了以上两个主要组成部分，在民族语言频率外，一些有少数民族聚居的省市的部分广播电台也开办了面向少数民族受众的民族语言广播节目。这部分节目多针对使用人数较少且聚落相对分散的受众，由此构成民族语言频率外广播媒介服务少数民族人民的一个重要内容，是对现行民族语言广播体系的一个重要补充。

二　国外民族广播发展概况与特色

如上文所述，国外对于民族广播概念的界定与我国有所不同，这主要是因为广播的服务对象有所区别。在美国、澳大利亚等移民国家，民族广播实际上是指面向移民人口的少数族裔广播以及面向原住民的广播；在与我国一样的多民族国家，民族广播则多是指使用民族语言，面向民族人口播出的广播，或者说是“少数人的方言广播”。但从本质上看，这些广播实际上面对

① 张 彩：课题《民族语言广播研究项目委托研究》，HW13028。

的都是民族人口概念上的少数群体。[①]

综观国外民族广播事业，英国、美国和澳大利亚这三个国家的民族广播发展具有典型性，分别代表了三种不同的类型：英国是以社区广播形式出现的民族广播，美国是以商业广播形式出现的民族广播，澳大利亚则是以公共广播形式出现的民族广播。因此笔者选取了这三个国家的民族广播事业为分析对象，以期为我国民族广播提供不同的发展思路。

（一）英国：社区广播形式的民族广播

英国主要有三类无线电广播电台，分别是以BBC为典型代表的“公共电台”，以Classic FM、Absolute Radio、Talk SPORT为代表的290多家“商业电台”和200多家“社区电台”（Community Radio）。社区电台属于英国广播的“第三梯队”，以非营利属性为标志性特征，区别于以营利为目的的商业电台。2005年起，英国通信监管机构Ofcom[②]陆续向200多家社区电台颁发运营执照，其中就包括了32家少数族裔台。

英国是一个多民族的移民国家，移民人口构成了英国的少数族裔群体，主要包括吉卜赛裔、爱尔兰裔、巴基斯坦裔、亚裔、非裔、阿拉伯裔等，他们是英国少数族裔传媒事业发展的受众基础。在这32家少数族裔电台中，面向非裔的有7家，亚裔15家，爱尔兰裔3家，穆斯林3家，犹太人1家，其他少数族裔台3家。[③]这些少数族裔台大都使用民族语言播音，重视宗教传播，在音乐的选择上较多地关注具有本民族特色的音乐。

可以说，英国少数族裔电台最大的特点便是通过社区广播的形式来实现，因此既带有社区广播的属性，同时发挥民族广播的功能。具体而言，首先，电台为社区内媒介资源分配较少的少数族裔提供了一个表达自我和互相交流的平台，也为非族裔成员提供了解该族裔的一个渠道，有利于促进民族认同，增加民族团结；其次，电台使用民族语言播音，传播族裔成员喜好的节目与文化，是对民族和文化多样性的一种保护；此外，电台不依附任何盈利组织或机构，而是由社区内的少数族裔成员自发组织参与节目内容的制作

---

① 张　彩：课题《民族语言广播研究项目委托研究》，HW13028。

② Ofcom：The Office of Communications（通信办公室）。

③ 柳　帆：《多民族社会背景下的英国少数族裔广播探析》，《中国广播（民族节目中心专刊）》，2013年第5期。

播出，所以更能代表族裔成员的权益，也更具地方性和贴近性，但同时又会面临财政方面的困扰，影响节目质量。

随着新媒体时代的到来，英国的少数族裔电台也很注重与新媒体的互动，通过在互联网上创建电台主页，与Facebook和Twitter这类社交媒体合作等方式，吸引受众收听和参与节目互动，并且立足于服务意识和受众意识，利用新媒体进行受众反馈调查，以更好地为社区成员服务。

（二）美国：商业广播形式的民族广播

众所周知，美国是媒介体制商业化最彻底的国家，除了公共广播NPR和公共电视PBS，其他媒介均处于自由市场的竞争环境中，美国的少数族裔广播[①]自然也不例外，因此美国民族广播以商业广播的形式出现。

美国少数族裔人口中数量最多的是拉美裔，并处于持续增长中，其次是非洲裔，再次是亚裔，此外还有印第安人和阿拉斯加等地原住民。相对的，美国少数族裔广播主要可分为拉美裔广播（西班牙语广播）、黑人广播、亚裔广播和原住民广播，拉美裔广播的发展态势尤为迅猛。

由于市场竞争的关系，美国的少数族裔广播需要不断地去发现并迎合受众需求，类型化特征明显。但从节目的内容构成来看，音乐在少数族裔广播中占绝对主导地位（不同的少数族裔对音乐有不同的偏好与选择），新闻、谈话等信息类节目则相对较少，这一方面有利于保持少数族裔文化的独立性，有助于本民族文化的认同，另一方面，却弱化了少数族裔广播信息传递，文化沟通，以及引导各族裔之间彼此了解与认同的功能。

此外，作为商业广播，美国的少数族裔广播势必被市场规律所驱使，为了收听率和广告费用而偏向于提供贴近主流人群喜好的节目内容，渐渐背离为本族裔发声的初衷，导致少数族裔话语权的落空，这也是美国商业广播体制对少数族裔广播的根本性影响。

（三）澳大利亚：公共广播形式的民族广播

澳大利亚是一个少数族裔分布广而多的多民族移民国家，实行多元文化

---

① 美国少数族裔广播：在美国，凡是电台所有者为少数族裔、使用少数族裔语言、有针对性的播出少数族裔群体所偏好的内容、主要目标受众为少数族裔的广播，都可以称作少数族裔广播。资料来源：王文竹：《美国少数族裔广播初探》，《中国广播（民族节目中心专刊）》，2013年第5期。

政策，维护多元文化社会在澳大利亚基本达成了共识，而在这一方面，澳大利亚媒体做出了积极的贡献。就广播而言，目前澳大利亚的无线电广播主要由公共广播、商业广播、社区广播和付费广/窄播构成，特色在于，在公共广播服务中，除了全国性的公营广播澳大利亚广播公司ABC，澳大利亚还专门成立了为少数民族和移民服务的特别广播服务公司SBS。部分非营利性的社区广播也为少数族裔提供服务。

作为面向少数族裔服务的主体，SBS的职能是提供多元文化及多种语言的广播服务。目前，SBS使用74种语言，采用同频播出的形式每周播出超过13500小时的节目，选择何种语言播出则以少数族裔的人口规模、英语熟练程度以及新到的移民数量等一系列标准为依据，而所有语言的节目均是以新闻作为节目开头，涵盖时事热点、社会福利、谈话节目、评论、体育和社区资讯等内容。[①]从这一点来看，其节目内容难免存在僵化操作，无法满足特定受众需要等问题。而SBS通过大量雇佣来自少数族裔的工作人员，以增加节目内容的贴近性和地方性，可以看做是针对这些问题的补救措施。

另一方面，作为公共广播，SBS的经费主要来自政府拨款，辅以广告、赞助、节目和产品销售等收入，这在一定程度上保证了它的独立性，能更好地发挥其公共服务的职能。但与此同时，由于广告、赞助只占了运营经费的极少部分，SBS也会面临资金缺乏影响节目质量的问题。

三　有关我国民族广播发展的思考

无论是英美澳还是其他国家的民族广播，它们以何种形式出现都取决于本国的历史发展和社会系统，符合基本国情和媒介市场的规律。同样，我国民族语言广播的发展也要立足本土，以此为前提，才能更好地放眼全球，借鉴国外民族广播的发展模式。

英国、美国和澳大利亚的民族广播发展代表了三种不同的类型，它们各有其明显的优势和劣势，但如果能结合其中的两种或三种类型，运营复合型民族广播，就能产生良好的优势互补。结合我国的民族和媒介政策来看，社区性质和公共性质的民族广播相融合，会是一个前景较为可观的发展途径，

① 张　彩：课题《民族语言广播研究项目委托研究》，HW13028。

当然，以美国为代表的商业广播形式的民族广播，它的类型化发展，以及对受众需求的满足和节目内容的多样化，也对我国民族广播的创新发展具有借鉴意义。

具体来讲，结合我国当前的民族传播和民族广播发展现状，可以从国外的民族广播经验中借鉴以下几个方面的内容：

（一）中央台完善频率细分，强调权威性

中央人民广播电台民族之声是我国中央级民族语言广播，其职能和运营模式更加接近于澳大利亚的特别广播服务公司SBS。SBS的节目编排略显僵硬，不够活泼，民族之声亦存在同样的问题。但SBS播出语言达74种，分频难度很大，而民族之声当前采用5种语言播出，尚有分频空间，且我国少数民族人口众多，同一民族中还存在方言不一的问题，因此分频播出非常重要。①

节目内容方面，因为是中央级媒体，民族之声应强调内容的权威性，宏观上向各民族人民传播国内外重要新闻信息，党和政府有关民族问题的方针政策，社会主义核心价值体系和核心价值观，以增强民族文化认同，增强民族团结。

（二）地方上建立社区广播形式的民族广播，强调贴近性

我国广播实行四级办模式，但开设于县级少数民族聚居地的民族广播发挥的作用却不理想，存在节目内容枯乏、形式单一等问题。立足于社区，促进社区发展的社区广播可以为县区级的民族广播发展提供新思路。

一方面，社区性质的民族广播可传播符合社区成员信息需求和审美需求的内容，强调内容的贴近性，可以是地方新闻，民族政策，和推动民族聚居区域发展的农业、教育、健康等方面信息，还有能够体现本民族民族文化的内容，进行民族文化的传播和传承。另一方面，社区性质的民族广播还可以针对性地讨论一些社区问题，充分调动社区少数民族成员的参与积极性，以推动社区内人口社会化。鉴于很多少数民族聚居地处于自然灾害频发地段，这些县区级民族广播还应尽可能地发挥危机广播的职能。

---

① 张　彩：课题《民族语言广播研究项目委托研究，HW13028。

(三)促进中央与地方民族广播的沟通与优势互补

民族之声能够提供权威的信息，但是其覆盖面较大，很难实现对受众的细化服务，且呈现出内容僵化的问题。而各少数民族聚居地的广播电台相对来说对受众的服务更加细分，也更能利用本地优势制作贴近当地少数民族生活的节目，对少数民族广播人才的引进政策亦相对宽松。因此，加大中央与地方民族广播的合作与沟通是当务之急，中央台积极引入地方台的本土化节目以丰富节目内容，地方台则可以获得更多的资源，双方都能更好地服务于少数民族群体。

(四)加快引进少数民族广播人才，参与节目内容生产

无论是中央还是地方民族广播，理应成为少数民族成员表达自我的平台，要帮助他们获得主流社会的认同，同时也为汉族人民了解该少数民族提供一个渠道，促成文化的交流互通。如何才能达成这个效果？最直接的方式就是引进少数民族广播人才，代表少数民族同胞发声。少数民族广播从业人员参与节目制作，更有可能制作出优质的少数民族语言节目，以满足他所属的少数民族群体的需求，遵循他们的收听习惯和喜好。此外，参与讨论本民族议题时，他们也能尽可能地理智争取本民族权益，引导受众公平看待民族问题，最终在促进各民族间文化认同的进程中发挥出切实有效的影响力。

(五)借力新媒体，提高互动性和用户体验

开拓新媒体领域，借势新媒体实现自身的突破和发展也是摆在民族广播面前的一条发展之路。可以通过在互联网创建广播网站，与微博、微信合作开设公众号等方式，拓宽电台的传播渠道，并为受众参与节目互动提供平台。比如在一些涉及民族议题的谈话类节目中，可充分利用微博微信留言通道征集少数民族听众的意见，同时还可进行受众反馈调查，调整节目内容形式，提高用户体验。

(张　彩：中国传媒大学新闻学院教授；
陈蕾伊：中国传媒大学新闻学院硕士研究生)

广播医药广告的路径依赖及其伦理思考

常　昕

摘要：在“事业单位企业化经营”的二元的体制决策下，我国广电机构既要服从党管媒体的行政约束，又要自寻财路、自收自支，由此走出了一条靠医药广告创收的道路。这不仅使广播公共服务的职能变得扭曲，也使得广播行业在长期的路径依赖作用下难以延展活力。广播的宣传事业属性及其实质上的无主性造成产权的模糊，进而使广播进入了一个行政和权力垄断的空间。广播时段虽然作为一种商品进入了流通环节，但由于垄断和人情关系的存在，市场竞争机制并没有在此流通环节得到充分发挥，而处于失灵状态。与此同时，整个广播行业出于广告创收的压力而不能直面医药广告所造成的传播伦理问题，而是以一种道德上的“集体无意识”将医药专题视为常态和必备。

关键词：路径依赖　产权　垄断　寻租　广告伦理

近十年来，以健康为框架或者以预防和治疗疾病为题材的节目成为广播电视媒体上的“宠儿”，大量有中国特色的医药健康节目在广电平台上应运而生，吸引了一大批中老年受众群。就传统广播而言，声音资源是其最重要的生产力和节目载体。依据广播与听众之间的听说关系，一方面各地区各级电台自办了一些以传播健康保健知识为内容的广播节目；另一方面，在广播市场化运作的过程中，众多电台尝试与医药产品厂家、商家或医疗机构进行合作，通过广播资源营销产品，双方互利，本文将此类节目称为医药广告。

仅以河北电台2013年的播出为例，全台8个频率仅有一档以知识传播为本真的健康节目，而种类不一的医药广告的日播总时长却高达72.5小时。也就是说，医药广告的规模是健康节目的70多倍，二者之间的不成比例和失衡状况完全可以用“严重”来形容。从全国范围、不同层级电台的情况看，不仅医药广告与健康节目比例失调是一种常态，而且依靠医药广告维持生存和创收几乎已是广播业通行的行业规律。

广播健康传播的本真价值在于发挥广播的教育功能，将健康知识或信息较准确地传播给听众，进而有助于解决其健康问题、提高其健康素养。而广播同时作为一种商业广告传播平台，却同时赋予“健康广播”超乎知识传播和健康教育的广告和商业服务功能，所以联结广播——社会（广告商）——受众的医药广告才能在“健康”的庇护下广泛而规模巨大地存在于我国广播业。

2013年以来，国家多部委联合开展针对虚假医药广告的专项行动。医药广告因在涉及“夸大疗效”、“保证根治”、“宣传治愈率”等内容，被列入虚假医药广告的重点治理范围。全国各地各级电台都因此陷入被迫停播、收入锐减的境地。实际上，医药广告在我国广播业的长期运行不单单是媒体传播内容选择的问题，其本质的原因还应归结为体制矛盾所带来的必然。

一　低效率的制度安排

从20世纪50年代中期直到改革开放之后，新中国的传媒机构一直以单一性的事业单位身份在社会活动中发挥作用。1983年，中共中央颁发《37号文件》，该文件“对中国广播行业后来的改革尝试和行业运行模式产生了深远和延续至今的影响”[①]。邓炘炘认为，《37号文件》最核心的意义是向广播、电视行业内引入了商业经营元素或成分。通过调整制度规则、引入竞争机制，吸引除了中央拨款以外的其他财源参与广播电视事业的建设。它首次提出并逐渐发展和演化为目前广播行业内普遍实施的“事业单位企业化经营”的原则和模式。

路径依赖是新制度经济学的一个名词，它指一个具有正反馈机制的体系，一旦在外部性偶然事件的影响下被系统所采纳，便会沿着一定的路径发展演进，而很难为其他潜在的甚至更优的体系所取代。[②]在诺思看来，路径依赖导致了一些经济社会制度安排的高效率，和另一些低效率制度安排的同时存在。“历史是至关重要的”，“人们过去做出的选择决定了他们现在可能

---

① 邓炘炘：《动力与困窘：中国广播体制改革研究》，中国经济出版社，2006年版，第115页。

② 国彦兵：《新制度经济学》，立信会计出版社，2007年版，第429页。

的选择”。[①]

以广播的情况为例，医药广告的问题症结之一即广播行业内存在着某种低效率制度安排的路径依赖。“事业单位企业化经营”是行政主管部门为解决广电行业财力不足而做出的一种带有“中庸”色彩的体制决策，意味着广电机构既要服从党管媒体的行政约束，又要自寻财路、自收自支。广播也似乎很快就找到了一条可以实现自我哺育的道路——医药广告。电台发现这种特殊的既可以以健康为名向外界宣示其服务大众的功能性，又可以通过租让声波资源的“稀缺性”带来巨额广告报酬，所以逐渐将医药节目固化为一种惯例、一种自然。从上世纪90年代中期至今，这种惯例在很大程度上已成为广播经营过程中一条共识性路径。但是，诺思曾列举了两条对比鲜明的路径，一条是制度变迁步入良性循环的成功路径，另一条是持续失败的路径。我们认为，医药广告供养广播生存的路径是一条低效率制度安排的路径，也是会带来持续失败的路径依赖。

（一）产权不明导致时段资源由公有转为私用

国务院于1998年首次发布并于2004年修改的《事业单位登记管理暂行条例》对事业单位的界定是：“本条例所称事业单位，是指国家为了社会公益目的，由国家机关举办或者其他组织利用国有资产举办的，从事教育、科技、文化、卫生等活动的社会服务组织。”而在《条例》出台的同一年，第九届全国人大一次会议决定，逐步减少对广播电视在内的大多数事业单位的行政拨款，促其走上自收自支的经营道路。广播电视事业被全面推向市场，事业单位企业化经营管理的模式逐渐在全国广电行业推开。所以，广播电视既要服务于宣传事业的大局，又要通过资源配置和市场服务去获取成本补偿和赢利。

企业化经营带给广播电视最大的动力，是提高媒体经营的能动性和市场生存能力，同时可以充分运用媒介资源，自主创新，根据受众的不同需求，提供有针对性的视听产品，带给人民群众更丰富多元的服务。但与此同时，事业和企业的双重性又导致了矛盾的产生，即媒体的企业身份与现代企业制度的要求不能相符。现代企业制度要求企业以完善的法人制度为主体，且以产权清晰、权责明确、政企分开、管理科学为条件。但是，广播电视产权不

---

① 诺　思：《制度、制度变迁与经济绩效》，上海三联书店，1994年版，第1~2页。

清的问题直接导致内容寻租和权力寻租的可能。

所谓产权，是财产权利的简称，包含所有权、经营权、监督权、收益权和处分权等。在公有制条件下，广播电视等公营媒体的产权结构不明晰，形式上是人人共有，但实际上控制权在少数人手中。国有企业的背后是国有产权，国有产权本质上是一种公权，不可能也不应该像其他产权那样，通过人格化主体来形成自我约束和激励机制。“公权企业有天生的弱点，即它们缺乏有效地和主动地开展市场经营活动的活力、动力和压力。当放松甚至放弃对公权企业的公开和透明监管时，这类企业会尽可能地增加自身的收益，而把成本和风险转嫁给社会，结果造成公权利益受损”[①]。同时，媒体资产的所有权、经营权、监督权没有分离，这直接导致所有权的虚位，缺乏对经营者必要而有效的监督制约，有学者提出，这种没有“外部人监督”，只有“内部人控制”的现状是媒体新闻寻租现象的内在原因。[②]

对于广播电台而言，其财产权利最直接的行使对象即无形却有限的声音资源，而声音资源市场化的途径就是将一定的广告时间出让给外界，从中赚取“租金”，即最终的广告利润。公有即人人所有，而人人所有又相当于人人没有。在电台所有权“无主”的情况下，内部人员拥有者它的实际使用权、经营权、处分权等。所以，当电台的时段租让行为并不是在出让所有权，而是在租让实际使用权。有学者将这种租让与租用广告时间的行为称作“内容寻租”。[③]目前，医药广告的“内容寻租”存在两种基本形式：一是在自营广告的电台，广告部门把时段直接承租给医药广告商，后者将广告内容灌入该时段，并成为媒体商品的一部分，随常规节目播出。二是在采用广告代理制的电台，医药广告商与代理公司约定时段，再由代理公司向电台广告部门或频率索取时段，最后由广告商承租并填充广告内容。这意味着，时段资源由公有转为私用，并充分进入到消费市场，为广告商的利益谋取最大化。可见，医药广告商、电台、代理公司之间合作关系之所以成立，正是建立在“时段寻租”的基础上。

医药广告的操作本质是广播业将自己的内容资源、时段资源出让给广告

---

① 邓炘炘：《动力与困窘：中国广播体制改革研究》，中国经济出版社，2006年9月版，第276页。

② 肖　峰：《从“新闻寻租”看媒体运行的体制之痛》，《新闻知识》2005年第10期。

③ 向　东：《论媒体产业的“内容寻租”和价格构成的特殊性》，《经济体制改革》，2002年第4期。

商，二者合谋追逐各自的利益诉求。这种操作之所以可以成行，核心问题在于广播体制及其运行制度所带来的垄断和寻租空间。“当广播电台经营作为一个行业禁区被划定以后，广播广告，至少在发布环节上，也就成为了一种行业特权和资本无法自由进出的领域”[①]。在我们的访谈过程中亦发现，“内部人操作”的制度缺陷在广播广告经营环节表现地极为突出，即便有的电台试图通过竞价、投标等市场化手段去平衡和弱化人为因素，但始终不能克服权力制导所带来的一系列问题。

（二）利益共同体的形成

所谓持续失败的路径指的是：尽管某项制度带来了报酬递增，但它是在市场不完全、组织无效的情况下产生的，阻碍了生产活动的发展，且产生了一些与该制度共存共荣的利益集团。这些利益集团就不会进一步投资，而只会加强现有制度。[②]在电台领导担任企业法人的机制之下，广播资源的产权归人人所有，也因此被极具拆分为人人无有。资源和产权的界定由此带有很大的个人偏好，很多情况下，某个时段归哪个广告商，是电台或部门领导的单独决定。如果说电台用广播时段与医药广告商之间进行市场交换的话，那么这种交换依赖的是社会关系、人情关系，而非良性制度、规则或合理程序。电台与广告商之间的利益集团由此产生。放大一些看，在医药广告这个产业链条上，电台–广告商/广告主–主讲人–主持人–医托–销售网点–购药听众，这些元素互为串联构成了一个庞大的、线上与线下紧密衔接的利益集团。如果说上世纪90年代初期“广播卖药”是为了求生存而偶然为之，那么，在经过了长时间的积累和整行业普及之后，“广播卖药”已经成为一种根深蒂固的制度路径选择。基于它可以与国民经济增长水平同步，为电台带来经济效益的提高，利益集团很难自觉产生改变现有路径的意愿、勇气和决心。

二　外部性过大

外部性，也称外部经济效应，它指的是私人成本与社会成本、私人收益与社会收益不一致的情况。外部性可以分为正的外部性（私人成本大于社会

① 邓炘炘：《动力与困窘：中国广播体制改革研究》，中国经济出版社，2006年版，第238页。
② 国彦兵：《新制度经济学》，立信会计出版社，2007年版，第434页。

成本或私人收益小于社会收益）、负的外部性（私人成本小于社会成本或私人收益大于社会收益）。[①]从这个角度看，医药广告的存在和普及给广播行业造成了极大的外部性，而且这种正的外部性和负的外部性都过大。

其一，新制度经济学理论认为，在具有复杂利益关系的市场经济社会，若不对各生产经营主体进行产权界定、明确产权利益，或者产权边界模糊，整个利益关系就会变得模糊，结果必然导致生产经营单位和个人失去动力，失去生产经营的积极性。也就是说，经济主体的私人效益小于社会效益，他就没有动力去从事这项经济活动，这即所谓的正外部性。在医药广告的问题上，不少电台都有“全员拉广告”的措施，但从我们访谈过的几家电台的情况看，回报不大（没有合理的分成机制）和客户资源垄断（领导或老员工掌握客户资源）是广播员工对这项措施的重要反馈，而这两点反馈在本质上都是产权不清造成的。

其二，从参与主体之一医药广告商的角度看，医药广告这项经济活动也存在负的外部性过大的问题。我们在前文曾分析过，对医药广告商而言，电台的进入门槛一是空段；二是广告费；三是资质审查。在人情和利益双向互送的扭曲关系下，时段可以通过非正常竞争手段获取，资质审查也无重要性和必备性可言。相较而言，唯有广告费是一个硬性门槛，但它却是一个可以被医药广告商轻松越过的门槛，因为与广告商的财源滚滚相比，每小时几百到几千不等的广告费不足为道。较之医药广告商所付出的私人成本，医药广告的社会成本无疑是巨大的。广播电视作为社会公共资源，应是公众获取新闻信息的来源、受到良知教化的渠道以及放松和娱乐的平台。如果媒体能够良好地承担这些功能和责任，其所带来的社会效益会是巨大的，而整个社会也不必为争取效益而付出过多成本。但医药广告在我国媒体行业的全面铺开却带来令人担心的状况，即整个社会要为医药广告商及其利益集团的私人收益埋单。

三　垄断、寻租与市场失灵

受利益集团影响的行业或部门往往形成以行政垄断为支撑的产权结构，其他经济主体很难进入这些行业，产业缺乏竞争，从而导致低效。尽管广播自

① 国彦兵：《新制度经济学》，立信会计出版社，2007年版，第120~121页。

收自支的现实使其独立于各级政府的财政体系之外，但作为党和国家的耳目喉舌的事业单位，它又必须被党委和政府职能部门所约束及管理。我国广播行业的行政管理部门是广播电视局，在四级办广播的行业方针之下，国家级广播由国家广电总局直管，省级广播由省广电局直管，以此类推到区县广播。此外，广电媒体也需要服从、服务于党委和政府的宣传需求。与此同时，行政管理部门又给予广电事业很大程度上的放权和保护：一方面电台电视台拥有相对独立的运行体系，可以在不违背宣传精神的条件下自主处置和管理新闻业务等。另一方面行政部门在制定相关政策时，在市场准入、资源分配、权责归属等方面会向广电机构倾斜，在制度上保证了广电的优先地位甚至是垄断地位。

当行政主导衍生出权力和资源垄断的情况下，市场竞争便没有充分性可言，其他经济主体缺少进入竞争的门槛，必然导致现有社会生产花费较多的成本，而且缺少创新的动力。如果此时形成一条可以服务于利益集团既得利益，且能够带来绩效增长的道路，即便其生产效率是低下的、外部性是偏大的，那么，经济主体在实际运行中也极有可能保持制度惯性，继续这条路径。“包括广播行业在内的国内传媒业的增收业绩，许多是在行政垄断的保护下获得的垄断收益，一旦失去这种保护，市场竞争就会令他们缩水和现出原本的面目”[①]。在社会和公众对媒体良知的呼声高涨的当下，工商、卫生、广电、药监等行政部门对虚假医药广告的管理和限制正经历着一个逐渐强化的过程。2013年专项行动期间，几乎所有电台都在哀叹“日子不好过”，归根到底还是因为那条一直受到保护且长期依赖的“财路”突然受阻。这个过程中，绝大多数电台都没有想过如何彻底改变现状，而更多的是用自办节目临时顶替医药广告时段，并等待风声趋缓的时刻。从行政及执法部门的角度看，专项行动的确对各级电台造成了经济打击，但仍然不能从根本上解决虚假医药广告的问题。职能部门的这些打击性行为通常是在一定时期内进行的，并非长期有效。这种管制行为如若作为一种长期性制度安排或运行机制，则势必会对广电媒体造成更沉重的打击，迫使其必须找到医药广告之外的生存路线。但是，既然医药广告可以在行政垄断和保护下长期生存，那么我们不得不将行政的力量划归到医药广告的利益共荣集团当中。所以类似于专项行动这样的管制举措恐怕很难成为一种制度常规，也难以避免成为“一阵风”。

---

① 邓炘炘：《动力与困窘：中国广播体制改革研究》，中国经济出版社，2006年版，第273页。

四 媒介商业化与广告伦理的“集体无意识”

大众媒体作为社会公器应当维护被社会价值观所普遍认同的原则，站在积极、向善、科学的角度明确立场、从事媒介生产、引导大众视听，而身处媒体机构的从业者亦应当以这样的伦理原则为职业底线。但是，在媒介市场化和商业化的过程中却经常伴随着违反伦理规则和道德要求的负面效应。尤其是在转企改制的体制和事业环境下，媒体经济创收的压力巨大，大量的精力被迫从新闻传播的职能层面撤出，去从事广告创收、产业经营等问题。媒介伦理原本最应当关注的是，从社会道义出发，媒体从业者应该做什么、怎么做。而在市场化、商业化条件下，媒体的基本伦理底线被越放越低，甚至是被忽略。媒体更多的是在考虑谁是广告的潜在消费者、可以将广告投放在哪个频率更能得到好的收效等。

在媒体业社会责任感不断降低，尝试用低俗化、迎合化的价值观招徕受众和广告的趋势之下，整个行业的发展路径就更多地以市场的喜好和年终绩效为衡量标尺，而非媒体公共服务的实际需求和对媒体品质的更高追求。因此，当医药广告进入广播电视领域并带来经济效益的快速增长时，我们看到，鲜有电台、电视台完全拒绝这条创收增长的道路，而是逐渐地放任其在广播电视中的存在，并最终成为一种行业运行的惯性和难以摆脱的顽疾。当医药广告形成全国气候并受到社会公众的质疑和批评时，行政机构开始出台法规进行约束监管，但诚如前文所言，长期以来，医药广告商、广电机构、行政主管部门之间业已形成权力寻租和利益共享的链条，医药广告也存在着“常年播常年管”的尴尬局面。而且，医药广告对广电资源长期的占有以及这种特殊节目样态的广泛普及，使得整个行业以及广播从业者日渐疏忽或放松了对传播伦理的考量，在一种近似于“集体无意识”的状态下保持广播日常运转。

对电台及其频率而言，在医药广告的问题上的确有无奈之处。比如我们看到有的电台一方面在播出大量的医药节目，另一方面又自办了几档健康知识类或专家咨询类节目。这意味着这些电台实际上是有意愿为听众提供健康服务，发挥媒体价值的，但电台广告营收的实际压力又难以解决，很难在较短时间内找到可以整体取代医药节目的广告来源。所以，电台只能是一边办真健康节目，一边播伪健康专题。即便是在江苏健康广播、山西健康之声等以传播健康为宗旨的专业化频率当中，依然给医药广告留出了位置，在向听众讲授健康知识的同时带药帮医药广告商“卖药”。

持续失败的路径依赖有四个特点：第一，市场交换依赖社会关系，受一种脆弱的权力平衡的统治，是人治不是法治。第二，没有用来搜集和分配市场信息的制度，存在一种以人情为纽带的贸易关系，缺乏普通的竞争和法律准则。第三，产权没有正式的法律制度的保护，产权的界定和保护带有个人偏好。第四，缺乏一个强有力的稳定的政府，产权被任意侵犯，使规模经济得不到发展，市场交换个别化，商业中欺诈、机会主义盛行。①从以上分析看来，广播的宣传事业属性及其实质上的无主性造成产权的模糊，进而使广播进入了一个行政和权力垄断的空间。广播时段虽然作为一种商品进入了流通环节，但由于垄断和人情关系的存在，市场竞争机制并没有在此流通环节得到充分发挥，而处于失灵状态。与此同时，整个广播行业出于广告创收的压力而不能直面医药专题所造成的传播伦理问题，而是以一种道德上的“集体无意识”将医药广告视为常态和必备。这也是为什么当医药广告的播出受到外部管制时，电台只是临时找一些应急节目来填补时段空缺，并原地不动地等着管制期的结束和医药专题的恢复播出。

但是，有两个问题是广播行业必须思考的：其一，目前所谓“健康广播”的格局流露出各个电台极大的随意性，严肃的健康知识类节目的品质和内容的可推敲性有待印证，真伪健康节目混杂交错，对听众缺少解释和引导。也就是说，我们的电台对健康问题的传播处于“只管播不管听”的状态，一切健康相关信息的真伪虚实都需要听众自己把握和判断。这无疑是对听众的不负责任。听众究竟能从电台纷繁的播出信息中获得多少帮助？各个电台恐怕很难在这个问题上给出一个有信心的回答。其二，依赖医药广告创收或者赚钱的这条道路，电台已经走了20多年。多年来，对虚假医药广告的行政管理虽然一向是阶段性的，但从2013年专项行动的打击力度和范围来看，电台和医药广告商今后恐怕很难再肆无忌惮地制作、播出，尤其是语言夸张的营销说服性内容的播出空间会越来越小。这势必意味着医药广告在广播电视中的售卖效果会大打折扣，如果达不到良好的销售预期，医药广告商恐怕也难以继续留恋广电媒体。广播业者理应看到这种趋势并提早调整和过渡，顺应制度变革的走向，争取主动权，而不是被动等待政策上的叫停和松动而亦步亦趋。

（常　昕：北京印刷学院新闻出版学院，讲师）

---

① 国彦兵：《新制度经济学》，立信会计出版社，2007年版，第434页。

新世纪以来我国媒介素养教育研究述评

张贵勇

摘要：进入新世纪以来，我国媒介素养教育快速发展，学界对之的重视程度、研究对象、研究的深度与广度，都大幅度提高，取得了较为可喜的成果，并从学校教育、家庭教育、社会教育等方面探讨了媒介素养教育实施的现实路径。我国媒介素养教育渐成显学的背后，有受国外相关研究影响的大背景，亦有青少年教育迫切需要的社会所需。但是，与国外相比，我国大陆地区的媒介素养教育无论在研究的方法论，还是现实实施路径上，还不够深入、细化，存在诸多不足。本文略述了我国当前媒介素养教育研究的现状，并指出当前媒介教育亟待解决的几个问题。

关键词：媒介素养　媒介融合　青少年　课程体系

新世纪以来，伴随互联网的迅速发展，我国媒介素养教育得到长足进步。如果说新世纪以前媒介素养教育只是个别学者关注的课题，那么新世纪以后则成为学界关注的焦点，逐渐成为一种“显学”。在中国知网（CNKI.NET）搜索“媒介素养”关键词，会发现2001年相关文章只有42篇，此后逐年以近百篇的数量增长，到了2007年（共计1261篇）之后，相关研究文章迅速增加，近三年更是每年增加近千篇数量的研究论文，其中2013年达到4803篇，达到论文研究数量的峰值。

一　媒介素养教育研究渐入佳境

与国外相比，我国媒介素养教育研究虽起步较晚，但发展很快，且呈现由高校主导的特点。众所周知，我国对媒介素养和媒介素养教育的关注，始于1997年中国社科院副研究员卜卫发表的《论媒介教育的意义、内容和方法》。该论文被认为是中国大陆第一篇系统论述媒介素养教育的论文，追溯了“媒介素养”这个概念在西方发展演变的历史。文中的“媒介教育”即今天的“媒介素养教育”。

2004年1月，中国传媒大学成立媒介素养教育研究中心，在国内率先设立了传媒教育硕士点，标志着我国媒介教育学科建设开始启动。2004年，张志安在《新闻记者》第5期发表的《媒介素养：一个亟待重视的全民教育课题——对中国大陆媒介素养研究的回顾和简评》，是国内首篇对中国媒介素养教育研究的综述性论文。2004年8月，上海交通大学谢金文发表的《新闻·传媒·传媒素养》一书，是国内出版的第一本针对大学生媒介素养教育著作。2004年10月，以“信息社会中的媒介素养教育”为主题的首届中国媒介素养教育国际研讨会在中国传媒大学召开。2011年5月，全国首家媒介素养教育研究会在浙江传媒学院成立。媒介素养教育从研究机构的层面日趋完备，布局初步完成。

如今，国内不少大学均开设了有关课程和专业，如浙江传媒学院、中国传媒大学、中国人民大学、上海交通大学、中国社会科学院、北京大学、安徽大学等，多在新闻学科下设立媒介素养研究室或研究中心，也有部分高校在中文系的研究生教育中开设媒介素养方向。对媒介素养教育进行专门研讨的硕士博士学位论文也因此逐年增加。例如，华南师范大学张学波的《媒体素养教育的课程发展取向研究》，南京师范大学白雪的《新媒体环境下我国大学生媒介素养教育研究》，重庆工商大学朱平静的《重庆市大学生媒介素养教育问题与对策研究》，苏州大学葛娴娴的《使用与满足理论视角下的大学生媒介素养调查研究》。这些研究侧重于实证调研，用调查数据来“说话”，结果具有较强的可信性。

媒介素养教育相关书籍出版也持续升温，2013年10月30日，南方日报出版社在广州市正式发布全国首套、同时面向家长、老师和学生的“三合一”的媒介素养教材。教材已被列入广东省小学生2013年秋季专题教材目录，媒介素养教育课陆续开进全市中小学。国内学者相关专著也陆续推出。2003年年底，复旦大学张国良推出《信息化进程中的媒介教育与研究》，是国内出版的首部媒介素养教育专著。而后，张艳秋著的《理解媒介素养：起源、范式与路径》（人民出版社）、黄楚新的《新媒介素养》（知识产权出版社）、荣建华的《中国媒介素养教育论》（中国社会科学出版社)、骆正林的《媒介素养与政治传播》(中国广播电视出版社)、单晓红主编的《媒介素养引论》、陆晔等著的《媒介素养：理念、认知、参与》、段京肃、杜骏飞合著的《媒介素养导论》、李希光的《谁蒙上了你的眼睛？——人人必备的媒介素养》、张玲等合著的《媒介素养教育课程论》(中国广播电视出版社)等，分别从不同视角探究媒介素养教育的内涵和研究价值，具有一定的广度和深度。

从2010年以来，媒介素养教育越来越成为学界关注的话题，研究活动也趋于常规化。浙江传媒学院自2010年开始，每年举行以媒介素养教育为主题的会议，并将专家文章汇编成《中国媒介素养研究年度报告》。该报告文集聚焦我国当下媒介素养教育的理论与实践。以《2014中国媒介素养研究报告》为例，全书由专家话语、媒介素养社会实践研究、媒介素养的社会性理论研究、青少年媒介素养教育探析、新媒体媒介素养研究等五部分构成，紧紧围绕当下媒介环境的发展变化，既有宏观的理论梳理、中观的行业探究，也有微观的田野调查、课堂实践分析，较为全面地展现了我国媒介素养教育研究的现状。目前，该校正在推进浙江省媒介素养教育的课程设计、师资培训、教材编写工作，力争在近两年内推出大、中、小学生媒体素养教材，走在了全国的前面。

2014年10月，全国少工委下发通知，全国少工委办公室、团中央网络影视中心将面向广大少年儿童开展媒介素养教育活动。这是首次从国家部门角度要求推动媒介素养教育。受此影响，不同教育机构之间合作推广媒介素养教育力度开始加大。2014年10月24日，首家全国性的儿童媒介素养教育研究机构——“中国青少年宫协会儿童媒介素养教育研究中心”在广州市少年宫成立。随后，广州市教育局、团市委以及市青少年媒介素养教育领导小组联合举行首次以青少年媒介素养教育为主题的学校现场会，公布了首批17所试点学校名单并授牌，同时宣布广州将全面推动媒介素养教育进校园工程。同年11月，中国人民大学与中国少年报社联合在上海成立少年新闻学院媒介素养教育上海基地及基地学校。

在中小学推广媒介素养课程方面，尽管我国教育行政部门尚未将媒介素养作为一门独立的课程纳入中小学课程，但部分中小学与高校合作推出了以媒介素养为内容的校本课程、选修课，或在综合实践课程中加入媒介素养内容，所推出的校本教材也包含了有关媒介素养知识。部分中小学经过多年试点后，于近年正式推出媒介素养课。例如，北京的黑芝麻胡同小学与中国传媒大学合作，已开展了7年的媒介素养教育进课堂实践。2008年9月至2009年1月，第一阶段媒介素养教育实验课面向黑芝麻胡同小学五年级学生开设，为期15周，每周一课时。五年级的5个班中，4个作为实验班，1个作为对比班。课程向学生家长全程开放。2015年，学校拟定将内容整理形成校本教材。

一些省份的教育行政部门认识到媒介素养教育之于青少年的重要作用，也着手自上而下地推广媒介素养教育。浙江省是全国较早在全省范围推广媒介素养教育的省份之一，位于杭州的夏衍中学一度被媒体作为媒介素养进课堂的典型经验来宣传。浙江省的媒介素养教育计划由高校推动、由大学派员到中小学培训老师或直接向学生授课的方式，由于效果相对较好，得到其他省份的效仿。广东省的广州市、珠海市、佛山市分别于近两年启动了中小学媒介素养教育课。其他省市如北京、上海等地也在陆续开展媒介素养进课堂试点，但与浙江省相比，无论从推广范围还是课程成熟度方面，都略显逊色。

二　媒介素养教育多以青少年为研究对象

在国外，媒体教育的流行归功于越来越多的人认为它是消除由不平等的资讯使用权而导致的社会不公的利器。这一方法最明显的案例来自菲律宾和一些拉美国家。国外学者更多的是从学理角度对媒介素养作出界定，如美国学者詹姆斯·波特在《媒介素养》一书中这样定义媒介素养：媒介素养是一个多维概念，需要从不同的视角来观察，进而理解其所具有的完整含义。媒介素养也是一个连续统一体，而不是一个类别。从中可以看出，国外学者对媒介素养的认识是站在接近一个学科的高度，将之作为一种现象来看待。

尽管起步较晚，但我国媒介素养教育无论在研究主题还是研究方法上，都有着一定特色。而且，我国媒介素养教育研究是基于信息技术飞速发展的大背景，与中国的媒介环境与青少年教育的现状息息相关，更多的是将媒介素养教育界定为一种教育行动，具有较强的时效性、针对性和可操作性，这一点从我国对媒介素养教育的界定可见一斑。例如，较早研究并界定媒介素养教育概念的学者卜卫认为，媒介教育是培养青少年媒介素养的教育，包括四方面内容：了解基础的媒介知识以及如何使用媒介；学习判断媒介讯息的意义和价值；学习创造传播信息的知识和技巧；了解如何利用大众媒介发展自己。

国内关于媒介素养教育的其他定义，如“媒介素养教育就是对公众进行媒介认知能力方面的教育，其目的是帮助公众正确认识传媒的性质,提高对各种媒体信息的解读和批判能力,以及正确使用媒体为个人生活、社会发展服务的能力。媒介素养教育是以媒介本身为教学内容的一种新的教育主张和理念。它是非职业性的素养教育，以培养学生（主要是青少年）对媒介传播和媒介产品的批判性思维能力、鉴赏能力和创作能力，目的是把受教育者培养成具有批评意识的媒介信息使用者”。从中可以看出，这些定义有着较强的指向性，明确对象是以青少年为主，内容是提高其对媒介本身的判断、分析和传播能力。

应该说，我国媒介素养教育的这种研究取向有积极意义，也符合当下的社会现实需求，但也不得不承认，某种程度上失却了媒介素养教育作为一种科学研究的学理性与严谨性，即对大众媒介从业人员的媒介素养研究较少，对各种传播媒介的发展现实、媒介融合的社会趋势等着墨不多。

对于中国的媒介素养教育研究来说，2004年是具有里程碑意义的一年，它标志着中国式的媒介素养教育研究真正起步。媒介素养教育研究进入了成果数量激增、研究范畴拓展、探讨视角多元化的研究高潮。通过研究的分化和聚类，产生出媒介素养教育的实证调研分析、理论基础研究、热点事件解读、本土化体系构建、分类型探讨等八个方面的研究重点范畴，基本上搭建出了中国媒介素养教育的基础研究模块，标志着我国媒介素养教育研究走上良性发展的轨道，社会各界逐渐形成共识。

三　我国媒介素养教育“三管齐下”的路径

20世纪80年代后，媒介素养在欧美发达国家作为独立的课程，逐渐纳入许多国家的学校课程教育体系。20世纪90年代以来，教育思想又有新的发展，媒介素养教育的重点是培养青少年接受、处理与鉴赏传媒信息的能力，并渐成全球性的教育运动，一些国家甚至为此立法。例如，英国、加拿大、澳洲等国家早已把媒介教育纳入学校教育体系。新西兰的学生在五年级课程中就已加入媒介素养培训内容；日本文部科学省于2001年在中小学与高中设立的“综合教育”科目中加入媒体素养；我国的台湾地区于2002年公布了《媒体素养教育政策白皮书》，香港地区亦在1997年教育改革时开始推动媒体教育，2005年推行的英语新课程及2007年推行的中文新课程，加入了媒体素养内容。

在媒介素养教育的实施方面，我国台湾和港澳地区明显走在了大陆地区的前面，总结出很多有价值的经验。港台地区的大学均开设了媒介素养通识课程。这类课程的设计以学术研究为主，教师主要扮演组织者和讲解者的角色，重视课堂的互动性以及启发性。课程不会将媒介素养的知识直接塞给学生，而是通过不同角度的切入，让学生自然而然地提高媒介素养。

我国大陆地区开展媒体素养教育的途径，主要是通过学校教育、家庭教育和社会教育三种途径。具体来说，学校是对小学生实施媒介素养教育的重要基地。学校教育特有的制度化、强制性以及课程设置的相对完整性和持续性，能保证媒介素养教育的理念和内容的贯彻实施。而且，通过学校教育，培训教师，提高教师的媒介素养，课堂教学变得更易让学生接受，达成共识，并带动学生家长对媒介素养问题的重视以及提高自身素养。但在媒介融合的社会发展大背景下，学校要高质量地实施媒介素养教育，必须改进传统的教学方法，结合校情和学情，完善媒介课程设置，使课程更具有系统性、科学性和渐进性。有研究者认为，媒介素养教育可以围绕着四个方面进行，即初步的媒介知识、辨析媒介内容真伪优劣、运用媒介初步技能和规避媒介对儿童可能的危害。对此，学校教育也可以从这几方面设计课程。也有学者提出，媒介素养教育与幼儿园课程相融合，与幼儿家庭日常生活相结合，效果会更好。实际上，从幼儿园开始教会孩子正确看待媒介，是一种可行之举，也非常必要。更必要的是，教育行政部门应该自上而下地推动媒介素养教育课程的开设与普及。

家庭也是实施媒介素养教育的重要阵地。卜卫在21世纪初就提出了“家长与子女共同提高网络素养”的观点：“如果父母没有相应的网络素养教育，他们就没有能力教育自己的孩子。家长关注、指导孩子使用互联网络，是保证孩子安全的最有效的方法”。目前学校达成的共识是，提高青少年的媒介素养，家长首先要不断提高自身对媒介的判断力，家长的行为示范和实时指导，对孩子远离不良信息、减少网络成瘾现象有着积极作用。

家长可以用商量的口吻、交流的语气、积极的暗示、发展的评价，引导孩子在不同的生活情境中关注情境、感受细节、思考问题、表达体验。家长也可以多与学校老师相沟通，有意识、有选择地将切实可行的媒介教育方案运用到家庭教育中。

社会是媒介素养教育实施体系的环境主体，也是提高小学生媒介素养水平的重要担当者，尤其是在当下媒介融合日趋明显的复杂环境中，媒介素养教育的社会组织建设，是保障媒介素养教育实施的必要条件。相关部门与机构应高度重视青少年的媒介素养教育工作，积极为其实施提供资金支持和制度保障，打造高水平的青少年媒介素养教育平台。在这方面，我国港台地区做得比较好。台湾的一些文化基金会建立了专业网站，并组织活动，将媒体与受众联系起来，在全岛掀起了媒介素养教育的风潮。香港地区自1997年开始推广媒介素养教育，由民间非营利性的教育协会或基金会担任传媒教育的运动核心，发行教材，组织师资培训与推广，游说政府部门。这些举措有利于营造良好的社会氛围，值得大陆地区相关部门借鉴和学习。

四 媒介素养教育亟待破解诸多难题

综观我国媒介素养教育，还存在如下问题：

一是高校媒介素养教育研究未形成集群效应。我国高校开设的媒介素养课程，主要集中在媒介报刊赏析类与媒体制作类，而在开设了媒介素养类课程的院校中，80%为选修课程，仅有20% 是必修课程。有调查显示，教师和学生都对目前开设媒介素养教育课程的情况并不满意。这些学校多数尚未独立开设媒介素养教育课程，而是将媒介素养教育融入其他必修课中。安徽某大学开设的当代媒介素养公开课，从媒介素养、认识媒介、解读媒介、探索媒介、反思媒介、应对媒介几个角度入手，但从授课内容和效果来看，显然还缺乏足够的深度，在内容的趣味性方面还有待于进一步提高。相对于台湾的济慈大学，该校的媒介素养课程，利用网络化教学来实现教学互动，教师的授课录音和所有教学资料都挂到网上提供给学生自己学习。从教学方式和师生互动方面，更加灵活多样，效果也更加显著。

我国高校媒介素养教育的相关研究也存在一些较为明显的不足，其中最突出的问题是“两多两少”：概述性、描述性的文章多，深入的、较具科学性的定量研究少；提出宏观的、框架性的建议和思路的多，具体的、细化的可适用方法少。在诸多研究文章中，还有一个值得警惕的趋向——研究者有泛化媒介素养概念的趋势，而对媒介素养教育目标定位的不清晰，也使高校媒介素养教育实践有偏离原初媒介素养本质内涵的危险。基于某一具体媒介形态如手机、网络等新媒体对大学生的影响而进行的高校媒介素养教育探讨，仍处于一种大而概之、未能突破传统媒介素养教育窠臼的状况，对媒介融合背景下该如何实施媒介素养教育，新媒体的发展对青少年心理和学习方式的影响等，也关注不够。

在基于调查和实证的媒介素养教育研究中，也存在一些较为明显的不足。一是调查的问题过于浅显，研究者们并未能深入下去，某种程度上反映了他们对前期调查问卷设计的科学性不足，而这一状况的存在不仅很容易使研究结论缺乏可信性，也会使整个研究欠缺理论深度。二是在整个调研过程中，调查样本的选择以及抽样是否严格地按照一定的程序进行，深入访谈的过程中是否排除了一些干扰因素，等等，这些保证调研结果客观公正的基本过程大多未能在文章中表述，而这也就会使其研究结论的信度及效度大打折扣。

二是政府官方机构支持的力度不够。国家层面还未正式将媒介素养教育纳入课程体系，全社会对媒介素养教育的重要性认识尚显不足，尤其是对大学和中小学师资媒介素养的培训还属于空白。目前，师资欠缺成为阻碍媒介素养教育实施和发展的主要原因之一。因此，媒介素养教师的培养也应成为学者们研究的重点，但在实际研究中，很少有学者关注教师和师范生的媒介素养教育研究。各地在推进媒介素养教育进课堂方面力度还不够大，更多的是一种试点行为，且连续性不够，个人色彩较为浓厚。一旦主推部门更换负责人或学校更换校长等，媒介素养教育进课堂便可能停滞。

三是中小学媒介素养教育实践亟待理论指导。近年来，以学校为媒介素养教育推广主渠道，针对高校的媒介素养课程陆续开设，提出了较为具体、适用性较强的媒介素养课程模型，这是近年高校媒介素养教育研究的亮点。不少研究者找到了大学生媒介素养教育与高校思想政治教育之间的契合点，并将二者整合起来进行研究，或者干脆将媒介素养教育作为一种达至高校学生思想政治教育目标的手段或途径。将媒介素养教育与其他学科教学相结合的交叉互动研究，以校园媒体、校内图书馆藏资源等为平台，对高校媒介素养教育进行研究也不在少数。但是，由于研究时间不长，我国媒介素养教育的实施仅仅停留在探讨和试点阶段。

而且，国内已开展的媒介素养教育进课堂，还不具有广泛的推广价值，还有待时间的进一步检验。在有些中小学，已将媒介素养作为独立开设的课程讲授，但总体上缺乏系统性和理论指导。由高校研究者参与实施的媒介素养课程实践，虽然具有一定的理论作为课程实践的基础，但由于缺乏多学科融合的理论视角，课程设计和实施经常会出现由传播学理论指导的课程缺乏教育学、心理学等的根基；而以教育学理论指导的课程又不能对媒介现象和媒介信息做出很好的解读和分析的现象。对此，国内学者既要借鉴国外媒介素养教育课程实施的先进理论和实践经验，更要注意本土化和可行性。而且，不同城市的学生有不同的特点，在媒介素养教育校本课程化方面，还要结合学情和校情。

四是民间机构介入媒介素养教育明显不足。当前我国启动媒介素养教育，固然有赖于教育行政管理部门发挥作用，非政府组织、非营利组织以及一些来自民间的自发组织也需要加入其中，促进这项教育运动的推广与开展。在这方面，欧美发达国家和我国港台地区的民间协会都成为推广媒介素养教育的重要力量。而我国社会组织在支持媒介素养教育发展过程中，还存在以下几个方面的问题：没有媒介素养教育方面的专门组织或协会；社会对媒介素养教育的认识不足；社会资源在媒介素养教育过程中的利用率相当低等。因此，政府还应积极激发民间组织的活力，给予政策或制度上的支持，使其积极参与青少年媒介素养教育体系的建构，毕竟是事关未来一代的健康成长。

2012年3月1日，福建省漳浦县五年级小学生小美和同桌小华一起跳进池塘，等到家人发现为时已晚，如花般的生命消逝在池塘里。事后，人们发现了小美的遗书。在遗书中，人们了解到她俩自杀的原因："我的好姐妹（指小华）弄丢了钥匙，她怕回去被骂，她要去死，我决定陪她一起去死。"不过，小美同时写道："我有两个秘密，一个是要穿越时空，到清朝，拍一部皇帝的电影；一个是要到太空。"

细观事件的缘由，小美和小华的死并非因"穿越"所至。然而，当下影视剧、网络小说等作品中天方夜谭般的剧情，的确给年轻人造成了误导。这也从侧面反映出我国媒介素养教育开展的迫切性与重要性。但是，正如青少年综合素养的形成不是一朝一夕之事，开展媒介素养教育也只能慢慢来，但要找对方向，摸准门路，方法适切，唯此才能使青少年乃至全部社会公众受益，更好地应对复杂的媒介环境，驾驭汹涌而来的互联网时代。

参考文献

[1] 彭少健：《2012中国媒介素养研究报告》，中国国际广播出版社，2012年版。

[2] 单晓红：《媒介素养引论》，浙江大学出版社，2008年版。

[3] 于翠玲，刘斌：《大学生媒介素养概论》，北京师范大学出版社，2010年版。

[4] 詹姆斯·波特著,李德刚等译：《媒介素养（第4版）》，清华大学出版社，2012年版。

[5] 克劳斯·布鲁恩·延森著，刘君译：《媒介融合:网络传播、大众传播和人际传播的三重维度》，复旦大学出版社，2012年版。

[6] 张艳秋：《理解媒介素养:起源、范式与路径》，人民出版社，2012年版。

[7] 尼尔·波兹曼著，何道宽译：《技术垄断——文化向技术投降》，北京大学出版社，2007年版。

[8] 党静萍：《如何应对网络时代？——网络文化下的青少年主体性建构研究》，法律出版社，2007年版。

[9] 亨利·詹金斯著,杜永明译：《融合文化——新媒体和旧媒体的冲突地带》，商务出版社，2012年版。

（张贵勇：首都师范大学博士研究生）

电视技术美学的特征研究

潘婷婷

摘要：本文试图从本体的角度阐释电视技术所带来的新的艺术美学特征，以两个相互对应的方法，分析电视技术独特的美学特征，一是“用电视的方式研究电视”，即研究电视艺术美学范畴中的电视技术之美；另一个方法是“从科技的角度研究电视”，看看科技发展，尤其是高科技的发展给电视带来了哪些美学特征。

关键词：平审美过程　技术之美　美学特征

彭吉象在《影视美学》中，将电视艺术的美学特性概括为兼容性、参与性、即时性和电视艺术的日常性接受等四个主要方面。这实际上是从电视艺术的表现方式、传播方式和接受方式三个角度阐述电视艺术不同于其他艺术门类的特征。电视艺术不论其表现和传播方式如何，其艺术使命的完成却是建立在接受者的审美过程完成之上。因此，如果从审美过程角度来看，电视艺术的表现方式和传播方式都是为了电视观众“看到”并“欣赏到”电视艺术作品。而在电视艺术的审美过程中，技术在场，并且支撑着电视艺术的审美过程。

一　电视艺术美学范畴中的技术之美

面对艺术，人的审美过程都遵循如下一个基本的过程：审美态度——审美注意——审美感知——审美判断，在这个过程中，引起人的美感的心理过程为：感觉——知觉——表象——想象，电视艺术的审美过程同样如此，本节将从电视艺术的审美过程中析离出技术的特征。

（一）通俗化与日常化：接受者的审美态度

在电视艺术之前的艺术种类，从欣赏者角度看，都是处在“殿堂之上”的艺术，即使是电影艺术的欣赏，也仍然需要一个黑暗的、特定的观影场所，以实现艺术的“仪式”感和神秘感。因此，观众在进入电影院之前，就已经准备好了要欣赏一部电影艺术作品，并且借助购票、等待、开场等一系列仪式去暗示欣赏者从日常生活中疏离出来，准备投入到即将进行的审美过程中去。

而电视则不然，电子技术的力量可以将电视艺术作品以视频信号的方式，通过有线、无线等多种方式远距离并同时传播到每一个用户的接收机上。电子技术消解了繁冗复杂的仪式，将审美行为日常化的理想变成可能实现的现实。但是，一个值得注意的细节是，在电视机刚刚出现的时期，每一个家庭的客厅，都是以电视为中心摆放，这意味着在受众的审美心理中，仍然将电视艺术的审美视为具有崇高感的过程，但是随着电视机的再普及，更多的家庭将电视机摆在了厨房、卧室。而车载电视和楼宇电视的出现，更意味着电视艺术的审美过程完全变成日常化的行为。

如果说电视出现之前的艺术种类的审美过程需要人主动趋近艺术，那么，电视艺术则刚好相反，是艺术主动趋近于人，“它们面对的始终是处在社会基层的普通观众。它们不是供奉在殿堂之上，仅为少数人观赏的高雅艺术”①。电视艺术欣赏者的大众性决定了它的通俗性，这是因为，观众欣赏电视艺术的过程本身是日常生活的一部分，这时的艺术欣赏者已经预设了这样的审美态度：他们并不指望在电视上看到艰深难懂的艺术作品，他们更希望看到贴近现实生活和普罗大众审美心理的通俗作品。

（二）随意性与即时性：观众的审美注意

在叶朗主编的《现代美学体系》中，审美感性活动开始于审美注意，它的出现一方面取决于审美客体结构形态的新颖程度、风格、意蕴等；另一方面取决于审美客体的价值趋向和审美理想。当审美注意产生之后，审美主体对即将到来的审美活动产生“朦胧的兴奋情绪”，这就是随之而来的审美期待。审美注意和审美期待共同构成了审美感性活动的准备阶段。

---

① 贾磊磊：《影像的传播》，广西师范大学出版社，2005年版，第90页。

随着电视技术的进步，以往万人空巷看《渴望》的景象不复存在，这一方面是由于社会转型之后题材更加多元化；另一方面，从技术角度看，频道越来越多，节目越来越丰富也使观众的选择余地更大，而遥控器的发明让电视观众彻底摆脱了更换节目所必须付出的体力，而遥控器也导致观众的注意力越来越难以集中，所以，电视艺术的审美过程不再是“审美注意”，而是“随意性审美”，电视观众的专注程度无法与电影院的观众相比，也就更无法与其他传统艺术形态相比。因此，在日常化的、随意的电视审美习惯影响下，节目的韵味被遥控器切割为若干个审美注意的“点”，这些点必须在几秒钟的时间内迅速吸引观众聚焦，开始审美注意，并在后面不断地制造新的审美注意点，并以此拖住观众持续关注该节目。

苏联美学家鲍列夫将“即时性”看作电视的一个重要审美特点，他认为“电视就是因为产生了希望能当时当日，以直观纪录的形式，真实准确地传播并从思想和艺术角度加工当代生活的事实和事件的那种需要才出现的”[①]。即时性本身由电视技术所带来，而即时性又将观众的审美期待提升到一个极高的位置。

（三）多元化与拼贴式：接受者的审美感知

电视艺术最大限度地汲取了之前艺术门类的精华，并以主动的姿态为我所用，以批量制造的方式完成艺术制作的全过程，并通过技术手段传播到受众手中。电视技术的几何量发展态势，给电视艺术的发展提供了足够的可能空间，电视以视听语言为技术手段，因而先天就带有多元的特性，从电影艺术开始，艺术就摆脱了单一的样态，向着整合的方向迈进。而电视艺术在交叉重构上做得更加细致，因而在这条道路上走得更远：音乐、绘画、舞蹈、电影等等这些前人的艺术形态在电视艺术的创作过程中，成为艺术元素或者艺术符号。

电视艺术的审美感知就建立在观众与创作者约定俗成的这些符号之上。电视艺术通过艺术元素碎片拼贴和再造成完整的艺术作品，这些艺术“碎片”各自有其独特的审美意蕴，而通过“拼贴”所形成的假定性时空又生发出第二层审美空间，观众在“心领神会”创作者意图的前提下，才能够进行

---

① 鲍列夫：《美学》，中国文联出版公司，1986年版，第470页。

电视艺术的审美感知。如果观众不具备对艺术碎片的读解能力，那么审美感知便无从谈起。

在数字时代，图片、声音、视频都以数字码流的标准统一在数字平台上，电视艺术的“拼贴”因此就变得更加容易，以往还需要翻拍翻录、反复进录音棚等种种流程都被在一台电脑上点点鼠标的过程所轻松取代。因此，电视艺术的表现形式更加灵活多样，电视技术给艺术带来了更多样化的空间，也给欣赏者带来万花筒般的审美感知。

（四）商业性与类型化：审美判断

从电视技术诞生的那一刻起，它就与金钱捆绑在一起，因此，电视艺术的商业性是无法回避的特征。电视艺术作品的制作、电视技术设备的更新、电视传播系统的换代等等，我们发现电视的每一步都离不开金钱，也离不开现代工业革命滋生下的商业链条，因此，电视艺术被称为文化产业的组成部分。但是，“我们在事实判断的范畴里确认电视艺术是一种商品化了的艺术形式，是一种文化产业，并不意味着我们将在价值判断的层面上完全取消对电视艺术的审美尺度……一味地把作品的艺术属性与商品属性对立起来，将无助于我们更加深刻地认识电影和电视艺术的多重属性”[①]。

商业性直接促使电视艺术作品的标准化生产和类型化出现，标准化与类型化与作为艺术创作者的独创性互为悖反，电视艺术就是在这种互相撕扯的生态环境中发展起来的。与传统艺术门类不同，电视艺术的每一次进步都与技术的推动紧密相关，因而就与金钱无法脱离干系，并最终要成为商业交换的文化产品。

二　高科技带来的美学特征

用电视的方法来研究电视，从电视艺术审美的内部挖掘技术之美，是对电视技术普遍的美学特征进行阐述；而以科技的角度研究电视，则会发现，在电视技术美学是一种全新的美学观念，它的出现颠覆了许多传统的美学特征，凸显了只属于它自己的美学特征。

---

① 贾磊磊：《影像的传播》，广西师范大学出版社，2005年版，第111页。

电视技术从黑白到彩色，从模拟到数字，每一次技术革命都是一次艺术飞跃，所有技术的最终目的都是为了更加逼近生活，更接近于人的真实视听感受，这是电视和电影艺术共同的审美标准。我们论述高科技所带来的美学特征时，发现这一终极标准并没有被推翻，但是高科技却在很多角度上打破电视艺术美学原有的成规，可以说，是电子技术造就了电视艺术，又是高科技改变了电视艺术。

（一）融合之美

如果我们观察近五年中国的电视屏幕和电影银幕就会发现，电视艺术作品越来越"电影化"，不仅如此，许多电视导演开始涉足电影拍摄，成为"两栖导演"，而更晚近的《大明宫》则干脆电视纪录片、纪录电影套拍。在模拟时代，甚至是电视标清时代，这都是不可想象的，至少以大投资的纪录电影套拍中小投资的电视纪录片是不现实的行为。而在2009年，这却成为现实，其深层次的原因在于：数字高清技术带给电视影像和声音巨大冲击力的同时，数字技术正在左右着电影的拍摄和放映。换句话说：电视艺术的工具、创作理念、审美标准、声画质量等各个方面正借助高清技术的推动力，向电影整体趋近。这是电视技术推动影像质量无限接近清晰的必然结果，是电视艺术无限接近真实的必然结果。

对于数字技术带来的电影和电视的融合问题，许多先见者已有评论，贾磊磊认为，数字技术出现之前的电影和电视在艺术表现形式、叙事媒介等诸多方面有根本性的差异，而确认这些差异是认识电影和电视艺术不同审美本质的第一步。但是当数字技术全面进军电影和电视之后，这一景象就改变了。"最终使电影和电视走到一起的是数字技术。数字技术的发展将彻底改变电影艺术的传统制作方式和放映方式，使电影和电视在制作方法上越来越一致。高清晰度数字技术终将使电影制作者彻底抛弃胶片，改变电影100年来不断沿用的历史命名。与此同时，数字技术也将使电视逐渐摆脱旧式的模拟磁带，进入高清晰度的数字天地。总之，数字技术的普遍使用必将带来人类影像艺术与技术发展史上的一次根本性革命"[①]。

而对这一融合趋势的发展方向，亨利·布雷切斯则从技术的演进角度提

① 贾磊磊：《影像的传播》，广西师范大学出版社，2005年版，第9页。

出："当我们比较电影和电视之间的区别时，单纯从技术角度考虑是不对的，虽然历史上电影以摄影机械技术为基础，电视则以电子技术为基础，但电影和电视的演进是趋向合一的。所谓的'数字革命'将使电影、电视技术上的区别变得无关紧要。"[①]

借助数字技术的力量，作为艺术载体的电视将成为播出窗口而与电影院并行存在。从目前的技术发展态势来看，尽管电视的收看环境和观众审美态度与电影院的观众仍有本质区别，但是从节目内容和节目质量，以及艺术表现形式和媒介载体上，已经出现了普遍的融合趋势，作为电影艺术本体的"电影化"特征，也许会成为电视艺术的又一种表现形式。

电视从诞生之日起，就以"多元化"和"综合性"为其艺术特征，电视艺术的开放性在数字时代表现得尤为淋漓尽致。数字技术平台给电视带来的是吸收传统艺术元素的便捷，而当电视艺术将电影艺术也融合其间时，它的艺术综合性特征也就发展到一个极致。"融合之美"既是电视技术发展的必然方向，也是电视艺术的终极目标。

融合之美，美在艺术元素的彼此渗透，电视艺术不再是各个艺术门派施展拳脚的杂货铺，而是在电视艺术独立美学标准下对各艺术门类元素的再创作；融合之美，美在数字平台下的有机整体，拼贴将借助技术手段变得不留痕迹，观众将不再能分辨出不同的艺术门类，他们看到的只是以声音语言和画面语言表达的一种全新的艺术形态，从另一个角度说，一个优秀的电视艺术作品，尽管融合了多种艺术门类和元素，但这些元素是作为有生命力的新的艺术肌体而存在，即使这些艺术元素原本属于其他艺术门类，但是如果将它们从电视艺术的这一有机整体中分离出现就会发现，这些元素已经失去独立存在性；融合之美，还美在艺术的深度交融，当电视艺术出现了"电影化"的语言，当电视创作团队与电影创作团队无论是工艺标准还是艺术追求都无限接近时，真正获得视听享受之利的，永远是观众。

（二）虚拟之美

数字化带来的美学特征还不仅仅是融合，数据码流可以创造出从未再现

① 亨利·布雷切斯：《为电视制作电影：电视趋融最佳案例》，载黄式宪主编：《电影电视走向21世纪》，中国电影出版社，第118页。

实生活中存在过的影像，打造完全虚拟的影音世界，这正是数字技术和高科技发展带给电影艺术和电视艺术一个共同的审美特征。“以数字化技术为最新表现形式的电影电视艺术，使电影电视产生了翻天覆地的变化。这种变化的最终结果是使现代电影电视具备了一种传统影视艺术并不具备的新美学属性，这就是影像艺术过去不曾具有的仿真性。如果我们把这个时代的美学称为真实美学的话，那么数字时代电影艺术的典型样式则应当是‘虚拟美学’”[①]。

电脑普及之后，虚拟技术几乎同步开始发展，人们尝试着用数字代表形象，通过创造代码来创造画面和声音，这些数字只存在于电脑中，所以虚拟技术创造的乃是一个并不现实存在的世界，但却不能不说是一个真实的世界，因为虚拟技术的仿真特性造成虚拟影视语言高度逼真性。虚拟美学更强调对人类想象力的释放，不论是创作者还是观众，对虚拟场景的把握或者读解都依赖大脑的艺术化想象。

在我看来，虚拟美学不仅是电影电视艺术美学的新样式，同时还是建立在电脑技术基础上的，全新的美学样式。在这个虚拟艺术世界里，艺术规则和审美标准都将由技术的发展水平决定，并由技术的掌握者以标准化的方式确证。因此，虚拟技术在电视艺术创作工艺中普及，掌握虚拟技术的工程师进入艺术创作团队并逐渐成为艺术风格的实现者甚至决定者，虚拟美学在电视艺术美学特征中的上位，在某种程度上正是技术全面垄断艺术的表现。

（三）陌生之美

高科技审美体验是深入脑海的深度催眠，对于观看者来说，他们进入的艺术世界乃是导演脑海中的世界，这个世界是全然陌生的，又是似曾相识的，观众对这个陌生世界接受的过程也是重构自己大脑的过程；对于创作者来说，他所创造的艺术世界只存在于他的大脑中，实现于电脑上，他在创造这个虚拟的艺术世界的同时也是建构自己大脑的过程。创造的过程不受任何客观条件的影响，因而想象力就得到了最大程度的自由。

科学技术给我们创造了一个陌生的艺术世界，这个艺术世界以数据流为媒介载体，以直达观者脑海的机器智能为表现方式，以艺术的生理体验代替艺术的感性体验。这是一个全媒体视像的世界，只有视听艺术，没有电视艺

---

① 贾磊磊：《影像的传播》，广西师范大学出版社，2005年版，第74页。

术、电影艺术还是电脑艺术之分；只有播出平台和观看方式不同，没有艺术内容的区别。

（四）震撼之美

技术变成身体的一部分，技术变成情感的一部分，这是高科技所创造的视听奇观的结果。视听语言的震撼之美在传统美学体系中，只是作为“悦耳悦目”的第一审美层次而存在，但是在高科技的年代，震撼本身就是美，快感成为美感的初级阶段，甚至是美感的呈现方式。

“震撼”是电视技术美学的本命题，震撼之美不需要理性分析，只需感性体验。它是借助于技术的智能性和精确性，而直接诉诸人类神经系统的审美体验，在技术高清晰度阶段，震撼之美在于用平面的“二维世界”无限逼近真实的现场感受，在技术的3D阶段，震撼之美则是通过视觉系统和听觉系统而得到的植入式的、置身其中的审美体验，因此，也有理由相信在技术发展的未来阶段，触觉、味觉、嗅觉等人体感知外界的神经系统都将可以为审美体验服务，到那时候，审美体验将不再是视听语言的震撼，而是植入神经系统的、直接的、多方位的震撼之美。

（潘婷婷：北京科学教育电影制片厂导演）

中国电影行业协会如何向美国取经?

——MPAA与国内电影行业协会治理比较研究

王　萌

摘要：电影行业协会是电影多中心治理中的重要社会主体，分析美国电影协会（MPAA）从政府手中争取电影审查分级权力、为行业提供版权保护准则、服务和引导受众合法消费、控制技术对电影产业的影响的主要职能，比较形成中美电影协会差异的因素，分析我国电影协会存在的问题与对策。

关键词：多中心治理美国电影协会（MPAA）行业协会

美国较有影响力的电影类社会组织有美国电影协会、美国全国电影评论家学会、美国纽约电影评论协会、美国电影电视工程师学会、美国电影摄影师学会、美国电影市场协会等。美国电影协会（MPAA：the Motion Picture Association of America）成立于1922年，它的会员是六大影视业传媒巨头[①]。美国电影协会发展初期与政府审查、大众娱乐消费、有声电影技术相关，政府、大众、技术革新这些关键词也贯穿于它生命的始终。我国建国后成立的全国性电影团体[②]大体分为两类：综合类电影协会和专业类电影协会。[①]前者

---

① 六大巨头分别是Walt Disney Studios Motion Pictures、Paramount Pictures Corporation、Sony Pictures Entertainment, Inc.、Twentieth Century Fox Film Corporation、Universal City Studios LLC和Warner Bros. Entertainment Inc.。

② 中国电影家协会（1949年成立），中国电影美术学会（1980）、中国电影音乐学会（1981）、中国电影电视技术学会（1982）、中国儿童少年电影学会（1984）、中国电影表演艺术学会（1985）、中国城市影院发展协会（1989，2009年并入中国电影发行放映协会）、中国电影基金会（1989）、中国电影制片人协会（1989）、中国电影导演协会（1992）、中国电影发行放映协会（1995）、中国电影著作权协会（2005）以及2011年开始筹备的中国微影协会等。

以中国电影家协会为代表，后者则涵盖艺术、技术、产业和专业工作者等类别的协会。中美电影行业协会的主要功能、内部组织治理、外部政府治理环境具有诸多差异。

一　多中心治理与电影行业协会

（一）多中心治理

“社会”一词在西方古代社会政治思想中具有政治属性，其政治方面的内涵在近现代政治思想中逐渐被分离出来，演变成独立于政治国家的民间社会或市民社会。随着市场体系的成熟，“社会”一词又逐渐带有非营利的性质，社会总生态演变成政府、社会、市场三个子系统。政治国家以权力为运行逻辑，市场以剩余价值最大化为原则，社会第三部门则依靠自愿原则承担成员间或社会公共事务的治理。

“治理”理论为社会团体自治和参与公共管理提供了分析范式和理论框架。20世纪后期，政府和市场呈现出各种不可治理性，政府、市场和社会的重新组合势在必行。“治理变革”肇始于20世纪70、80年代的西方社会，社会治理结构的多中心安排是构成这场治理革命“隐蔽的本质”，多中心治理已经成为治理革命的“元叙事”[②]。与治理革命的实践相伴，治理理论于90年代在西方政治学、管理学领域兴起。俞可平认为“从理论上说，治理的概念不同于统治的概念，从统治走向治理，是人类政治发展的普遍趋势。从政治学理论看，统治与治理主要有五个方面的区别（见表一）。作为一种社会管理理论，治理主张将公共事物的管理权限和责任从传统的政府垄断中解放出来，形成包括政府、社会组织、企业和个人等多元相关利益主体共同治理的局面。政府、市场和社会部门的界限日益模糊，权力依赖日渐复杂。

---

① 晋　石：《全国电影行业协会发展状况》，《中国电影年鉴2007》，中国电影出版社，2007年版，第451页。

② 孔繁斌：《公共性的再生产——多中心治理的合作机制建构》，江苏人民出版社，2012年版。

表1 统治与治理的区别

	统治	治理
权力主体	单一的政府或其他国家公共权力	多元主体共同参与（政府、企业组织、社会组织和居民自治组织等）
权力性质	强制性的	强制的，更多是协商的
权力来源	强制性的国家法律	法律、各种非国家强制的契约
权力运行向度	自上而下	可以是自上而下，但更多是平行的
作用所及范围	政府权力所及领域	公共领域为边界

表格来源：根据俞可平《全球治理引论》①整理。

（二）电影行业协会与行业治理

党的十八届三中全会提出的全面深化改革的总目标是推进国家治理体系和治理能力现代化。我国深化体制改革面临的重要问题是激发社会自主治理的活力，推动经济和社会转型。美国《经济学百科全书》对行业协会的定义是一些为达到共同目标而自愿组织起来的同行或商人的团体。行业协会是社会治理的重要主体，其长足发展有助于增加政府、市场、社会间的互动和资源交换，激发社会活力和内生动力，改善目前政府公共管理中“越位”和“缺位”现象，促进政府“掌舵”而非“划桨”，从社会管理的具体事务中解放出来。

处于政府和市场部门之间的电影行业协会、联盟组织具有服务、代表、协调的职能，具体包括确立市场规则和信任机制、减少交易成本、与政府博弈等等。它们解决企业共同面对的具有外部性或单个企业难以完成的共同问题，如为家长提供电影分级参考、全球版权保护和解决文化贸易的争端、提供便于公众使用的媒体库目录、行业统计数据等。

二 美国电影协会的主要功能

（一）从政府手中争取电影审查分级权力

美国电影协会对电影行业管理的一个主要方面是主动掌握电影审查权

① 俞可平：《全球治理引论》，《马克思主义与现实》，2002年第1期。

力，逐渐形成了自治的、平衡商业利益和社会要求的全国性的电影审查制度。

美国电影协会是美国电影分级制度的缔造者，但在最初，美国电影审查也由地方政府负责。1922年，几个美国主要电影工作室的主席发起组织了美国制片商和发行商协会（the Motion Picture Producers and Distributors Association of America），目的是为了抵制日渐高涨的要求政府审查电影的呼声。1930年，哈丁总统的内阁成员W·汉斯主持创建了以电影工业为主导的自我审查体系——《电影制作规约》（the Production Code），又称《汉斯法典》（the Hays Code）。这个体系要求审查所有的电影剧本以确保没有暴力内容。[①] 未经协会许可而发行电影，将被罚款2.5万美元。汉斯法典通常比地方政府电影审查机构的要求更为严格，因此，这一行业规约逐渐取代了国家电影审查。[②]

在20世纪60年代末，随着美国社会的民权运动、女权运动和劳工运动的蓬勃兴起，社会自由不断扩大，电影业内部严格的审查制度无法自立。为了跟随不断变化的社会，被任命为美国电影协会总裁的前总统特别助理杰克·瓦伦蒂对《汉斯法典》进行了彻底的修改，于1968年创立了自愿电影分级制度。即使全国性的电影分级制度已经确立，但是各州、市的地方政权仍然有立法规定，当地的影院放映电影必须通过地方行政审查机关事先审查和行政许可，但是为了保证电影及时走向市场，这些程序必须在5天的期限内完成。[③]

除此之外，从地方的公交站到在影院或者在线看到的预告片，像每部电影一样，每个已经评级电影的配套广告，包括平面广告和在广播和电视节目，新闻资料袋，广告牌，公共汽车候车亭，海报以及其他宣传材料中出现的广告也必须被美国电影协会的广告管理部门审查，以保证这些内容也适合观看它们的观众。40多年来，美国的电影分级制度随着美国社会不断革新，成为了美国言论自由的象征。

---

① 美国电影协会官方网站，http://www.mpaa.org/about/history，2014年12月18日访问。

② John Vivian，《The Media of Mass Communication》第7版，北京大学出版社，2005年版，第142页。

③ 韦恩·奥弗贝克：《媒介法原理》，北京大学出版社，2004版，第414页。

（二）为行业提供版权保护准则和服务

美国是知识产权战略的创始国，文化创意产业在美国被称为版权产业，突出了文化创意产业的基础产权制度，由于同一文化创意可以在各个行业之间、综合利用各种媒介渠道创造价值，因此各行业协会在版权保护方面相互联合。从行业内部生产者角度看，版权保护过程中需要解决的许多问题是企业间的公共问题，因此行业协会是知识产权保护的重要力量，不但制定行为准则，而且行使代理服务。

美国电影协会是国际知识产权联盟的八个版权产业组织之一，与各类知识产权保护组织进行业务合作，符合版权产业跨行业的要求。版权直接确定了电影产品的所有者，是营利的基本保障，因此美国电影协会提倡版权保护首先基于六大会员在全球范围内的商业利益。美国电影协会发布电影产业为社会提供的就业机会和创造的巨大经济价值，用这些数字证明版权保护是全社会的需要，为版权保护提供充足的合法性。此外，保护版权可以维护那些制作了备受喜爱的内容的创作者的权利，激发电影从业者和全社会的创造活力，发展电影艺术，使全球受众得到更多的娱乐和享受。协会认为每个人都从电影产业中获利，因此全社会都有必要参与版权保护，美国本土社会和美国文化产品的出口国家在保护本国出口文化产品版权上持有异议，协会便以行业代表的身份组织复杂的国内外维权活动。

美国电影协会在保护版权、打击盗版方面付诸切实多样的实践，包括行业内部自律；配合政府执法部门，及时举报盗版行为；通过政治游说修改法律；干预产品出口国家市场中的盗版行为；为用户提供正版电影观看和下载的网站名单；向用户，尤其是年轻人普及流氓网站知识，帮助他们了解常见的九种盗版方式（录像机、P2P、流媒体、光盘、制作和后期制作中的非法拷贝、营销传送、卫星信号盗窃、空中广播、无证或未经授权的公开演出）和其他盗版知识；普及全国、各州版权法律知识；防止高等院校非法的分享行为；发展提高消费正版产品意识的活动等等。美国电影协会把这些工作内容公布在官方网站上，是协会信息公开的内容，也起到向公众普及版权保护知识的作用。

（三）服务和引导受众合法消费

观众需求是电影产业链的一部分，行业协会不仅对准行业的生产者，也需要向行业中的消费者提供信息和服务，塑造良好的行业形象，以促进会员的发展。美国电影协会以六大媒体集团及整个电影产业的所有潜在消费群体为服务对象，为观众提供服务信息、引导电影观众如何在知识产权保护体系内进行消费。

美国电影协会网站上开设了帮助家长识别和决定哪些资源可以让孩子安全观看的专栏，这个专栏汇总了一些帮助家长了解电影、电视和游戏分级的相关网站。这些网站包括美国电影协会分类与定级部门的官方网站www.filmrating.com和其他为家长提供相关信息的网站及数据库。电影分级制度的核心目的——告知家长们电影内容，使他们能够确定什么样的电影适合自己的孩子，并且保证电影制作者能够表达他们对生活独一无二的创造视角，不被政府审查所破坏。①

版权保护与服务受众相辅相成。为公众提供更便捷、安全、多样的资源获取渠道是维护版权和创新的保障。有些时候在网站上寻找喜爱的电影和电视节目，很难分清楚哪些是合法的而哪些是非法的。美国电影协会在官方网站上开辟专栏，用于指导用户如何合法地在网上获取电影、电视资源，网站上包括70个可以获得电影和电视资源的网站链接汇总名单。而且，协会在自己的网站上为受众提供了一些辨别技巧、让公众了解常见的盗版手段、相关法律规定以及处罚方法，并且让公众了解美国电影协会自身是如何打击盗版的。

（四）控制技术对电影产业的影响

电影业处于科技创新应用于文化生产的前沿，造就了从无声电影到有声电影、黑白电影到彩色电影，2D到3D的转换。美国电影协会的利益攸关者联合起来表达对新技术的喜和忧，当技术更新带来的观影体验带动票房时，行业组织便成立技术类社会团体、建立技术平台、推动电影从业者科技素养提升来推动技术进步，当技术革新为电影产业带来较高的沉没成本，影响电影生产者营利时，它们便会在短期内联合起来推迟技术的应用。此外，美国电影协会致力于采用新技术和新方法，创造更多安全便捷、及时有效、灵活多样、令人兴奋的方式，让消费者享受自己喜欢的电影和电视节目。

---

① 美国电影协会官方网站，http://www.mpaa.org/，2014-12-18访问。

三　形成中美电影协会治理差异的因素与我国电影协会存在的问题

（一）对电影产业性质的认识

我国电影生产长期被定位为精神生产而非经济生产，电影经济属性和精神属性的争论一直持续到20世纪初，随着电影经济属性被认识、产业价值被发掘，直到80年代末期，产业类电影协会才逐渐建立。电影在美国被认为是创造经济价值的产业，因此美国电影协会自下而上建立，它根植于几大电影集团的切身利益。

（二）电影产业结构与市场发展程度

美国六大电影产生者形成了区别于我国的电影产业结构。六大媒体集团深谙行业状况、管理经验丰富；美国电影产业发展成熟，业内专业分工完善、各规模的影视集团形成有序的竞争格局。因此，美国各个电影类行业协会在职能上各有侧重，协会资源得到合理配置，在内部管理上也有经验可循。美国电影生产历史长、市场成熟、产业发达，大型跨国媒体集团将电影作为重要生产门类，各类电影协会职能明确、管理较为科学。中国电影集团和民营电影企业难以在行业协会中取得同等位置并共同致力于行业发展。由于我国电影市场发展起步较晚，并未形成完善的电影行业协会体系，比如没有形成权威的、能对消费者进行有效引导的影评人协会。

（三）第三部门治理能力

Tandon认为："非营利组织的治理不同于管理，治理着重于政策和组织性的问题而不是日常的项目实施的问题。治理意味着解决非营利组织的前景、使命以及战略的问题，着重于未来的方向和长期的战略考虑。治理是在考虑内部计划、工作人员和资源配置的条件下解决组织政策的问题，并为作为行使组织职能基础的规则和价值观下定义。治理内容包含着非营利组织的法定义务，而且还界定非营利组织在公民社会中的地位。对一个非营利组织的治理来说最重要的是，需要考虑该组织在社会中行使职能和运作的有效性。”①

文化领域第三部门长期以来计划经济体制和政府干预形成的体制积弊造成社会部门在国家治理体系中较为边缘化，并未形成有效的治理体系和较强的自治能力，行业协会内部组织治理能力弱。一些行业协会由事业单位直接从政府部门剥离而来，为从政府中争取更多资源支持的现实需求，成为“二级政府”，在组织、人事、财务各项管理中或主动依附于或受制于政府，缺乏独立性，很难发挥自主性。

我国一些电影协会吸收的一些会员单位超出了自己的专业范围，会员体系庞大但与协会没有经常性、有实质内容的业务联系，更无法形成协会的专业特长和信誉，很难塑造品牌影响力，这就需要明确电影行业协会组织使命，提升组织集体决策质量。

表2　　中央级文化类社会组织历年数据②（单位：个）

年份	社会组织合计	文化类社会组织（中央）	社会团体	文化类社会团体（中央）	民办非企业单位	文化类民办非企业（中央）	基金会	文化类基金（中央）
1988	4446		4446					
1989	4544		4544					
1990	10855		10855					
1991	82814		82814					
1992	154502		154502					
1993	167506		167506					
1994	174060		174060					
1995	180583		180583					
1996	184821		184821					
1997	181318		181318					
1998	165600		165600					
1999	142665		136764		5901			
2000	153322		130668		22654			

① Rajesh Tandon, ‘Board games’ :governance and account ability in NGOs,in Michael Edwards an-dAlanFowler(eds.),The Earthscan Reader on NGO Management.

② 根据历年《中国民政统计年鉴》整理。

续表

年份	社会组织合计	文化类社会组织（中央）	社会团体	文化类社会团体（中央）	民办非企业单位	文化类民办非企业（中央）	基金会	文化类基金（中央）
2001	210939		128805		82134			
2002	244509		133297		111212			
2003	266612		141167		124491		954	
2004	289432		153359		135181		892	
2005	319762		171150		147637		975	
2006	354393		191946		161303		1144	
2007	386916	235	211661	—	173915	3	1340	16
2008	413660	178	229681	162	182382	2	1597	14
2009	431069	190	238747	165	190479	7	1843	18
2010	445631	193	245256	167	198175	9	2200	17
2011	461971	207	254969	178	204388	10	2614	19
2012	499269	196	271130	176	225108	3	3031	17

（四）政府文化管理体制

美国没有专设的文化部、宣传部或广电局，为数众多的文化社会团体共同构成了一个非常独特的文化体制，政府拨款通过艺术基金实施，行业管理则依靠规模庞大的行业协会。

我国政府长期对文化艺术发展统包统管，在这种单一管理体制下，致力于完善电影美术、音乐、表演等艺术环节的人民团体——文联也是政治团体。产业类电影协会产生之后较长时间，在这种脱胎于计划体制中的文化管理制度下，政府赋予电影行业协会“政府与企业和市场的桥梁”功能定位，长期掩盖了行业协会对组织成员的服务、代表和协调职能。

四　完善我国电影行业协会治理的对策

（一）减少政府“越位”和“缺位”，提升政府治理能力

科学管理行业协会经济类社团法人的基础是理顺其与政府、市场的关系，包括行业协会与政府在行业管理中的角色分工，组织在人事、财务上的独立性问题，行业组织经济和文化方面的政府监管问题等。

近年来我国实行社团登记制度，鼓励社团竞争，逐步建立健全社会团体法律法规。随着多中心的治理格局的形成，社会自治的互联与互动将唤起公民与社会组织对政府机构改革的关注，由社会公民和社会组织来督促政府机构改革。

（二）规范电影行业协会内部治理，提高决策质量

优化电影行业协会内部治理结构，明确理事会、执行层、监事会的基本组织框架。合理划分理事会的职能、理事职责与义务，规范理事会议事规则，分清理事会与执行层之间治理与管理职能，减少对执行层监督的信息不对称问题。借鉴企业管理经验，学习企业组织的竞争精神。建立完善的决策、财务等信息公开制度。

（三）解决电影行业协会服务“受众缺位”问题

受众是电影产业的关键环节。我国电影行业协会服务“受众缺位”的相关因素是电影市场中受众选择权不足、消费者版权保护参与度弱、政府独掌审查制度。在这些背景下，电影协会很难将电影受众作为基本的服务对象，业务领域尤其缺少对受众需求的满足和观影引导。随着电影生产市场扩张、版权保护体系建立、电影审查与分级制度建立，行业协会将逐渐重视对受众的引导，以刺激和繁荣电影市场。

（王　萌：中国传媒大学文化发展研究院，传媒经济专业博士研究生）

媒体机构微博报道的业务性失实与实践性失范

李杰琼

摘要： 本文针对新闻机构的官方微博在新闻报道中存在的业务性失实现象，尝试厘清业务性失实与实践性失范两者的逻辑关系。最后，尝试对如何纠正这种业务性失实、实践性失范给出建议。

关键词： 社交媒体　公信力　新闻报道　业务性失实　实践性失范

随着微博、微信的兴起及其在社会中的扩散、普及，社交媒体在新闻生产领域渗透的广度与深度也在逐渐增强。这种渗透不仅体现在采编环节，也体现在新闻发布、互动反馈等环节，同时还体现在社交媒体日益成为"传统"媒体转型过程中，促进媒介融合、争抢话语权的一个重要平台。

一　媒体机构微博运营日趋常态化

2010年10月22日至11月7日，美通社曾专门针对中国记者社交媒体（social media）使用情况及习惯的进行了一次调查。据报道，此次调查涵盖对2503份真实有效的问卷的具体分析；被调查对象中，日常从事一线新闻采编工作的记者、编辑占到总调查人群的71.5%，受访记者的年龄段主要分布在23–30岁，超过80%的受访记者从业时间超过两年，其中有超过40%的受访者是具有5年以上从业经验的资深新闻工作者。[①]笔者认为，从受访对

① 详情参见《中国记者采写报道大量借力社交媒体》，《中国图书商报》，2010年12月10日，第C02版。

象的构成来看，这份研究报告的分析结果在具有一定的代表性，借此可从使用主体的角度管窥社交媒体在新闻采编环节的渗透程度。该调查报告显示，百科、BBS、博客、微博等社交媒体渠道大大拓宽了记者获取工作信息的来源。超过90%的受访者认为社交媒体上的新闻线索有一定价值；超过60%的受访者表示曾通过社交媒体获取新闻线索或采访对象从而完成选题报道。①

如果说2010年可被称为“微博元年”的话，与依赖微博获取信息、交流意见的媒体人形成对照的是，当时大多数“传统”媒体对这个新兴的平台还抱着观望态度。即便进驻微博开设账号的媒体也普遍将其作为单纯的信息出口，不仅没有对此平台的新媒介特性有深入的认知，也没有养成运营和维护的意识。因此总体上来看，2010年媒体微博的活跃程度并不高。随着微博用户群体的增长以及微博在公共事务中舆论影响力的体现，微博信息发布对“传统”媒体的新闻报道形成了实际上的反哺，越来越多的“传统”媒体对这个信息（舆论）的新兴集散地愈加重视起来。

2012年7月21日《人民日报》在新浪微博开设了通过认证的官方微博@人民日报（以下简称《人民日报》新浪官微），及时发布了关于当天北京暴雨的新闻报道。以此为嚆矢，中央级媒体纷纷开设微博，地方党报紧随其后，掀起了媒体微博蓬勃发展的热潮，并在数量上保持了增长。以新浪微博的媒体机构账号为例，2011年12月底，其总数为1.16万；截至2012年11月18日，这一数字增长到1.8万左右。②截至2013年10月底，新浪微博媒体机构账号总数超过为2.34万。③另据调查机构观察，2013年媒体微博已进入常态化运营管理阶段。④

媒体机构对开设微博账号从观望到试水再到蓬勃发展和常态化运营，主管部门的政策鼓励与引导也是一股重要的推动力量。

2011年10月11日，中共中央宣传部、中共中央对外宣传办公室、国家广电总局、新闻出版总署、中华全国新闻工作者协会出台了《关于进一步规范新闻采编工作的意见》。《意见》明确提出鼓励主流媒体开办微博，占领

---

① 详情参见《中国记者采写报道大量借力社交媒体》，《中国图书商报》，2010年12月10日，第C02版。值得注意的是，2010年微信尚未推出，当时微博作为一种新型的社交媒体刚进入社会公众的视野并正处在扩张阶段，普遍认为2010年可被视为“微博元年”。

② 《2012媒体微博运维年度报告》，《传媒》，2012年12期，第19页。其中2010年的数据为笔者根据2011年的数据以及2011年的增长率推算得出。

③ 人民网舆情监测室：《2013年政务微博、媒体微博发展报告》，2013年11月。

④ 人民网舆情监测室：《2013年政务微博、媒体微博发展报告》，2013年11月。

微博舆论阵地，扩大主流媒体在微博上的影响力。从时间点上看，2012年至2013年中央级媒体和地方党报的“开博”热潮无疑与上述《意见》的出台有紧密关系。

二 媒体机构微博报道的业务性失实

较为遗憾的是，目前媒体机构微博在新闻报道中的业务性失实行为愈发普遍，已对媒体机构的公信力构成潜在的（甚至现实的）威胁。

业务性失实属于非故意失实，指的是新闻报道者并无故意造成失实报道的动机，而是由于种种主客观条件的限制或影响，未能按照客观事实的本来面目如实做出报道所导致的新闻失实。①以下两个案例便是近一两年发生的较有影响的由媒体机构微博的业务性失实行为导致的虚假新闻。

例一是2013年12月3日“外国小伙扶摔倒东北大妈疑遭讹诈”的图片新闻报道。这组图片最先由中国国际广播电台主办的新闻网站“国际在线”发布，后经《人民日报》新浪官微首先在微博平台转发，随后在微博、新闻网站、新闻客户端得到广泛传播，舆论纷纷指责“东北大妈”。很快，新京报网发出了《目击者：“老外扶摔倒大妈遭讹”与事实不符》的报道，并由其新浪官微@新京报转发。随后，北京市公安局的新浪官微@平安北京发布了权威调查结果，此结果也证实先前“国际在线”、@人民日报发布的报道与事实不符。随着真相浮出水面，舆论随之发生逆转。②

例二是“西游记被韩国”的虚假新闻，此例更能凸显社交媒体时代新闻报道业务性失实的特点。2014年8月9日《广州日报》A9国际版刊登了题为“韩国学者称《西游记》起源于韩国”的报道，该报道称新闻来源于日本媒体。9日11时31分，人民网时政频道刊登题为“韩国学者：《西游记》起源于韩国”的报道，并显示该报道来源于新华网。③随后，不少媒体微博纷纷转发。9日17时26分，人民网国际频道的“求真”栏目发布《记者调查：“西游记被韩国”子虚乌有 解析谣言路线图》，证实该报道系几年前由国内

① 刘明华、徐泓、张征：《新闻写作教程》，中国人民大学出版社，2002年版，第25页。

② 详细经过可参考上海《新闻记者》年度虚假新闻研究课题组《2013年虚假新闻研究报告》，《新闻窗》，2014年第1期，第5~6页。

③ 人民网，http://politics.people.com.cn/gb/n/2014/0809/c70731-25435064.html.

博客、网络论坛的帖子“出口”至日本；日本网络媒体上主张西游记起源于韩国的文章信息源都是中国国内的网站，此外日本权威媒体并未报道此事。[①]可见，“西游记被韩国”实际上是网络信息“出口转内销”的乌龙剧。

虽然上述不实新闻并非媒体机构微博首发，但仍暴露出媒体机构微博发布新闻时普遍存在的问题，即在转发时为了抢速度、博眼球，并未进行基本的、必要的信息查证与核实，而是大多怀有侥幸心理，将核实的责任寄予（某种程度上也是转嫁给）首发媒体。

从结果和影响来看，正是在媒体机构微博的转发下，这些不实新闻得以在更短的时间、更广的范围内扩散。有研究者指出，2013年有不少起虚假新闻都是被媒体官微广泛转载，在真相面前集体沦陷的窘境一再出现。[②]

媒体机构微博新闻报道的业务性失实在较大范围内、以较高的频率出现的原因何在？

从客观条件看，网络时代信息的大量涌现与快速传播，给媒体机构微博的信息核实工作带来很大的压力。诚如研究机构指出的一般，在求新、求快的微博生态环境中，媒体微博不会采取如“传统”媒体一样严格的审稿、发稿流程，这就导致媒体微博所发信息的准确性不能得到严格保证。[③]

从主观条件看，这种业务性失实在很大程度上是由于媒体机构微博的运营者在新闻专业素养层面有所欠缺，没有区分“信息传播”与“新闻报道”两者在本质上的差别，导致报道意识不足。换句话说，媒体机构微博在新闻报道中的业务性失实是实践性失范的结果。

三　媒体机构微博报道的实践性失范

作为一种有着数百年历史积淀的职业的社会传播活动，新闻工作业已形成了一套得到共识的规范，要求从业者自觉遵守、贯彻并在实践中自律。这套规范或称之为新闻职业道德，或称之为新闻道德规范。研究者周俊认为新

① 详情参见《记者调查：“西游记被韩国”子虚乌有 解析谣言路线图》，人民网，http://world.people.com.cn/n/2014/0809/c1002-25435623.html.

② 上海《新闻记者》年度虚假新闻研究课题组：《2013年虚假新闻研究报告》，《新闻窗》，2014年第1期，第4页。

③ 新浪微博数据中心、人民网舆情监测室联合发布：《2013新浪媒体微博报告》。

闻失范这一概念可具体划分为三个层次，即新闻失范行为、新闻失范状态、新闻失范机制。所谓新闻失范行为是指新闻媒体及其从业者违背新闻职业道德的行为。[①]

本文受此启发采用“实践性失范”这一术语主要表达以下两层含义：

第一，实践性失范是一种具体的新闻失范行为，是指新闻工作者在新闻实践过程中缺乏严谨、扎实的专业工作态度与作风，所导致的采访不深入、写作不准确、编辑未加核实等行为。

第二，“实践性失范”与“业务性失实”相对应，意在强调这种失范与失实属于操作层面的技术性问题，与从业者的认知水平、认知能力没有必然联系；通过强化、加深对“新闻报道”的认知与理解，提高专业技能和素养，有可能得到纠正。

作为新闻学的一个核心概念，新闻报道是指媒体采集、加工事实，然后编写、制作成新闻文本或介质，以一定的技术手段或运输工具发送出去。[②]笔者认为，上述定义较为全面地描述了新闻报道的流程和结果，但遗憾的是未能很好提炼出报道的精髓，即新闻机构及其从业者有责任在采访、写作、编辑、发布等新闻生产的各个主要环节对信息进行甄别、查证与核实。在这个信息大爆炸的时代，真真假假的各类信息混杂在一起，只有经过甄别与核实的信息，才能成为加工事实的原材料；缺少了这个关键步骤，新闻报道便与普通的信息传播没有了差异，新闻的真实性也难以得到保障。

媒体机构微博在一定程度上依托新闻机构的品牌影响力在传播中发挥优势，在媒介融合已成为现实的当下，更是媒体机构不可分割的一部分。从严格意义上说，媒体机构微博转发的新闻也是新闻机构报道的有机构成；任何新闻机构在转载新闻时必须进行查证、核实，这是新闻机构维护新闻真实性、实现报道客观公正、体现社会责任的规范化要求。新闻报道无疑也是媒体机构微博的体现竞争力的核心产品，但目前这一产品的质量情况较为令人担忧。

1982年，陆定一接受《新闻战线》采访时曾强调：“新闻工作搞来搞去还是个真实问题。新闻学千头万绪，根本性的还是这个问题。有了这一条，

---

① 周　俊：《新闻失范论》，人民日报出版社，2014年版，第5页、第31页。

② 刘建明等：《新闻学概论》，中国传媒大学出版社，2013年版，第172页。

就有信用了。有信用，报纸就有人看了。”[①]

可见，严谨扎实、客观公正的新闻报道是新闻机构公信力的重要来源，也是新闻机构长期积淀的优势和应该继承的传统，这对媒体机构微博而言是同理的。在社交媒体时代，微博运营是为了更好地实现新闻报道的效果。媒体机构微博的运营固然要根据新媒介的传播特性和用户偏好，有意识地设计信息传播的形式、内容甚至发布时间，但不能忽视或轻视新闻报道的规范与原则。不然，当媒体机构微博的业务性失实和实践性失范变成一种常态，不仅会降低新闻机构品牌的美誉度，还会动摇整个新闻行业的公信力，甚至在社会范围内引发信息传播的失序，造成不良影响。

四 反思与建议

中国媒体机构微博目前在新闻报道暴露出的业务性失实问题并非特例，西方知名新闻机构在转型过程中也曾遭遇过。随着社交媒体对新闻生产领域的全面渗透，这些新闻机构一方面鼓励新闻工作者利用新兴媒体获得新闻线索，完成报道，一方面坚守本机构的报道传统，通过制定工作守则的方式，增强本机构员工在利用社交媒体时的专业意识和行为规范。

美联社、法新社、路透社、《洛杉矶时报》、《华盛顿邮报》、英国广播公司等国际知名新闻机构纷纷发布了社交媒体使用指南（守则）。[②]比如美联社自2009年开始根据社交媒体实践中不断涌现的问题，每年修订《美联社报道手册》中的相关指导意见；2013年5月在此基础上推出《美联社工作人员社交媒体使用守则》。《守则》的编订者在开篇指出：“《美联社工作人员社交媒体使用守则》是基于我们对于新闻价值原则的一贯阐述而提出的。以下的各条守则旨在把这些经久不衰的新闻行业理念应用到新的社交媒体领域，从而提升美联社及其每个员工在社交网络领域的品牌效力。”[③]这段开宗

① 参见《新闻必须完全真实——陆定一同志对本刊记者的谈话》，《新闻战线》，1982年第12期。

② 详情参见文建：《怎样规范使用博客、微博等社会化媒体——路透<网络报道守则>主要内容和要求》，《中国记者》，2010年第6期；陈昌凤、朱小妮：《传统媒体如何使用社交媒体：美联社案例》，《新闻与写作》，2013年第6期；李希光：《社交媒体上的公信力维护——解读国际一流新闻机构社交媒体指南》，《编辑学刊》，2014年第2期。

③ 廖鲽尔译、史安斌校：《美联社工作人员社交媒体使用守则》，http://news.sina.com.cn/m/2013-05-16/165627143711.shtml。

明义的导语对我们深入把握媒体机构微博与新闻机构的关系、媒体机构微博运营的根本原则有很大启发。

笔者认为，除加强对年轻新闻工作者的专业教育和职业伦理教育外，新闻机构不妨思考如何改革管理模式，实现新媒体部门与“传统”新闻业务部门的对接，不仅在媒介形态、传播内容、传播渠道上实现融合，也要探索在理念和管理上的融合。将媒体机构微博更有效地纳入新闻机构的管理范畴，其目的是在遵循新媒介平台传播特点与规律的同时，将信息的查证与核实形成制度，保障新闻报道的原则在社交媒体上也能够得到维护与贯彻，从而使新闻机构的公信力得到完整和全面的维护。

同时，各新闻机构应该定期更新本机构的新闻资料库和咨询专家名单，方便本机构的新闻工作者可以迅速、便捷地进行信息核实，最大限度地降低时间成本和人工成本。还可考虑借助社会各方力量建立新闻失范的案例库，以典型案例的形式，使新闻工作者（特别是媒体机构微博的运营人员）更具体地了解社交媒体时代业务性失实与实践性失范的种种表现、成因及可能的预防手段，在实践中能够更有意识地纠正自身的失范行为。

同时，可参考国际知名新闻机构的社交媒体使用指南（守则)，结合中国国情、中国媒介生态环境的特征以及本新闻机构的媒体定位，制定适用于本机构的社交媒体使用指南，对新闻工作者的行为起到更好的引导作用。从有效健全新闻行业的自律机制的角度出发，也可尝试推出社交媒体使用的行业规范，并明确媒体机构微博业务性失实的更正责任，共同建设良性竞争的媒体环境。

（李杰琼：北京工商大学艺术与传媒学院新闻系，讲师)

日俄战争时期“连日拒俄”的舆论领袖
——关于《俄事警闻》73期报纸原件的考察

李松蕾

摘要：《俄事警闻》是继《苏报》和《国民日日报》之后，在上海出版的一份专门报道“俄事”、旨在“唤醒国民、抵御强俄”的资产阶级革命派报纸。以言论与新闻为重点，通过对报纸原件的全面考察，发现由于过于依赖日本报刊和上海英文报作为新闻来源，该报的报道和评论呈现同情日本、倡导“连日拒俄”的特征和论调。

关键词：《俄事警闻》　连日拒俄　拒俄运动

《俄事警闻》（下文简称《警闻》）创刊于1903年12月15日，是蔡元培等中国教育会会员发起的“对俄同志会”的机关报。彼时，沙俄鲸吞中国东北的野心因撕毁撤兵条约且重新占领沈阳昭然若揭，在资产阶级革命思潮的发源地上海、东京等地引发了声势浩大的拒俄运动。《警闻》在发刊词中写道：“同人因俄占东省，关系重大，特设《警闻》，以唤起国民，使共注意于抵制此事之策，”[①]旋即成为拒俄运动中的舆论领袖和呼喊救亡图存时代强音。然而，“环伺吾侧，何一非俄！”[②]随着日俄正式宣战，《警闻》认识到为避免瓜分之祸，必须反对包括日本在内的所有西方列强，于是“对俄同志会”将《俄事警闻》更名为《警钟日报》，调整编辑方针为“抵御外辱，恢复国权”，揭露列强的侵略行径和瓜分中国的野心，以唤醒国民的爱国意识，“养成国民资格”。[③]从《俄事警闻》到《警钟日报》，反映了20世纪初

---

① 《本社广告》，《俄事警闻》，1903年12月15日。
② 《警钟发刊之旨趣》，《警钟日报》，1904年2月26日。
③ 《警钟招股事略并章程》，《俄事警闻》，1904年1月30日。

上海的革命志士们对晚晴中国在世界格局中的坐标和西方列强进入帝国主义阶段后的侵略本质的认识更加深刻。

前人对于《警闻》的研究，就分析对象而言，集中于其革命排满言论和广告与政治宣传；就目的而言，倾向于从中挖掘蔡元培的新闻思想或日俄战争史的琐碎细节；缺乏对这份以“俄事”为全部报道对象，以“拒俄”为办报宗旨的近代报刊的全面而系统的考察。本文以73期《俄事警闻》原件为研究对象，结合时代语境，以文本分析方法探讨该报的版面构成、新闻报道及其论旨在战争爆发前后的延续与转变。

一 版面构成与特征

《俄事警闻》社址在上海新马路华安里703号对俄同志会联络处，印刷和租房等费用由甘肃人陈竞全（又名镜泉，山东卸任知县）担负，[①]蔡元培、王季同、汪允宗、蒋维乔等参与筹备，王季同任主编并翻译英文电讯，蔡元培与汪允宗撰写论说并翻译日文报。[②]

《警闻》日出四版、竖排印刷，创刊之初送阅三天，每份零售8文钱。报头左侧为发行所地址“棋盘街中市”，右侧印有编辑所地址“上海新马路华安里703号俄事警闻社”，再右侧印出版日期，上注干支纪年，下注西历，不用清代年号，以示与清廷决裂。头版刊登《本社广告》、《本社征文广告》、《对俄同志会广告》和《社说》（文言）栏，从第二版开始，依次刊登《要闻》[③]、《外论》、《社说》（白话）、《追记》、《现势》、《投函》、《杂录》等栏目，后来增加了《图说》、《批评》、《时评》、《征文》、《专件》栏目。其中，《社说》、《征文》、《时评》、《批评》、《外论》构成了报纸的言论版；《要闻》和《现势》栏组成新闻版；副刊版由《追记》、《杂录》、《专件》、《图说》组成，大多为日俄战争背景材料和以“拒俄”为主题的小说、诗词等文学作品，如《日俄未来战争小说》、《讲俄

① 方汉奇、谷长岭、冯迈：《近代中国新闻事业史事编年（九）》，《新闻与传播研究》，1983年第1期，第240页。

② 马光仁：《上海新闻史（1850–1949）》，复旦大学出版社，2014年第2版，第241页。

③ 值得一提的是，《要闻》栏的每条新闻均有新闻标题，标题前标注实心圆圈●，与新闻正文之间以空心圆圈符号○隔开，栏题字号大于正文字号，版面错落有致，一目了然。

国人防寒的法子》等。因此，《俄事警闻》虽只刊登与"俄事"有关的专门的内容，但却是一份由言论、新闻、副刊和广告组成的稳定的近代化报纸。

（一）参用白话 间以插图

《警闻》的一大版面特色就是广泛使用白话文，漫画等传播形式，形成了文白兼存、图文并茂的版面风格。

1. 每日两篇论说 一文言一白话

蔡元培主持报纸编务，每天为报纸写两篇论说，一篇文言，一篇白话，题目均是告某某。至于文言和白话的写作规律，自创刊号连载的《本社征文广告》有明确规定，"告政府"、"告外务部"、"告领兵大员"、"告驻各国公使"、"告革命党"、"告留学生"等用文言写作；而"告全国父老"、"告工"、"告农"、"告商"等则用白话文写作，而且还要求用官话写作"告东三省居民"、"告满人"和"告蒙古及西藏人"，用京语写"告北京人"，用粤语写"告广东人"，用湖南白话文写"告湖南人"，即"凡涉俄事者不拘体裁均请惠寄本社刊登报端幸甚"。[①]随着来稿的出现，报纸增设《征文》专栏，渐渐取代了其中一篇《社说》的位置。

2. 创设《图说》专栏 大量刊登漫画

73期《警闻》一共刊登了37幅时事漫画，其中12幅是描摹自日本报刊或根据日本人的日记作画，其余大多根据前几日的新闻素材而作，前者为日本的战争宣传服务，而后者则多是描绘俄军欺辱东北军民的暴行，并附白话文加以解说。创刊号上刊登革命家、漫画家谢缵泰的《瓜分中国图》（原名《时局图》，最初于1897年7月发表于谢缵泰主编的《辅仁文社社刊》，是目前已知的最早的报刊漫画[②]），以比喻手法将列强瓜分中国、清政府任人宰割的危急存亡的时局一目了然地呈现出来，旨在"请我们四万万的中国人，都开着眼看看，扪着心想想，恐怕不知不觉要赶紧去想法子了。"[③]自1903年12月24日第10号起，漫画以《图说》专栏的形式固定下来，置于《社说》之前，十分醒目。

---

① 《本社征文广告》，《俄事警闻》，1903年12月15日。

② 甘险峰：《中国漫画的几个史实问题——兼与<漫画出版阶段志>作者商榷》，《国际新闻界》，2012年第12期，第124~125页。

③ 《现势》，《俄事警闻》，1905年12月15日。

（二）两次大幅改版栏目编排灵活

自1903年12月19日第5号开始，结束赠阅后的《警闻》正式调整报头设计，缩小报名字号，下注零售、订阅价格以及广告收费标准，并于当日首次于末版刊登商业广告（镜今书局的新书广告），此外，还在版面结尾处增设“刊误校正”栏，用于校正昨日报纸的排版错误。1904年1月3日第20号起，《警闻》调整版面栏目布局，广告栏被移至头版，置于报头和《本社广告》、《本社征文广告》、《对俄同志会广告》这些固定栏目之后，广告条数也有所增加。

1. 应读者要求第一次全面改版

1904年1月17日《警闻》第一次全面改版。此前版面平分为横向上下两个基本栏，报名在头版右侧通栏呈现；而此次改版将每个版面等分为横向上、中、下三个基本栏，并打通右侧上、中两个基本栏印刷报名，因此报头字体缩小至原来的三分之二大小。同时，出版日期增加星期标注“礼拜日”，与刊号一起被移至头版左侧（癸卯拾二月初一日　西历一千九百零四年正月十七号礼拜日　第三十四号）。1904年1月19日出版日期和刊号又移至头版报头右侧，1月21日起再次被移至头版左侧。此外，报纸正文的字号也全面缩小，《要闻》栏每条新闻标题前的标识符也由原来的●改为▲。1904年1月23日该报增设《时评》专栏。

对于此次改版，当日刊登的《本社改良告白》称：“本社近接同志投函，谓本报须将格式改良分作四幅，各留边线以使爱读者便于装订垂垂之远，本社同人谨表同意，改如今式样，特此声告，维读者诸君垂鉴。”这也成为本报创刊月余即受到读者欢迎和肯定的一份证据。

2. 计划改名《警钟》，再次改版扩幅

1904年2月10日本报在《社说》栏后刊登《本社紧要广告》，计划倍扩篇幅、改名《警钟》，“于各都会俱订同志通信，将以博征社会之状态，鳃理国际之纷掣，以唤醒我全国同胞，使共注意于体合争存之策，而东三省问题仍占主要部分，亦复参用白话间以插画，定于甲辰年正月初五日出第一号”。后因日俄开战，“我国存亡在一线之间，东三省问题仍是重中之重，所以将等东三省问题解决或在集股截止后改名《警钟》出版”。[①]

---

① 《本社特别广告》，《俄事警闻》，1904年2月19日。

1904年2月20日，为《警钟》的出版进行预演，《警闻》再次全面改版并扩幅至五版。报头字号增大至初创期，于头版右侧通栏显示，出版日期和刊号都被移至报头右侧。头版由报头和通栏广告组成，其余四版依次刊载《社说》、《时评》、《要闻》、《外论》、《追记》等栏目。就版面设计和布局而言，正文字号和栏题的设计均有调整。

二 新闻报道特征

《警闻》的新闻版包括《要闻》和《现势》两栏（另有1904年2月20至22日在《要闻》栏后新辟《别录》栏，刊登与“俄事”主题无关的新闻）。《要闻》栏的头条常常是摘译自各大日文报和英文报的电报集锦，并冠以“要电录译”的小标题，接着是中外报刊的新闻摘译，平均每日10条左右，也配有新闻标题。1904年2月10日，日俄正式宣战后，《要闻》版增幅至整版以上，新闻条目明显增多。

（一）九成要闻摘译自日本报刊和上海英文报

从1903年12月15日创刊到1904年2月25日终刊，73期《警闻》共刊载新闻1425条，其中96条为报馆自采新闻（“本社访闻”或“访稿”），其余1329条摘译或转载自18种中外报刊。摘译的新闻里，285条来自日本报刊（包括日本本土日文报刊、日人在上海创办的日文周报《上海周报》和《上海新报》，以及在天津收买的中文官报《天津日日新闻》[①]），1030条摘译自上海英文报刊。（详见表1）换句话说，《警闻》的要闻九成以上均摘译自日本报刊和上海的英文报。

这样一来，日本报刊和上海的英文报不仅成为日俄协商进展、日军动向和日本国情的信息来源，更是俄国军队动向、俄国内情，甚至西方列强对于日俄态度的主要报道者。如《俄国增兵于满洲》、《俄人侵入伊利》[②]《英国

---

① 《天津日日新闻》的前身是1897年创刊于天津的维新派报刊《国闻报》，戊戌变法后遭清政府查办，正式卖与日本人，1898年12月被迫停刊。1900复刊，1901年改名《天津日日新闻》，方若任主编，成为日本帝国主义侵华的舆论工具。参见：邱沛篁,吴信训,向纯武：《新闻传播百科全书》，四川人民出版社，1998年版。

② 《俄事警闻》1903年12月21日。

公言助日》、《俄国财政之困》[①]、《俄国士兵之逃亡》[②]等新闻都摘译自大阪《每日新闻》。甚至关于中国官民对日俄争端之反应的报道也多半转载自日本报刊，如摘译自东京《朝日新闻》的《北京练兵头领》、《岑春煊之建议》[③]和译自大阪《每日新闻》的《满洲劳工之抗俄》[④]。

表1　《要闻》栏新闻来源统计表[⑤]

编号	报刊来源	条数	备注	比例
1	大阪《每日新闻》	114	日文报刊共279条	20%
2	大阪《每日新闻》	30		
3	东京《朝日新闻》	40		
4	日本《时事新报》	55		
5	日本《大阪新闻》	4		
6	日本《二六新闻》	4		
7	日本《读卖新闻》	4		
8	日本《中央新闻》	9		
9	《上海周报号外》	16		
10	《上海新报号外》	3		
11	《天津日日新闻》	6	中文出版	
12	《字林西报》	418	英文报刊1030条	72%
13	《字林西报传单》	11		
14	《上海泰晤士报》	237		
15	《捷报》	28		
16	《文汇报》	336		
17	香港《中国日报》	5	中文报刊共14条	1%
18	天津《大公报》	9		
19	本社访闻（访稿）	96	自采新闻96条	7%

① 《俄事警闻》，1904年1月6日。

② 《俄事警闻》，1904年1月28日。

③ 本则要闻的内容是，提出更换懦弱无能的驻俄公使。见《俄事警闻》，1903年12月21日。

④ 《俄事警闻》，1904年1月28日。

⑤ 结合前人数据，并增补计入了《要闻》栏中标注“本社访闻”和“访闻”的新闻。参见皇甫秋实：《<俄事警闻>有关日俄争夺中国东北的评述》；周彦、李海、杨杰、王春英：《江桥抗战及近代中日关系研究（下）》，吉林人民出版社，2005年版，第664~676页。

1. 上海英文报界倾向日方

值得注意的是，1904年上海的英文报刊有《字林西报》、《上海泰晤士报》、《捷报》、《文汇报》[①]和《益新西报》五家，前四家都与英国殖民当局有着密切的关联，且都是《警闻》的重要摘译来源。1902年日英缔结同盟，在日俄战争期间，英国是藉由日本出面抵制俄国在华扩张势力范围的最积极的支持者，换句话说，日本是老牌帝国主义国家英国推进在东亚殖民利益、对抗沙俄的鹰犬。[②]

因此，这些代表大英帝国在华利益、为其侵略政策辩护的上海英文报刊在关于日俄战争的报道中，有明显的倾向日本的特征也不足为奇。上海公共租界工部局喉舌《字林西报》就一贯鼓励日本对俄开战。[③]就日俄双方对于战争信息的管控而言，与沙俄严禁外国记者进行采访相反，日本军方不仅邀请各国记者"观战"，而且对战地记者发出的新闻进行审查，因此也进一步导致了大量得以随日军"观战"的欧美报馆记者在同情日方的报道倾向。

2. 上海日人报业实力远超俄国

上海当时是英国的势力范围，沙俄鞭长莫及，尚未染指上海的报界，而日本则在《马关条约》订立后，大力开拓在华新闻业，以中日"同文同种"为诱导，宣扬"大东合邦论"，在此掩护下加入西方列强瓜分中国的阵营。在日俄战争酝酿期间上海同时发刊了两份日文周报：1903年12月24日由竹川藤太郎创办的《上海周报》和1903年12月26日由杉尾胜三主办、永岛高连主持的《上海新报》。《上海新报》改名《上海日报》后于1904年7转由

① 《字林西报》(North China Daily News)是英国人在中国出版时间最长、影响最大的英文日报。1864年7月1日在英国驻沪领事的支持下创刊，曾被人称为"英人在东方之唯一言论机关"，一贯代表英美资产阶级的利益，长期为两国对华侵略活动辩护，敌视中国的革命运动，在中国各地,包括青海、甘肃、新疆、四川、云南等边远地区均聘有通讯员，以消息灵通著称。《上海泰晤士报》(Shanghai Times)1901年在上海创刊，由美国人布什(J.H.Bush)创办,柯林(G.Collinwod)主笔,为美侨社会的言论机关，初创时,曾接受清朝江苏巡抚和日本的津贴,并由亲俄转为亲日。后为日本人所收买、接办,抗战时期成为日本在华的言论机关。《文汇报》（TheShanghaiMercury）1879年4月17日由英商开乐凯(John D.Clark)创办，1890年购得《上海晚邮报》的产权并将其并入后，在上海英文报界形成与《字林西报》《华洋新闻》三足鼎立的局面，成为上海影响最大的英文报纸之。1917年该报一半的股份为日本人所有，1930年8月13日并入美国人主办的英文《大美晚报》，前后共出版51年。参见邱沛篁,吴信训,向纯武：《新闻传播百科全书》，四川人民出版社，1998年版。

② 井上清、铃木正四：《日本近代史》，商务印书馆，1959年版，第121页。

③ 马光仁：《上海新闻史（1850~1949)》，复旦大学出版社，2014年第2版，第247~248页。

东亚同文会井手三郎接办，与《同文沪报》合并，使上海成为当时日本在华新闻事业的重心并形成在日俄战争中有利于日方的舆论阵地。[①]

（二）编者按表明立场：连日拒俄

《警闻》在摘译的新闻之后，时常以“本社按”或“按”为标志，加注编者按进行评论，以表明报社的观点和立场：讽刺中国民众对于瓜分之祸无动于衷、抨击政府失败的外交政策，主张连日攻俄，夺回东三省主权。

如1903年12月16日的新闻《两宫大喜》及其编者按：

驻俄使臣致电外务部，称俄国召回远东总督，似有与中国和平了结之意云云，两宫得此消息遂大喜。按俄人无□与中国如何和平了结，必不肯将已占之地交还中国，西国三尺童子皆能明言其理，而两宫顾遽以大喜，恐朝廷之上不复有拒俄之心矣。

如若俄国有和平了结东三省之意，就不会撕毁撤兵条约，编者按语讽刺清政府还不如西方的“三尺孩童”明白事理，督促清政府坚决“拒俄”。在译自日本《时事新报》的一则关于“日印协会”[②]成立的新闻后，“本社按”立即将话题转向“俄事”问题，呼吁国人关注时局危难：

本社按：印度不国矣，犹与日人立协会为保种之研究，殆亦感于今日之时局，而然欤我国丁此□危瓜分警电传布数日，竟漠然无所动，虽有锦辉馆一番演说，日人终奈我何，岂堂堂中国竟印度之不若耶？吾同胞其念诸。

事实上，《警闻》在“研究对付东三省问题”之法的过程中，十分倾向于支持中日连盟对抗俄国的策略。在日俄正式宣战前就通过本社访闻表达了与日英报刊宣传相似的主张“连日拒俄”，1904年1月9日的《中日连盟未成之被间》写道：

本社得京师访函，言此来中日两国颇有连盟之势，俄人大惧，遂以外交之狡术愚弄政府，大致以日俄战祸中国宜守局外，否则不利于中国，政府受其愚弄，闻有决守中立直说，业经电告各督抚，若然则政策之迷失不可间已。

---

① 当时日人在中国一个城市同时创办日文和华文报的，只有天津和上海两地。北京只有中文的《舜天时报》等，东北当时还在俄国人的势力控制中，日本在东北大量创办日文和中文报刊，是在日俄战争之后。天津日人所办的华文报《天津日日新闻》名声也比较大，日文周刊《华北新报》后也改出双日刊、日刊，并改名而为日文《北洋日报》。上海日人创办的日文《上海新报》一直到20世纪二三十年代，一直执在华日文报界的牛耳。参见马光仁：《上海新闻史》，复旦大学出版社，2014年第2版，第298页。

② 《俄事警闻》，1903年12月19日。

新闻对于俄国离间"中日联盟"和清政府被俄国"愚弄"致使中国只能守"局外"的结局的愤慨，都暗示了《警闻》倾向中日联盟以拒俄的主张。

（三）《现势》：日本报刊关于俄军战斗力的报道

《现势》栏共刊载新闻31篇（包括4幅漫画①）。就信息来源而言，有26篇译自日本报刊（3篇大阪《每日新闻》，9篇东京《朝日新闻》，10篇《时事新报》，1篇《读卖新闻》，3篇笼统记录为"日本报"），占总量的84%，3篇报社自采新闻，1篇转载自《中国日报》，1篇来自漫画家谢赞泰的《瓜分时局图》。就内容而言，俄国在东亚、满洲、西伯利亚等地的陆、海军力分布和俄国国内的财政窘境构成了此栏主体，仅有少量是关于西方国家舰队配置及与日俄军力比较。（详见表2）这些转载自日本报刊的"现势"新闻，毫无疑问地站在日本帝国的立场上，讲述如下两个主题：

其一，记叙俄国陆军、海军、舰队和大炮的数目，以及日军相比之下占据的优势；

其二，俄国国内财政困顿，一旦与日本开战必受制掣。

值得注意的是，该栏的自采新闻也是围绕这两个主题，与来自日本报刊的新闻的倾向基本一致。

表2　　《现势》栏新闻标题一览表

编号	日期	标题	报刊来源
1	1903/12/15	漫画：瓜分中国图	香港报刊（谢赞泰）
2	1903/12/18	漫画：日本戳穿俄国假面孔	"来自日本新闻纸"
3	1903/12/19	漫画：俄国国内贫困	"描摹自日本报纸"
4	1903/12/20	漫画：中国任由列强瓜分无动于衷	"日本人画的"
5	1903/12/21	《俄国现在住东三省军队实数》	《中国日报》
6	1903/12/26	《列国远东海军力》	大阪《每日新闻》
7		《俄国财政》	大阪《每日新闻》
8	1903/12/28	《记俄国海军》	报社自采新闻
9	1904/1/1	《日俄海军力之比较》	报社自采新闻
10	1904/1/6	《各国陆军定员》	东京《朝日新闻》
11	1904/1/7	《极东之列国舰队》	日本《时事新报》
12	1904/1/1	《日俄装甲巡洋舰之比较》	日本《时事新报》

① 关于这4幅漫画，将与其他33幅漫画一起，放在《图说》栏中加以分析。

续表

编号	日期	标题	报刊来源
13	1904/1/13	《满洲及西伯利亚之俄兵》	日本《时事新报》
14	1904/1/15	《记满洲及西伯利亚之俄兵》	日本《时事新报》
15	1904/1/18	《记俄国黑海舰队之势力》	日本《时事新报》
16	1904/1/20	《比塞尔他之俄国舰队》	日本《时事新报》
17	1904/1/28	《俄国东洋舰队之所在》	日本《时事新报》
18	1904/1/29	《法国东洋舰队之新编制》	日本《时事新报》
19		《美国海军之大扩张》	日本《时事新报》
20	1904/2/1	《列国之海军费》	日本《读卖新闻》
21	1904/2/8	《记列国东洋舰队之近状》	日本《时事新报》
22	1904/2/11	《俄国陆军之编成》	东京《朝日新闻》
23	1904/2/12	《满洲俄军之配置》	东京《朝日新闻》
24	1904/2/13	《满洲中国兵之数》	东京《朝日新闻》
25		《满洲俄军之配置》	东京《朝日新闻》
26	1904/2/14	《满洲俄军之配置》	东京《朝日新闻》
27	1904/2/15	《俄国东洋舰队》	东京《朝日新闻》
28	1904/2/16	《日俄海军势力比较表》	大阪《每日新闻》
29	1904/2/17	《俄国陆军制》	东京《朝日新闻》
30	1904/2/18	《俄国陆军制》	东京《朝日新闻》
31	1904/2/21	《直隶之列国军队》	报社自采新闻

三　时间延长线上的报道主题与基调

（一）战争爆发前（1903年12月15日~1904年2月9日）

自创刊到日俄战争爆发前的57天里，《要闻》栏的报道主要围绕着日俄协商进展、两国备战情况、日本内阁与民众的态度、俄国国内革命内乱与财政困境以及清廷和国内民众对日俄战争的态度等方面展开，并呈现出以下特征。

1. 日俄协商：日本诚意和谈、俄国迁延答复且积极备战

《警闻》几乎每日都刊载关于日俄协商进展[①]的动态，但在以日英报刊

---

① 结合《社说》栏，日俄宣战前，《俄事》颇有主张趁日俄协商之际鼓励政府攻打俄国夺回东三省主权的意向，详见下文。

作为主要摘译来源的版面上，充分展示的是，直至宣战前日本和平解决俄据中国东北问题的诚意。如创刊第二日的一则要电：

伦敦电云，日本解散“下议院”一事可为日本政府欲以和平了结之明证，切日本政府既无“下议院”之掣肘即可随心所欲以结成协商之局。译《字林西报》

为了促成与俄国的和谈，日本不惜解散一心主战的“下议院”，相比之下，俄国数度迁延答复，毫无和谈的诚意。

俄政府回复日本之迁延，盖欲窥日本议会之举动及议会解散复益迁延，现俄使馆于昨今两日发长电数通于俄政府。译日本十二月十二日大阪朝日新闻。 译大阪《朝日新闻》①

不仅如此，俄国还积极备战，不断在满洲和太平洋地区增兵派舰，如《俄国增舰增兵》，（译大阪《每日新闻》）、《俄增军费》（译日本《中央新闻》）②等。1904年1月9日的几则要电更是集中展现了俄国一面在外交上虚以逶迤，一面在军事上暗度陈仓的狡诈形象。

西一月七日东京电，俄国此次答复仍不能满日本之意。又云俄国似尚有望和平丁结之意，然此间人皆谓形形势之亟已达极点，自宣战以外殆无他策。

……又云，昨日俄国士官指挥兵丁二十三人进韩京以保护俄国公使馆，又云护俄国公使馆非陆兵而水兵。以上译《字林西报》。

西一月一日伦敦电，俄国加散舰队驶远黑海，因有两千俄兵将乘此舰，同日伦敦电柏林某报云，俄国派遣铁路守卫兵自瓦骚至满洲。译《上海泰晤士报》

可以说，《警闻》摘译的新闻将日本推向了舆论优势之地，战争与否要看俄国的诚意，一旦双方开战，战争责任皆在俄方。

……德报亦言，日本已示决心避冲突之法，唯有俄国让步而已。译日本一月六日东京《朝日新闻》③

1904年2月4日的几则要电再一次证明即将打响的日俄战争，完全是由俄国挑起的，而日本不过是在协商无果的情况下，被动应战。

---

① 《俄窥日意》，《俄事警闻》，1903年12月18日。

② 《俄事警闻》，1903年12月28日。

③ 《日本战备之影响》，《俄事警闻》，1904年1月1日。

西二月二日路透电，一月二十一日，俄国发军令增其预备部队之数。又云在俄京传言，俄国欲增海参崴守备队之势力……同日东京电，官场以外之人传说，日本政府热心候俄国之答复甚急。”以上译《字林西报》

一月二十九日北京电，日俄交涉始终不能和平了结，日政府虽不愿开战，然因俄人并不退让，亦不得不一战。译《上海泰晤士报》

《警闻》之所以密切关注日俄协商，无非是基于对中国东三省的主权和前途的关切，亦对即将袭来的瓜分之祸忧心忡忡。正如1904年1月17日的一则要电所称：“各国公使现力劝中政府开放满洲，如中国能允其请，彼必能各挟兵力以保中国之权利，而抵止俄国进取之计，通令其将兵逐渐退出中国，闻中国政府颇以此计为然。然又恐因此起瓜分之祸，故大有进退维谷之势。”西方列强力劝中国将东北开放为万国公地，以此作为他们合力将俄兵逐出中国的条件，然而中国担心由此带来瓜分之祸，于是进退维谷。至于日俄一旦开战，对于中国而言，其结果将如同日刊载的《中国之分割》所言，无论孰胜孰败，都将给中国带来瓜分之祸。

2. 战争宣传：日本“保全中国”之说大行其道

19世纪90年代由樽井藤吉提出的建立在种族主义基础上的侵华理论“大东合邦论”经由冈仓天心的“亚洲一体”之说的重新塑造，中日由“同一种族”发展为“同文同种”，成为“大亚细亚主义”的理论根源。[①]甲午战争后，日本在中国大力拓展新闻事业，随着日俄在中国东北地区的激烈争夺和日俄战争的爆发，以“同文同种”为根基的日本应“保全中国”（“保全”的实质是促使中国成为日本的被保护国、附属国）的宣传更加甚嚣尘上。

由于过分依赖日本报刊作为新闻源，《警闻》新闻版不加辨析地移植了日本所谓“中日同文同种”、“保全中国”的这种迷惑性的战争宣传，进而形成了日本对俄协商甚至不惜武力开战的目的是为了“保全中国”，进而维护东亚稳定的强大假象，以致此类观点不仅出现在摘译自日本报刊的新闻里，甚至也隐藏于一些本社访事员的访稿中。如1903年12月17日就有本社访闻《日本民党之激昂》宣传“日本与中国唇齿相依、共保黄种”：

东京来电云，日本政府近主联俄以瓜分中国，而民政党则以此次满洲问题关系黄种之存亡，若中国瓜分则日本虽得一二省之地，亦不能独存，故近日大倡对俄强硬之论。竭力反对政府。某日在东京神田区锦辉馆开对俄青年

① 王向远：《王向远著作集——日本侵华史研究》，宁夏人民出版社，2007年版，第255页。

大会，适中国留学生亦开秋季大会于锦辉馆，彼会中派会员来我会演说，大意谓中国人宜人人以强硬手段对俄，非至四万万人无一生存，不宜退让俄人一步。日本当与中国唇齿相依、共保黄种。演说毕又约留学生两百余人至彼会入旁听席，是时虽有警察十余人监于其旁，稍涉激论即禁止，而演说者慷慨如故。……呜呼！满洲问题关系中国存亡，彼日本人以间接之利害而激昂如此，我国人当何如？

到了日俄即将决裂的边缘，日本都不忘声称“保全中国对于满洲之主权”是日本与俄国协商的“底线”，以赢得中国的同情。1904年2月3日的一则要电称：

……（西二月一日）同日路透电云，伦敦之某日官探得俄日会商细情，见某路透访事云，日本已决定力主保全中国对于满洲之全权，其他或可稍有更改，但此条不允则无论如何必致决裂而太平难保也。 译《文汇报》

“路透电”、“伦敦电”和上海《泰晤士报》等英文报刊也积极配合日本的战争宣传，将其塑造为东亚的保护者。“西一月十一日伦敦电，日本又要索俄国谓日俄两国须约同保清韩地土之自主权，且宜与互立特别条约，使其国民共有商务上平等之利益，日政府以为以上各欵当不难令俄国允许。译一月十八日日上海《泰晤士报》”。[①]

可以说，日本充分展示了“保全中国”的努力。这种颇具诱导性的战争宣传，不仅为其在与俄国的争端中赢得了道义的制高点，而且也获得了《警闻》的同情，进而在“拒俄”编辑方针的贯彻中呈现“连日”的倾向。

3. 本社立场：连日拒俄

出于“研究对付东三省问题之法”的目的，《警闻》在创刊当日的社说《普告国民》中，批判以往国民之蒙昧及政府之昏庸懦弱，呼吁同胞从此刻起，“乘此机会并力拒俄，以遏群虎之野心”。[①]“拒俄”是本刊编辑方针的底色。

于是，新闻版大篇幅地展现了俄军在中国东北的暴虐行径、对于西藏和蒙古的入侵，以及与中国政府在外交方面的飞扬跋扈。如1903年12月20日《客述奉天局面惨状》报道俄国官兵在奉天侮辱中国妇女、肆意掠夺平民财物；同日还有另一则新闻《俄兵行暴》：

① 《要电录译》，《俄事警闻》，1904年1月19日。
② 《俄事警闻》，1903年12月15日。

奉天吉林两省之俄兵日夜横行街市，劫掠行人，闯入店铺抢物，市民避难者甚多，拟结团体以抗之。译大阪《每日新闻》

俄军在中国的土地上俨然以统治者自居，不仅非法征税，而且随意恐吓、驱逐国人。

（凤凰城俄国驻兵）常威吓中国居民，言俄皇或将迁都哈尔滨亦未可知，绝无放弃满洲之理，他国有干涉者俄国直与其战耳。译日本《大阪新闻》①

与此同时，俄国还入侵中国的西藏和蒙古地区，“探闻近日俄兵侵入蒙古库伦一代，实因英兵侵入西藏，恐在藏之权利将消减，故汲汲伸手以攫蒙古”。②甚至在外交层面直接威胁中国政府，不得有任何助日攻俄的举动：“西一月十二日圣彼得堡电，俄国照会中国政府云，如中国敢助日本则俄必进据北京而劫其政府，此照会恐发之已久，但其驻京俄使近始送皇太后，未知确否。”③

事实上，日俄战争爆发前，不少清廷重臣张之洞、袁世凯等皆有联日拒俄的主张。如《上海泰晤士报》的要电称“北京政府如肃王、马玉昆、袁世凯皆主联日拒俄，惟庆王谓中国当保局外中立之地位，庆王愦匕如何可欤”。④1903年12月20日也曾刊登《清国之对俄政策》一文，报道清廷军机大臣与日本结盟对抗俄国的提议，即清廷应乘机募练新兵，与日本和英国结盟，协力迫使俄国交还东三省：

清国军机处各大臣因对俄问题特开密议，闻所决议条款已得西太后批准施行矣，其大体如下：一、宜募新兵一万二千，袁世凯八千，马玉崑六千，使其迅速操练之事；二、以上述之军队为防卫宣宜协力迫俄国交还奉天之事；三、宜与日本订结互助相扶之同盟条约以抗俄国，故应特派使臣于日本之事；四、与日本同盟之力尚觉微弱，更宜割让西藏南方于英国以谋缔结日英清三国之同盟条约，以期恢复东三省王权之事。 录十月二十四日香港《中国日报》⑤

令人关注的是，不仅部分清廷重臣有联日抗俄的主张，《警闻》在不遗余力地呈现沙俄对中国的侵略、抨击清廷失败的外交政策、呼吁民众救亡图

① 《俄人在凤凰城之威吓》，《俄事警闻》，1904年1月10日。
② 《俄兵入库伦之因由》，《俄事警闻》，1904年1月12日。
③ 《要电录译》，《俄事警闻》，1904年1月23日。
④ 《俄事警闻》，1904年1月5日。
⑤ 《俄事警闻》，1903年12月20日。

存的同时，也对“连日抗俄”的策略表达积极的赞许，并给予日本极大的同情。1904年1月11日《要闻》栏的头条新闻《局外中立之原因》就明确表述了本报社希望政府继续保持连日抗俄的决心。

昨日得北京函，云自俄使要求中国立于俄日战事之局外，日使内田氏亦向政府言日本愿以独力当俄，不求中国帮助，政府遂遽定局外中立……然自有识者观之，政府如此举动，则无论两国孰胜孰负，他日必集矢于我，其势甚明，故本社甚望政府仍持连日抗俄之初心而冀传此信者之不确也。”本社访闻

据前文所述，《警闻》对于“连日抗俄”的支持，业已通过编者按的形式明白畅达地呈现出来。1904年1月18日的刊载的本社访闻《意在苟免》在报道清政府驻英公使寄希望于英国调停的外交政策之后，刊载如下按语：

唉，日本拒俄大概为亚东全局起见，口说文告之无效乃欲以兵火相争，吾国与日本有同一之利害，同力相助之不暇，乃欲为局外者之，为人调停而图苟安幸免耶？

在抨击清政府的外交政策时，《警闻》已经全然认同了中日利害相同的说法，因此理应助日攻俄，不应寄希望于调停而“苟安幸免”。

4. 战争预测：日胜俄败

在日俄宣战之前，《警闻》就通过摘译新闻和本社访稿在以下三个方面营造了一旦开战，必然日胜俄败的舆论导向。

首先，国际舆论、甚至中国民众都倾向同情和支持日本。《要闻》栏多次出现关于英国民众同情日本、支持日本对俄开战，意向助兵助饷的消息，如1903年12月22日的电文：

伦敦电云，英国各地人民竞请于日本驻英公使，谓日俄两国如开战，彼等愿为日本效力，日使谢之曰，日本法律不许外国人投身日本军务。译十二月二十一日《字林西报》

又如《日俄协商之现状》一则所述：

满洲问题俄人不退让，旦夕有战争起，英美人民皆与日本表同情（英人愿隶日本军队者甚多，美国妇人所编赤十字会社愿任救护日本兵），日本各新闻社向不主战者，近亦主战，传闻日俄外交官为第二次协商限十六日（西十二月二十七八日止），回答不成即将宣战。本社访闻[①]

不仅英美民众支持日本对俄开战，据摘译自东京《朝日新闻》的消息，“自英日同盟依赖，英报多数表同情于日本”，甚至呼吁英国政府直接援助日本，“英援日本此为利益上之当然之事，无待结同盟也，既有此同盟，吾英

① 《俄事警闻》，1903年12月28日。

苟不进而援极东政府以使伸张其利权，岂非无谓之至乎”？[①]所以，日本《中央新闻》报道，当“日本政府以日俄交涉事件通牒于英美两国”时，英国所答其不失日英同盟之精神不待言，尚有相机而进之意，美国所答则谓满洲开放为世界公约，俄国岂能不践此公约乎？[②]可见，英美两国政府在日俄交涉问题上皆支持日本。

总之，日本争取和平解决“俄事”的姿态得到西方列强的认可，“保全中国”的宣传赢得了中国民众的同情，“中国旅日各商家已集资接济日政府军需。译西一月五日《上海泰晤士报》”。[③]此外，屡屡袭击俄国驻军的中国东北马贼也被视为协助日本的表率，不仅言论版有《告马贼》的论说鼓励其继续武力拒俄，来自日本报刊的要闻也将马贼视为可资利用的天然盟友。1904年1月25日的一则《满洲马贼之近状》称：

其与俄兵冲突，马贼常操胜算……今马贼之横行如此，假使俄有战事，不遑他顾之时，则彼等将益肆其袭击俄人之手段矣。译日本《时事新报》

相较之下，鲸吞中国东北的俄国“于满洲之撤兵以及日本之要索皆毫无消息，且高丽问题之允许至今亦迁延不决”，[④]毫无协商的诚意且积极备战，于是，日本对俄开战就显得顺理成章。

其二，日本举国一致支持对俄开战，而俄国不仅国内财政困难，革命此起彼伏，而且士兵胆怯畏战，士气低落。在日本则不仅政府、政党皆以“中日唇齿相依”，俄国侵占东北威胁日本的安全为藉口主张对俄强硬，普通妇人也有助军助饷的志向：

有自日本来者，言神户有日本妇女至知事衙门，以金戒指首饰等物纳于知事，言以此区区助国家军费，知事大嘉奖之，告以国家无此成例，令其携回。本社访闻[⑤]

与此相应，充斥《警闻》新闻版面的关于俄国内情的消息则多是《俄国学生之暴动》（译日本大阪《每日新闻》）[⑥]、《俄国之革命运动》（译日本《中央新闻》）、《俄国军队之革命运动》（译大阪《每日新闻》）[⑦]、《俄兵

---

① 《英报亲日》，《俄事警闻》，1904年1月7日。

② 《英美两国与日本之关系》，《俄事警闻》，1904年1月8日。

③ 《日商忧国》，《俄事警闻》，1904年2月6日。

④ 《要电录译》，《俄事警闻》，1904年1月19日。

⑤ 《日妇报国》，《俄事警闻》，1904年1月21日。

⑥ 《俄事警闻》，1904年1月1日。

⑦ 《俄事警闻》，1904年1月8日。

恇怯》[①]等，后者生动描述了俄国士兵畏畏缩缩不肯上战场的情形：

有自东三省来着言，一礼拜前俄人防守旅顺之兵，闻将开战，有数兵乘夜换商服逃去。某日有俄兵船出港，军士与其岸上之友诀别，流涕被面，颇有畏缩之态……本社访闻

战争尚未打响，《警闻》关于日俄军备、士气、国际盟友态度的有意比较使得日本在战前舆论中再一次占据优势地位，也暗示了日胜俄败的战局预测。1904年2月5日的几则要电将此表露无遗：

……又云俄兵之在东三省者号称十七万，其实则附属之人皆在气馁，非书□能战之士也，将来日本之兵可过之三倍，故北方舆情皆以两国若一旦开战，日本必胜于俄人。

……又云法国力劝俄国不可开战，盖因俄国建造西伯利亚铁路之费皆借自法国，一旦开战，法之资本必致尽失，固有此举。 以上译《上海泰晤士报》。

（二）日俄宣战后（1904年2月10日~1904年2月25日）

日俄正式宣战后，《警闻》意识到"吾警闻之责任，必不能囿于俄事之一区"[②]，在俄日并争的时代，"我国民一面为对付俄人之策，一面又宜为对付日人之策"。[③]显然《警闻》的编者已经意识到日本帝国主义的本质，于是改变编辑方针，1904年2月26日更名为《警钟日报》继续出版。但总体而言，日俄开战后这16期《警闻》的新闻版仍然基本延续战前的报道基调。其一，是承接战前对于日俄协商决裂的原因的描述，将战争责任完全推给俄国；其二，继续转载日本此战为"保全中国"和东亚大局的战争宣传；其三，抨击清政府局外中立、置东北民众于水火而不顾的失败的外交政策；[④]其四，报道日本旗开得胜、胜券在握和俄国国内一片混乱、海陆战况皆不理

① 《俄事警闻》，1904年1月16日。

② 《俄事警闻之扩张词》，《俄事警闻》，1904年2月20日。

③ 《俄事警闻之尾声》，《俄事警闻》，1904年2月25日。

④ 此时《俄事》对于清政府局外中立外交政策的抨击与战前并无差异，如1904年2月15日《宣告中立》要闻后的编者按："按此之宣告，非谓中国中立，乃谓各省各守中立耳，何则以中国言则满洲固公认为中国地方者，何得划在中立界外俾日俄作战场乎？从知今世所谓中国者，实二十余国之联邦，惟其代表关系之间并未恪守成文之法，如德意志合众国而随时为转移耳，政府以北京为中国，而各省疆吏则以各省为国，故庚辛之间，北京国、直隶国、满洲国有战事，则江苏、广东诸国皆守中立，今者满洲国有战事，则北京国及山东、江苏诸国亦守中立，然则自此以往各国之关系可推而知矣。"讽刺清廷眼里只有京城而无地方、只有皇权而无民众，毫无守土卫民的国家观念。

想的战况，呼应战前对于战争结局日胜俄败的预测。

在刊登日俄开战确切消息之前的两三日，在1904年2月7日、2月8日开始，《警闻》借助“东京电”或大阪《每日新闻》等日本信源，就已经披露了日俄开战的传闻。“西二月五日东京电云，时事愈迫，太平之望休矣”；[①]2月9日来自《上海泰晤士报》的电文亦称：“日本将不纳俄国之答复而下预备开战之令……驻俄日使栗野君已得其政府之令下旗回国，驻日俄使罗生将同时退回旅顺。”至于开战的原因，仍然强调俄国假意协商，承担全部的战争责任。如同日新闻《日俄决裂之原因》所述：

于日本总领事馆得有消息，日本政府以俄国迁延答复，实以□备战事，非真意协商，故不得已而与之决裂。译二月八日《上海新报号外》

在推卸战争责任的同时，日本还不忘继续将侵略美化为保全东亚大局、保全中国东三省主权的义战，给予自身冠冕堂皇的出师之名。1904年2月13日《警闻》刊载了日本天皇与俄国宣战的诏敕：

……虽然吾国此次之与俄开战，实出于万不得已，盖吾国当保高丽之独立，非独以吾国久与亲和，且论理亦当保之，彼俄国久占满洲，非特不足以使中国独立，且长以扰亚东之和平，吾国知此问题之重要，故与俄国会议，欲以和平了之，然与会商既有六月之久，并无确实回复，而反预备各军意欲扰乱和平，夫俄人既已不允吾国之条约，则高丽之自立势将不保，而吾国之力劝亦必至尽失，故不得已与之开战……译《文汇报》。

甚至德国亦称日本已在协商中忍耐到了极限，同情日本对俄开战：

……二月八日柏林来电，云日俄决裂此间颇觉惊皇，但深知日本于此次谈判始终忍耐，俄国为顾全两国之外交，严守中立。[②]

法国力劝俄国不要开战，德国也同情日本在协商中的忍耐，俄国在战争爆发前基本失去了国际盟友的支持，而日本则获得越来越广泛的国际舆论的同情：“十二日伦敦电，日本之奏功欧洲各报皆易其意见。又云维也纳各报大家赞颂日皇之功。又云德京柏林舆情皆向日本。”[③]又如摘译自大阪《每日新闻》之《英妇捐金助日》《韩妇捐资于日》[④]和《朝日新闻》的《旅日华

① 《要电录译》，《俄事警闻》，1904年2月7日。

② 《要电录译》，《俄事警闻》，1904年2月10日。

③ 《各国对于日本之感情》，《俄事警闻》，1904年2月16日。

④ 《俄事警闻》，1904年2月23日。

商助饷》[①]等多国民众助饷日本的消息。

日俄甫一开战，关于日本节节胜利、俄国溃败的战争动态，以及俄国国内政局混乱、财政困难和日俄军纪对比的战事背景便从日本报刊或“东京电”里源源不断地流向《警闻》的新闻版。如《俄督逃走》《俄国陆军之大败》《俄国舰船失伤统计》《俄兵大败传闻》《再记俄国内变之亟》、《俄国财政之困难》[②]等，关于日本方面的战事新闻，则如《日本国民助饷之计画》《日皇以私蓄充饷》《日用马贼》《日军登岸》《日人捐助军饷》[③]等。

军队形象方面，俄兵“毫无纪律，劫夺粮畜”，[④]残忍虐待华工、骚扰商民[⑤]的新闻比比皆是；日军则“纪律甚严，地方极为平静，而日兵亦颇自重，夜间八点钟则街市无行人”。[⑥]

已经意识到报刊唤醒国民的责任不应囿于“俄事”一区，“大和之兵力进占，与史拉夫何分轩轾”？[⑦]在日俄并争的时代，同时应筹备对付日人的方法，然而，综上所述，这16期《警闻》的新闻版在几乎延续战前报道基调的同时，与所标榜的编辑方针的变革尚无明显的回应，仍具有明显的同情日方的倾向。

四　言论版的统一与割裂

《警闻》的言论版可基本分为两类，一类包括固定栏《社说》、由来稿组成的《征文》栏、报社编辑撰稿、不定期出现的《时评》和《批评》栏；另一类是以转载、翻译日本报刊或上海的英文报评论为特色的《外论》。每日固定出现3篇论说，有2篇来自前一类，1篇来自后一类。后者毫无疑问地站在大和民族的立场，鼓吹“大东亚同盟”和日本“保全中国”论、煽动“连日抗俄”，并将日胜俄败解释为文明对野蛮、立宪对专制的胜利。

---

① 《俄事警闻》，1904年2月17日。

② 《俄事警闻》，1904年2月11日、12日、16日、18日、23日。

③ 《俄事警闻》，1904年2月16日、20日、21日。

④ 《俄兵之无状》，《俄事警闻》，1904年2月22日。

⑤ 又如《营口二万人炸毙之讯》（1904年2月21日）、《东三省最近消息》（1904年2月24日）等。值得一提的是，相比战前，此时《俄事》新闻版中出现了“奉天来电”为电头的新闻，且“本社访闻”的比重有所增加。

⑥ 《日军军纪》，《俄事警闻》，1904年2月21日。

⑦ 《俄事警闻之尾声》，《俄事警闻》，1903年2月25日。

由于《俄事警闻》在日俄正式宣战前并未提出“抗日”的主张，所以两类论说的论旨此时并无明显的差异或冲突。前一类言论更侧重唤醒国民、呼吁社会各个阶层拒俄的同时，也基本认同日本报刊“保全中国”的战争宣传、支持“连日抗俄”的策略主张。如社论《日俄之战争与东亚之专制国》所言：“吾儕之初心以为英日同盟，以保全亚东为目的，必将有仗义之师，击退暴俄，为东方无穷之利赖。”[①]事实上，在日俄宣战的次日《社说》栏还同时发出三篇社论《大快慰大快慰》《大无怖大无怖》和《好机会好机会》，为“暴戾之黑熊竟如斯失败耶”、“假我同种之国一雪斯辱”、“专制失败公理愤兴之明证”而“大快慰”；接着指出，“日本之胜俄，非吾之师乎？”呼吁清廷趁此机会加入日本阵营连日抗俄，从而震慑列强，避免瓜分之祸。

然而，3日之后的1904年2月15日，《俄日战事之究竟》这篇社论即从1895年“三国干涉还辽”的背景出发，揭露俄日战争的本质是日俄两大帝国攘夺东三省势力范围。并且指出，俄胜则日本将与英美一起利益均沾，中国瓜分之祸难免；日胜则必然对东三省主权“名让实取”，并将以“设官治民之美名愚我政府”，“虚奉我以东三省之主权，其中必有赔兵饷索酬仪诸名目”，日俄战争的成本最终还会转嫁的中国民众的身上；即使现在通过和平调解方式解决，东三省也必成为万国公地，对中国毫无裨益。最后，论说指出，清政府守局外中立不能保护东三省的主权，“我国民其勿徒以俄日之胜败为喜惧”。至此，《警闻》终于推进了对日俄战争本质原因和战争结局的深刻认知，与《外论》的论旨相割裂，为变革编辑方针更名《警钟日报》奠定了基础。

《俄事警闻》是一份专门报道俄事，旨在唤醒国民、抵御强俄，由言论、新闻、副刊和广告[②]组成的近代化的报刊。由于超过九成的新闻、近三分之一的论说摘译自日本报刊和上海的英文报纸，使得该报在报道和评论中误入了日本“同文同种”、“保全中国”的宣传陷阱中，呈现出同情日本、倡导“连日拒俄”，为日胜俄败的战争结局鼓呼的基调。然而，《社说》栏的这一特征随日俄开战在《警闻》的尾声中有所淡化和转变，认识到“大和之兵力进占，与史拉夫何分轩轾”，进而对日本不再抱持幻想，也是对调整后的编辑方针“抵御外辱，恢复国权”的回应。

（李松蕾：北京大学新闻与传播学院，博士研究生）

---

① 《俄事警闻》，1904年1月18日。

② 《俄事》刊登的广告均为书籍广告，且大多以警示瓜分之祸和反帝反侵略为主题。

营 销 传 播

论数字时代消费者之变

——从信息接受者到信息传播者与数字生活者

沈 虹

摘要： 大众传播时代的受众已经消失。消费者角色在数字时代的改变，即从信息接受者到信息传播者和数字生活者的变化，本质上带来的是大众传播模式的颠覆性改变，消费者既是信息接受者、又是信息传播者的双重角色，扬弃了大众媒体的单向度传播。本文试图从内涵、图景和功能三个方面，分别说明数字时代消费者角色从接受者到传播者的改变，描述新生主流群体“80后”到“90后”的生活形态，阐释数字平台精准与交互已经成为数字生活者早已习惯的生活方式，其中与品牌的协同关系也逐渐成为常态，成为精准的交互性营销传播的主体。

关键词： 数字生活者 口碑传播 圈群 精准与交互

网络群体不只是一个概念，而是在任何一个营销传播中必须面对的问题。互动网络的技术和数据分析，让我们拥有了把握这一群体的勇气。[①]

—— 杰姆·格里德林

数字时代的唯一不变就是变化。营销传播人所能够体验到的急速剧变的危机，在于数字网络环境下消费者角色的彻底改变。数字传播平台的搜索与分享功能，让消费者同时具有双重身份，即从原本大众传播时代的受众，聚变为网络的使用者，既是接收者，也是传播者。消费者的双重身份使传统的大众传播时代的广告模式发生了彻底的改变。然而消费者并不是任何信息都乐意传播，对于他们不想接受的信息，他们可以选择屏蔽和过滤，所以更谈

---

① 笔者2010年6月对美国芝加哥Razorfish策略总监杰姆·格里德林（Jim Cridlin）的访谈。

不上主动地再次传播。

消费者作为信息接受者与传播者的双重身份还体现出他们对待广告传播的矛盾性。大多数时候，广告属于他们并不想主动接收的信息。他们以自己的方式对广告拒绝地接纳着。他们通过搜索引擎或圈群的论坛去找他们需要的信息，口碑营销在此已经播下了传播的种子，不像广告的广告也可以在此频频出现，意见领袖也可能是个“托儿”也未可知。论坛也是广告，消费者却愿者上沟。

消费者一边厌烦着直白无创意的网络广告，一边被创意奇特的广告所吸引；一边不停地关掉弹出窗口，一边主动寻找自认为有价值的促销信息；一边喋喋不休地抱怨充满广告的网络，一边将自己喜欢的广告不断的转发。这就是数字网络时代的消费者——数字生活者，他们是信息接受者，也是信息传播者，完全不再是“受众”。

一　内涵：消费者也是传播者

大众传播时代，消费者作为信息的接受者决定传播的实施和效果。现代广告营销发展的路径，是随着对消费者在营销传播过程重要性的认知而逐步形成的，这是一条展示了广告营销传播行业对目标消费者越来越重视的路径。现代广告营销传播的一个重要的转折点是从重视产品到重视消费者参与和体验，是从4P到4C的变化。E·杰里米·麦卡锡（E. Jeremy. McCarthy）于上个世纪60年代提出的著名的4P营销组合理论，其要素为产品（Product）、渠道（Place）、价格（Price）和促销（Promotion），广告是其中的促销组合的主要构成，担当促进销售的主角。这一营销传播的重要理论，是营销传播在二十世纪高速发展的理论基础，迄今在广告营销传播实践中仍具有深重影响。其后，到了1990年，美国学者罗伯特·E·劳特朋（Robert.F.Lauteborn）教授发表于《广告时代》杂志上的文章《4P退休，4C登场》，提出了以消费者为中心展开的于4P相对应的4C理论，即消费者（Consumer），消费者愿意付出的成本（Cost），购买商品的便利性（Convenience）和传播（Communication），广告的促销价值受到了全面挑战。劳特朋明确地提出我们应该“忘掉促销，90年代以后的正确新词汇应该是传播”。4C理论的提出引起了营销传播行业极大动荡。

广告营销传播实践和理论中对消费者行为和心理的探索研究从此再也没有停止过，其最终目的，是品牌找到高度忠诚的消费者。大众传播时代对消费者心理研究，主要以如何提升消费者的品牌认同和忠诚度，建立长期稳定的客户关系为研究目标，以达到让消费者长期购买和使用的目的。找寻消费者准确的心理洞察，是消费者心理研究的最重要课题。广告策略人员从接受者的角度把消费者分成不同的群体，进行消费心理细分研究。由于社会型态和消费行为的复杂化，传统的按照性别、职业、年龄等所谓人口统计的消费者细分标准，已经无法精确测定消费者的行动，针对新的社会形态，市场研究推出了新的消费者调查手段，针对消费者进行更为深刻的社会阶层分析、个性分析和生活型态分析。这是大众传播时代研究目标消费者心理以达到准确品牌定位的策略手段，其中获得有效的消费者洞察是最终的目的。消费者洞察始终是广告营销传播中至关重要的一环，它挖掘消费者对产品或服务的真实心理需求。

消费者洞察英文叫consumer insight，指对消费者的洞察力，在理论上消费者洞察与心理学有着很深的渊源。从广告传播角度看，消费者洞察是深入探讨消费者的心理需求，立足于消费者与被传播的产品或服务的主要利益点的关联，他们怎样看待该品牌、品类或服务，以及他们的行为、信念和感受。

在大众传播时代以获得个体典型消费者洞察作为群体广告传播策略的重要参照，对于消费行为的研究则形成了专门的机构和专业人士。即便如此，基于消费者行为研究的市场细分往往带有强烈的预测性和主观色彩。为寻找到准确的目标消费者洞察，研究者需要克服各种可能的障碍。对于目标人群的把握，是广告营销传播的重点和难点。细分市场其实就是细分消费者。品牌与消费者的关系体现在品牌与消费者的每一次可能的接触。

数字网络平台给营销传播带来了前所未有的空间和崭新格局，消费者既是信息的接收者，也可能成为品牌信息的主动传播者。这使得品牌与消费者之间形成了一种新型的交互关系，而且这种品牌-消费者关系是时时可能发生的正在进行时。关系正在发生，参与正在进行。对于品牌，这已经不是消费者更新换代的又一代人的兴起。随着“80后”和“90后”成为主流消费者，网络的力量必将更加凸显。参与会带来巨大的潜能，网络使用者更喜欢参与和互动的感觉。就像播种一样，有很多东西是集合大家的力量让它一起长大的，有时后产生的结果也是大家意想不到的。

数字时代的消费者潜伏着的深层的群体传播动能。更加细分的网络使用者对于营销传播和品牌建构是个好消息，目标消费者可以被更精准地捕捉到，而且是真正有着共同的爱好一群人。积极参与和主动分享让消费者从难以把握的个体变为特征明显和随时互动的一群人。他们是品牌与消费者建立协同关系的重要通路，这一联合起来的势力，正是左右品牌的力量。从这个角度看数字时代的消费者，是个体更是群体，其中品牌的群体关系相比个体与品牌的关系，由于主动参与的积极性，可能显示出某些强关系特征。

广告营销传播的最终目的是产品促销和品牌建构。大众传播时代的任何广告营销战役，无一不是围绕着这两大目标开展，经过缜密的策略、创意和媒体的系统配合，广告信息通过各种大众媒体传递到目标消费者，而其中各项策略支持则为了如何将品牌信息传播效果最大化，广告的传播渠道明确而相对单纯，广告战役常常以媒体发布和消费者接受等具体动作为标志而宣告结束。广告传播效果则由专门的媒体监测机构给出滞后的结论。数字时代的传播系统并没有以此结束。品牌信息触达目标消费者之后，如果消费者有兴趣，就可能成为另一次品牌传播的起点，消费者担当起又一次对品牌传播的执行任务，成为传播者，将信息传递给另外一些人群……这样就形成了一个又一个的品牌传播的循环。消费者变成了一个又一个的传播媒体，作为信息的接收者的消费者在另一个传播中成为了信息的传播者。就这样，消费者完全摆脱了单纯的“受众”角色，成为营销传播的真正主导者。

在数字网络平台上，新的传播形式的不断创造使得品牌与消费者进行对话的渠道越来越多，消费者参与营销传播的方式也会越来越主动。

在数字网络营销传播时代，如何利用网络平台上让更多消费者加入到传播中，把更多的消费者变成品牌的传播者，是一个崭新的课题。“古老的营销传播方式——口碑传播被提到了前所未有的高度。消费者的传播、再传播、三次传播、……N次传播，形成对品牌有强大影响力的传播体系、传播网络，增加更多的目标人群对品牌的认知和好感”。①

在数字传播时代，古老的口碑营销又一次大放异彩。安迪·塞诺威兹（Andy Sernovitz）在《口碑营销——智慧型公司如何让人开口说话》（Word of Mouth Marketing：How Smart Companies Get People Talking）一书中，认为

---

① 陈刚、沈虹等：《创意传播管理——数字时代的营销革命》，机械工业出版社，2012年版，第18页。

口碑营销的最终结果真正实现消费者之间的一对一传播（C to C），而营销传播人所要做的是将品牌信息传递给其中的一部分消费者，再由消费者传播出去，所以这一传播过程是“B to C to C”的。传统广告的效果降低原因之一是消费者信任程度降低，而口碑营销的基础是信任，消费者是品牌传播的自愿者。口碑营销的再次兴起使营销传播变得更为诚实。“口碑营销以让消费者说话的形式保护消费者，它给消费者一个强大的平台——让营销传播者倾听。它授权消费者无论在网络还是现实世界参与营销传播的整个过程。”[①]口碑营销是品牌与消费者的一种对话，也是一种关系建立的可能，还是品牌协同的强大实践。口碑营销的消费者参与是消费者以口碑传播的形式参与品牌创意，是消费者协同建构品牌价值及协同创意的开端和初级形式。传统的口碑营销是以口口相传的个人口头传播为主要形态，数字网络平台的口碑营销则借助与多种SNS社会化网络系统，比如社区、圈群、论坛、微博等等，目前营销传播界所热烈推崇的微博营销等SNS营销，其本质都是指向实现消费者口碑传播的关系体系。随着数字传播技术的发展，口碑营销会越来越成为是品牌与消费者实现直接对话和品牌协同的最重要形式。

“口碑营销是下一个大事情。（Word-of-mouth marketing is the Next Big Thing）”[②]，这是2007年洛伊丝·凯利（Lois Kelly）在《超越叽叽喳喳——口碑营销的未来》（Beyond Buzz : The Next Generation of Word-of-Mouth Marketing）中对口碑营销地位的肯定。凯利认为，“虽然新的广告策略依然可以开拓新的传播渠道，而令人兴奋，但新的大创意不再是策略的创新。大创意是关于如何与消费者进行对话，吸引消费者通过新的或是传统的渠道进行有趣的讨论。技术可能正在成为营销传播的心脏，对话则是灵魂”。[③]这是一个应该真正应该立足于消费者角度思考品牌传播的时代，即便是超强的数字传播平台，如果不考虑品牌-消费者的协同关系。根本谈不上品牌建构。

口碑营销是消费者主动再次传播时无意成就的事实，对于品牌建构是可遇不可求的最佳结局。传统的口碑营销是指营销传播活动通过人际关系，比

---

① Andy Sernovitz, Word of Mouth Marketing : How Smart Companies Get People Talking, Dearborn Trade，2006, A Kaplan Professional Company, P51。

② Lois Kelly, Beyond Buzz : The Next Generation of Word-of-Mouth Marketing, 2007, AMACOM, P5。

③ Lois Kelly, Beyond Buzz : The Next Generation of Word-of-Mouth Marketing, 2007, AMACOM, P5~6。

如朋友亲戚的相互交流，将自己的产品信息或者品牌传播开来。其特点是成功率高、可信度强。口碑与普遍意义上的商业广告不同，背后凝聚着更有信赖感的推荐的成分在里面。在数字网络平台上消费者的多次传播中，品牌的价值被增强、被分享，并且削弱了品牌不受信任的商业的传播的因素。现在越来越多的品牌利用网络平台的不同传播形式增强口碑传播，把消费者在更广阔的空间变成传播者。消费者个体已经成为具有重要影响力的媒体，DDB传播公司全球范围内在转移传播战略，他们认为对营销传播的人来讲，在数字平台上要做的不是全方位的传播，而是更为重要的是如何把消费者变成一个个有效的传播媒体。

现代营销意义上的广告，是依托于大众传播媒体的商业付费传播，为品牌实现商业化的信息传播；而口碑营销强调的是主动传播、是分享，其落点不在商业传播而是与熟人的分享。在数字网络传播平台，传统口碑营销的内涵外延也产生了巨大变化。一方面口碑营销基于熟人推荐、信任为本的优势被继承；另一方面，传统的口碑营销在数字网络平台上，影响力更强、涉及范围更广、影响的人更多。当消费者成为传播者，品牌所要做的，除了以更好的产品、服务对待消费者，品牌自身的建构也应与目标消费者更为亲近，让他能欣然主动地成为品牌传播的协同力量。这一点，品牌别无选择！

二　图景：数字生活者的诞生

在《创意传播管理——数字时代的营销革命》中，数字传播平台被定义为“数字生活空间”，“以互联网为基础的新的传播形态，是依托数字技术，对人类日常生活中的各种信息传播和交流活动进行的虚拟的还原和放大，这种传播形态创造了一种新型的数字生活空间”。[①]而数字生活空间的活跃的网络使用者，就是数字“生活者”。“在数字生活空间出现的这个群体，是企业过去从未遇到过的。他们既是消费者，又是传播者，同时也是接受者，而且，他们在数字生活空间有自己相对固定的家园。他们是生活在互联网上的活生生的人：生活者”。[②]

---

① 陈刚、沈虹等：《创意传播管理——数字时代的营销革命》，机械工业出版社，2012年版，第9页。

② 陈刚、沈虹等：《创意传播管理——数字时代的营销革命》，机械工业出版社，2012年版，第21页。

我们该如何描述数字生活者的由来呢？多年的广告营销传播经验使得我会从两个全然不同的视角看待人群，一是聚焦到每一个品牌的目标消费者，另一角度就是一代又一代的不断成长。从“70后”的怀旧中走出，转瞬之间，“80后"已经成为社会的主流人群走向中坚，“90后”却在全社会都还没有准备好的时候，大大方方地走到了台前。而目前的“80后”主流人群和正在崛起的“90后”，正是数字生活空间的主流生活者。

“80后”是伴随着互联网的发展而成长的一代人。80年代出生的跨世纪人才比以往任何一代人都更具有开放的全球化视野。他们从小接受具有全球化视角的教育，网络让他们的视野遍布全球，他们可以获得所关注的事物的信息的广度和深度超越了任何一个时代。在数字网络平台的发展进程中，他们踊跃地投入网络技术和各种媒体应用的学习中，成为最为熟悉数字传播的一群人。作为网络使用者，他们中的一部分人本身就是新技术的开发者。他们探索数字网络的每一个角落，他们在思考和实践中将数字网络开发建设成为了在该技术发展之初未曾料想的局面，他们将网络融入了他们的日常生活，或者说他们将自己的生活投入了网络。而他们在互联网上的行为和发言，不断地规范着并且促进着这个包罗万象、变化多端、有着无限潜力的网络的发展。随着年龄的增长，“新锐”、“另类”的“80后”进入了主流社会，担任起主要的社会角色，对社会发展的进程的推动作用越来越重要，成为当今社会主流的消费人群。他们具有成熟的思想和充实的社会生活，而他们几乎无时无刻都不会离开网络。

“80后”是一些重大的网络事件的主力参与者，以网络论坛为例，上海世博会期间的针对盲目追星不顾一切的所谓“脑残粉”的“圣战”，其间所发起的“拟人”论战，不同观点在网络使用者手中模拟幻化成不同的品牌人物所持有的观点，其中与实体之间的微妙联系和契合，为营销传播和品牌建构留下值得深思的线索和广阔的实践空间。而这代人的宽容和社会融合性极强，敢于自嘲。笔者认为，一个能够敢于自嘲的一代人的背后承载着这个时代的自信和进步。当他们追逐喜爱的某人某物，会自嘲幽默地自称为“脑残粉”，他们是众多网络流行语言的始创者，最近流行自嘲的“屌丝”一词也可见一斑。

再看“90后”。我们看见的“90后”的群体崛起，绝不是简单的又一代人的成长，而是真正网络一代的全面接管。他们的成长和正在成长已经成为不可或缺，意味着整个社会的主流生活方式、社会文化和营销传播形式内容的都即将全面改变。

2011年，笔者参与的一项全国“90后”大学生调查数据显示，在“90后”大学生中，每天接触网络的学生比例为61.7%，而电视、报纸、广播和杂志四大传统媒体“每天接触”的学生比例仅占11.9%、6.8%、16.3%和6.1%，可见，“90后”大学生对网络高度依赖，而传统媒体在其生活中仅起辅助作用。这使得数字空间成为生活空间成为可能。

作为网络一代的“90后”大学生初次上网大多集中于初中阶段：问卷调查的1600名学生中，开始接触互联网的时间始于小学或更早的占26.1%，始于初中的占46.1%，比例最高，始于高中的占23.2%，从大学开始接触互联网的仅占4.6%。（如图所示）

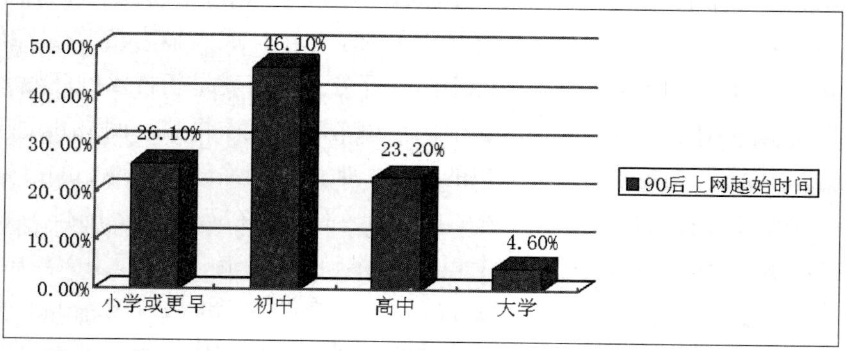

图1 “90后”上网起始时间

“90后”不是统一型号的“社会产品”，“90后”自己认为“有个性”是“90后”最突出的特征。50位参与深度访谈的90后大学生中，有14人认为“90后”最大的特点就是“有个性”。“90后”的个性要从两个层面去解读，与其他几代人相比，“90后”的个性是突出的、鲜活的；而从每个个体去看，“90后”的个性是多元的、差异化的。在群体内部处处彰显着不同个性的张力，这就是“90后”最大的个性。所谓“有个性”，不仅是指“90后”群体由内而外都散发着与众不同的特质，同时也意味着找一个具有普世价值的标签来概括这个群体的难度系数极高。

更加个性自我的一代人，他们是数字生活空间的生活者，正在理性地寻找真正属于自己的东西。从文化角度看“90后”，他们是融古达今的一代人，全球化环境出生并成长、历史同时也是一条随时可以穿越回归的路，他们的视野是以往任何时代都无法望其项背的。全球化和网络让他们成为天生的“世界公民”，而他们中的大多数对于传统文化也推崇之至。网络的多形态交互变换让“90后”学会判断自己真正想要的，立场鲜明，他们会为自己的信念和理想坚持到底。

在生活和消费层面，“90后”更在意圈群和同好会这类网络群体的意见，而这不是传统的营销传播对消费者细分的用语。对于营销传播研究者和实践人士，在现如今的数字生活空间，不重视这些变化就意味着不能真正了解目标消费者的需求。网络传播形成的超越时空的虚拟“小群体”，在某种意义上讲比现实的消费者细分来得更为聚焦和纯粹，对品牌传播的直达非常有利。

然而，这个群体并不喜欢你给他们乱贴标签。前两年，李宁运动品牌的“90后”广告传播战略“让改变发生”正是关注了“90后”的群体崛起。但李宁品牌的“90后”“谋变”并没有深入“90后”的芳心，“你为我指明的路，总是让我迷路”[①]被“90后”认定为用70后的语气，说着“80后”的心里话，却生硬地强加于“90后”的产物。因此原本的消费主力“70后”、“80后”也因其品牌转变而困惑，直接导致购买力下降。还有中国移动动感地带，成功了近10年的品牌策略也在“90后”处几经搁浅。“我的地盘听我的”喊出的是“80后”的心声。可在“90后”那里，这句充满自我的呐喊却成了不够自信的叫嚣，他们的内心是，“这个世界本就是我的，还用说出来吗”！了解“90后”的需求、与他们真正平等的对话、洞察他们的心理、制定符合他们的营销传播方案，将是今后几年乃至更长时间内，营销传播人最为棘手的课题。

这就是数字生活空间的生活者，他们的生活已经自然延伸到网络，网络已经成为他们生活不可或缺的一部分。广义地看，“80后”、“90后”与数字网络传播平台有着同样的新生代气质，因此，他们更容易接受网络的诸多新传播形态。而且很容易积极参与其中，成为品牌协同创意最活跃的参与者，将一件事情做到极致。

比如说“杜甫很忙”。

2012年3月，杜甫突然在网络爆红，关于他的涂鸦图片在微博上疯转。在这些对语文课本图片的“再创作”里，杜甫时而手扛机枪，时而挥刀切瓜，时而身骑白马，时而脚踏摩托……被网友戏称为“杜甫很忙”。[②]“杜甫

---

① 引自李宁的“90后”广告战役。

② 百度百科。http://baike.baidu.com/view/8200556.htm

很忙”恶搞的背后，体现了网络群体的撼动力量。

而另一个值得一提的案例是2010年凡客诚品推出的以韩寒和王珞丹为代言人的平面广告，该广告意在戏谑主流文化，彰显了品牌。“凡客体”的盛行，“我不是什么旗手，不是谁的代言”，“我只代表我自己”的个性形象，其另类的文案写法引发网络上出现了大批“凡客体”的帖子，主角也被替换成小沈阳、凤姐、郭德纲、陈冠希等名人，其内容更是极尽调侃，令人捧腹，至今（2012年4月29日）在百度搜索凡客体，搜索结果约1,890,000个。当然，凡客广告的特点是突出在文体上，容易模仿，再传播可能性大，消费者参与协同创意的可能性极高。

如果没有“80后”、“90后”的深度参与，微博就不会有在2010年的井喷式发展、也就没有2011年的所谓社会化营销元年，再者，搜索成为一种生活方式、网购全球商品、消费者创造网络内容成为主流，都不再是难以企及IT梦想。而在营销传播领域，试问恶搞“凡客体”的全民营销传播“神马最给力”，谁又能说这不是一次“80后”、“90后”群体的游戏呢！至此，数字生活者全线出动。

三　功能：精准与交互

数字生活空间的形成让生活者作为消费者的角色更具网络特色。主要体现在作为目标消费者的更加精准的市场细分、品牌定位和传播策略的精准制定，精准成为数字生活者不断被营销传播和品牌建构捕捉的关键词。另一个鲜明的体现就是生活者在数字网络空间的各种关系的互动活动所带来的品牌传播的交互性。

（一）细分市场与精准营销

在数字生活者在网络平台的传播与分享，带来了消费者群体归属、划分的可能，为营销传播的市场细分提供了更为精准的标尺。网络随时记录着数字生活空间的生活者的生活轨迹，他们的生活形态、爱好、交友、购物，无一不被数据记录着，他们的生活圈自然而然形成了无数个细分市场格局。基于消费者指标的市场细分为品牌建构策略提供了精准个体参照，品牌能够依据每一个生活者的爱好和他们主动的自我团体归属，寻找品牌的目标消费人群，他们是存在于志同道合的同道社区，同好会、圈群的群体和社区内的消费者的生活者在大到世界观、价值观，小到生活行为、语言习惯、品牌选择等方面都有着高度的趋同。

数字时代真正实现了细分市场的可能，细分的模式完全打破了传统的消费者市场细分的方式，在数字生活空间，无需过多考虑性别年龄的差异，也没有地理区域限制，甚至部分重点和次要市场，也没有收入和受教育程度的歧视，对生活者唯一的划分标准就是基于这些在兴趣和爱好的结合体中，对于品牌相关的一切的态度和认同关系。生活者以博客和微博等社会化媒体为自己生活的家园，同时出入各种大大小小的社区和论坛，或纯粹个人行为在数字网络上游戏、搜索、畅游，这一切都详细完整地提供了他的消费需求和品味，为品牌的精准传播提供第一手的策略基础。生活者主动寻找、分享和传播品牌信息，形成品牌-消费者交互与协同的基础，细分消费者与精准营销挂钩，这为营销传播和品牌建构带来了一场真正的革命。

生活者主动寻找品牌信息、参与内容创作与传播已经不是一件新鲜的事，因为作为生活圈子的一分子，把自己对品牌的感受、体验与有共同追求爱好的人进行交流也是再正常不过的事。在彼此交流的过程中形成彼此影响的力量，这种共同的对产品使用的体验、对某品牌的喜好就不再是个体的行为，而是一种群体行为。社区共同的意志增强了消费者对某些品牌的认知和忠诚度，这种对品牌共有力量，强化传播效果，直接影响品牌资产的增加。

数字空间生活者的社区越来越细分导致目标人群越来越细分的精准营销，针对心理认知相似，有共同爱好、追求的人去制定品牌策略、推广品牌会更加精准有效。这种划分比大众传播时代利用传统人口统计方法，或者是消费者行为来细分市场来得更为精确，它打破了传统的市场细分理论和实践操作，对营销传播和品牌建构必然产生重大影响。技术应用的不断创新使得触达生活者并与他们直接对话的机会越来越多。

（二）说说SoLoMo与O2O

SoLoMo是个组合概念。2011年2月，随着移动互联网的发展，硅谷创投教父约翰·杜尔首次提出这个词。SoLoMo，即Social（社交化）、Location（位置化）和Mobile（移动）三个词的合拼，用以概括移动互联网时代的最新应用趋势，即社交、位置、移动三者的结合。其中，“Social”主要指博客、微博，比如Facebook、Twitter、人人网、微博等社交类网站，“Location”主要指基于移动网络的位置服务LBS（Location-basedService）技术，“Mobile”主要指移动互联网和移动终端所带来的随时随地的移动性。杜尔认为，将移动终端与社交化、位置服务相结合的应用是移动互联网时代的最新趋势。

数字生活者习惯了交互的思维方式，SoLoMo正是数字技术以强化与数字生活者个体随时互动的综合应用。它与O2O（Online to Offline）的联合运用，形成一种将网络位置服务与线下传播活动相结合的运作模式。

SoLoMo+O2O的结合营销模式，在营销传播应用上能够给数字生活者以随机但却体贴入微的关怀，传播效果惊人。这里要举的SoLoMo+O2O的实例是一家叫Mortons的牛排馆，利用与网络生活者的交互前提，给消费者一个惊喜。一位社会化媒体咨询师Peter Shankman有次旅行的时候，开玩笑似的在twitter上写到，@Mortons—我两小时在Newark机场着落，你们来机场接我吗？对了，别忘了带上一块上等腰肉牛排。

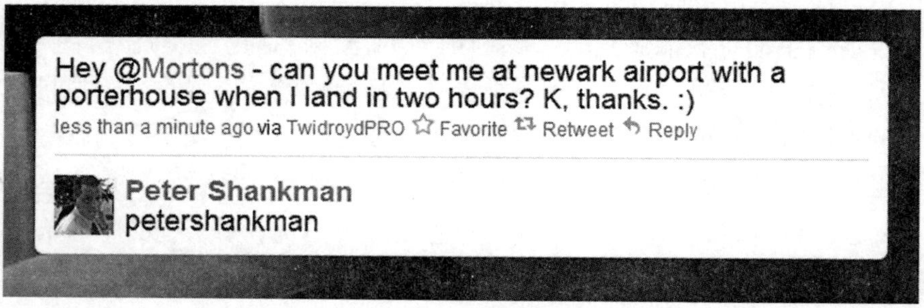

图2 Peter shankman开玩笑的一条tweet

图3 Peter shankman的好梦成真之后的tweet

让Peter万万没有想到的是，真的有一位Mortons的服务员在机场等他，还带着Peter期待的上等腰肉牛排。

Peter难抑惊喜的感受，将受到Mortons礼遇的事分享到Twitter上。“我的天哪！简直难以置信，Mortons真的在我降落Newark机场时，给我送来了上等腰肉牛排”。这个事件纷纷被传统媒体报导，在huffington邮报报道之后广为流传。这个案例利用社会化媒体平台和位置服务，在线上发起与生活者的交互，再到品牌的线下配合消费者需求的“机场送牛排”行动，以及数字生活者获得意外惊喜之后的再次传播，充分实践了SoLoMo+O2O模式在品牌营销传播中的运用。整个过程，是一个极具完美主义的品牌的协同创意过程。

（三）主动搜索的意义

搜索引擎的发明使得消费者主动搜索的行为得以实现，数字生活着可以在互动网络上轻而易举地从巨量而庞杂的信息中获得自己所需要的信息。近年搜索引擎营销迅猛的发展的重要原因在于它为生活者主动获得信息提供了可能性并使其获得信息的过程变得简单。

大众传播模式不存在搜索概念，搜索是数字网络平台独特的传播形态，精准的信息获取和直接的交互性使得搜索越来越成为数字网络平台上最受消费者青睐的应用。搜索引擎能够提供信息的深度筛选，在信息进准获取方面，大众传播时代的任何一种传播方式都没法与搜索引擎相提并论。当营销者和数字生活者先后发现了搜索引擎可以搜索品牌信息、并精准定位信息的时候，搜索引擎便成为数字营销传播的新宠。而探索搜索引擎营销的各种形式、研究搜索引擎营销究竟能给品牌传播带来什么，成为广告营销人和互联网媒体人时刻关注的问题。目前，几乎所有新型的广告公司都先后成立了SEM（搜索引擎营销）部门，搜索引擎优化和关键词营销成为数字营销传播的不可或缺的环节。

关键词技术处理和实践探讨成为搜索引擎平台最具魅力、最有挖掘潜力的研究。搜索引擎已经成为数字平台上新的产业经济——搜索经济。互联网、移动网络等互动平台发展得越迅速，随之带来的一方面是信息的过度膨胀，另一方面则凸显了搜索引擎的重要。

从消费者层面谈搜索引擎，不仅是因为这是互动平台重要的传播形态，而是由于消费者对于主动搜索的拥趸使得其参与度得到很大提高。消费者不仅仅是买东西时会利用搜索引擎，他们对搜索引擎的使用已经成为了常态、成为了必须。2003年搜索引擎的使用率只有23%，2009年的使用率高达98.7%。通过搜索引擎得到的信息变成了他们判断、衡量商品重要的指标，消费者对信息的搜索和其购买形成了直接的关联，网络搜索在消费者购买行为中越来越占有重要位置。消费者无论购买任何品类的产品，都会进行事前搜索的行为被Google称为Pre-shopping，搜索引擎成为了显示消费者需求的晴雨表。网络搜索成为消费购买的决定因素之一，是购买决策中的重要环节。

随着搜索引擎的不断发展，搜索营销越来越受到广告主和营销传播人的重视，搜索媒体也不断探索搜索引擎在营销传播上的应用，搜索引擎产品不断升级。比如百度针对不同层级的搜索需求，先后开发了品牌专区、精准广告、关联广告等搜索引擎营销产品，同时配合开发了百度司南、百度统计、百度广告管家等优化搜索引擎的工具，以“框计算”平台为基础鼓励技术创新，为广大应用内容服务商搭建合作平台并整合新技术，开放共赢的搜索平台。搜索营销的价值也越来越受到了市场的公认。

营销传播研究消费者行为和消费者心理以获得对目标消费者真正需求的了解，搜索引擎技术可以记录并分析消费者的行为，带来消费者心理研究的深入。搜索引擎对消费者深度心理层面的研究，提供了一手的庞大的数据，因为他们在数字平台上的搜索、浏览行为也为营销传播人研究消费者心理提供了重要的数据。数字时代的消费者洞察的方式有了重大的改变。消费者主动搜索为消费者心理研究提供了大量资料，直接导致可以用消费者单个消费者心理洞察折射出群体心理。数字平台的消费者心理研究提出了与大众传播时代的消费者心理研究完全不同的想法。在这个平台上可以通过一群人寻找一个人，从背后分析、反推为什么他们感兴趣，信息指向是什么。通过消费者明确的行为来研究其心理层面，消费者主动搜索的数据可以做消费者洞察参照的重要指标。

对于消费者洞察的准确探究，除了基于生活者在数字平台上的传播分享信息所获得的数据分析，搜索还是记录消费者行为和心理体现的一种手段，搜索引擎对于传播策略的制定同样有着重要的意义。

总之，消费者角色在数字时代的改变，即从信息接受者到数字生活者的变化，本质上带来的是大众传播模式的颠覆性改变，消费者既是信息接受者、又是信息传播者的双重角色，扬弃了大众媒体的单向度传播。数字平台精准与交互则成为数字生活者早已习惯的生活方式，其中与品牌的协同关系也逐渐成为常态。

（沈　虹：北京大学新闻与传播学院硕士生导师，
中央民族大学文学与新闻传播学院教师）

数字环境下之广告公司创新经营与管理模式

唐圣瀚

摘要： 互联网时代的广告公司经营与管理模式与传统广告公司具有本质上之差异，在广告业的竞争及广告主的压力底下逐步演进出新的经营模式，从以往线性的工厂生产线式的广告生成流程转变为立体360度的弹性组织架构，走向高度机动化的服务型企业，运用互联网技术及特性展开新世代的广告公司经营与服务模式，本文从多年实践及广告业者访谈中整理出可供参考的现况及分析。

关键词： 广告代理公司　经营管理　广告传播　数字媒介服务型企业

从公元1800年英国James White成立第一家广告公司开始演变至今，虽然广告的传播载体从纸媒、广播、电视一直增加到互联网，广告公司的主要收入来源依旧是以媒体代理费用为主、创意制作服务费用为辅，但是在1995年第一家媒体购买公司传立媒体出现后，广告公司失去了主要媒体代理收入来源，而原来附属在广告公司中的市场研究部门、活动、公关、直效营销、制片等部门，都在之前专业分工的市场环境下独立出去，各自成立了专业的公司体系，使得原本清晰的广告公司全代理角色开始趋向模糊。相对于传统广告公司的小时代来临，数字化广告公司从90年代起随着互联网的发展而逐渐崛起，经过近20年的摸索及修正已创造出新型态的管理模式，本文拟从多年实践与广告公司访谈中，提出可供广告公司面向数字时代经营管理参考的现况与分析。

一 广告传播环境的改变

从90年代互联网热潮兴起，经过多年的累积与发展，大众身处其中对互联网从陌生到成为生活中不可或缺的一部分，彻底的改变了现代人的生活方式与行为模式，当世界变成海量的数字信息时，广告公司开始发现他们所熟悉的消费大众正逐渐消失，过去广告只需要在媒体上作单向传播就能有一定成效的时代已经过去了，人们开始有平台展示个体的意见与影响力，信息和生产的权力交到了消费者的手上，传播权力的反转宣示双向传播时代来临了。广告代理业是因广告主的需求而存在，靠专业技能在广告主、媒体与消费大众之间担任沟通桥梁的工作，当媒体与消费大众都发生巨大改变的时候，广告公司不能再作纯创意的广告，必须要拥抱社交平台上的用户，跟用户作长期对话，做过去所作不到的事，并且要花时间研究如何定义未来的广告公司还要做些什么事情。

以台湾广告代理业的发展为例，从50年代末期开始至今共有四个时期，第一阶段：冒险家与拓荒者；第二阶段：实践家；第三阶段：领导人；第四阶段：管理者。从无迹可循、摸索着未知的广告市场环境，随着经济起飞逐渐导入科学化的营销概念与制度，到完全开放的自由竞争市场，国际性广告代理商狭带雄厚资本、Know-how及国际客户进入台湾，然后在1995年台湾第一家媒体购买代理商传立成立，广告代理商的媒体代理收入消失，改以Fee的方式收费，收入大不如前，面对严苛的经济环境，新的管理者必须展现与过去更务实、更积极的管理模式才能保持竞争力。[①]

广告业是以人为主的行业，在经营成本上人力薪资成本支出占比最高，1998年台湾实施劳基法，将广告业纳入适用对象，但经台湾4A协会及广告公司游说，将广告业归类为特殊行业，把创意人员、AE等排除在外，责任制工作不必依照一般企业付出加班费用，这个特殊规定造就了台湾广告业的业绩高度成长奇迹，但也造成创意工作者长期超时工作对身体健康所造成的影响，基于社会环境与人本思想的进步，这个特殊规定到2015年1月1号正

---

① 曾玉萍：《台湾广告50年：4阶段发展的4类型广告经营者》，滚石文化，2009年版，第156~162页。

式取消，广告从业人员每周加班不得超过8小时，平日加班费用为正常薪资之133%，假日加班则是正常薪资之200%。至此，在高利润爆发期由创意人所构建浪漫的理想世界消失了，广告公司必须要找出新的经营与管理模式才能适应环境的改变。

二　趋向复杂的客户关系

互联网的技术变革造成人群的生活方式彻底改变，开着电视一面听电视、一面滑手机已经是生活中常见的行为，电视还是很重要的传播媒体，但是电视广告的效果却在不断下滑，因为电视的观众只在滑手机的空档看一下有兴趣的节目片段，电视已经转变成次要的信息来源。身为广告主的企业为了面对互联网时代的骤变也作了大幅度的变革，在传统的市场传播环境下，从发现需求到满足需求，需要一段生产与服务周期，企业服务呈现延时性特征，企业只是一个“八小时企业”，但是在互联网时代，哪个企业能提供24小时的实时服务，就可能在该品类市场竞争中脱颖而出，因此企业纷纷调整自己的时间观念，由“延时性企业”转换成“实时性企业”。[①]当广告主转换成“实时性企业”的同时，因应实时的缘故将社交网站的运营、公关、销售渠道等一些品牌运营的核心转回企业经营，让传统广告代理公司运作又受到更严苛的挑战。

三　传统广告公司流程

“传统广告公司”一词在此仅代表相对于新型态的“数字化广告公司”而言，任何模式的转变都是基于之前的模式再改进，并非二元式的切割。传统广告公司等同于工业经济的生产线模式，工业经济时代强调大批量生产相同产品以降低生产成本，换取更多利润，广告公司采取线性工作流程相对是比较有效率、预算与时间是可控的，但是实际上只能创造出标准化的广告，而并非是最好的广告。以奥美广告著名的360度品牌管理理论为例，奥美主张一个品牌是消费者所经历的总和，从360度的角度发掘品牌面临的挑战，

---

① 陈刚、李丛杉：《关键时刻战略：激活大数据营销》，中信出版社，2014年版，第21页。

创造一个世界让品牌和它的消费者之间在各个不同接触点的相互影响达到最大化，并从产品、消费者、商誉、销售渠道、形象与视觉等六个方向检验品牌资产，最终透过整合营销手段建立或重新定义人们经历品牌的方式，进而达到广告主所期待的增加产品销售目的。

在奥美的内部资源管理来看，这360度实际上是分成四个90度所构成，分别是广告、公关、渠道推进与互动等四个部门所构成，从外界看360度商业模式是完整的，但是实际进行广告前的第一步骤是四个部门先协调如何拆分广告主的广告预算，假设广告预算在其中两个部门分配较少，则这两个部门则会先优先考虑保护内部利润，而采用次级资源或用比较少的工时来完成工作，所做出的广告成果仅是在有限资源与人力限制下的标准产品，而非最佳的广告解决方案，在工业经济信息不对称的时代，广告主可以被标准产品应付过关，但是在信息快速传递的互联网时代，广告公司的标准服务就明显跟不上广告主的演进[①]。

从工作流程来看，传统广告公司采取的是生产线模式，先有Advertise广告主然后由Account Executive客户代表去接洽，接洽后写好接触报告交给AD Planning策划，策划做好后才有Creative & Design创意、Presentation提案、Execution执行和Media buying媒体等动作，中间的人员要由Traffic制管人员来约时间开会，如果约不到主要人员的共同时间，则往后延期会议讨论，造成资源分散而不能灵活调度运用，直线型的流程是为了规避错误，所以有很多的规矩并且很严格，在过往单向传播时代中，广告受众只能被动接收广告讯息，广告执行后的反馈变化周期很长，直线型流程浪费时间与资源的效应并不明显，但在数字化时代广告与受众的关系变成双向沟通，并且广告受众在互联网上的反应时效上变成立即化，这时候传统广告公司的直线型流程立刻就显出反应速度迟缓的缺点。

四　数字化广告公司的变化及发展

数字化广告公司起步很早，以台湾的摩奇创意为例，1994年刚开始的时候只是公司的一个网络互动部门，很快就发展到150人的整合营销公司。米

① 笔者2014年12月3日对VML　IM2.0　首席创意官袁学智的访谈文字稿。

兰数字科技在2001年成立，从五个成员开始承接网络Banner等设计案起，在成立第三年时开始投入了媒体采购，现在已经成为台湾最大独立数字营销代理商，员工超过170人，对于数字营销代理商，米兰首席执行官江祖荣表示以下几点不可或缺：1、自己内部拥有完整数字营销团队的组织编制（策略、创意、设计、技术、媒体）；2、除了全体伙伴都具有数字营销know-how以外，思维亦是从数字为核心出发点发想所有营销策略与创意；3、百分百的执行力。[①]

IM2.0成立于2008年，在2013年被WPP集团旗下VML互动集团收购，目前在北京、上海、广州约有300名员工，年营业额五亿人民币，VML IM2.0首席创意官袁学智表示：互联网时代的广告一切皆有数据，一切收费皆基于数据。公司以策略、技术、创意、媒介为核心，鼓励实验、鼓励玩乐、鼓励奇思妙想，任何成员都能成为发想者，凭借着一群经验丰富的营销人、技术人、创意人以及媒介专家的独特团队配置，同客户合作，以满足他们对数字营销的广泛需求。[②]

（一）数字化广告公司流程

数字时代广告公司的主要观念变革在于“目的重于流程”，[③]广告案件提案时所提供的是任务简报而非创意简报，终极目的就是解决广告主的商业任务，解决问题的手段不见得是以创意为主，可能是以技术为主，也可能是以媒体为主，甚至是以店头促销为主，但是这些解决方案一定同时都要附加在互联网上与销售相关的线索；广告受众在各种媒体上或店头接触到的讯息，是否都可以直接从手机购买？或是可以存到购物车中等有空时再买？还是消费者不想提着商品回家，在店头可以直接下单然后隔天快递把商品送到家里。现在这个时代数字世界与真实世界现在是交缠在一起的，企业与广告公司的服务都必须有能力在这两个世界间随时切换。

---

① 吴清华，广告大咖，专访江祖荣：“米兰人”都是任性的孩子，北京大学广告联谊会，2014年http://mp.weixin.qq.com/s?__biz=MjM5MDQ0NzQ3NQ%3D%3D&mid=202244143&idx=1&sn=770ea5c3462978b9fdb1d15b91bffb90&scene=2&from=timeline&isappinstalled=0#rd

② 笔者2014年12月3日对VML IM2.0首席创意官袁学智的访谈文字稿。

③ 戴夫·格雷、托马斯·范德尔·沃尔：《互联网思维的企业》，人民邮电出版社，2014年版，第29页。

因此数字时代广告公司组织的扁平化与机动性就成为必要条件，必须打破传统金字塔式的组织结构，重点在于“实时沟通”，不是直线型工厂式流程而是圆形循环的组织型态，直接找对项目有帮助的成员为目的加分，将层层上达的繁琐行政程序转换为公司成员互相帮忙加分的过程，创意总监可以直接找实习生询问手机交友平台流行趋势，网站设计师可以主动提供玩具模型制造商信息给社会化媒体操作人员当成促销礼品。因此，数字广告公司的成员并不是以特定部门来提供特定服务，而是交换每个成员的嗜好、专长与知识，跳开流程、尝试运用多种路径以达成共同的商业任务。

（二）数字化广告公司营运

新型态的广告公司必须有新型态的报价模型，新的需求并不存在于传统的报价单当中，例如广告客户要一个比较所有竞争对手价格的APP给业务员使用，这已经脱离传统广告公司营运的范畴，之前的广告公司用工时来计算成本，这时会产生三个问题，1.是否能真实预先计算出工时？2.工时是否真的全部使用在这个项目上？3.超过预定工时之后如何处理？完成前述的比价App之后，广告公司是采取和软件开发公司相同的模式收取技术服务费用。

靠智能工作的数字化广告公司不适合以工时来收费，而新型态的广告公司经营收费模式可以从三方面来收费，1.策略和创意服务费。2.技术服务费。3.以效果收费。服务的内容则包含：1.传播管理。2.生活数据库。3. SEM/SEO。4.定向传播。5.技术服务。6.竞品与消费者研究。7.制定传播策略。8.寻找沟通元。9.引导协同创意。[①]所以一个广告案也可以在传统媒体刊登广告，也可以用新的思维去思考如何增加产品价值。

例如戴尔计算机在京东商城上的“买计算机送女神”活动，主要的广告目标消费者是宅男族群，销售产品是戴尔平价的游戏用笔记本计算机，最直觉的方式是找宅男喜欢的代言人做推荐式的广告，但是新型态的广告公司还是要加上在互联网上与销售相关的线索，除了找宅男女神柳岩代言之外，根据广告公司技术人员的建议，用3D扫描柳岩的真人做出等比例的模型，并全程侧录扫描制作过程影片，影片先在社交网络平台上曝光引爆话题，之后

---

① 陈刚、沈虹、马澈、孙美玲：《创意传播管理：数字时代的营销革命》，机械工业出版社，2012年版，第93页。

在电商上销售计算机时搭配加一元买女神模型活动，在京东2014年“双11”时创下计算机销售第二名的成绩。此广告全案的执行公司VML IM2.0首席创意官袁学智表示：好的广告是在预算内用漂亮的方式去解决问题，没有产生最后销售效果的传播是无效的广告，广告公司必须在可动用的经费内去找到最佳的搭配组合。

而以效果收费的方式也已经形成新型态广告业界的正式经营模式，台湾艾比杰媒体推出的社群大调查白皮书。①提出社群营销效益评估指针，已经把社交媒体转换成费用的公式明列，从获取粉丝的互动扣除广告公司付出的广告费用后，结算出所赚取的营销价值，如果某品牌在12月买了20万新台币的Facebook广告，在此月共得到1,700个粉丝数，3,500,000个曝光，3,000个赞和500个分享以及300则讨论等于新台币371,500元，而品牌12月在粉丝团赚到的营销价值是新台币171,500元，而每个粉丝互动的品牌价值因产业不同，需视品牌经验值进行调整。如表1所式。

表1　　社交媒体效果实际价值表　　（单位：台币）

互动内容	价值参考基准	品牌价值	市场低值	市场高值
赞	Cost per click	10	8	15
分享	Cost per interaction	50	25	150
讨论	Cost per interaction	80	25	150
曝光数	CPM	35	15	50
粉丝数	Cost per member	100	50	300

来源：台湾艾比杰公司

（三）数字化广告公司管理

传统广告公司分工式的组织架构看起来是理所当然的，把相同专长的人集合起来放在同一个部门，客户变多的时候就再拆分更多的子部门出来（图1），在提供更有效率服务的同时，广告公司内部也产生更多的壁垒，跨部门的沟通要由制管人员再三约定，时间都浪费在协调和分配预算上，原本应该要提高效率的流程在互联网时代反而变成降低效率的原因。

---

① 艾比杰媒体：《2014年社群大调查白皮书》，艾比杰媒体IPG集团出版，2014年版，第105页。

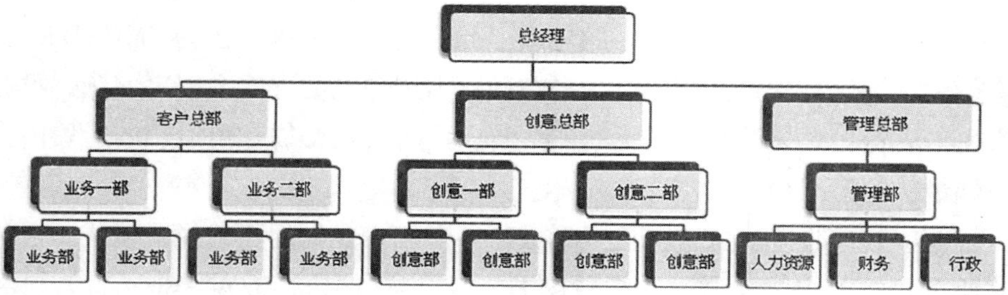

图1 传统广告公司组织架构图

部分传统广告公司采取以“项目”为中心的扁平化架构（图2），人力因项目而成，成本因项目而生，人力为环绕项目而成的循环炼，企图解决金字塔式组织架构所带来的效率低下问题，运用项目小型群组，每个小组配置相同人力服务不同的广告主，类似在公司内的小公司，但是仍然受限于直线式的工作流程，知识与资源难以跨项目小组交换，赶不上互联网时代社群快速变化的脚步。

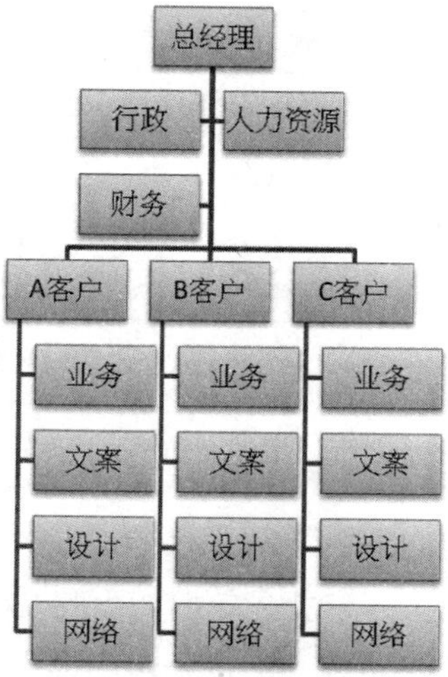

图2 项目式广告公司组织架构图

数字化广告公司的管理特点有三个，1.营造容许创意产生的环境。2.订制化的数字管理平台。3.走动式管理的专案经理人。知识的充分交流让创意更容易产生，个人的创意在集体的刺激下会展开更大的火花，尤其是跨领域不同专长的成员间的交流，把传统不在创意会议中的成员拉进团队，例如程序设计人员、实习生、社群口碑操作人员、财务人员等等，广告公司原本就是最鼓励创意的企业组织，可以运用游戏、协同创意、金钱奖励等手段鼓励创意产生，营造一个容许创意产生的环境。

数字化广告公司的管理当然需要一个数字管理平台，类似Google协作平台的功能，但同时还需要为广告公司的作业模式作订制，设计时有两个重点，其一是要简单易用，因为是每日进行的工作，多余的功能都不要加入，尤其是创意人员更不喜欢复杂的表格。其二要兼顾实体与虚拟的手段推动执行，公司的进度会议必须据此平台进行，奖金据此平台之工时计算绩效发放，才能顺利推动数字化管理平台的普及使用。以台湾Pace Design在2012年改版开发的广告项目在线管理系统3.5版为例（图3），[①]具备了以下功能：1.公司社群：线上内部社群，最新专案讨论与知识分享，同步e-mail即时通知。2.个人工作管理：员工负责专案与工单，协同作业结合成员行事历，外出或会议时间透明化。3.个人化系统：专案相关与工作内容以“个人”为单位，包含专案、工作单、客户文件等资讯。4.专案通知系统：利用e-mail交付并下达工作任务，随时通告任务状态。专案管理：订立洽谈中与进行中的专案目标内容与专案负责人。专案报表显示执行状态。5.客户管理系统：客户名单、资讯完全索引化，公司内部职务变动无需交接。6.部门与员工管理：建立员工资料库与单位成本，延伸专案成本控管。7.协力外包厂商管理：建立起绵密的外部支援系统，掌控外包合作者进度与状态。8.分析报表：专案、部门、财务、人员的工时成本列表让决策者迅速掌握经营绩效。9.权限控管：人员权限控管功能让公司商业机密得以安全管制。

走动式管理的专案经理人是数字化广告公司的灵魂人物（图4），负责掌握时间、参与人员与广告预算，以项目目的为重点，灵活充分调度运用创意资源，观察并掌握成员的工作负担量，精准的控制下让广告公司成员可以准时上下班而无需像传统公司一样无限加班，能够做到精准控制的重点即在于“实时沟通”，跳过线性的工厂式流程直接找到对项目有帮助的成员，让成员间能互相帮忙加分，让组织能尝试运用多种路径以达成共同的商业任务。

---

① 李昆章、戴延昆、蔡政儒、唐圣瀚：《iBee广告专案在线管理平台》，台北：Pace Design，2012年。

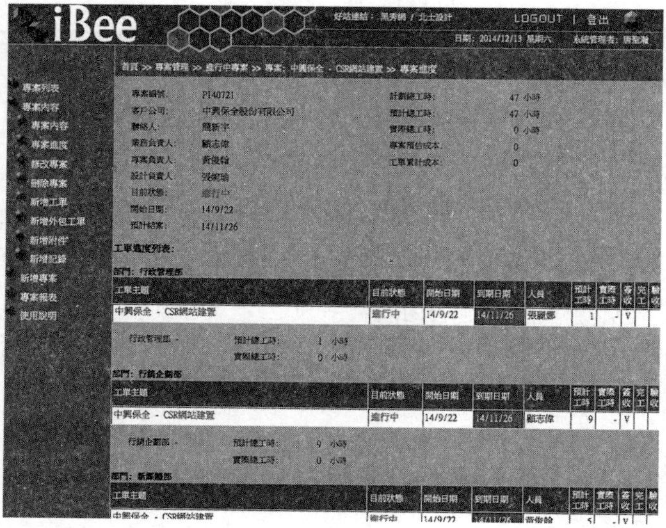

图3　iBee广告专案在线管理系统3.5版，数据源：Pace　Design

（四）数字化广告公司财务

广告公司外发成本一般不能超过项目费用的20%，最高限度是30%，不包含内部员工的费用，由PM项目经理负责执行预算，PM要负责管理预

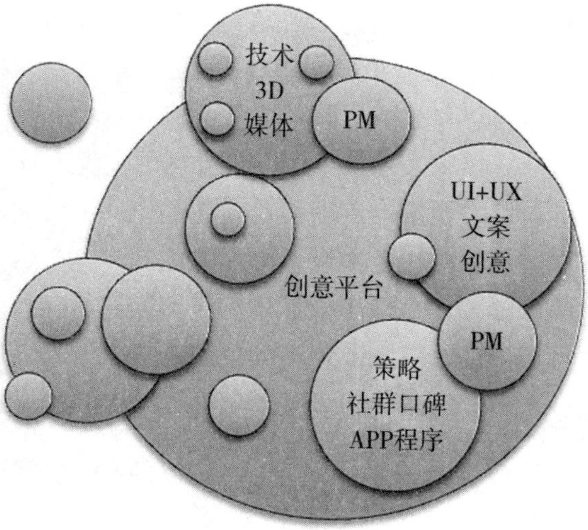

图4　数字化广告公司组织架构图

算、时间及人力，[①]他可以决定要外发或找寻有专长的外部资源来为广告项目加分。

数字化广告公司为了降低成本会将传统广告公司外发的工作拿回来自己执行，例如在网络播放的视频就只需要简单的剪接与少数的特效即足够，不需要做成能拿上电视播放的高质量影片。长期运营与短期快速使用的资源要分类清楚并可以同时进行，例如企业官网必须长期使用，在制作上是大工程，而同一个企业的社交媒体运营在管理上是长期的，但是在生产内容上却是短期快速使用，每天要有新的内容，要观察最新的社会趋势、新闻、新潮流等等，社交广告工作的内容变得更机动也更快速，这类工作只要大方向确立后，由实习生或相对资浅的人员来执行，资深人员在发布前进行监督即可。

最早期的广告公司必须自己摄影拍照、拍摄广告影片等工作，之后都独立出去成为摄影工作室、广告制片公司，这些外包业务在数字化时代又回到广告公司内部处理，新型态的广告公司成员增加了3D建模人员、插画师、影片剪辑、网络多媒体设计人员和程序设计，过去这些技术人员在广告流程的最末端，但现代可以移动到广告工作的最前端，最明显的例子是程序设计人员可以提供最前端的移动互联网技术，整个广告项目可以用这个技术来做主要的卖点，推翻了过去由企划或创意主导的模式，过去在金字塔底层的技术人员可以反过来提供新信息，有各种资源的讨论，各自提出最佳解决方案与最佳的价格。

（五）数字化广告公司服务

真正的服务就是给你想要的东西，数字化广告公司的服务就体现于广告主的商品销售与品牌传播绩效，全传播的营销服务概念已成为重要的服务概念，不只作品牌策略营销，连UX使用者经验设计、广告创意、整合活动、移动端活动、媒介策划及购买、电商、社交营销，社会化客户关系管理、在线线下技术应用甚至新商业模型的探索都涵盖在服务范围内，唯有透过整合性品牌规划，才能不断地活化延展，持续发生关注讨论。最终，在传递分享过程产生互动、达到共创品牌精神。由品牌营销、创意设计、新媒体三者合一的全媒体营销，才能提供广告客户全面完整的整合服务。在地文化品牌必

① 笔者2014年12月3日对VML IM2.0首席创意官袁学智的访谈文字稿。

须长期投资、累积、经营与管理；由于广告公司与客户间的实时沟通时效非常重要，还是得仰赖长期稳定合作的本地广告团队。

数字化广告公司运营必须具有以下五个核心策略。1.品牌管理：策略定位拟定，营销方向规划，形象识别准则。2.精准服务：了解需求准时完成，掌握动态快速反应，积极沟通主动解决。3.创意设计：问题思考之深层解决，策略导向之创新发想，美学关注之设计沟通。4.网络媒体：有效控制设计流程，管控媒体传播效果，营销目标话题延伸。5.洞悉市场：丰富的业态合作关系，多元的业种设计能力，异业结盟之统筹协调。

每个时代都有各自的特征，广告业经历了两个世纪的变迁之后，在互联网时代去中介化的挑战下，还是能找出属于自己新的核心竞争力，广告公司具备高度创新能力，可以主动熟悉互联网特性并掌握整合资源与技术，互联网时代的广告变化更多，但是还是会回归到以消费者为核心的沟通模式，双向沟通的媒介更需要广告公司运用创意思维来创造新内容，以更互动、更多元的传播方式来吸引消费者注意，数字广告公司最大的功能即在于为客户的商品创造市场价值并达成销售目的。虽然目前的企业为了适应互联网时代都在调整公司结构与服务，但不是每一家品牌企业都能完全自行掌握全媒体营销，数字化广告公司具备新媒体专业服务能力，仍然有其存在之必要性，广告主的需求在不断的改变中，广告公司的营运模式也在不断进化中，两者之间都保持着一定的速度在持续前进，唯一会被互联网时代所淘汰的是失去方向停止变革的企业。

（唐圣瀚：北京大学新闻与传播学院博士生，台湾北士设计负责人）

媒介进化论：媒体已死，媒介永存

王成文

摘要：“媒介”是一种技术形态，而“媒体”则是一种组织形态。“媒介”与人类历史一样久远，但是“媒体”却只是一个历史概念。“媒体”是媒介技术发展到大众传播时期的产物，其生存逻辑是“中介逻辑”、“中立逻辑”和“规模逻辑”；而互联网技术的“去中介化”、“个人主义”、“免费”等特征，消解了“媒体”的存在价值，“媒体”最终成为一个历史概念。

关键词：前媒体时代　媒体时代　后媒体时代

关闭、裁员、跳槽、数据造假、合并抱团取暖……对传统媒体的新闻报道，充满着这些末日词汇。传统媒体怎么了？是穷途末路，还是被集体唱衰。在中国文化产业前景如火似荼的“夏天”，传统媒体却遭遇了“寒冬”。在“媒体”概念产生80年后，是时候重新反思媒体的概念和价值了。

一　前媒体时代：从“媒介”到“媒体”

概念化，是人类认知世界的重要方式，也是人类知识积累的重要途径。一般而言，在物理世界中，现象在先，概念在后，只有随着同类现象增多和人类需要共识时概念才会出现；而概念出现以后，反过来也会强化人们对同类现象的认知。

“媒介”是指承载信息的介质，信息依附于媒介而存在，媒介和信息同时产生，因此，媒介是一种技术形态，不具有社会性，媒介的历史和世界的历史一样久远。媒介的形态丰富多样，只要是能够承载信息的介质，都可以称为媒介。媒介可以分为“自媒介”和“它媒介”，自身承载信息的媒介称为“自媒介”，既能承载自身信息又能承载其他信息的媒介称为“它媒介”。

虽然“媒介”历史很久远，但是“媒体”历史却相对较短。“媒体”则是指专门负责信息生产的专业机构，因此，媒体则是指一种组织形态，是人类信息生产走向专业化、独立化和规模化以后的产物，其本质是一种独立的社会机构，具有社会性和历史性，是人类信息生产发展到一定阶段的产物。在公元前二世纪西汉初期，中国出现了世界上最早的报纸《邸报》，《邸报》是由各郡驻京办事处兴办，负责收集京城的各类信息，传送给各郡官员，《邸报》成为地方官员获取京城信息的主要渠道。而在西欧，大约在1605年前出现的“请求书”（现珍藏在德国古腾堡印刷博物馆）被认为是世界上最早的印刷报纸。中西两份“报纸”，虽然没有报纸的名称，却已经具有报纸媒体的基本特征。

“媒介”（Medium）和“媒体”（Media）的概念出现时间晚于报纸的产生，是媒介走向大众化和规模化以后的产物。根据《牛津英文词典》记载，媒介（Medium）的概念出现于1880年前后，而媒体（Media）的概念出现的更晚，是在广播成为商业媒体之后，即1923年才逐渐开始使用的。“媒介”和“媒体”既有区别又有联系。“媒体”是“媒介”发展到一定阶段才出现的，是“媒介”走向组织化以后的产物，“媒介”会一直存在，但是“媒体”却有自身的生命周期，一旦其社会价值被新兴事物替代，“媒体”势必走向没落。

二　媒体时代：媒体的生存逻辑

“媒体”为什么会存在？“媒体”生存的逻辑，是媒体存在的条件，一旦生存条件发生改变，媒体的价值也必将被取代。“媒体”的生存逻辑主要有三点：

第一，中介逻辑。从内涵上来看，“媒介”和“媒体”两者的共同点都是“中介”，不过前者是物质形态的中介，后者是组织形态的中介。媒体作为独立的社会机构，是信息传播的渠道和枢纽，因此，其中介价值就体现在对传播渠道的控制上，“渠道为王”形象地说明了渠道的价值。在“渠道为王”理念的主导下，媒体通过渠道控制获得了生存的价值：首先，媒体通过渠道控制掌控了信息来源，如果受众想获取这些有价值的信息，就必须向媒体付费，媒体可以获得“信息费”；其次，媒体通过渠道控制掌控了对受众的话语权，如果政府、企业、NGO等组织试图向受众传递信息，媒体就可以收取各类“过路费”，比如政府拨款和企业公关费；其三，媒体通过控制渠道可以自主编辑媒体内容，在内容旁边强插广告，“买一送一”，从而向企业、政府和个人等收取“广告费”。媒体“渠道为王”的生存理念，是典型的“强盗逻辑”，在缺乏其他信息渠道的情况下，政府、企业、受众等只能对媒体“忍气吞声”，甚至是“敢怒不敢言”。

第二，中立逻辑。权力制衡，是现代社会重要特征，主要体现在两个方面：一是公众对掌权群体的监督，虽然现代民主制度确立了立法权、行政权和司法权“三权分立”的传统，但是这三权的执行者均为职业化的公务人员，内部监督如果缺乏外部制衡，容易形成既得官僚集团，因此，公众的选举权和监督权就成为权力制衡的重要力量；二是公众对公众的监督，公众并非一个独立的利益群体，其内部分为不同的利益集团，这些利益集团之间的相互制衡也是社会权力制衡的重要方面。媒体，作为独立的中介组织，为各种社会力量提供了对话平台，这种平台在形式上天然具有中立性特征，因此，公众把监督权就部分集体让渡给了媒体，使媒体能够“代表”公众行使监督权。但是这种代理制却暗藏了一个隐患：“媒体监督一切，谁来监督媒体?”媒体作为公众的代理人，其能否不忘初心，恪尽职守，保持中立性，却取决于媒体的自我监督，或者是“左右互搏”。为了博得媒体的“偏爱”，各类利益集团争相赠送“车马费”或“公关费”，甚至有些媒体为了自身利益，不惜动用监督权力，与民夺利，因此，一旦媒体发生集体性职业失守，中立性不保，受伤的却是公众自身。

第三，规模逻辑。报纸、杂志、广播和电视等大众媒介技术，其生存模式是满足受众的类型化和规模化需求，这是由这些媒体技术的成本门槛所决定的，因此，这些媒体形成了“多对多”的媒体运营模式。这些媒体为了满足受众多样化信息需求，由编辑人员把不同作者生产的内容“拼接”在一起，形成稳定的内容风格，整体出售给受众，拒绝“零售”，受众在这些媒体上再筛选个人喜欢的内容，因此，这种“多对多”的媒体运营方式，产品与需求容易形成一定偏差，不能满足受众个体的稳定需求和随机需求。这种运作方式的优点在于能够形成媒体的品牌效应，降低媒体的运作风险；但是其缺点在于只能满足受众的类型化需求，只有在受众数量达到一定规模的前提下，超过媒体运作的盈亏点，媒体才能够进行正常运作。

“媒介”的进化方式有两种：一种是补偿式进化，从纸质媒体到广播媒体、从广播媒体到电视媒体，都是遵循这种进化方式，新媒体兼容旧媒体，不断对旧媒体“查缺补漏”，共同满足受众的不同需求；在补偿式进化中，媒体懒以生存的三个逻辑并没有改变，“媒介”继续以“媒体”的形式存在。另一种是替代式进化，互联网是“媒介”，但不是“媒体”，互联网改变了“媒介”的生存规则，打破了媒体赖以生存的三条戒律，因此，互联网不是“媒体”的“救赎者”，而是成为“媒体”的杀手。

三 后媒体时代：互联网的“去媒体化”

互联网为什么会取代“媒体”？如果“报纸消亡论”不再惊世骇俗，那么“电视死亡论”对很多人来说还是有些匪夷所思。这些对传统媒体集体唱衰的论调，是概念化奇观，还是警世良言？至少有关电视的数据“看上去依旧很美”，甚至有人抛出了“全媒体”的论调，倡导互联网与传统媒体的“和谐共生”。但是在媒介革命的集体“呐喊”声中，互联网的技术逻辑充满了“革命暴力”，“去机构化”成为互联网革命最响亮的口号。互联网的技术逻辑是“去机构化”体现在三个方面：

第一，去中介化。在媒体市场化生存的三个逻辑中，“中介逻辑”是媒体价值的起点，而“中立逻辑”和“规模逻辑”是“中介逻辑”延伸，因此，“渠道为王”的“中介逻辑”，是媒体市场化生存的根本逻辑。媒体凭借着其中介地位，获取“信息费”、“过路费”、“广告费”和“公关费”成为其主要的收入来源。但是在互联网上，这些收费方式越来越不符合互联网的“技术调性”：首先，在“人联网”和“物联网”的技术支持下，大量信息被感知技术投射到互联网上，“信息爆炸”、“信息海啸”等说法形象地表达了互联网信息的海量化格局，再加上信息的多渠道接近方式，使得互联网难以再收取“信息费”；其次，BBS、官方网站、个人建站、博客、微博、微信等“自媒介”的兴起，使政府、企业、个人等可以通过多种自有平台传播信息，无需再缴纳大量的“过路费”；其三，搜索引擎、信息服务类网站、微电影、体验式App等广告平台的出现，使企业重新挖掘广告自身的价值，广告成为有价值的生活服务类信息，而不再是通过强插的“强盗逻辑”在受众获取信息的路线上干扰视听，“广告费”也越来越不合时宜；最后，互联网的平等赋权使每位公民都获得了平等话语权，无需“媒体”代表自己发声，这就打破了“媒体”的代理价值，媒体言论只能代表自己，成为“一家之言”，不能再代表公众，这也使得“公关费”失去了存在的意义。因此，互联网由“去中介化”到“去中立化”，不仅稀释了媒体的市场价值，而且破坏了媒体的生存根基。

第二，个人主义。受成本门槛的限制，媒体运作具有类型化、规模化和周期化等三大特征，纸质媒体的版面和电子媒体的频道成为其市场化生存的最小单位，而版面和频道却只能满足类型化、规模化和周期化的受众需求。因此，媒体具有典型的“集体主义”特征，媒体市场往往立足于“大概率市场”，对小众化需求、个性化需求和随时性需求只能“敬而远之”。互联网技术具有全时空特征，能够满足受众随时随地地信息需求，这种碎片化的媒体信息消费方式打破了媒体的整体性和仪式感，虽然增加了受众对媒介技术的用户黏性，但是却使互联网具有显著的“个人主义”特征。互联网的“个人主义”体现在两个方面：一方面是传播信息的个人化，手机、穿戴式设备等各种移动终端，使用户可以依据个人爱好随时随地分享信息，个人信息的呈现形式不再是“日记式”的每日一记，而是“微博式”的信息瀑布；另一方面是接受信息的个人化，用户可以利用搜索引擎、RSS、定制、关注等方式定制个性化信息，可以随时随地接受信息，无需在与别人分享同一份报纸或同一个频道。因此，无论是在信息生产还是在信息消费中，互联网都呈现出精细化的“个人主义”，这与媒体的“集体主义”格格不入。

第三，免费。凭借着“渠道为王”的生存逻辑，媒体形成了“单边盈利模式”和“双边盈利模式”两种主要的市场化生存方式，要么向受众收费，要么向广告主收费，但是这两种生存方式在互联网上却越来越艰难。在经济学中，认为市场供需在由不均衡走向均衡之后，市场利润趋向为零，企业只有在这个时间差中才能创造利润。但是由于互联网技术的开放性和全时空性，这个时差被极大地缩短了，互联网信息“低研发成本+零复制成本”的成本逻辑，使得市场由不均衡到均衡状态可以“零时差”瞬间完成。因此，互联网信息提供者无法获得持续的市场利润。在互联网上，如果采用媒体的生存逻辑，不仅无法获得利润，而且互联网的“去中介化”特征使得媒体向受众收费和广告主收费成为幻想，“免费模式”成为互联网信息生存的基本模式。“免费模式”并非是指互联网成为免费的“技术义工”，而是打破“单边盈利模式”和“双边盈利模式”的拘囿，在“多边盈利模式”理念主导下重新设计生存方式。在“多边盈利模式”中，互联网往往成为各类社会主体的管理平台、传播平台、公关平台、销售平台和资源平台，企业无需在互联网的硬件、软件和信息领域获得利润，而是通过产品和服务来获取充足的市场利润。

“去机构化”，是互联网的核心逻辑。互联网技术，摧毁了报纸、杂志、广播和电视等传统媒介技术“机构化生存”的根基，这些媒体的“集体主义”生存方式是难以满足小众化、个人化和随机化需求的，而互联网的“个人主义”运作方式，却可以通过“个体对个体”的方式来满足这些需求，因此，互联网作为新媒介解除了旧媒介技术对人类信息传播的桎梏，正如麦克卢汉所说，旧媒介要么选择成为收藏品，要么“被消失”。

结论：媒体已死，媒介永存

在新事物出现时，由于概念的匮乏，人们总是习惯于“旧瓶装新酒”，暂时先用旧概念来描绘新事物，但是一旦对新事物建立清晰的认知框架，抛弃旧概念也成为必然。虽然在互联网早期，“媒体”的概念为互联网攫取了第一桶金，出现了“网络媒体”、“手机媒体”、“第五媒体”等各种概念，但是随着互联网应用的不断丰富和对互联网认识的不断加深，“媒体”的概念越来越难以适应互联网发展的需求，互联网的“去媒体化”趋势不断加强。

“春江水暖鸭先知”，著名媒体人纷纷跳槽，或委身于大学，或另立门户，或投身互联网，这批在就业市场上最具有流动性的著名媒体人，他们用行动诠释和引领了这波变革浪潮，媒体的“集体主义”品牌，已经与他们的“个人主义”品牌渐行渐远。

而在中国有人把媒体生存的希望，寄托于威权主义媒介体制的“庇护”，这能否改变“媒体”的命运？答案是否定的。从政府上网，到兴办重点新闻网站，再到全员微博……政府也一直在调整和适应互联网技术的发展要求，寻找新的高效率宣传路径，打造两个舆论场，但是这两个舆论场趋同化越来越明显，不是互联网舆论场向媒体舆论场靠拢，而是媒体舆论场向互联网舆论场靠拢。因此，把媒体的生存的希望，寄托于政府的保护只能是一种幻想，一旦受众远离了媒体，媒体也就失去了政府的信任，政府会寻求与公众更有效的沟通方式，这反而会加速媒体的衰落。

死的是“媒体”，活的是“媒介”！

（王成文：北京大学新闻与传播学院博士研究生，讲师）

国内外植入式广告研究现状的综述
——基于中国学术文献网络出版总库搜索文献的分析

孙美玲

摘要：近年来，随着传播技术的发展，媒介环境的日益复杂化，植入式广告（product placement）凭借其独特的营销模式，得以在电影、电视剧、电视真人秀、小品表演甚至网络游戏等平台中广泛应用，并越来越受到广告主的青睐。这一现象引起了国内外学界和业界的广泛关注，成为学术研究的热点之一。基于此，笔者对当前国内外植入式广告的研究情况做一个整体的综述，以期梳理清楚植入式广告研究的基本脉络。

关键词：植入式广告　研究主题　研究趋势　研究方法

植入式广告的兴起和发展最先起源于西方国家。1951年，影片《非洲皇后号》中出现了戈登牌杜松子酒的商标，被认为是现存可以看到的最早的电影植入式广告。此后，在1982年的影片《外星人ET》中出现了这样一个情景：小主人公用“里斯”（Reese’s Pieces）牌巧克力豆吸引外星人走进屋子里并和他成为好朋友，电影公映后获得了观众的认可，而“里斯”巧克力豆也成为热销产品，销量提高了65%。自此，植入式广告开始受到电影制片方和生产企业的关注（Reed 1989），甚至在20世纪80年代出现了代理植入式广告的专职机构，而植入式广告的运作也越来越成熟，成为现代营销的重要策略之一。与此相对应，学者们开始对植入式广告进行较为系统的研究。

一　国外植入式广告的研究

西方学者对植入式广告的研究时间较长，研究内容比较全面。笔者在

Pro Quest数据库里高级检索标题为“Product Placement”关键词，结果显示741篇文章，分别涉及以下几个方面：

（一）对植入式广告基础理论的研究

这一部分的研究主要包括对植入广告的概念、特点、表现形式以及理论基础的探讨。Steortz（1987）最早对植入广告进行了界定，认为它是在任何媒体上融入产品名、包装、符号或其他商标的传播方式。Elliot，Stuart（1992）通过分析植入广告的表现形式，提出了“product placement”，也就是植入广告，并对其进行了界定，阐述了植入广告的特征及发展状况。①而Balasubramanian（1994）则强调植入广告是通过电影或电视节目中以巧妙的方式融入某个品牌，从而影响受众的一种付费的产品信息传播方式。Pastina（2001）认为植入式、广告是一种商业行为，即在一个特定的媒体节目当中涉入广告，目的是为了增加品牌的知名度、产品或服务。Donald Parente（2003）提出植入广告是将产品或品牌及其代表性的视觉符号甚至服务内容策略性融入电影、电视剧或电视节目内容中，通过场景的再现，让观众留下对产品及品牌印象，继而达到营销的目的。上述对植入广告的界定都一定程度描述了植入广告的内涵，强调了植入广告的隐蔽性、商业性和付费性，但各有侧重。

此外，各种理论阐释框架的研究也一直在进行。Karrh，J.A(1998)通过研究各种媒介中植入广告对受众产生的效果，提出了植入式、广告的意义转移模式；②Russell.C.A(1998)从学习理论、行为理论两个方面建立了电影/电视中植入广告的基本理论框架。③Eva A van Reijmersdal，Peter C Neijens，Edith G Smit（2009）认为广告学和心理学的相关理论为植入广告的作用机制提供了基本的解释理论，但是对于特定条件下植入广告的分析，这些理论还需从受众和植入广告两个方面进一步细化。④

① Elliot Stuart. Product Placement Under New Attack [J].New York Times，1992(4):14。

② Karrh，J.A. Brand Placement : A Review. Journal of Current Issues and Research in Advertising: 1998，20(2):31~49。

③ Russell，C.A.(1998)，toward a Framework of Product Placement :Theory Propositions. Advances in Consumer Research，P.25。

④ Eva A van Reijmersdal, Peter C Neijens, Edith G Smit，A New Branch of Advertising: Reviewing Factors That Influence Reactions to Product Placement，Journal of Advertising Research，2009.12, P429。

（二）对植入式广告内容的研究

植入广告内容主要指在各种媒介中植入的企业或其产品和品牌的类别，对此学者关注相对较少，研究成果也较为零散。Troup（1991）对1991年好莱坞卖座前25名的电影进行分析，得知平均一部影片中会出现11个品牌，汽车和食品的类属是最常出现于其中的。Englis（1993）比较了美国和瑞典的音乐录影带，并且分析了出现的品牌和其他消费的范例。Fawcett（1993）采用内容分析的方法对4个电视台24小时内的节目进行了研究，发现超过1000次提及或出现品牌和公司名称，其中50%的品牌名称或公司名称被说出来而且也出现在电视中，大约35%的品牌名称或公司被说出来但没有被显示在电视中。而最经常提及品牌的节目为新闻和脱口秀，特别是晚间新闻、晨间新闻和脱口秀，其中最常出现的类别为汽车、公司名称和电视电影。Harry C·(Buddy)Arnold（2006）研究发现家庭收视的黄金时段（20:00~21:00）的电视节目中充满各种产品和品牌的植入广告，与前人的研究结果类似。

（三）对植入式广告的效果研究

植入广告效果研究一直是国外学者最为关注的领域，主要包括对植入广告的效果及其影响效果的各种因素的探讨，研究成果较为可观。Gupta，P.B. & Gould，S.J.（1997）的一项研究表明:更常看电影的消费者比不常看电影的消费者更容易接受植入广告，同时还分析了产品类型和个体差异对植入广告效果的影响，指出消费者对植入广告通常持积极态度，但对烟、酒、武器等产生争议产品的接受度较其他产品低；消费者个人差异(如看电影频率、对植入广告的态度)呈正比影响其对植入广告的印象和接受度；个体差异中的性别因素同样影响对植入广告的印象和接受度。[①]Gupta，P.B.& Lord，K，R.（1998）对显著度和植入模式对电影中植入广告效果的影响进行了研究，结果表明显著度高的植入广告较之显著度低的植入广告有更高的回忆度，听觉呈现植入广告较之单纯视觉表现植入广告有更高的回忆度。[②]

---

① Gupta，.P.B.& Gould，S.J.(1997)，Consumers' Perceptions of the Ethics and Acceptability of Product Placement in Movies : Product Category and Individual Differences .Journal of Current Issues and Research in Advertising，19(Spring)，PP.37~49。

② Gupta, .P.B，and Kenneth R. Lord Product Placement in Movies: The Effect Prominence and Mode on Audience Recall [J].Journal of Current Issues and Research in Advertising，1998，20:47~59。

Karrh，J.A（1998）对各种媒介中植入广告对受众产生的效果进行了研究，他认为植入广告能够改变消费者对产品的认知、品牌态度和品牌记忆，并在一定程度上促成消费者的潜在购买行为。[①]Russell，C.A（1998）认为整合视听信息的植入广告比单纯的画面和对白植入有更高的品牌回忆度，他还指出个人差异会影响植入广告的效果，消费者对产品越熟悉、越能察觉到被植入的产品，植入广告的认知度就越高。Weaver（1998）也对植入广告的受众差异进行了研究，与Russell，C.A的研究结论相似。他对83位受试者进行研究，请他们观看一部美国电影，情节中有两种产品分别以明显或隐约的方式植入，测试受试者对植入产品的回忆度、辨识度以及受试者对品牌的态度。研究发现当有产品植入时，受试者的辨识率高于没有植入时，且当受试者对剧中人物的喜好程度越高，对明显植入的品牌越持有正面的态度。

Alaind' AStous，Francis Chartier（2000）认为影响植入广告效果的几个因素包括植入产品的类型、赞助者形象、电视节目和产品的一致性，该研究进一步指出在电影中越明显越重要越容易被记忆；与剧情融合越巧妙消费者的喜好度越高，记忆度则降低；与主要电影角色关联将提高喜好度和记忆度，反之亦然；明显的植入广告能获消费者喜好，但接受度低于和缓的植入广告。[②]Karrh，J.A，Balasubramanian（2006）总结前人研究时发现“复合型(可视+可听)植入广告比单一表现形态的广告产生更好的认知效果”，同时认为在认知(记忆)效果方面，复合型植入广告效果优于单一可听型广告，单一可听型优于单一可视型植入广告。[③]

（四）受众对植入式广告的态度研究

受众对植入广告的态度研究是西方学者关注的另一个重点领域，其研究成果较为系统。Nebenzahl，Secunda（1993）是最早研究受众对植入广告态度的学者，结果发现消费者对植入广告的态度总体上是积极的，接受度也比

---

① Karrh，J.A.(1995)，Brand Placements in feature film: the Practitioners' view .Proceeding of the 1995 Conference of the American Academy of Advertising(ed.)Madden，C.S.，PP.182~188。

② .d' Astous，A.& Chartie，F(2000)，A study of factors affecting consumer evaluations And memory of Product Placements in movies .Journal of Current Issues and Research in Advertising，22 (2)，PP.31~40。

③ Sivak. Balasubranmanian，James A. Karrh，and Hemant Patwardhan. Audience Response to product placement:
An Integrative Framewor and Future Research Agenda[J].Journal of Advertising，2006，pp.115~141.

较高。Gupta,Gould（1997）进一步研究发现，观众对一般产品类别的植入广告的态度是正面的，但对于受到道德谴责的产品类别(如酒、枪械、香烟)出现在影片中，受访者的接受度则较低。研究中还发现常看影片的人对产品或品牌植入的接受度也较高。Gupta,P.B.、Delorme,D.E.、Reid,L.N.（1999）则从公共政策方面分析了受众对植入广告的态度，研究同样表明受众对植入广告一般持积极态度，但是不同年龄，看电影频率高低不同的受众对品牌形象有不同的理解和体验。

Susan Chang（2005）采用了问卷调查法以心理抗拒理论为基础，探讨了心理抗拒程度、电视节目中品牌植入的饱和度和品牌植入的收益之间的关系，以及这种关系是如何影响受众态度的。Schmoll，Hafer，Hilt，Reilly（2006）第一次研究了婴儿潮时期出生的受众对植入广告的态度，研究结果也与前人的发现相似。Metin Argan,Meltem Nurtanis Velioglu,Mehpare Tokay Argan（2007）则以土耳其常看电影的人为分析样本，从受众的角度检测其对电影中植入广告的态度，研究发现虽然总体对植入广告持积极的态度，但是也不得不考虑植入广告的商业性质所带来的伦理问题。此外还发现看电影的频次和对电影的喜欢程度影响着受众对植入广告的关注程度，而性别、年龄、教育程度和收入则与受众对植入广告的态度无关。[①]Gianluigi Guido,Alessandro M Peluso（2010）等人通过实验法研究了意大利消费者对植入广告的态度，认为消费者的态度与植入产品的类别、消费者的年龄、性别等个体差异、观看电影的频次以及消费者的个性特征有关，但是对比以前美国、法国、中国等学者的研究，消费者的态度存在国别差别。[②]

（五）植入式广告法律伦理的研究

Leigh Ann Hornick（2006）指出很多研究者认为植入广告是对消费者的一种欺骗把戏，并考察消费者是否在观看中意识到植入广告的存在，如果意

---

① Metin Argan, Meltem Nurtanis Velioglu,Mehpare Tokay Argan，Audience Attitudes Towards Product Placement in Movies: A Case from Turkey，Journal of American Academy of Business，2007.05. P167。

② Gianluigi Guido, Alessandro M Peluso,Piermario Tedeschi,Chiara Nicole,Cristina Lauretti,Adele Caciula，Acceptance of Product Placement in Italy: Effects of Personality and Product/Consumer Interactions·International Journal of Marketing Studies·2010.11.P34。

识到了，将对消费者造成伦理道德方面的影响。[①]Avshalom Ginosar，David Levi-Faur（2010）从法律法规的角度对比分析了欧盟和加拿大在植入广告管理方面的异同，认为二者虽然不同但都是行之有效，构建了植入广告管理的不同规制框架。[②]Min Soo Kim,Steven R McClung（2010）指出了植入广告所引起的道德问题，并采用在线调查的方法对253名运动视频游戏玩家进行了调查，结果发现运动视频玩家除了容易引起道德伦理问题的烟酒枪等个别植入外，总体上对游戏中的植入广告持积极的态度。而个体玩家的态度差异与玩家的性别和参与游戏的时间长短有关，至于持积极态度玩家大多有意倾向于购买该植入的产品或品牌。[③]

综上所述，就研究内容而言，国外学者对植入广告的研究涉及了各个方面，其中效果研究和态度研究一直都是重点，研究成果也最为系统和成熟。就研究方法而言，国外学者通常采用定量的研究方法，常用的包括内容分析、问卷调查、和实验法，并进行了比较规范的方法设计和科学论证，而定性研究的文章相对较少，基本上限于描述现状和理论探索。

二　国内植入式广告的研究

但是与西方的植入式广告研究相比，国内的研究是随着近几年植入式广告蓬勃发展开始的，尚处于发端期。1991年由葛优和吕丽萍主演的电视连续剧《编辑部的故事》中，播出了葛优偷“百龙”矿泉壶的情节，首次采用了类似植入式广告的运作模式。随后在冯小刚的电影中植入式广告逐渐被观众所熟知。如2003年冯氏的贺岁片《手机》中植入了摩托罗拉手机、宝马汽车；2004年贺岁片《天下无贼》中植入了诺基亚手机、宝马汽车、佳能数码DV、长城润滑油等8个品牌。2011年11月28日，广电总局下发《〈广播电视广告播出管理办法〉的补充规定》，该《补充规定》将2010年1月1日实施的《广播电视广告播出管理办法》第十七条修改为“播出电视剧时，不得在

① Leigh Ann Hornick，The Evolution of Product Placement : Consumer Awareness and Ethical Considerations，West Virginia University，2006.10。

② Avshalom Ginosar, David Levi-Faur，Regulating Product Placement in the European Union and Canada: Explaining Regime Change and Diversit·Journal of Comparative Policy Analysis·2010.11.P467。

③ Min Soo Kim, Steven R McClung，Acceptability and Ethics of Product Placement in Sport Video Games·Journal of Promotion Management·2010.10.P411。

每集中间以任何形式插播广告”，并于2012年1月1日正式实施。[①]随着该规定的实施，原本大量插播在电视剧中的广告被拒之门外，广告时间被大大压缩，而以隐蔽性为典型特色的植入式广告越来越受到广告主的青睐。发展到今天，植入式广告不仅载体越来越多样，植入品牌越来越广泛，且植入费用也不断增长。

2003年前后开始有学者进行相关研究，虽然研究时间相对较短，研究水平与国外相比存在着较大的差距，但仍取得了一些较有代表性的研究成果。截止2012年1月笔者在中国学术文献网络出版总库里，搜索题名中含有“植入式广告”和“Product Placement”关键词的文章，共125篇。

（一）文献来源

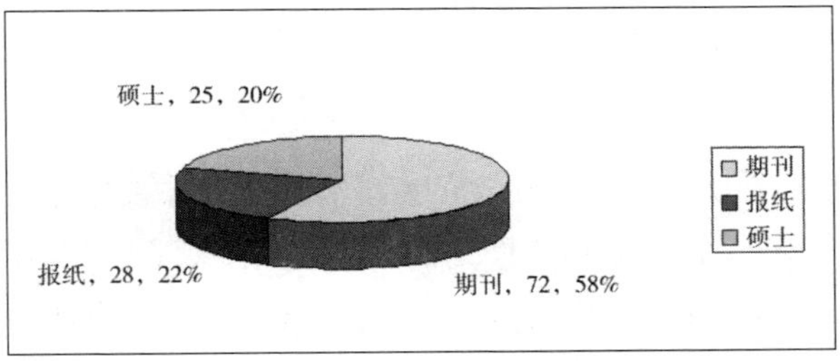

图1 文献来源分布图

这125篇文章中，来自文献来源主要分为期刊、硕士论文、和报纸，其中硕士论文25篇，报纸28篇，期刊72篇。在期刊上，新闻传播类的期刊共30篇文章，经济营销类23篇，大学学报6篇，电影艺术类4篇，其他9篇。报纸上的文章基本上不涉及学术研究，仅仅是一些消息或评论。

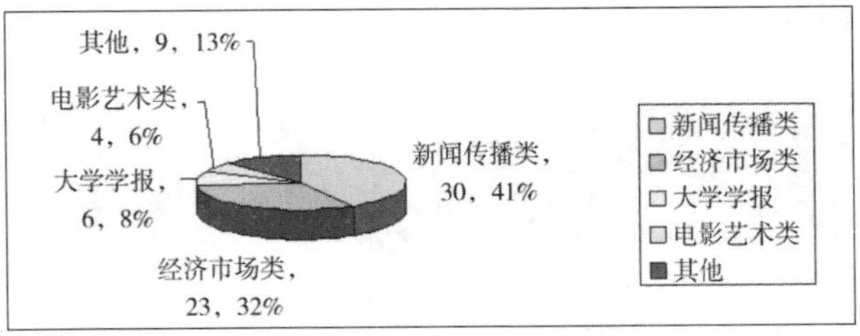

图2 来源期刊类型图

① 新华网：《广电总局取消电视剧中间插播广告》，http://news.xinhuanet.com/2011-11/28/c_111200381.htm.

从图2中可以看出，新闻传播类文章数量最多，说明新闻传播领域是植入式广告研究的重地。同时，经济市场类的期刊中也有很大一部分关于植入式广告的研究，这与我国广告学课程设置在经济学院、商学院或者艺术学院有关；此外，电影艺术类的期刊上也有一些关于植入式广告的研究，但数量相对较少。

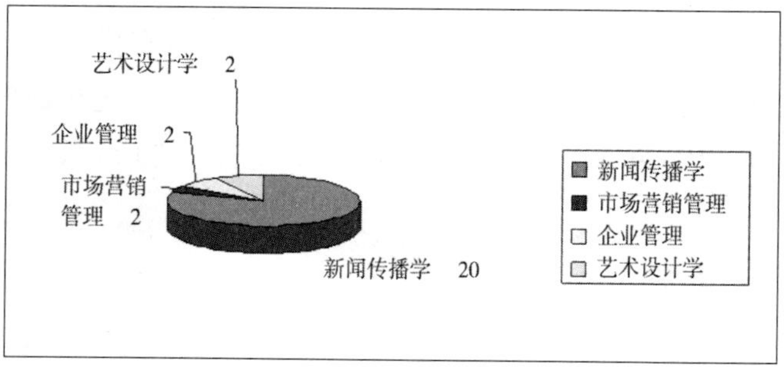

图3 硕士论文专业分布图

从图3中可以看出，在硕士论文的专业分布中也主要集中在新闻传播学，共有20篇，此外来自企业管理专业2篇，市场营销管理专业1篇，艺术设计学2篇。其中并未发现在博士学位论文层面的文章，这从一个侧面反映出植入式广告的研究时间尚短，尚未在博士学位论文层面上展开相应的研究。

（二）植入式广告的研究主题

除去报纸的28篇，笔者对剩余的97篇文章的标题及内容进行了分析，总结归类为以下几个研究主题：植入式广告基础理论研究、植入式广告前景趋势研究、植入式广告的运作流程及技巧研究、植入式广告效果研究、植入式广告反思性研究、植入式广告受众研究6大主题。

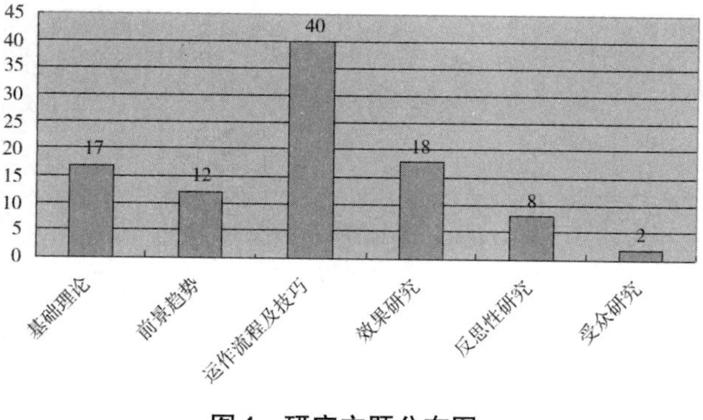

图4 研究主题分布图

从图4中可以看出，97篇文章中涉及植入式广告基础理论研究的有17篇，前景趋势研究的12篇，运作流程及技巧研究的40篇，效果研究的18篇，反思性研究的8篇，受众研究的2篇，其中运作流程及技巧研究是我国学者关注的焦点，而反思性研究和受众研究则鲜有学者涉略，处于刚刚起步阶段。

1. 基础理论研究

基础理论研究是指对植入式广告的概念、特点、基本理论等进行的探讨，这97篇文章中有17篇涉及基础理论研究，其中在中国期刊网上搜到的最早的一篇是2003年，莫梅锋率先关注植入式广告理论并将其引入大陆。[①]此外，2005年莫梅锋又以春节联欢晚会为个案，首次提出了植入式广告的作用机制。[②]叶欣（2006）明确给出了植入式广告的定义，而且试图从符号学的角度对品牌植入在植入式广告的意义建构进行解读。[③]尹琪雯（2006）整合西方和台湾地区有关产品植入的相关理论，对产品植入的相关理论基础进行了较为全面的介绍。[④]此外，周颖（2008）对植入式广告做了较为全面的分析之后，结合心理学、传播学和市场营销学等理论，对植入式广告进行定位研究；[⑤]赵兵辉（2007）中从植入式广告的基础研究起步，对植入式进行了深层次的透视，对植入式广告的理论依据、植入式广告的价值进行了研究。[⑥]李兆新（2010）提出了植入式广告的品牌传播模式和具体实施措施，并将实施过程分为五个阶段：品牌及受众的分析阶段，品牌信息植入阶段，品牌信息传播阶段，了解受众反馈阶段，品牌传播效果测量阶段。[⑦]其实这些研究大多对植入式广告的概念、特点以及理论基础进行了总体的梳理，但是缺乏创新，仍旧囿于前人的研究。

2. 前景趋势研究

对前景和趋势的研究文章共有12篇，学者在植入式广告处于起步阶段这个问题上基本上达成了共识，但是以后的发展如何则各持己见。如郭元媛（2007）认为植入式广告在电影中的应用，使广告主和制片商实现了双赢，但是植入式广告在电影中的应用是否还会像现在一样，畅通无阻，还有待考

---

① 莫梅锋：《无处不在的置入式广告》，《中外管理》，2003年第9期。

② 莫梅锋：《透析春节联欢晚会中的“植入式广告”》，《传媒》，2005年第3期。

③ 叶　欣：《植入式广告在品牌建构中的作用》，《当代传播》，2006年第5期。

④ 尹琪雯：《产品置入之相关理论探讨》，《广告大观（理论版）》，2006年第3期。

⑤ 周　颖：《中国植入式广告定位研究》，吉林大学2008年硕士学位论文。

⑥ 赵兵辉：《植入式广告研究》，暨南大学2007年硕士学位论文。

⑦ 李兆新：《植入式广告传播模式研究》，山东大学2010年硕士学位论文。

察。[①]于海礁（2009）对植入式广告进行了基本的梳理之后认为“营销植入式广告时代已经来临，营销植入式广告如果能与企业的短讯网址联合起来，把互动加入营销，那一定会更加事半功倍。相信，随着营销植入式广告时代的来临，必将开启一个广告营销的新纪元。”[②]廖秉宜（2010）认为我国植入式广告发展当前还处于起步和探索阶段，如果运用得当，前景广阔。[③]

3. 运作流程及技巧研究

这一部分共有40篇文章，位居第一，学者们更多地关注植入式广告运作过程和操作技巧，相比之下，理论研究则较为薄弱，缺乏理论积淀。马倩颖（2008）分析植入式广告的构成要素和运作流程，并梳理出它的运作模式，分析其发展趋势。[④]文琰（2009）认为植入式广告需要在整合营销传播观念的指导下，与其他广告形式和营销因素配合才能达到效果的最大化。[⑤]高明慧（2009）以一些影视作品为例，分析了植入式广告在影视作品中的具体操作方法，如植入式广告不能喧宾夺主，要自然地植入产品和品牌的相关信息。[⑥]张斌（2009）提出了植入式广告在广播中的实现形式，如音乐歌曲植入、对白植入、地名植入等。[⑦]聂艳梅、严兴飞（2010）以中、美、韩、日等国家的8部电视剧为研究样本，指出了电视剧中植入式广告发展的现状和策略，并对创作方式进行了探讨，提出了品牌消费群与电视剧观众群匹配原则，品牌植入以多形式、视听觉相结合的方式进行。[⑧]通过阅读，笔者发现，这部分文章研究者主要是将植入式广告与具体的媒介形式联姻，探讨了具体媒介形式下植入式广告的运用策略。

4. 效果研究

植入式广告效果研究有18篇文章，位居第二，所占比重较大，主要是运用实证的方法，探究了植入式广告是否有效果，如果有其效果在哪些层面上展现。如林升梁（2007）采用自然实验法，在具体的情境中，结合品牌意

① 郭元媛：《论植入式广告的创新与发展》，太原大学学报，2007年第6期。

② 于海礁：《植入式广告的发展趋势》，《广告大观》（综合版），2009年底12期。

③ 廖秉宜：《从广告形态变迁看植入式广告的未来发展》，《广告大观》（理论版），2010年第2期。

④ 马倩颖：《植入式广告的运作模式与策略探析》，湖南大学2008年硕士学位论文。

⑤ 文　琰：《植入式广告及其应用策略研究》，湖南师范大学2009年硕士学位论文。

⑥ 高明慧：《植入式广告在影视作品中的运用》，《当代电影》，2009年第5期。

⑦ 张　斌：《浅谈植入式广告在广播中的运用》，《中国广告》，2009年第11期。

⑧ 聂艳梅、严兴飞：《中外电视剧中的植入式广告创作研究——中、美、日、韩8部电视剧中植入式广告对比分析》，《广告大观》（理论版），2010年第2期。

识研究消费者价值观对植入式广告效果的影响，认为品牌意识的高低对回忆水平和态度改变产生了影响，消费者价值观对回忆水平、态度改变以及购买意向均不产生影响，品牌意识和消费者价值观之间对回忆水平、态度改变吴交互作用。[①]孟丽丽（2007）认为网络游戏是产品置入的新领域，情景置入较非情景产品置入，能引起消费者较高的品牌辨识度，即消费者对于情景置入，较容易注意，并产生记忆。[②]毛露敏（2008）提出了影响电视植入式广告效果的五个关键因素：电视节目内容因素、产品或品牌、观众、其所处环境因素以及产品或品牌的植入过程，并提出了一个效果评估体系。[③]祖婕（2009）采用实验法指出高知名度、影片中有特殊镜头表现的植入式广告记忆效果好，而无法在影片中清晰呈现、不被观众辨认的植入式广告传播效果非常弱，同样的镜头表现，高知名度品牌传播效果好于知名度低的品牌，此外女性比男性更容易接受植入式广告。[④]王秀丽、韩纲、Lisa Wortman 、Ji–Yeon、Jeong Hsin–Yi Ting（2009）采用组内实验设计，测试了植入式广告的面积、位置、时间以及观众对于植入式广告的态度对观众的品牌认知、记忆和购买意向的影响，指出："植入式广告在电视节目中出现的时间长短对观众的品牌认知、记忆和购买意向均有显著影响，时间越长，观众越易于记住并购买该品牌。植入式广告的大小影响观众对品牌的认知和记忆，但对购买意向没有影响。植入式广告的位置影响观众对品牌的记忆，但对品牌认知和购买意向没有影响。观众对植入式广告的态度，无论是正面还是负面，都对他们对品牌的认知、记忆和购买意向没有显著影响。"[⑤]

5. 反思性研究

由于近几年植入式广告的发展，引起了业界和学界的广泛关注，但是反思性的研究仍然较少，只有8篇文章，基本上都来自学界，而业界更多地关注植入式广告在实际操作中的效果。周培勤（2008）指出植入式广告的管理还是一个空白，需要从法律和伦理两个角度规范植入式广告的发展，并指出

---

① 林升梁：《植入式广告效果的实证研究——以影片〈一声叹息〉为例》，《广告大观（理论版）》，2007年第1期。

② 孟丽丽：《网络游戏中产品置入效果研究》，浙江财经学院2007年硕士论文。

③ 毛露敏：《电视植入式广告效果研究》，2008年同济大学硕士学位论文，49页。

④ 祖婕：《影视作品中植入式广告传播效果研究》，2009年上海交通大学年硕士学位论文，37页。

⑤ 王秀丽、韩纲、Lisa Wortman、Ji–Yeon、Jeong Hsin–Yi Ting：《植入式广告对观众品牌认知、记忆和购买意向的影响——关于真人秀节目〈改头换面：家庭版〉的实证研究》，《广告大观（理论版）》，2009年第1期。

这是一个迫在眉睫的事情。[1]赵钡钡、顾燕飞（2009）对植入式广告可能引起的负面效果进行了反思，并提出要正视植入式广告。[2]关雅荻（2009）对电影植入式广告的进行了梳理，指出在面对当前电影营销环节驱动的制片模式的变化，制片人和广告商容易因为单纯追逐投资回报率，而忘记电影还是“一门在制作与营销间寻找平衡的艺术”。[3]齐二娜在《对2010年春晚植入式广告的思考》（2010）中反思了春晚中植入式广告的情况，指出在这方面媒介和政府都应该思考自己的职能，提高自己的“公信力”，明白“水能载舟，亦能覆舟”的道理。[4]

6. 受众研究

从植入式广告的角度对受众进行研究的文章只有2篇，分别是吉林大学硕士生王丽媛的《隐性广告在品牌建设中的受众注意力分析——影视剧植入式广告的效果》（2006），作者从受众注意力的角度出发，分析了植入式广告诉求方式和传播环境上的优势以及效果。河北大学硕士生徐宁宁的《电影植入式广告中的观众心理学研究》（2010），作者结合广告心理和电影受众心理分析观众对电影和植入式广告的接受方式及效果的异同。由此可见，植入式广告的研究多从广告主的角度出发探讨植入式广告的效果和运作技巧，很少有研究从受众的角度反思植入式广告所带来的伦理和法律的问题。

（三）研究趋势

本研究的收录的97篇文章中，按照发表年份的分布状况是：2010年有42篇，2009年27篇，2008年10篇，2007年10篇，2006年4篇，2005年2篇，2004年1篇，2003年1篇。如下图所示：

从图中可以看出，植入式广告的相关研究文章呈现不断增长的趋势，大体可以分为以下几个阶段：

1. 2003~2005年，植入式广告研究的引入期。

这一时期国内的学者开始关注植入式广告这种新的广告形式，并对其进

---

① 周培勤：《对影视植入式广告的伦理和法律思考》，《电影艺术》，2008年第2期。

② 赵钡钡、顾燕飞：《相得益彰抑或两败俱伤?——关于植入式广告的一点思考》，《扬州大学学报》，2009年第9期。

③ 关雅荻：《当电影沦为广告作品——中国电影植入式广告的利与弊》，《电影艺术》，2009年第2期。

④ 齐二娜：《对2010年春晚植入式广告的思考》，《企业家天地下半月刊（理论版）》，2010年第2期。

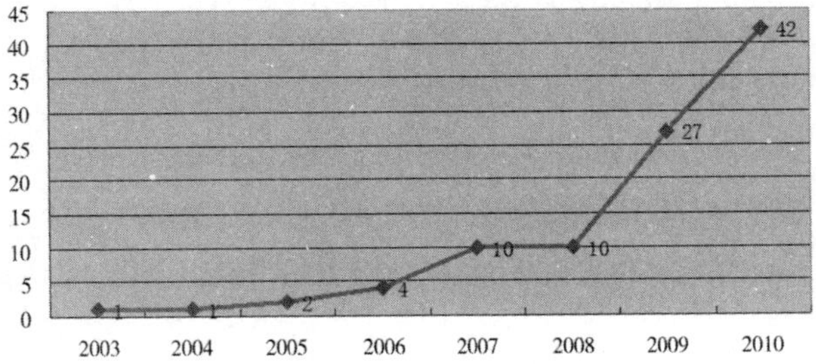

行了最初的探讨，如湖南大学莫梅锋的《无处不在的置入式广告》，他最早关注植入式广告理论并将其引入大陆，其后倡导用译名“植入式广告”代替“置入式广告”，并把“植入式广告”的应用领域从影视界扩展到信息产业和文化产业领域。此后，学者们开始关注植入式广告这种已存在的现象，并针对现状进行了剖析，但并为上升至较为严谨的学术研究。

2. 2006~2008年，植入式广告研究的发展期。

这一时期对植入式广告研究文章的数量有了一个缓慢的增长，渡过引入期，学界开始对植入式广告的发展进行较为深入和全面的探讨。如陈菁的《试论植入式广告在体育电视节目中的运用—从“蚂蚁世界杯”节目的完成说起》（《东南传播》2006年第8期），苗庆收的《植入式广告大家谈——探讨植入式广告的现状和未来》（《广告人》2006年第9期），任拯适的《浅议植入式广告》（《今传媒》2006年第4期），叶欣的《广告的新形态——植入式广告初探》（《法制与社会》2006年第7期），林升梁的《植入式广告效果的实证研究》（《广告大观》2007年第1期）等。上述文章都对植入式广告的概念进行了界定，但基本上大同小异。此外，研究者都对其发展持肯定的态度，这与新技术的发展造成对广告的过滤有着密切联系，因为当植入式广告让抵抗了新技术的过滤时，无论是学界还是业界似乎都看到了广告业继续发展的曙光。

3. 2009~2012年，植入式广告的快速增长期。

这一时期植入式广告在业界广泛应用，同时引发了较大的争议，尤其是2009、2010年的春晚中过多地植入式广告，成为学界、业界及受众的引爆点，出现了大量研究植入式广告的文章，反思性的文章也开始出现。如韩晶、马潇的《植入式广告与被出售的受众——以传播政治经济学视角分析植入式广告的传播特点》（《东南传播》2010年第3期），赵靓、王勇的《广告如何植入——从虎年春晚植入式广告遭遇质疑说起 》（《新闻世界》2010年第7期)，侯长生的《媒体权力异变与植入式广告悖论》(《新闻知识》2010年第2期）等。这些文章开始从受众的视角反思植入式广告所带来伦理道德甚至权利的种种问题，学者们也由对植入式广告积极的态度转向冷静、理性的思考，甚至出现了批评色彩浓厚的学术文章。

（四）研究方法

就方法而言，国内大多数文章属于现象描述类或特征总结类，比如植入式广告的分类、特点介绍、优缺点分析以及运作技巧等，作者往往基于自己的主观思考和判断，很少采用规范的研究方法进行分析论证。随着近年来植入式广告研究的发展，开始有学者将国外学者的研究方法引入中国，对植入式广告的价值评估体系、广告效果以及影响因素进行研究。此外，还有一部分硕士学位论文采用了定量的研究方法，进行了较为科学的论证。

国内最早把植入式广告从定性分析引入定量分析的是的是厦门大学的林升梁，他在《品牌意识和消费者价值观对植入式广告效果的影响》采用自然实验法，通过问卷调查和数据分析，以电影《一声叹息》为对象，把各个品牌置于具体的自然情境中，综合考虑各种因素对植入式广告效果的影响，并结合前人的研究成果，对数据的结果进行合理性解释，指出影响植入式广告的效果的因素。着重与消费者本身的因素对植入式广告效果的影响研究，强调了消费者对广告创作的重要性，这一点有很大的开创性。2007年CRT媒介智讯的价值评估模型（CTRPVI-Model）提出了植入式广告的商业价值评估标准，较为客观、量化地对植入式广告进行了价值评估。

此后，王秀丽、韩纲、Lisa Wortman 、Ji-Yeon、Jeong Hsin-Yi Ting在《植入式广告对观众品牌认知、记忆和购买意向的影响——关于真人秀节目〈改头换面：家庭版〉的实证研究》（2009）中采用组内实验设计的方法，也具有一定的开创性。

综合上述文献资料，笔者认为前期国内对植入式广告的研究主要是基于国外的研究成果结合本国的现状进行描述分析，少有自己的创新。目前，国内的研究虽然开始从理论建构层面对植入式广告的作用机制进行了探讨，但关注的重点仍然是植入式广告在实际操作中的策略和技巧，学术研究落后于实践的发展。

（孙美玲：中国社会科学院新闻与传播所，博士后）

制度性要素对中国广告产业发展的影响
——以国家广告产业园为例

石晨旭　潘洪亮

摘要：本文在广告产业的制度性要素研究的基础上，以国家广告产业园为例进行分析，认为在中国的特殊国情下中国广告产业的制度安排对广告产业的产生和发展起到了重要作用。中国广告产业如果要持续良好地发展，制度合理化是重中之重。

关键词：制度性要素　广告产业　国家广告产业园

一　前　言

自1979年我国全面转向以经济建设为中心以来，市场经济开始慢慢发展、活跃起来。广告业作为依附性的行业开始在这个大环境中发展。广告业也开始逐渐地具有了产业的特性。

探讨制度性因素对广告产业的影响，有必要对广告学界的研究进行一个前提说明。在广告产业的发展过程中，学术研究也在其中扮演着跟随与引领的角色。学术自觉与学术自信越来越成为学界的共同特征。广告学术研究的共同体也开始逐渐形成，并实实在在的引领行业发展、影响政策制定。

但是，广告学研究经历了几十年的发展之后，对于广告产业发展面临的诸多问题的研究还是很零散，要真正改变和发展中国广告业依然显得任重道远。陈刚、孙美玲于2011年在《制度、结构与要素——对中国广告产业发展的解析》一文中，尝试用发展经济学的框架来解释中国广告业的整体发展。该研究对中国广告业的学术研究进行了四期分，并指出我们现在处于从第三期“产业研究阶段”向第四期“发展研究阶段”的过渡阶段。该研究第一次明确提出“发展”是中国广告产业的主要问题。2012年，以陈刚、姚曦等为代表的中国广告学术研究共同体开始明确提出发展广告学的理论议题并进行了初步的探讨。在《发展广告学的理论框架和影响因素研究》一文中，陈刚正式提出并阐释了发展广告学研究的基本框架。该研究认为制度、市场、资本与公众是解读中国广告发展的四个主要因素。可以看到，从借鉴发展经济学的解释框架，到逐渐形成发展广告学自身的解释框架，中国广告学研究开始从自觉、自信阶段进入快速发展的阶段。

本文将要讨论的制度性因素便是发展广告学的重要内容之一。新经济史学家道格拉斯·诺斯认为“制度变迁决定了人类历史中的社会演化方式，因而是理解历史变迁的关键”。[①]不仅如此，对我国广告产业发展的特殊政治和政策环境而言，制度性要素的研究更加必要。

制度这一要素在我国广告发展史上扮演了极其重要的角色。我国广告产业发展的30余年，可以用路途坎坷来形容。在国家政策的影响下，我国广告市场经历了1979年改革开放和1992年邓小平南行讲话之后的两个暖春，即进入了漫长的寒冬。之所以这么说，基于两点：首先，从国家和政府层面来讲，在制度上对于广告业一直是“抑制多于扶持”。“从中国广告产业制度变迁的梳理中，我们可以认为，2008年国际金融危机爆发之前的中国广告业30年发展，约束性制度一直贯穿始终并处于主导地位”。[②]梅晓春从产业政策研究的角度出发梳理了我国的广告产业政策，认为我国的广告产业政策具有明显的抑制性特征，他认为“针对我国广告产业政策，抑制性特征主要指的是我国在制定和实施广告产业政策时只重行政监管而忽视产业管理，产业政策的着眼点主要放在了规范市场秩序，集中体现为行业整顿清理和专项整治活动等，而忽视了产业政策更为重要的政策指导和制度支持作用”。[③]第二，在我国经济的市场化过程中，4A广告公司和资本强势进入中国广告市场。广告集团、媒介购买公司等借助其强大的专业优势、客户优势、资本优势对中国本土广告业形成了巨大的冲击，使得中国广告业危机重重。而这个过程中，政府对广告业的政策支持和制度供给不仅一直处于缺位状态，而

① 道格拉斯·诺斯：《制度、制度变迁与经济绩效》，上海人民出版社，2008年版。

② 张金海、林翔：《中国广告产业发展现实情景的制度检视》，《广告研究》，2011年第4期。

③ 梅晓春：《我国广告产业政策的发展研究》，《广告研究》，2012年第1期，第68页。

且，在入世谈判的博弈过程中，中国广告业也成了牺牲品，换取了其他产业的利益。

因此，制度性要素成为发展广告学解释中国广告产业发展的框架之一。本文认为制度性要素应该包括：国家法律、政府政策、行业管理等内容。经历了多年的抑制性政策，终于在整个宏观经济转变经济发展方式和增长方式、进行自主经济建设和自主品牌建设的时候，借着文化产业大发展大繁荣的政策春风，中国广告业又迎来了她的第三个春天。于是，在制度供给上，我们看到近年来密集的鼓励性政策的出台：

2008年，《关于加快广告业发展的指导意见》。

2009年，《文化产业振兴规划》，标志着文化产业已经上升为国家的战略性产业。

2010年，“十二五”规划首次提出“促进广告业健康发展”。

2011年5月，国家发改委公布最新《产业结构调整指导目录（2011年本)》，在“商务服务业”类别中，明确把广告业列为鼓励类。

2011年，在《中华人民共和国国民经济和社会发展第十二个五年规划纲要》中，明确提出了“推动广告产业成为国民经济支柱性产业”。

以2008年的《关于加快广告业发展的指导意见》为标志，中国广告业开始真正进入政策的又一个春天。制约中国广告产业发展多年的泛专业化和分散化问题，有望在国家层面的推动下得到解决。而这个过程中，要促进广告业发展的专业化、专门化、集约化、规模化、国际化等，广告企业集团化和广告产业集群的形成是政策发展着力的主要方向。制度性要素如何推动？针对前者而言，资本的力量是最直接的推动作用，而这也是制度性供给需要着力的地方。“中国的广告业一直希望能够出现具有全球竞争力的航空母舰。不进入资本市场，中国的广告业是无法实现这一梦想的。利用资本的力量和手段，将会加速中国广告业的规模化。在这个过程中，中国广告业的航空母舰一定是指日可待的”。[①]而针对集群化发展的行业要求，国家广告产业园的建设是最强的政策实施的信号。虽然在国家广告产业园建设的过程中，各种问题和质疑都有，但是这样的进步对于广告业来说依然是一个在制度层面的重要突破。

---

① 陈　刚：《迎接中国广告业资本化的新时代》，《声屏世界·广告人》，2012年第5期。

本文主要从制度如何影响广告业的发展进行初步的探讨，并尝试以广告产业园为例进行解读。在发展广告学的解释框架下，本文结合中国广告产业研究阶段的研究成果，以制度性因素为解释的中心，是一种自觉的反思，这对于总结过去的研究，解答原先的困惑是有价值的。另外，从我国特殊的国情出发，广告产业自发轫之初就被制度供给深刻影响着。本文将从媒体、企业、广告公司三个主要方面来论述制度性要素对中国广告产业发展的重要影响。然后，通过梳理近年来与国家广告产业园相关的制度安排及其对广告产业园的影响机制进行个案研究。

二 制度性要素影响了中国广告产业的兴衰荣辱

结合诺斯的有关制度变迁与经济绩效的理论，“制度要素”是影响一国经济发展的基础。以资本主义私有制中的产权制度为例，这是一国经济运行所围绕的中心，任何产业发展都不能脱离这个基础。同时陈刚受发展经济学的启发，用“制度、结构与要素”的框架对中国广告产业的发展进行了解读。该研究将制度因素分为宏观制度和中观制度两种。在发展广告学逐渐建构起来之后，其又将制度性因素具体阐释为核心制度、相关制度和外围制度。具体到广告行业的市场三方来看，媒体制度、企业制度都影响了广告产业的运营，为广告产业的主体——媒体和广告公司的发展埋下了伏笔。本文将在回顾中国当代广告史的基础上，着重研究在国家广告产业园的建设过程中制度性要素的关键作用，并且提出针对性措施，以利于国家广告产业园充分发挥其促进行业发展、提供行业服务的重要作用。

媒体在中国的角色不同于西方资本主义国家。我国媒体的基本社会角色是党和政府的喉舌。尹铁刚研究认为，从历史上看，中国的传媒业一直有着明显的意识形态属性和特征，具有“事业”和“产业” 的双重属性。1978年以前的传媒业习惯上被称为“新闻事业”。1978年之后，国家实行改革开放，社会开始转型，中国传媒业的功能和属性才逐步发生变化，20世纪90年代后，渐渐具有了产业的属性。[①]这种角色决定了媒体在广告市场（主要参与者为广告主、媒体、广告公司）的三方博弈中居于强势地位。在这样的

① 尹铁刚：《从广告产业角度讨论媒介与广告组织二者的关系》，《广告研究》，2010年第1期。

制度优势背景下：一方面，媒体是一种垄断资源、稀缺资源。另一方面，我国媒体的制度性优势使得广告代理制名存实亡。

以企业为代表的广告主虽然一般不作为广告产业研究的主要内容，但是作为广告市场的一支重要力量，对广告产业的发展影响深远。作为社会主义市场经济的细胞，我国企业也有一些迥异于欧美资本主义企业的特殊性。新中国成立以来，着力于发展公有制企业。改革开放之后，我国走上以公有制为基础的市场经济发展路线，这才开始了国有企业、外资企业、私人企业的竞争大幕。但是我国的重要行业如矿产、能源、粮食、通信等重要行业仍然是国有制企业。如表1所示：

表1　　我国各行业开放或垄断性质划分①

行业	性质	行业	性质
1.农林牧渔业	开放	8.卫生、体育、社会福利业	垄断
2.制造业	开放	9.教育、文化、艺术	垄断
3.采掘、地质勘探业	开放	10.科研和技术服务	部分垄断
4.建筑业	开放	11.金融保险业	垄断
5.交通运输、通讯业	部分垄断	12.党政机关、社会团体	垄断
6.商贸、餐饮、仓储业	开放	13.其他	部分垄断
7.房地产公共事业	部分垄断		

改革开放以后，我国企业一直走在从垄断市场到竞争市场变革的道路上。虽然历经多年改革，各个行业的竞争状况不断变化，但在许多核心行业里面目前仍然存在垄断企业。如表2所示：

表2　　我国主要垄断产业市场格局及监管现状②

	垄断特性	价格规制	主导厂商	市场格局	行业法规	监管机构
电信	带有自然垄断特性的行政垄断	放开	电信、移动、网通、联通、卫通、铁通	基础电信寡头垄断，增值和数据业务完全竞争	电信条例（2000.9）	信息产业部
航空	带有部分自然垄断特性的行政垄断	部分开放	运输：国航、东航、南航；辅助：航材、油料、信息	寡头厂商主导，竞争性从属众多	民用航空法（1995.10）	民航总局、国家物价部门

---

① 边燕杰、张展新：《市场化与收入分派》，《中国社会科学》，2005年第5期。

② 何佳讯、卢泰宏：《中国营销25年》，华夏出版社，2004年版，第287页。

续表

	垄断特性	价格规制	主导厂商	市场格局	行业法规	监管机构
电力	带有自然垄断特性的行政垄断	核准	供电：国家电网、南方电网 发电：华能、大唐、华电、国电、电力投资	供电：不对称双寡头垄断 发电：寡头垄断	电力法（1995.12）	电监会
铁道	带有自然垄断特性的行政垄断	法定价格	北京，上海，郑州，兰州等铁路局和广铁集团	垄断	铁路法(1990.9)	铁道部
邮政	国家垄断	法定价格	邮政局	垄断	邮政法(1986)	国家邮政局
金融	国家垄断	放开	银行：四大商业银行 保险：中国人保，中国人寿等	寡头主导，竞争性从属众多	证券法，银行法，保险法	银监会，证监会，保监会，中国人民银行
城市公用事业	带有自然垄断特性，地方政府垄断	政府定价	----	地方垄断	城市供水条例等	建设部，地方政府

如上表所示，在我国的多个重要产业中，小部分国企在本行业当中有着垄断性的竞争优势。这种优势不是来源于纯粹的市场竞争，因而这类企业也没有非常重视营销传播的作用。广告对于此类垄断性企业而言只是锦上添花的边缘行为。这种情况十分不利于广告行业的专业化和行业地位的提升。从广告主的角度探讨制度性因素对广告业的影响机制是广泛的，当然不仅仅是国企的问题。但仅从这一点就可以管窥企业层面的制度安排对广告产业的深刻影响。

第三个方面是广告产业当中的另外一个组成部分——广告公司，就是以广告服务为主要经营内容的公司。可以讲，本土广告公司一直是在夹缝中生存。在以公有制为基础的社会主义市场经济中，广告公司面临着强势的媒体和广告主，后来又加上外资广告公司的竞争，可谓三面夹击、腹背受敌。本土广告公司的生存艰难早已不单是公司经营层面能够解决的问题。在强势媒体和强势广告主为主导的制度背景和市场经济条件下，这类企业诞生之日就已经注定是这种命运。对于广告公司来说，国家和政府层在制度方面“抑制多于扶持”更加明显。

此外，我国广告产业在制度层面一直存在另一个重要问题——“多头管理”。我国广告行业的管理部门是国家工商行政管理总局，但是媒体广告的管理部门又分别是国家广播电视总局、国家新闻出版总署等部门。此外，涉及不同行业如农业、医药、食品等的广告，又有各个行业部门的相关管理规定。如1987年3月25日，卫生部、国家工商行政管理局、广播电影电视部、新闻出版署等四部门联合发出《关于进一步加强药品广告宣传管理的通知》；2008年7月29日，国家食品药品监督管理局发布《关于发布2008年第1期违法医疗器械广告公告汇总的通知》等。[①]在“抑制多于鼓励”的制度环境下，“多头管理”成为我国广告产业发展中的重大问题，却一直没有得到合理的解决。

综上所述，在我国制度性要素的影响之下，源自欧美的广告代理制无法落地继而发挥规范我国广告市场经营的作用。日本、韩国的特色广告经营道路之所以能够成功，也是因为其广告经营方式建立在本国的特殊制度、结构、要素基础之上。所以，复制别国的发展路线始终不符合我国广告产业的特殊性。我国的广告产业迫切需要在社会主义市场经济的制度基础、城乡二元的市场结构、优势要素中寻找属于自己的发展路线。而2011年诞生的国家广告产业园即是中国制度性要素特殊背景下的一种尝试。

三 我国广告产业的又一制度性产物：国家广告产业园

中国广告产业一路走来经历了各种发展路径的探索，国家广告产业园这种行政集团化的形式无疑是近两年的重要尝试。2011年4月，国家工商行政管理总局在南京授牌了首批9个“国家广告产业园区”：北京、上海、南京、常州、潍坊、青岛、长沙、陕西和广东广告产业园区。2012年11月在天津广告节中，国家工商总局又批准了第二批的十一个国家广告产业园，预计到2015年建设15个以上的国家广告产业园。

今天的国家广告产业园如二十年前的广告代理制，也是通过国家相关部门政策的方式来推进的。以当年广告代理制的推广为例，国家相关部门通过

---

① 中国广告协会：《中国广告三十年大事典》，中国工商出版社，2009年版，第77页、第491页。

法律、政策的形式一时之间强行推广开来，却没有考虑到代理制与中国市场特殊性是否匹配。因此后期代理制在多方障碍下不了了之。而今的国家广告产业园也仍然是相关政府部门批准建立。因其速度之快、规模之大不可能不对我国的广告产业发展带来影响。因而，这一政策行为的合理性是广告产业需要面对和及时解决的问题。

（一）制度性要素催生国家广告产业园

首先，国家广告产业园的出现对中国广告产业来说是一件具有历史意义的事情。这是中国广告产业有史以来第一次从国家层面上同时得到直接的政策支持与大规模资金支持。

2012年3月之后，中国广告行业的管理部门——国家工商总局陆续出台《国家广告产业园区认定和管理暂行办法》《关于推进广告战略实施的意见》，并成立实施广告战略领导小组，希望借此机会来推动中国广告产业的发展。2012年5月，国家工商总局组织编制了《广告产业发展“十二五”规划》，其中最重要的一点就是积极稳妥地推进广告产业园区的建设。“十二五”规划指出：“在广告业发展基础比较好的地方加快建设广告产业园区，认定一批国家广告产业园区。支持地方政府出台相应扶持鼓励政策，搭建公共服务平台，引导广告企业和项目进驻，将园区打造成为广告创意设计研发、广告产品、广告要素交流中心，充分发挥广告产业园区的示范引领作用。”

相关政府部门的这些政策性支持对于广告行业来说是一个利好消息。广告行业奋斗多年达成的主体性意识重新得到了国家政策层面的认可。这些国家战略和政策支持为广告产业的发展提供了良好的政策环境和社会环境。

当代中国广告史上有为数不多的重要时刻：1979年1月14日，上海《文汇报》上一篇《为广告正名》的文章，成为一个划时代的标志，中国广告业迎来第一个发展高峰。1987年6月，第三世界广告大会，李先念（时任国家主席，在第三世界广告大会“中国日”主题会议中接见全体代表，发表重要讲话）、赵紫阳（时任国家总理，为大会题词）、万里（时任国家代总理，参加会议并发表重要讲话）出席。在这一时期，广告业的发展一度得到了国家级别领导人关注和支持。1992年，邓小平南行南方谈话，促使中国改革开放速度加快，迎来了中国经济的第二个春天。1992年底党的“十四大”召开，首次明确提出中国建立社会主义市场经济体制。1993年7月10日，国家工商局、国家计委联合制定下发《关于加快广告业发展的规划纲要》。同年8月，中广协制定《<关于加快广告业发展的规划纲要>实施要点》。在这些开拓性政策的支持下，我国广告市场的经营额和广告公司数量突飞猛进。1992年和1993年，四大传媒广告经营额增速分别高达83.63%和79.21%。[①]（如表3所示）这是中国广告产业因为市场经济制度的落实而迎来的第二个春天。2011年国家广告产业园的批准建立标志着中国广告产业迎来了发展史上的第三个春天。

表3　1985~2007年中国广告市场经营额与四大传媒广告经营额增长率比较图[②]

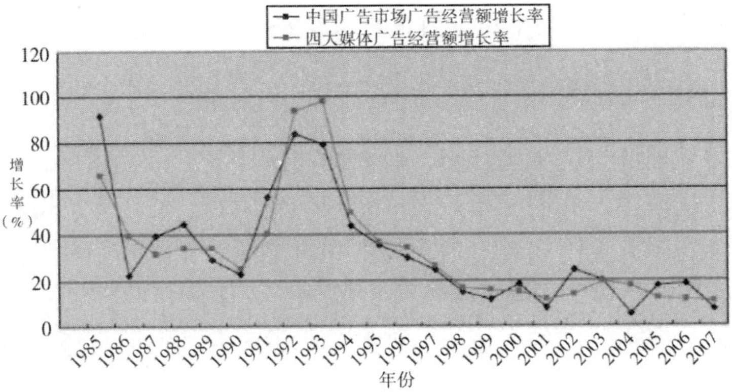

（二）相关管理制度与市场化运营的矛盾

宏观制度对广告产业园的支持起到了立竿见影的效果，但是过多的行政层面的干预却会对广告产业园的发展起到阻碍作用。政策性指导最好的角色就是塑造良好的社会环境和投资环境，具体经营环节还应该更多地按照广告产业的发展特点来进行。目前的广告产业园经营过程中暴露出来这样几个问题：

首先，政府职能错位，承担了过多的管理、运营工作，缺乏具有针对性的专业化操作。产业园区的形成也是多种多样的，分别有：自发集聚型；政府主导型；政府、企业联合开发性；企业自主投资型；政府、企业、大学联合创办型。经过调研笔者发现，此次国家批准的九大广告产业园大部分为政

① 丁汉青：《广告经济学》，经济管理出版社，2009年版，第128页。

② 数据来源：《中国广告年鉴》1995~2007年。

府主导型或政府主导企业参与型。[①]2012年11月，天津中国国际广告节中国广告产业发展国际论坛中“国家广告创意产业园区规划与发展”部分曾邀请中国首批九家国家广告产业园经营者分别介绍各个园区并且探讨发展路径。其中只有青岛国家广告产业园和广东国家广告产业园区的代表经营者为广告行业从业者和学者，其他七家广告产业园的运营方均为当地相关政府部门。

这种经营方式的合理性有待商榷。孙立平认为，近30年来随着市场经济的发展，在研究国家与经济的关系的时候，应该用国家自主性理论，而非传统的国家理论（即认为国家是统治阶级的代表）。国家自主性理论认为“国家是一种相对独立的行动主体，其具有自身的自主性；国家不仅是统治阶级的代表，同时也是一个相对独立的利益主体……因此我们需要将国家或政府作为一个相对独立的行动主体来看待”。[②]由于政府的这种超越性与经济增长的密切关系，它一度成为发展社会学和发展经济学研究的重要问题。处于转型期的当代中国社会，政府的超越性是必须提出的，“因为在市场转型的过程中，我们开始面对一系列的新问题、新因素。其中一些因素和问题会妨碍甚至削弱政府的超越性和自主性。比如说一些政府部门成为市场中的利益主体，导致政府行为市场化企业化……”[③]所以，从宏观的层面考虑，政府经营广告产业园的现象是弊大于利的，而且极其容易引起利益寻租的问题。

从运营的角度来讲，相关政府部门进行运营的确能够充分发挥政策优势，快速实现相关资源的整合。但是，广告产业园的经营更大程度上是“广告业”的经营并非限于“园区”的经营。政府官员并非专业的广告从业人员，必然带来许多“外行领导内行”的问题。

其次，广告产业园的发展中存在行政规划下的虚假繁荣。广告产业园在多大程度上能够促进广告产业的发展，这是广告产业园需要首先解决的问题。广告产业园区仅仅是被政府规划出来的一个区域，其中是否能够真正地落实有利于广告产业发展的措施，空间资源能否被充分利用，资金是否合理

---

① 石晨旭：《关于建设广告产业园的建议》，《广告研究》，2012年第4期。

② 孙立平：《重建社会——转型社会的秩序再造》，社会科学文献出版社，2009年版，第220页。

③ 孙立平：《重建社会——转型社会的秩序再造》，社会科学文献出版社，2009年版，第222页。

使用等等。这些问题的答案才是衡量产业园是否健康发展的标准。

目前首批国家产业园的计划占地和预计产值如表4所示：

表4　首批国家产业园的计划占地和预计产值①

国家广告产业园	（计划）占地	预计产值
北京	42.8平方公里	500亿（“十二五”末）
上海	规划用地3000亩	年产值120亿元
南京	73万平方米	200亿元
常州	20万平方米现有加50万平方米规划	50亿元以上（三年内）
青岛	75万平方米	40亿（2015年）
潍坊	28万平方米	未注明
陕西	占地800亩，建筑面积130万平方米	未注明
长沙	园区8.5平方公里，拓展园区占地12平方公里	未注明
广东	总建筑面积9万平方米	未注明

从上表我们可以看到，国家广告产业园的规划具有“规模大，产量高”的特征。广告产业属于文化创意产业，是内涵型的产业。在各部门政绩考核的影响下，建设广告产业园的过程中不可避免地出现了“重视硬件，忽视软件”、“急功近利，缺乏远见”的现象。那么广告产业园的规划和建设应如何做到合理化、专业化？

迈克尔·波特在90年代曾经提出影响广泛的“竞争优势理论”。波特认为，一国的产业是否具有竞争优势取决于四个因素：第一，生产要素的价格；第二，市场的规模；第三，产业集群与专业分工；第四，市场竞争程度。而林毅夫在研究波特理论的基础上得出结论：“产业集群的因素是不能独立存在的，如果不顾比较优势一味的追求产业的规模和集群作用，那么即使产业聚集起来也是没有竞争力的，更不能作为产业竞争优势的决定因素。”②

由此可见，获得比较优势是我国广告产业要重点考虑的问题。具体落实到国家广告产业园来看，则要找到自己的优势要素：资本、劳动力或技术

① 资料来源：中国广告网，广告产业园专题 www.cnad.com.

② 林毅夫：《解读中国经济》，北京大学出版社，2012年版，第139页。

等，发挥自己的良好资源取得竞争优势。此外还要考虑到我国广告产业的市场容量。2011年，中国广告业一年经营额达到3000亿元，与2010年相比年增长率为14.5%。[①]因此各个产业园在豪迈规划时要考虑到广告产业的合理增长市场容量。

广告业从行业分类方面来讲，既属于服务业也属于文化创意产业。因此，广告业还可以在利用中华民族五千年悠久历史文化元素的基础上进行创意，寻找自己的专业服务特色，充分发挥文化创意产业的内涵。另外一方面，广告业是服务于其他各个行业的产业，因此，园区的建设要着重考虑能否便利地发挥广告业的这一职能。这种产业的增长重在内涵，可以不必纠结于短期的数字增长。然而这与政府衡量地区建设的政绩考核指标又有了矛盾。

另外还需警醒的一个问题是："多头管理"的现象在广告产业园的运营过程中是不是仍然存在？答案是肯定的。根据笔者对青岛国家广告产业园的研究，"自从挂牌国家广告产业园以来，从村长到部委都有权来管理。向上级汇报工作有十层部门之多才能达到国家工商行政管理局"。这样的管理制度给广告产业园的运营带来了沉重的负担。

综上所述，广告是市场经济的产物，不适合计划经济下的行政管理模式。中国广告产业发展三十多年来，可谓发生了天翻地覆的变化，管理方式却没有相应的改变。因而这一阶段广告产业要谋取新的发展必须"多市场化运营，少行政化管理"。

（三）"制度支持，专业运营"的国家广告产业园发展路径

文化产业的建设是我国目前经济发展的重要内容，因此宏观制度对广告产业园的推动作用非常明显。国家广告产业园要用抱团取暖的"行政集团化"来赢取新一轮的发展。对于国家广告产业园的建设问题，本研究认为：

一方面，建设广告产业园需政府提供合乎广告产业发展规律的政策法规。

从国家宏观政策和经济环境方面来看，制度支持对广告产业的发展有利。至此，我国广告业迎来了第三个春天，广告行业的发展得到了政府层面

① 昌荣传播：《2011中国广告市场与媒体研究报告》，2012年2月。

的大力支持。因此广告产业园应该乘着政策的东风，最大限度的争取政府各项资助。

首先，在建设广告产业园的政策方面，要充分考虑市场发展阶段及市场容量，合理布局国家广告产业园。我国广告产业的发展呈现出地区差异巨大和不平衡的现象。广告产业园的建设要充分考虑到当地的广告市场容量是否已经达到了广告产业园的“门槛人数”，从而有计划、有步骤的合理开展，不能不顾当地实际情况一刀切。

其次，国家广告产业园的定位应该在于为广告业的发展提供各种公共服务。在国家政策支持的背景下，国家广告产业园应该有行业服务的意识，寻求合理的制度支持，比如广告法的更新建议、广告人才的培养建议等等。在微观制度层面，产业园应该朝公共服务的定位去努力。而在当前的制度环境下，为广告产业争取更加合理的法律法规支持是重中之重。

另一方面，在产业园的具体运营上，行政管理应该让位于专业运营商。

广告产业园的具体运营方面要着重考虑以下几点：第一，广告产业园的运营一定要专业化。可以学习深圳文化创意产业园的建设经验，寻找专业的运营公司来从事产业园的运营。如深圳华侨城Loft创意文化园和田面设计之都文化创意产业园就是专业运营商运营的良好例子。[①]政府主要承担资金和宏观政策支持，尤其要将重点放在制定合乎广告行业运行规律的法律法规和为广告行业发展提供公共服务方面。

第二，广告产业园园区企业的引进要考虑到广告产业链的合理结构。目前国内许多产业园的集群方式只是地理上的聚集，并没有实现相关行业间的互补与整合，生产关系上呈现出离散状态。如果入住产业园的大部分都是广告制作公司，这就只是产业链上的一环，企业之间的合作程度比较低，服务内容雷同，不仅不能优势互补，反而可能出现恶性竞争。

结　语

在中国当代广告发展的历程中，制度性要素对中国广告业的成长起了决定性的作用。任何行业层面的努力都离不开合理的法律法规和管理制度的支

---

① 石晨旭、祝帅、万顷：《文化创意产业园建设的深圳经验》，《广告研究》，2012年第5期。

持。在我国广告产业发展各个阶段中制度性要素也的确起到了“扶植”或者“抑制”的重要作用。以国家广告产业园为代表的行政集团化标志着广告产业的发展迎来了第三个春天。因此在以国家广告产业园为代表的新一轮发展中广告产业要高度重视制度性要素的成长发展。广告产业一定要充分利用政策利好的机会，努力建立合理的行业规则，走上健康发展的快车道。

但是，广告产业的发展问题，仅仅讨论制度性要素也还不够。原因在于，市场经济条件下广告产业的自然发展，固然需要政府的宏观调控和各种政策的扶植，但遵循自由竞争的市场规律是未来的主要趋势。在很多问题上，制度性要素对于广告产业的发展是力所不能及的。如同国务院总理李克强所指出的：要把绑在政府身上的手还给市场。制度性要素还是要与技术、资本等其他要素相结合，摸索出一条适合中国广告产业在中国新兴市场中的独特发展道路。

本文篇幅有限，仅仅提出制度性要素是这一阶段广告产业园以及广告产业发展的一个关键点这一问题，并且进行了尝试性的解释，但这一问题的解答还需要更多的后续研究以及历史资料的充实和完善。

（石晨旭：北京大学新闻与传播学院博士研究生，青岛科技大学讲师；潘洪亮，统一企业（中国）投资有限公司）

分享经济：基于移动互联网的新型商业模式研究

罗　赟

摘要：分享经济是基于互联网和移动互联网的新型经济模式，它指的是个体可以直接交换商品和服务的平台。这种交易涵盖方方面面，包括搭车、租房、闲置物品交换等，都可以通过网络实现。分享经济在这两年内呈现出爆发趋势，得益于移动互联网的发展，也得益于社交网络带来的分享精神的高涨。当然，分享经济也面临着困难和挑战，有待技术发展、观念更新和法律的进一步完善。

关键词：分享经济　移动互联网　大数据

一　正在爆发的分享经济

（一）分享经济的概念辨析

分享经济（sharing economy也称为共享经济）的早期叫法，是“协同消费”（collaborative consumption)，也翻译成“合作式消费”。这个词最早出现在1978年的《美国行为科学家》杂志上。当时学者们对汽车分享进行了研究。用最通俗的语言解释，就是互相租用物品或者资源的经济模式。2011年，美国《时代》周刊把“合作式消费”列为2011年“十大改变世界的创意”之一。

哈佛大学商学院商务管理教授和历史学教授南希·科恩（Nancy Koehn）谈到，分享经济是指个体直接交换商品与服务的平台，这种交易涵盖方方面面，包括搭车、分享房间、闲置物品交换等，所有这些交换皆可通过网络实现。[①] 因为有了互联网，人们很容易把闲置资源分享出去，实现实时交易，并以此

① 《共享经济大潮》The big Share：http://news.harvard.edu/gazette/story/2014/08/the-big-share/.

形成人与人的连接。在美国，搭车应用Uber、Lyft，租车Getaround、租房Airbnb、Homeaway，租船Boatbound，租教科书Chegg等都属于分享经济的范畴。在中国，这种共享经济也正在起飞，我们熟知的滴滴专车、易到用车、PP租车、宝驾租车、嘀嗒拼车、途家、小猪短租等网站和APP也都属于分享经济。

通常情况下，我们不容易将“分享”和“交易”联系在一起，因为“分享”意味着免费，而“交易”意味着有价值交换。但是因为这种对于闲置资源的分享，双方都获得了其便利性、快捷性和实惠，因此广受欢迎，形成相当客观的交易规模和一种特殊的商业模式，我们才称之为“经济”。在《零边际成本社会》一书中，作者杰里米·里夫金认为：“趋近于零的边际成本让这种新的经济模式成为可能。人们转变为消费者，在消费的同时也制作和分享自己的产品。”[①]在国内，“分享经济”也被译为“共享经济”。从英文翻译的角度两者皆可。但是从中文含义来看，“分享”更能够体现所有权不转移情况下的物品使用权的给予或者让渡，而“共享”容易让人产生“所有权共享”的歧义。因此本文把这种模式统称为“分享经济”。

（二）分享经济的发展现状

Altimeter Group的一份报告提到，近年来这股新兴的分享经济浪潮，已催生了200余家新企业，并得到了超过20亿美元风险资本的注资。目前，分享经济在美国已经是一个达到600亿美元规模的市场，专家预测2025年全球共享经济将会达到3350亿美元规模。

在旧金山城北部，创业公司集中的区域，有一家叫Airbnb的公司备受瞩目，就是因为他们给大家提供了这样的可能性和便利性。这家公司提供一个房屋租赁平台，让用户发布私人房屋信息，旅行者则可以租住普通人的房子。Airbnb创立于2008年，三个联合创始人是同学，也是一起租房子住的同屋。在旧金山一次设计大会期间，很偶然地把空出来的房子租给订不到酒店的设计师而萌生了创意。截至目前，已经有100万人将自己的房子通过Airbnb分享出去，这些房东遍布190个国家近34000个城市。有超过2000万人成为住客。2014年的夏天，通过airbnb订房的人数，单晚最高超过了40万人。这家公司的估值，也已经超过100亿美金。通过Airbnb租房的人把每一

① 杰里米里夫金著，赛迪研究院专家组译：《零边际成本社会》，中信出版社，2014年版。

次旅行当做一次特殊的经历，通过这个平台找到在旅行目的地的归属感和友谊。Airbnb的创始人在采访时谈到：分享经济能够成功，主要基于三个方面：首先，必须做得尽量简化；第二，必须提供物有所值的东西；第三，必须有趣。①

在2014年腾讯WE智慧峰会上，全球知名的互联网思想家克莱·舍基谈到对于分享经济的看法时说，2015年将是中国分享经济的爆发年。其中他提到三点重要原因：第一，中国是世界上发展最快的经济体之一，中国人期望有更多的物质财富和精神财富；第二，中国人在网络和社交媒体上非常活跃。第三，中国城市人口密度非常高，在美国只有4个城市的人口超过200万，而中国这样的城市有大约40个。基于这三个因素，他认为中国的分享经济已经是箭在弦上。②

二 移动互联网——分享经济的兴起条件

分享经济并不是现在才出现地新鲜事物，人们通过电子商务网站Ebay或者分类广告网站将私人物品出租也属于分享经济的类型。但是直到移动互联网和智能手机的普及，分享经济才真正有了规模效应。

（一）移动互联网爆发

根据全球移动通信系统协会（GSMA）发布报告称，到2020年全球将有一半人口（38亿人）接入移动互联网。据计算，2013年的移动互联网用户达22亿，约占全球人口的30%。GSMA移动智库预测，在接下来的6年里，全球将有16亿民众成为移动互联网用户，使移动互联网用户总数达到38亿，预计占据2020年约一半的全球人口。③

中国互联网络信息中心（CNNIC）7月发布的《2013~2014年中国移动互联网调查研究报告》显示，截至2014年6月，我国手机网民规模为5.27亿，在整体网民中占比达83.4%。我国手机网民每天上网4小时以上的重度手机网民比例达36.4%，相比2013年增加了16.4个百分点。其中，每天实时在线

① 田淑娟：《Airbnb创始人：分享经济模式也适合中国》，财新网，2013年9月18日。

② 克莱舍基：《移动互联网催生的分享经济》http://tech.qq.com/zt2014/2014mind/.

③ 《2020年全球移动互联网用户总数将达38亿》，http://www.cww.net.cn/consultation/html/2014/12/10/20141210143226492.htm.

的手机比例为21.8%。87.8%的手机网民每天至少使用手机上网一次。其中，66.1%手机网民每天使用手机上网多次。手机应用的丰富性，几乎覆盖了生活的各个方面，对社会生活服务的渗透进一步加大。①

（二）智能手机普及

我国智能手机已形成较大用户规模，市场占有率趋于饱和。截至2014年6月底，我国智能手机网民规模达4.8亿，相比2013年2月增长了1.5亿，在手机网民中占比达91.1%，智能手机成为我国移动互联网发展的重要载体。

根据美国市场研究公司IDC2014年7月发布报告称，2014年第二季度全球智能手机出货量同比增长23.1%，达到2.953亿部，创历史最高纪录。IDC预测，2014年全年全球智能手机的出货量将达到12亿部。而过去四年来，智能手机的出货量每年同比增长超过30%，累计出货量超过25亿部。

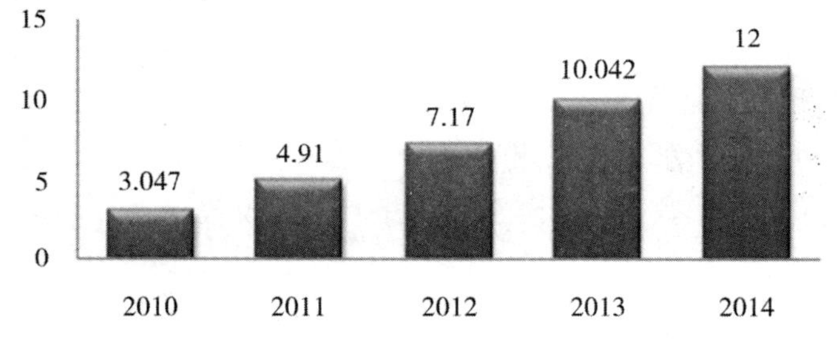

智能手机出货量（亿部）

智能设备普及之后，就有一群人开始寻求不同的体验、更便捷的生活方式和更经济的交易，分享经济因此获得了发展空间。

（三）移动支付与基于地理信息的服务成熟

移动支付和基于地理位置信息的服务的成熟也为交易提供了条件。根据CNNIC的调查，我国有25.2%的用户在2014年上半年为手机应用付过费，相比2013年15.4%增加了近10个百分点。对没有付费的用户进一步调查，发现其中有48.5%的人未来愿意为手机应用付费。腾讯的微信支付和阿里的支付宝，都是以支付平台为核心，跟各个行业构建起产业链。围绕着这个核心，

① 杰里米里夫金著、赛迪研究院专家组译：《零边际成本社会》，中信出版社，2014年版。

从线上到线下交易得以实现，实时交易成为可能。中国网友大多数都对2014年春节的那场人人参与的微信抢红包活动记忆犹新，其实从那个时间节点开始，中国网民才真正开始慢慢培养起用手机付费的习惯。

同时，基于移动设备的用户地理位置获取，能够方便实现提供与位置相关的一切信息和服务。地理位置信息也能够帮助提供实时监控，保障交易双方的安全。以相互拼车的APP举例来说，只要需求方发出搭车的需求，拼车应用就可以根据用户的地理位置找寻最合适的车辆，一旦双方达成交易，系统还会监控车辆的行进路线和实时距离，保障整个行程受到关注。

（四）大数据

大数据是分享经济提高效率的办法，也是未来的价值所在。我们在APP上的搜索、浏览、位置、评价和交易，都被记录下来，在未来的推荐中发挥作用，以至于APP完全掌握我们的喜好和决策依据，匹配给我们最好的推荐。

一系列依赖于用户评价的算法也成为交易质量的保障。在分享1.0时代，我们积累起评价的习惯，我们买东西评价、吃饭评价、住酒店评价、看电影评价。我们也积累起看评价的习惯，评价的多少和好坏都会直接影响我们的交易决策。这样的评价习惯延续下来，成为共享经济的又一交易信用基础。4G来了，我们随时随地看评价的愿望实现了。于是，我们只要点开智能手机，就能找到离我们最近的合适出行的那辆车，找到我们要去的城市的一间满意的房子，甚至找到那个最和蔼可亲的邻居为我们遛狗。

一个APP收集到的关于某用户的数据也许零散、无价值，就像一堆组不成句的单词，但是，当多个APP之间开辟数据共享，这些单词就可能被连成句子，甚至成段成章。而一旦这些共享数据找到彼此关联，它形成的信息网将释放巨大能量，极大降低现实中人与人、人与物之间建立连接的成本。比如当你预定了某个城市的住房，到达之后，相关的APP会给你推荐适合你的汽车、餐厅等。数据越多越全面，用户将得到更多智能的服务。

三 分享经济的优势及挑战

（一）分享经济的优势

传统商业模式的弱点在于产品和服务分配不均,造成大量资源浪费和商品“过剩”导致消费需求“不足”，从而阻断产销链。而“分享经济”实现了产品和服务的平均分配,实现了商品价值的最大化利用，同时形成新的供需产业链。

跟传统商业相比，分享经济模式有很多显而易见的优势：第一，消费者感觉有更大的主动权和透明度。共享经济能使消费者在消费过程中充分发挥自我掌控能力。很多年轻人在消费的时候，更在意的是感受。他们把每一次交易当做一次不同的体验过程，同时也是结交有趣的陌生人的过程。第二，年轻消费者对目前的商业和其他大规模组织的信任度越来越低。当他们发现卖家与自己产生共鸣时，感觉更可信，这类消费更具吸引力。用户在很多时候无法容忍大品牌的瑕疵，但是面对个体时，会有更多理解和包容。第三，消费者和供应者都在交换过程中更受益。消费者通过合理的价格满足了自己的需求，供应者从闲置物品中获得了额外的收益。[①]2007~2010年席卷全球的经济危机让许多人收入减少，难以维持以前的生活水平，如何有效地利用闲置资源——拥有更少，却使用更多，甚至增收，成为分享经济风行的原因。对于资产所有者来说，拥有汽车和房产等昂贵资产的成本很高，倘若被闲置，则意味着主人单独使用的成本非常高。如果能够把部分闲置使用权出租，让资源物尽其用，既降低了单独使用成本，又增加了收入。对于资产使用者来说，无需巨额投入，就能使生活便利起来。

(二)分享经济面临的挑战

分享经济的发展也并非一帆风顺。2011年6月，Airbnb发生它创立以来首次恶性事故——“洗劫门”事件。一名叫做EJ的房东发现她在旧金山的公寓被Airbnb上找来的房客洗劫一空。他在给Airbnb的信上写道：“他们在我的柜子上凿了个洞，劫走了里面的护照，现金，信用卡和我奶奶的珠宝首饰，不仅如此，他们又搜走了我的照相机，iPod，老式电脑和装有我所有相片、日志等备份的外接硬盘。他们掠走了我的一切。”这大概是所有人对分享经济的顾虑了，没有公司作为中介，没有品牌的背书，人和人之间如何能够保障安全?

但是就是在这次“洗劫门”之后，Airbnb启动了更加全面的安全应对措施，包括增加一倍数量的客服人员，创建负责安全与信任的部门，创建房主安全教育中心，设计增强工具来核实用户资料，促进租住订购前房主与租客

---

① 《分享大潮》，The big Share http://news.harvard.edu/gazette/story/2014/08/the-big-share/.

间的沟通和为房主提供保险服务等。同时，每次预订的信息——预约、支付、房东与客人之间的沟通，以及评价——都在Airbnb的平台上，公司能够完整追踪每一单交易。

目前，在国内遇到麻烦的还有滴滴、易到等专车应用。按照《北京市汽车租赁管理办法》《北京市汽车租赁经营备案管理办法》之规定，用于租赁的车辆应当由汽车租赁经营者所有，且经过车辆备案，私家车挂靠租赁公司从事商业运营涉嫌非法运营。也就是说，私家车即便是挂靠到了租赁公司名下，只要没有经过备案，仍是属于“黑车”范畴。10月底，沈阳市交通局则以“非法运营”为由，叫停了滴滴打车的专车服务。因此，活跃在中国搭车平台上的，不是个人而是租赁公司。这样的服务从本质上来说，是移动端的B2C租车服务，不是分享。如何解决安全问题成为所有分享经济模式创业公司的共同课题。

四 分享经济的情感逻辑以及未来趋势

（一）分享精神与“人性本善”

社交网络为分享经济打下了坚实的基础。如果我们把社交网络上我们的分享成为分享1.0的话，这种关于个人资产的分享，应该叫做分享2.0。在分享1.0阶段，我们分享状态、心情、地理位置、知识等，我们分享的都是信息，而且大部分是免费的。在分享2.0阶段，我们开始分享我们的物质资产，这种分享可以带来收益。分享2.0是在社交网络成熟以后发展起来的，社交网络的使用，让我们学会了相信和热爱陌生人，熟悉了远程协作，也给我们每个人建立起自己多方位的网络身份。很多分享商业模式的应用，都是要求用户不仅提供信用卡号作为交易保障，同时用社交网络的账号注册，作为身份的背书。就像是我们的微信账号已经完全为搭车行为做了背书一样。

对于每一次成长起来的新兴商业模式，法律和监管都必然落后于业务发展，这是必然的。如何建立起安全保障体系，是现在所有的共享经济、P2P业务都要考虑的问题。但其实，关于个人交易的信用和安全保障，是一个逐渐完善的过程，这条路，电子商务eBAY走过，淘宝也走过。就像现实社会的案件会不断推动法律的修正完善一样。我们在网络世界里，面对遥远的、无法当面接触的交易对象时，能够保障我们的，是支付、评价、客服、沟通等一系列机制的完善。电子商务发展多年以后，虽然还有人买到假货，但是已经没有人怀疑电子商务本身的存在意义和合理性了。eBay的创始人皮埃尔奥米迪亚说过一段话："我们不必刻意制定价值观，我们的社区已经形成了自己的价值观。我们需要与它协调一致，否则就不会有什么作用。"于是，eBay员工的名牌上写的价值观第一条就是：我们相信人性本善。

我们在教育引导方面，已经越来越意识到贴标签效应的作用。家长老师们想各种办法表扬和肯定孩子，强化"好"的行为，弱化"坏"的行为。那么，在对待新兴商业模式的时候，也不妨多点正面的、积极的、有爱的想象。

（二）技术保障下不断拓宽的边界

不断发展的技术、逐渐完善的交易制度，一点点建立起来的评价体系，以及作为背书的社交网络账号，方方面面都在保障交易安全。目前，分享经济还是一个割裂的初级阶段，相对"协调失灵"，各个公司之间的安全体系不能打通。绝大多数公司都因为商业利益而不想开放自己的数据库，但是未来，如果Airbnb、Uber、Amazon、淘宝这样的大平台能够共享用户的"声誉数据"（reputation data)，就意味着基于互联网的信任系统将会更加完善。这样的大数据平台，就真正可以做到"法网恢恢疏而不漏"了。

在工业革命之前，声誉是靠认识来实现的，人们局限在口口相传的范围内。工业革命之后，声誉被大品牌取代，使得经济活动可以在一个整体的新规模上运行，品牌声誉是一个企业最重要的资产。到了分享经济时代，以技术为中介，人与人之间的信任又回来了。不用惧怕这种爱的虚无，就像法制社会里，没有人惧怕恶的泛滥一样。有制约，就有自由。这种爱的保障，不是彼此认识，而是技术，是制度。

可以预见，分享经济不仅仅是一个经济学概念，它还将成为重组与推动经济与社会发展的一种新的协作形式。[①]我们将能够看到在各个领域欣欣向荣的分享经济趋势。这种边界在不断拓宽。即便部分早期理想主义的分享经济模式会失败，但是大规模社会性协作，个人与个人之间的互助会走向更高的层面。

（罗　赟：首都师范大学文学院，讲师）

① 古　福：《CeBIT的"分享"精神》，《互联网周刊》，2013年第2期。

文化产业

“北京精神”:回顾与反思①

包晓光

摘要：2011年11月2日，北京市正式发布了“北京精神”表述语——“爱国、创新、包容、厚德”。2012年，“北京精神”八字述语不仅遍布北京市大街小巷，而且借助媒体，传遍全国，广为人知。回顾“北京精神”的孕育、提出和传播，堪称2010年到2012年间首都北京的一个颇有意味的文化事件和文化景观。拉开一定的时间距离，审视、梳理这一文化事件与文化景观的内涵，可以发现其意味由几方面的操控和运作交织而成：首先，“北京精神”不同于传统的政治口号，其提出与确定虽由官方组织、筹划，但明显突出了专家、学者的作用。其次，网络新媒体在网络票选过程中起到了关键作用。多达三百万人次的投票率，虽然与两千多万常住人口数比起来不算靓丽，但依然凸显了网民参与的热情。第三，“北京精神”的诉求注重与大众文化相结合，通过调动多种流行文化元素，追求影响力的最大化和普遍性。我们看到，正是由于上述三个方面的交合作用，“北京精神”及其八字述语才获得了超出传统政治口号的不同寻常的意义。把“北京精神”限定在上述文化事件和文化景观的意义上，有助于我们更好地认识“北京精神”提出的真实意义。但是，如果仅限于此，显然会漠视一座伟大的城市深沉的历史以及穿越而来的文化精神和文化价值。

关键词：北京精神　世界城市　文化精神　反思

---

① 本文系首都师范大学文化研究院2012年度重大招标项目《北京精神的文化内涵与践行路径研究》（项目号：ICS-2012-A-01）成果。

一座城市，历经数千年而屹立不倒，任何自然灾害都不曾彻底摧垮它，大大小小的战争都不曾倾覆它，即便因遭受破坏而凋敝，一旦获得喘息与机缘，就焕发生机，重展城市的娇颜与魅力。这样的城市在世界城市发展史中并不多见，北京以三千多年的建城史、八百多年的建都史，置身于这样的不朽都市之列，理所当然。一座城市之所以伟大，并不完全取决于它的地理位置优越、规模宏大、自然资源丰盈等物质条件，而是由它的长期历史文化积淀所形成的文化精神决定的。一座屹立千年的伟大都市，必然有其独到的文化精髓与命脉，正是它使城市产生凝聚力与向心力，使代代生民绵绵瓜瓞、孜孜矻矻、不离不弃地繁衍生息在这样一个神奇的地方。北京，就是这样一座城市。

一　在虚拟经济、文化经济、创意经济日益发达的今天，实体经济仍然构成都市生活最深厚最坚实的基础

什么是文化，什么是文明，城市与文化及文明有什么样的关系？这些问题，在文化学思考中见仁见智。基于已有研究，我们对“文化”一词的意义作如下理解：“文化是特定的人类社群在一定的历史时期里形成的足以体现该社群的精神、气质和独特追求的行为模式、思维模式和情感模式的综合体。它为该社群的成员所共享，并以某种方式反复。它在观念层面、制度层面、器物层面、符号层面、行为习俗层面均有体现。相应地展现为观念文化、制度文化、器物文化、审美文化、符号文化、行为习俗文化等方面，我们把这些叫做文化的六个方面。”①如此看来，一座城市的文化就可以视做在

① 王强、包晓光：《中国传统文化精神》，昆仑出版社，2004年版，第10页。附原注：冯天瑜将文化区分为技术体系和价值体系两大部类，其中“技术体系表现为文化的器用层面，它是人类物质生产方式和产品的总和，是整个文化大厦的物质基石；价值体系表现为文化的观念层面，即人类社会在社会实践和意识活动中氤蕴化育出来的价值取向、审美情趣、思维方式，凝聚为文化的精神内核”。介乎上述二者之间的，是文化的制度层面，即人类在社会实践中建构的各种社会规范、典章制度；还有文化的行为层面，即人类在交往中约定俗成的习惯定势，以礼俗、民俗、风俗形态出现的行为模式。这也是一个有重要参考价值的看法。但是，该说法明显地受到了传统政治经济学关于社会一般结构理论的影响，在文化意涵中虚构了一个深度模式。在本论题看来，文化的六个方面没有这样一种关系，在体现文化精神意义上说，六个方面是相似的、沟通的、交叠的、共语的，彼此就像兄弟。参见冯天瑜、杨华：《中国文化发展轨迹》导言部分，上海人民出版社，2000年版。

该地域生活的一代代人类群体在不同的历史时期里形成的足以体现其自身的精神、气质和独特追求的行为模式、思维模式和情感模式的综合体。这个综合体代代传承，应不同时代和生活的需要而损益创新，成为历史进程中的城市文化命脉。所以，一座伟大城市的文化确如著名学者钱穆所说，体现出"在这平面的、大的空间，各方面各种样的生活，再经过时间的绵延性"。[①]简言之，一座城市的文化精神就是其主体人的人文精神，它构成了城市的生命，是城市的活力与生机所在。

美国学者菲利普·巴格比在谈到城市、文化、文明三者关系的时候指出："文明就是城市的文化，而城市则可定义为一种聚居点，其中许多（更确切地说，多数）居民不从事食物的生产。一种文明则是一种可以在其中找到城市的文化"[②]。钱穆在谈到文化与文明的关系时也说："大体文明文化，皆指人类群体生活而言。文明偏在外，属物质方面。文化偏在内，属精神方面。故文明可以向外传播与接受，文化则必由其群体内部精神累积而产生。即如近代一切工业机械，全由欧美人发明，此正表现了近代欧美人之文明，亦即其文化精神。"[③]概括两位学者之见，城市的文明与文化实不可分，可以说文化是城市的灵魂，而文明则是城市的躯体，灵魂与躯体须臾不可分离。进一步来说，文明是文化的可测量可表述的物质实体方面，而文化则是文明的不可测量难以表述的精神虚体方面。任何一座城市都是精神虚体与物质实体的统一与结合。

从辩证唯物主义和历史唯物主义的立场出发，实事求是地认识和理解都市文明与文化发展的历史与现实，应当确认如下基本点：首先，都市依赖于经济基础，没有经济基础的发展与变革，与之相适应的都市文明就难以存在和发展，同样，尽管文化体系相对轻灵、超越，但如果离开一定的经济基础，文化体系的变革就失去了最深厚的根基而难乎为继。其次，文化建设与变革文化体系的需要，实际上反映着社会经济结构变革的内在要求。一种新的生产方式、消费方式、交往方式，总是要求拥有符合其价值取向的新的文化表达。第三，在虚拟经济、文化经济、创意经济日益发达的今天，实体经济仍然构成都市生活最深厚最坚实的基础，实体经济的性质、状况、水平如

① 参见钱穆：《中国文化史导论》，商务印书馆，1994年版，第231~232页。

② 菲利普·巴格比：《文化：历史的投影》，上海人民出版社，1987年版，第195页。

③ 钱　穆：《中国文化史导论》弁言，商务印书馆，1994年版，第1页。

何，在根本上决定着都市的文明程度和文化形态。不顾实体经济的性质、实际状况与特点，一味片面强调“虚体”建设，并不符合城市发展的根本目标。第四，实体经济与虚拟经济的必然联系还体现在后者对前者的影响与作用方面。虚拟经济如果过分自我膨胀，必然对实体经济产生消极影响。因此，一个城市发展包括总部经济、创意经济在内的虚体经济，要同时考虑到实体经济的发展。一个城市如果把发展虚体经济作为主要目标，必然要在发展实体经济方面付出机会成本。这意味着该城市在交换必需的实体经济产品的时候，要按更高的价格支付。现代城市的管理者知道，要使自己的城市更加具有魅力，就不可能在实体经济与虚体经济方面齐头并进地发展。一个城市如果把现代服务业和文化创意产业作为发展的中心，就要调整实体经济结构，对其进行升级、改造和搬迁。但是，这不意味着这个城市不需要实体经济，除离不开实体经济提供的产品与服务之外，一个有魅力和活力的都市应该满足实体经济对它的需要，应该为实体经济的发展服务。

二　域外文化精神参与构建北京精神

外部环境与条件是城市存在与发展的前提，可以将其简略地概括为自然生态与人文生态。如果城市发展与自然生态产生尖锐的不可调和的矛盾，那么，城市的发展就会受到限制，城市的文化精神就应该反思自身的问题。目前，如何与自然生态达成和谐、友好的关系，是包括北京市在内的世界各国城市发展的重大课题。人文生态的内涵比较复杂，如果把一座城市看成一个相当对独立的个体，那么，外部的人文生态大体上是指域外文化精神及其对城市发展的影响、城市与域外文化精神的关系。域外文化精神范围广大、内涵丰富多彩，既包括本国其他区域的不同文化精神，也包括国外的异质异体文化形态。在城市发展进程中，城市文化精神的孕育、生长，离不开与域外文化精神的对话、交流、融合。这一过程并非总是顺利、愉快，矛盾、误读、冲突在所难免。当城市文化精神与域外文化精神处在不同的历史发展阶段，呈现出发展水平与程度的落差，二者间的对话就不会平等，龃龉与误读就会发生。

这方面最著名的事例当属发生于1794~1795年间的中西文化精神间的龃龉与误读。当时，马戛尔尼率领的英国使团和伊萨克·蒂律率领的荷兰使团先后造访乾隆治下的满清王朝。天朝上国文化上的倨傲，让马戛尔尼们倍感屈辱。两个使团的访问都没有完全成功。从《乾隆帝致英王乔治三世的敕书》中，我们看不出马戛尔尼提出了哪些过分的要求，以今天的视角来看，英国所要求的无非是要在北京设一个"办事处"，派人常驻北京，关照英国与清国间的买卖。如果要说其中有什么狼子野心，那也是在这之后，让人家看透了"天朝上国"外强中干的本质。彼时的英国，资产阶级政治和制度革命大体完成，继之而来的工业革命正在把这个国家锻造为"世界工厂"和当时世界上最强大的国家。而号称盛世的满清王朝尚处在近代的前夜，古老的华夏民族连同它的最高统治者，自我陶醉在"天朝"的美梦之中，实则患上了佩雷菲特所说的"集体孤独症"。

显然，发生于18世纪末叶的北京与伦敦、中国与英国之间的不成功的文化精神的对话，是基于不同的历史阶段、社会发展水平的两个城市、两个国家间的文化精神的对撞与冲突，这种文化冲突具有历史必然性。在这种历史语境中，外部的人文生态日渐严峻，西方资本主义文化精神伴随着西方列强的强势入侵，取得了对华文化上的优势地位，将中国的城市文化精神强行拖入近代空间。直到今天，我们在思考"北京精神"之类城市发展问题的时候，都不能不感受到这一历史前因的影响。

在域外文化精神中，本国其他地方的文化因素、文化精神对城市发展产生的影响更加微观、具体；更加持久、直接。在中国，由于长期的发展不平衡和自然因素、历史文化禀赋的不同，在不同地方形成了不同的文化形态和文化精神，它们构成了华夏文化精神的多样性、丰富性，如东北文化、西北文化、江南文化、华南文化、少数民族地区文化等等。这些域外的文化因素、文化精神，实际上参与构建了北京文化、北京精神。

值得指出的是，中国广大农村的文化形态、文化精神对城市文化精神的影响更为显著。改革开放以来，随着城乡社会经济的发展、城市规模的扩大，大批农民涌入城市，在成为城市建设者的同时，事实上构成了城市的新主体。他们所携带的丰富多彩的乡村文化与城市固有文化间的矛盾、冲突、融合，为城市文化精神的发展与创新提供了生机。当然，事情的另一方面是乡村文化习俗中的不良因素与习惯总会不断拉低城市文化精神的水平，削弱城市文明建设的努力。所以，在某种意义上看，并非城市越大、人口越多，其文化精神就越高级、越和谐、越动人。与素朴的乡村相比，城市文化精神的某些方面，可能是丑陋的。

我们不能简单地责备农民文化素质低下。他们在城市的低端行业从事最脏最累的劳动，他们衣冠不整身上散发着异味。他们当中的一些人在城市的边缘流浪，在交通路口冒着生命危险投送小广告，找不到工作的人甚至晚上在立交桥下露宿，生活无着流浪乞讨人员大部分来自乡村……这样的景象在北京这样的大都市并不少见，它们同样是这座城市的一部分，是一种文化存在。

中国近代以来艰难的工业化进程，实际上是以传统乡村的瓦解为前提的。这种瓦解所带来的效应、后果、影响，一方面加速了中国的现代化进程，另一方面也加剧了城乡二元结构的对立。改革开放以来，国家主导的一系列农村经济改革政策的提出，比如社会主义新农村建设、新型城镇化、城乡一体化、土地流转等等，都是为了解决“三农”问题，缩小城乡间的差距。“三农”问题究其实质是现代化问题、城市化问题。所以，在探讨城市文化精神、文化建设的时候，应该充分考虑到城市与乡村的互动关系。

一座伟大的城市，不仅能够包容来自异域的各种各样的文化形态和文化精神，还能够以其内在机制和力量，引领文化精神不断提升。因此，我们说城市文化精神是城市文明进步的发动机；城市是一座大熔炉、一所大学校。城市应当引导人的城镇化，这种引导不是简单地取消户籍限制、抹平城乡差别，而是用城市的先进文化精神和文明规范引导人的文化化。文化的主体是人，正是人创造了文化这一“有意味的形式”。因此，改变一种文化的形式，更新它的结构与功能，创建一种新的文化形态，都是对人的主体的变革，是对人的本身的建设。

三　从文化六个方面；从宏观、中观、微观三个层面；从历史、现实、未来三个形态审视北京精神

改革开放三十多年来，特别是1992年邓小平“南行讲话”发表以来，北京市的巨大进步显而易见。与马戛尔尼见到的“京师”相比较，北京已经脱胎换骨。今天，论GDP，北京市已经跻身万亿元俱乐部，[①]其经济总量甚至超过一些经济欠发达国家，可谓富可敌“国”。论市域大小、常住人口规模，北京市在全国名列前茅。论文化企事业的汇聚程度，北京在全国独占鳌

---

① 根据国家统计局有关数据，2008年，北京市实现地区生产总值10488亿元，按可比价格计算，比上年增长9%。按2008年末北京市常住人口1695万人计算，北京市人均GDP达到63029元(按年平均汇率折合9075美元)，比上年增长5.2%，首次突破9000美元。

头。它所拥有的大学、科研院所、新闻广电出版单位、演艺机构，无论是在级别、质量、知名度，还是在数量、规模上，在全国都名列第一。论国际化，北京在全国拥有最多的外国驻华机构。北京结成的41个国际友好城市中，不乏伦敦、东京、巴黎那样的西方著名国际都市。数万名留学生在北京的高校学习，其中的许多人打算在华工作。居留北京的外国人数量可观，北京的望京新城被形象地称为“韩国城”，数万韩国人在那里宾至如归，长期居住。通过各种渠道，北京市与他国间的政治、经济、文化交流与互动每日都在进行。北京的交通堪称发达，它拥有世界上里程最长的地铁，高铁、动车组辐射全国。它的航空港规模巨大，航线遍及世界主要国家和地区的城市。北京同心圆结构的环城高速公路已经发展到六环，规划中的七环长达940公里，预计2015年建成通车。那时，京津冀空间一体化将会更加紧密。另据北京市统计局权威数据显示，截至2013年，北京城镇化率已达86.2%，与高收入国家城镇化水平接近，产业结构也与高收入国家基本一致。目前，北京城镇化水平仅比上海低3.6个百分点，居全国第二位。我们随意举出的简单数据就能说明，北京看上去已经是一个名副其实的超大型现代化都市、一座世界城市。①

但是，另一方面，城市化的快速推进暴露出的问题也令人忧虑，其症状主要包括三个方面：第一个方面是实体经济与生态文明方面的问题，比如不可再生资源的枯竭、城市生存环境的恶化、劳动力结构性失调、人口质量问题、产业结构不合理、城乡经济差距巨大等等。第二个方面是虚体经济②的

---

① 所谓“世界城市”或“全球城市”，一个最基本的共识可以概括为：这样的城市应当具有“世界性”（或“全球性”），这种世界性在城市规模、人口质量、经济发展水平、产业结构优化、服务功能、文化特色等方面均超过一般的国际化大都市，成为世界经济、政治、文化方面的枢纽和中心。在美国学者戈特曼所列举的世界城市名单中，也包括北京市。但是，《北京城市总体规划(2004年~2020年)》显然并未认同这一观点。

② 本文所谓“实体经济”是与“虚体经济”相对的概念。根据一般的理解，它主要是指关乎国计民生和人们的衣食住行的物质资料和精神资料的生产与消费活动的总和。虚拟经济或虚体经济是社会物质生产和精神生产发展到一定阶段的产物。交换与流通的高度发展使得虚拟经济显得尤为必要，人们通过虚拟经济来影响、驾驭、支配、运作实体经济。比较典型的虚拟经济形态是提供金融产品与服务的资本体系，如银行业、保险业、信托业以及股票、证券、博彩业等。需要指出的是，虚拟经济虽然以实体经济为基础，但其本身有相对独立性并与实体经济保持距离，虚拟经济有时甚至并不以发展实体经济为目的，而是通过资本运作与循环，实现其本身的价值增值与规模效益。时下流行的“文化经济”概念在一定意义上与“虚体经济”相交叉，比如其中对“文化资本”的强调，就具有“虚拟经济”的色彩。——笔者注。

问题，比如资本市场不成熟和非理性、房地产市场畸形发展、文化经济的不平衡和低劣化等等。第三个方面是城市文化精神的问题，比如城市文化遗产的损毁与消失、城市文化原创力的萎缩与低迷、公民道德水平与素养的降低、精神文化产品的粗制滥造与低劣化等等。这些问题迫使人们不得不思考城市的发展与未来：我们到底需要什么样的城市文明，引领城市又好又快发展的灵魂是什么、在哪里？“北京精神”是对这些问题的恰当回答吗？

新世纪开启以来，伴随着首都政治、经济、文化的快速发展和社会的整体进步，关于城市未来蓝图的种种设计和描绘激发了人们对都市未来的美好想象，寻找城市文明的灵魂、给城市发展以科学准确定位的努力也就更加迫切。

梳理新世纪以来北京市城市发展理念的变迁，如下几个节点显得特别重要：第一个节点是2001年北京市政府、北京奥申委提出的“新北京，新奥运”；“绿色奥运，科技奥运，人文奥运”的理念，可以说这个理念有效引领了直到奥运会成功举办的北京市的发展与建设。第二个节点是2006年，北京市政府发布《北京城市总体规划(2004年~2020年)》，北京市被明确表述为“国家首都、世界城市、文化名城和宜居城市”。该规划对城市文化精神建设做了强调，使之成为一项重要的指导性原则，即“贯彻尊重城市历史和城市文化的原则。把握社会主义先进文化的前进方向，保护古都的历史文化价值，弘扬和培育民族精神，全面展示北京的文化内涵，形成融历史文化和现代文明为一体的城市风格和城市魅力”。2008年奥运会成功举办是第三个重要节点，奥运会之后，北京市进入所谓的“后奥运时代”。2010年以来，建设有中国特色世界城市的主张不断见诸各种媒体。2011年初，时任北京市长郭金龙在政府工作报告中更明确提出，要“以更高的标准实施人文北京、科技北京、绿色北京战略，努力实现‘十二五’时期的良好开局，推动建设中国特色世界城市迈出坚实步伐”。第四个节点是2011年“北京精神”八字述语的正式提出。

在上述诸种提法中，我们着重分析人文奥运、人文北京、中国特色世界城市、北京精神等四组概念之间的关系。

2008年奥运会的成功筹办，使得人文北京、科技北京、绿色北京的城市发展理念更加深入人心。作为城市发展战略，“人文北京、科技北京、绿色北京”与“中国特色世界城市”的关系是怎样的呢？我们认为，二者实际上是统一的。追求“人文”、“科技”、“绿色”的文明是中国都市的普泛理想，“中国特色世界城市”的提法则给出了北京市“人文”、“科技”、“绿色”三方面追求所欲达到的高度。值得一提的是，“人文北京、科技北京、绿色北京”的理念明显脱胎于2001年北京奥申委提出的“绿色奥运、科技奥运、人文奥运”的口号。当时强调“绿色奥运”，显然是为了回答国内外一些人士对北京自然生态环境问题的疑虑。八年之后，北京以一届辉煌的奥运会，兑现了诺言，圆满回答了当初的质疑。但是，后奥运时代的频发雾霾使“绿色奥运”的喜悦昙花一现，人们不得不痛切地意识到，问题的根源仍然在于人的发展理念和方式问题，在于人文精神本身。

在三个北京的提法中，出现了一个有趣的变化，这就是将“绿色”与“人文”对调了位置，这似乎印证了城市发展理念的一种深化以及对后奥运时代的自觉应对——“人文北京”成为北京城市发展战略中的首位追求，符合城市发展战略的调整。当然，这不意味着“科技北京”“绿色北京”是比较次要的提法，作为都市文明中的实体部分，“科技”与“绿色”属于“可测量可表述的物质实体方面”,北京市国民经济统计数据可以清晰地指明它的变化与增减。而“人文北京”当中的很大一部分，则属于难以量化的“精神虚体”方面，是北京城市文明的“有意味的形式”[①]。

北京拥良好的、具有世界水平和中国特色的文化生态吗？——这是我们在思考世界城市建设的时候，像提出自然生态问题和科技发展问题一样，必须提出的问题。世界城市发展的先进经验证明，健康和谐的文化生态是一个好的城市的主要内涵和关键指标之一。北京要达到“中国特色世界城市”的水准，显然要格外关注自身的文化生态问题，并把圆满回答这一问题作为今后工作的重要议题。

“北京精神”的提出，看上去似乎延续了“人文北京”的理念，但是，它显然有所偏重。与以往的“新北京”、“人文北京、科技北京、绿色北京”、“中国特色世界城市”等相比，“北京精神”更加注重精神层面的风格、气派、特质，是对北京人文主体性的强化，是对北京历史文化的一种抽象和升华。

北京作为一座具有悠久历史文化和灿烂物质文明的伟大城市，它的精神内涵具有无限诠释的可能性，任何简单的抽象和演绎都必然显得苍白、无

---

① “艺术是有意味的形式”理论为英国文艺理论家克莱夫·贝尔提出，用以说明真正的艺术品的本质。本文借用这一说法意在说明文化作为文明的“虚体”表现的特质。

力。“北京精神”的提法，同样如此。世界各国的著名城市都有其符号化的文化象征，诸如北京的故宫、伦敦的大本钟、开罗的金字塔、莫斯科的红场、纽约的华尔街等等，这些词语均指向城市的独特文明物化成果及其文化意味，令人一闻即知。即使是那些非物质文化遗产，也大都具有文化具象性，只要一提起它，人们就能知道它所代表的意义、价值和特征。由此可见，城市文化精神的独特标示往往并非抽象的思辨与概括，而是那些从城市的历史和文化孕育生长出来的具体文明成果，它的形式总是若隐若现、或浅或深地显示着城市的文化精神及其丰富多彩的细节。也只有那些由城市的历史积淀和现实生活中创造出来并存活或存续的物态化文明成果及其有意味的形式才最为自然地显现着城市的文化及其精神。

既然如此，如何认识“北京精神”的意义与价值呢？这是我们在思考北京精神的文化内涵与践行路径问题时必须回答的问题。

由“北京精神”提法的来源可以看到，“北京精神”是城市领导者、规划者的一种城市建设与发展的意志，是一些文化学者对这座城市历史与文化的认识与反思，是部分民众认同的对城市文化精神的一种概括。换言之，“北京精神”是对北京未来发展的一种规划与前瞻，是当下北京观念文化的一种集中体现，是北京的意识形态表达。

与存在于北京历史与现实之中的自发自在的城市文化精神相比，“北京精神”显然是一种更加自觉的文化形态。作为这样的文化形态，它源于历史与现实，同时又超越于历史与现实。

如前所述，我们认为“北京精神”不同于传统意义上的政治口号，因为它的运作方式明显不同于以往。但就其实质而言，它仍然具有政治口号的特征。任何政治口号都具有与时俱进、随形势变化而变化的策略性，由“三个北京”到“北京精神”，明显体现了这一变化。应当承认，政治口号的生命力往往是短暂的，阶段性的目标一旦达成，政治口号就会被淡忘。难道“北京精神”也是如此吗？我们认为，对“北京精神”不能简单如是观之。

首先，“北京精神”虽然具有政治口号的特征，但依然是城市发展意志的表达。这一表达与传统的政治口号相比，并不具有强烈的倡导性、指令性，甚至也不那么明确、具体。它更抽象、更宏观、更概括，因而也就具有了超越一般政治口号的意义。

其次，“北京精神”具有较为明显的反思色彩，它的“爱国、创新、包容、厚德”更像是对北京城市历史文化的概括与抽象，体现了文化思考的特点，这也是一般政治口号所不具备的。

第三，“北京精神”虽然由官方主导，但是它的八字述语却由网民“票选”参与酌定。所以，在某种意义上，可以说“北京精神”是由官方主导，官、学、民协商的成果，这与一般政治口的提出完全不同。

正是由于上述三个原因，“北京精神”虽然具有政治口号的特征，但又超越于一般政治口号。它的政治性弱于一般政治口号，有一种淡淡的文化味道。

我们认为，“北京精神”即使渐渐地淡出公众和媒体视野，也仍然有其文化意义。因为一方面它是特定时期内的北京意识形态，另一方面它所指涉的存在于北京历史与文化以及现实生活之中的城市文化精神是真实的。这两个方面都值得我们深入研究和思考。我们认为，面对北京精神这种复杂的文化研究对象，应当采取历史唯物主义的研究方法，还原“北京精神”的真实性、具体性和丰富性。应当从文化的六个方面，从宏观、中观、微观三个层面，从历史、现实、未来三个形态来看待北京精神。

从器物、制度、观念、符号、审美、行为习俗等六个方面来看北京精神，就摆脱了简单的概念化思考带来的抽象性。器物——物质生产实践是人类社会存在的前提和基础，器物本身凝定和体现出的文化意味及其特殊性，是城市文化精神最实在、最基本的方面。制度——制度实践是人类社会赖以维系和运转的前提和基础，制度本身所体现的合理性、合法性、先进性和自觉性，是城市文化精神最明确、最简约的体现。观念——精神文化生产是人类社会赖以存在的精神前提和支柱，精神文化生产方式及其产品所表达的内涵与特点是城市文化精神最集中的体现。符号——符号文化生产，是人类社会沟通交流、构建意义世界的基础与手段，它的先进性、体系性、丰富性及其体现出的风格、特色是城市文化精神的最富有意味的呈现。审美——审美文化实践是人类社会最具有自由属性的本质特征，审美活动的精神愉悦性、审美方式的文明程度、审美对象的丰富性和不可复制性，是城市文化精神优雅程度最精粹的体现。行为习俗——日常生活实践是人类社会变化万千的存在状态，行为习俗本身的文明程度与特色，最为细腻、最为朴素地体现着城市文化精神的状态与水平。概言之，北京精神体现在上述六个方面，充分展现着它的人文内涵的丰富性与复杂性。

宏观、中观与微观；历史、现实与未来，是观照北京精神的坐标。从宏观、中观与微观角度，可以把北京精神的具体呈现置于广度不同的语境之中来分析，在掌握北京精神丰富内涵的同时，又能深入到它的细部表现。从历史、现实与未来的时间轴线，我们可以把北京精神了解为一种历史文化精神，它是存在于北京城市史并由之孕育生长出来的城市文化精神，因而必然有其历史沧桑与兴替传承的变化。我们可以把北京精神了解为一种现实和当下的文化精神，它就存在于北京市改革开放三十多年的城市发展实践之中，是我们置身于其中并深度参与的北京当代史。我们可以把北京精神前瞻为一种未来文化精神，它是当下现实存在的城市文化精神的自然延续，但是这种延续并非无所建树，而是以创造与创新推动的文化进步。

四　践行北京精神的几点建议

基于对“北京精神”的回顾与反思，我们提出如下几点意见，供有关方面参考：

第一，区分实际存在于北京历史与现实之物化文明成果之中的自在形态的北京精神与作为文化自觉形态的“北京精神”，注意并避免过度的标语口号化的宣传造成的二者的疏离与割裂。标语口号式的宣传注重短期效益，而作为城市文化灵魂的北京精神关系到城市发展的长远利益，需要脚踏实地和持之以恒的推进。

第二，人们往往重视从历史与现实总结和归纳北京精神，这当然是正确和必要的，但是还应该着眼于北京精神的未来形态和创新形态。也就是说，要站在未来的角度来看北京精神，而非简单地总结抽象过去的文化经验。弘扬北京精神的最好办法，就是大力推进创新型城市建设。

第三，北京精神是北京文明的“有意味的形式”，文明是文化的物质载体和基础，因此，系统归纳、整理、升华北京的文明成果就显得特别重要。建议从器物、制度、观念、符号、审美、行为习俗等六个方面入手，系统整理并出版《北京文明大系》，这对北京城市文化精神建设必将起到重要的推动作用。

地区弱势文化产业路在何方

——基于北京市海淀区艺术品交易行业的思考

张紫霄

摘要：弱势文化产业是地区文化产业发展不均衡的结果。为了调整文化产业结构、整合弱势文化产业资源，地方政府针对产业类型，结合地区发展情况进行了多种探索与尝试：加强顶层设计，编制空间规划，促使文化资源合理配置；根据弱势文化产业特点，以改造和转型为主，引导建设集聚区；整合产业资源，建立资源共享机制；促进产业融合，将其他文化产业成果转化为弱势文化产业资源等。本文以北京市海淀区艺术品交易行业为案例，探讨了地区弱势文化产业产生的原因，并深入思考了其发展路径。

关键词：弱势文化产业　产业融合　空间布局　资源整合

在地区文化产业发展初期，弱势文化产业由于其匮乏的产业资源与微乎其微的产业影响力，常常在地区文化产业发展战略中被搁置。随着地区文化产业布局逐渐成形、产业实力不断攀升，构建良好的产业生态环境、提升地区文化产业综合实力的更高目标被提上日程。这就对要求地方政府进一步调整文化产业结构、整合产业资源，推动各业态均衡发展、共同发力。于是，弥补地区短板，探索弱势文化产业发展的基本路径就成为地方政府必须面对的现实选择。

一　什么是弱势文化产业

弱势文化产业的概念是以地区文化产业总体实力雄厚为前提，相对优势文化产业而提出的。它是指文化产业总体实力较强的地区，在其文化产业门类中的一个或几个，长期处于弱势地位的产业门类。从资源禀赋来看，该地区现有资源过于分散，市场无法自行调整和聚集，难以形成产业链；或缺少弱势文化产业生存发展的必要元素如消费群体、文化生产力、文化资本等，发展基础薄弱。从文化产业总收入来看，弱势文化产业贡献最小，增长率不高甚至呈负增长，产业竞争力较弱，与优势文化产业相比存在巨大差距。

北京市海淀区借助中关村核心区的科技资源优势，在文化产业发展之初全力打造国家级文化和科技融合示范基地，软件网络及计算机服务业成为海淀区文化创意产业①的“领头羊”，即主导文化产业②。近年来，海淀区文化创意产业规模一直稳居北京市16区县之首，全市占比超过40%。其中，软件网络及计算机服务业在海淀区文化创意产业总收入中占比维持在三分之二左右，对全区文化创意产业利润总额的贡献继续保持在80%以上，拉动作用十分明显，行业实力在全市文化产业排名中一直稳居榜首。（见表1）

表1　　2012~2013年年海淀区文化创意产业分行业收入情况③

年份	2012				2013			
类别	单位数量	收入合计（亿元）	收入增幅	产业内部占比	单位数量	收入合计（亿元）	收入增幅	产业内部占比
合计	2828	3914.4	17.2%	100%	2687	4222.1	7.9%	100%
文化艺术	82	35.9	12.2%	0.9%	75	37.7	4.9%	0.9%
新闻出版	183	156.9	11.8%	4.0%	172	166.2	6.0%	3.9%
广播影视	101	469.5	19.0%	12.0%	97	489.8	4.3%	11.6%
软件、网络及计算机服务	1697	2628.7	16.7%	67.2%	1598	2846.5	8.3%	67.4%
广告会展	195	191.0	39.9%	4.9%	199	188.7	−1.2%	4.5%
艺术品交易	8	30.4	−12.1%	0.8%	5	14.1	−53.5%	0.3%
设计服务	241	125.7	25.4%	3.2%	235	140.2	11.5%	3.3%
旅游、休闲娱乐	165	87.2	24.2%	2.2%	172	100.7	15.6%	2.4%
其他辅助服务	156	189.3	6.3%	4.8%	134	238.3	25.9%	5.6%

注：统计数据为规模以上文化创意产业法人单位数据。

① 文化产业与文化创意产业的区别：在国家统计局制定的《文化及相关产业统计分类》中统称为文化产业，在《北京市文化创意产业分类标准》中统称为文化创意产业。在本文中两种叫法所指相同。

② 主导文化产业和优势文化产业的区别：主导文化产业是地区文化产业发展战略的产物，是实力最强、发展最好的一个文化产业门类。优势文化产业是发展较好的几个门类，其中也包括主导文化产业。

③ 资料来源：根据《北京统计年鉴》整理。

由上表可见，与软件、网络及计算机服务业产生鲜明对比的是艺术品交易业，不仅在海淀区文化创意产业总收入中占比不足1%，且连续两年呈现负增长的态势，单位数量由8家减少到5家，从业人数自2011年起始终维系在500人左右，2012年和2013年1~11月海淀区该行业总收入在全市艺术品交易业中占比分别为4.8%和2.3%。从产业数值和产业占比上来看，海淀区的艺术品交易业处于相当弱势的地位，企业数量和生产力资源匮乏，因此没有能力依靠市场自发形成全产业链，更难以产生规模效应。（见表2）

表2　　海淀区艺术品交易行业与文化创意产业总收入对比①

	2009	2010	2011	20132	2013
行业收入（亿元）	3.3	21.7	34.6	30.4	14.1
文化产业总收入(亿元)	2379.7	2842.8	3338.9	3914.4	4222.1
行业占比（%）	0.1	0.8	1.0	0.8	0.3

二　地区弱势文化产业产生的原因

（一）非均衡发展战略是直接原因

地区文化产业的非均衡发展战略是形成弱势文化产业的直接原因。由于地方文化资源禀赋的差异，一个地区的文化产业在发展初期常常会呈现出非均衡的特征。在经济体制转型时期，文化产业作为地区经济新的增长点，需要在短时间内发挥明显优势，迅速转化为拉动地方GDP的主要力量之一，非均衡特征便演变成为政府的一种战略手段：集中力量推动主导文化产业和其他优势文化产业快速崛起，占领地区文化产业发展制高点，发挥“极化效应”，带动其他文化产业发展，提升地区文化产业核心竞争力。由此而形成的反向对比——弱势文化产业由于对地区文化产业整体实力没有带来多少负面影响，就在很长一段时间内被忽视了。

上文提到，弱势文化产业的概念是以地区文化产业总体实力雄厚为前提，相对于优势文化产业而提出的，这是由于整合布局弱势文化产业资源是文化产业强区提升地区文化产业综合实力的诉求，只有在地区整体良好的文化产业发展态势之下，才能谈到“弱势文化产业”的概念，而对于较弱的地

① 资料来源：根据《北京统计年鉴》整理。

区来说，提升文化产业总体实力才是首要目标。“弱势文化产业”只是文化产业中的一个或几个类别，因此，不能以文化产业的整体视角去分析其产生的原因，而要根据不同类别的特征进行针对性分析，才能找准“病灶”，对症下药。

（二）缺少发展的基本要素是根本原因

文化产业是由多个类别组合而成，每个类别下都包含一部分细分行业，每个行业都有其产生和发展的历史渊源以及基本要素，这些基本要素是产业赖以生存发展的基础，不同类型的文化产业所需要的基本要素也都不尽相同。

按照《北京市文化创意产业分类标准》，艺术品交易行业包括艺术品拍卖服务和艺术品销售两个细分行业。从其行业特征来看，主要包括两个基本要素。第一是消费人群，艺术品交易行业是直接面向消费者的产业类型，因此对消费人群的依赖性非常强。北京市海淀区科技教育人才资源高度密集，人均可支配收入位居全市之首，具备一定的消费基础，因此，消费人群不是海淀区艺术品交易行业弱势的根本原因。

艺术品交易行业赖以生存的第二大要素是消费场所。该行业作为传统艺术的产业形态，交易方式可分为非常态与常态。非常态交易包括线上交易、线上拍卖等方式，较为灵活，不受消费场所的限制，但受平台局限，需要一定的技术支撑，目前还没有做到广泛应用。还有一些交易发生在艺术家的家中，但这种民间交易由于难以统计，没有列入统计范畴，因此对行业整体影响不大。常态交易主要是线下交易，以消费者在经营场所购买和参与拍卖购买两种方式为主。消费场所主要是艺术品商店、以展览和销售为主要功能的艺术机构等，这些地点多分布在一些交通较为便利的地区，形成规模化销售的集散地。海淀区艺术品交易行业从业人数、企业数量少，没有自发或人为干预聚集，缺少大型集中的交易场所，很难满足线下交易的基本需求。

（三）其他辅助性要素不足是间接原因

作为一种文化产业类型，北京市海淀区的艺术品交易行业还缺少一些产业发展的辅助性要素。一方面，从产业关联上来看，产业特征决定了其与主导产业软件、网络及计算机服务关联较小，难以深度融合，产生“极化”效应。虽然海淀区的设计服务业在全市同行业收入总额中占比较高，具备一定的竞争力，可满足艺术品交易行业对于创意资源的部分需求。但由于艺术品交易行业发展基础太弱，没有形成成熟产业链，因此，单靠设计服务业并不能对全行业的发展产生整体带动作用。另一方面，该行业无龙头企业，资源分散，无法带动产业链的形成。加上企业自我宣传和政府扶持力度不够，地区没有形成产业发展的良好氛围和资源整合的有效机制。

三　发展弱势文化产业亟待破题

（一）遏制回流效应

由主导文化产业所形成的增长极，会产生扩散与回流两种效应。与主导文化产业关联较强的文化产业业态，由于可以享用主导文化产业的积极成果，成为文化生产要素的供给或流向，因此产业实力会发生正向上升运动，这是增长极的扩散效应。而一些与主导文化产业关联不强的文化产业业态则有可能成为弱势文化产业，甚至会发生恶化。弱势文化产业由于步履维艰，劳动力和资本等生产要素由于长期失望便会流向其他优势文化产业，导致弱势文化产业发生反向下降运动，这就是回流效应。遏制回流效应通俗来讲，就是抑制“好的更好，坏的更坏”的发展趋势，缩小文化产业之间的差距。

北京市海淀区的艺术品交易行业与所在地区优势资源——科技关联不大，无法受到主导文化产业的正面影响，在持续低迷的状态下，于近几年产生了生产要素流失的回流效应，尤其是在2013年全年和2014年上半年，行业呈现负增长态势，企业数量和行业收入大幅下降。

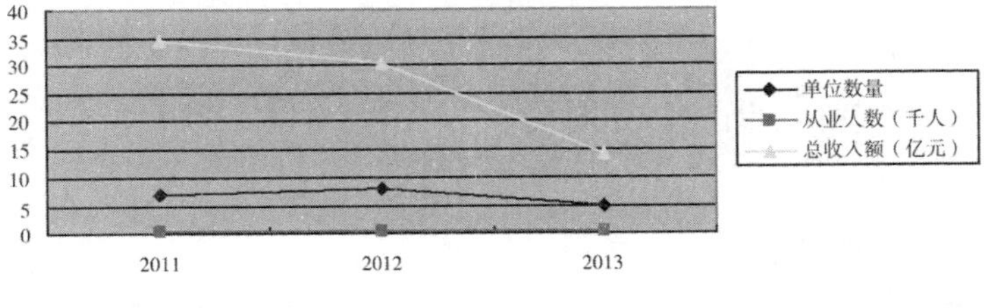

图1　海淀区艺术品交易行业2011-2013年变化趋势图

表3　2014年1-6月海淀区艺术品交易行业收入情况[①]

行业类别	单位数量(家)	收入合计（亿元）	产业占比	同比增幅	收入占北京市比重
艺术品交易	2	3.9	0.2%	-43.8%	0.8%

① 资料来源：根据《北京统计年鉴》整理。

(二)调整产业结构的要求

虽然地区文化产业在发展之初常常会出现不平衡的状态，但是追求全业态协调发展、构建良好的文化产业生态环境必然是终极目标。调整文化产业结构是推动文化产业良性发展的一种手段，而提升弱势文化产业，则是调整产业结构的进一步要求。

第一，合理分配文化资源。从历史发展看，文化产业总是优先向经济基础较好的区域聚集，因而，历史上形成的文化产业空间布局可能会出现主导产业过度集中的现象，加剧了地区经济发展不平衡现象。探索提升弱势文化产业，可以通过人为干预资源聚集和分散，从而达到控制文化要素流向，促使地区文化资源合理配置的目的。

第二，促使文化产业理性发展。由于市场经济的盲目性，文化市场可能会出现主导文化产业发展过热的现象。如不及时调整，将会引发产业恶性竞争，破坏投资环境，造成资本和劳动力大量流失，导致主导产业崩溃。

第三，避免主导文化产业孤军作战。主导文化产业如果单枪匹马作战，不能带动其他文化产业共同发展，将被“孤立”，由于缺少相关辅助文化产业的支撑而衰退，最终导致地区文化产业整体实力下降。

第三，提升综合实力是其终极目标。地区间文化产业实力在初期是总体实力的较量，但最终将会转化为文化产业综合实力的比拼。一个地区的文化产业只有一两个门类“打头阵”，不能代表地区整体成绩良好，只有均衡发展、科学布局、特色突出，才能成为真正的文化产业“强区”。

四　发展弱势文化产业的路径思考

(一)空间合理聚集，制定科学规划

地区弱势文化产业有别于优势文化产业，由于处于产业成长周期的初始阶段，资源分布松散、没有规律，且优势文化产业势头较猛，容易挤压弱势文化产业生存空间。因此，在文化产业空间布局中，调整文化产业空间布局，促使产业要素合理聚集对于整合弱势文化产业资源，提升文化产业实力无疑是最有效的手段之一。文化产业的集中聚集，一是有助于形成文化产业的综合竞争力与核心竞争力，实现对各种文化资源的优化配置与有效利用；二是有利于利用市场信息，形成对于各种文化资源的吸纳能力和辐射能力，

提高创意能力，节约文化资源的流通成本。[①]北京798艺术区、宋庄艺术村和草场地等艺术区的繁荣都是艺术品交易行业资源空间聚集的结果。空间上整合聚集弱势文化产业资源，应当建立在充分调研分析的基础上，因地制宜，在布局中实施针对性策略。

文化产业空间布局从长远上来说，可以体现为编制科学的空间布局规划。针对弱势文化产业而制定的空间布局规划应当在考虑区域经济总体发展情况，充分反映多方利益诉求的基础上，结合弱势文化产业现状，根据产业多样化发展模式、健全配套服务设施、整合产业资源的建设思路，以推动弱势文化产业发展为基本目标、提高区域整体文化产业发展水平为总体目标而制定。

2009年起，海淀区政府开始整合地区西部文化产业资源的探索，2010年，海淀区推出“西山文化创意大道”的概念规划，这是一条东西走向的大道，是去往香山、八大处、植物园等热门景区为数不多的几条交通要道之一。最东侧距离海淀区政府3公里，背靠香山，长7.2公里，南北辐射500米至700米，总面积约7.34平方公里。

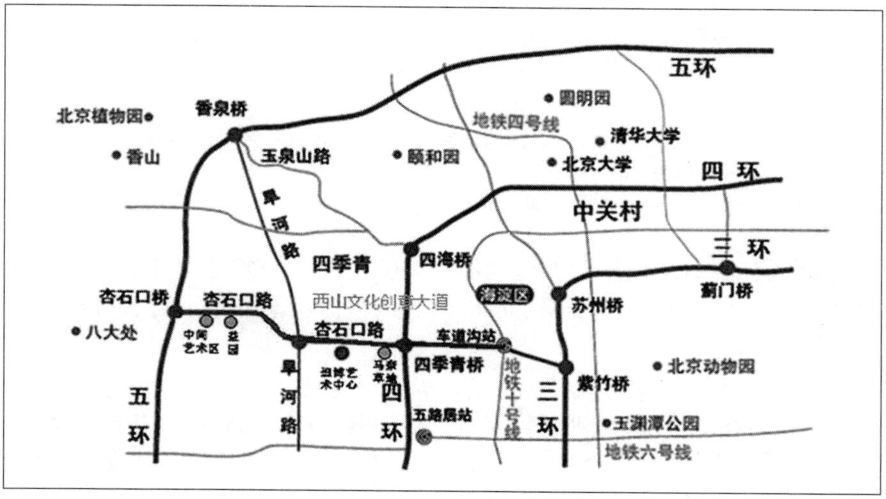

图2 海淀区西山文化创意大道位置图

① 胡惠林：《文化产业学》，高等教育出版社，2006年版，第312页。

西山文化创意大道规划区内共五大片区，规划建筑面积255万平方米，分布有演艺、艺术品展示交易、酒店会展等多种文化设施。规划的目的一是为了推进海淀西部地区文化建设。大道所处地带大部分属于四季青镇政府管辖区域，文化基础薄弱，文化项目匮乏，亟待进行文化建设。二是为了提升海淀区文化产业中相对较弱的艺术品交易业和文化艺术业，同时使优势产业设计服务业与弱势产业艺术品交易业建立紧密关联，加强产业融合。三是为了整合西部分散的文化资源。规划的提出是基于大道上已有的几个文化项目：马奈草地艺术中心、坦博艺术中心、中间艺术区、益园和正在推进建设中的“创意北京”项目。[①]这些项目成点状分布在一条大道上，西山文化创意大道的规划将它们进行轴状整合，形成合力。目前，西山文化创意大道分布的几个艺术中心已建设完成，未来将配合大道整体改造，打造北京西部高端文化功能区。

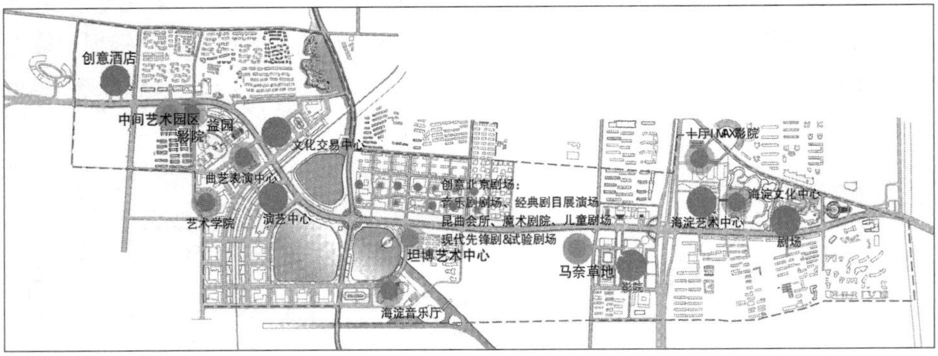

图3 西山文化创意大道构想图[②]

海淀区在西山文化创意大道的规划中，空间上巧妙地避开了主导产业集中的中关村区域，避免了主导文化产业发展过度集中而可能导致的生活成本

---

① 马奈草地艺术中心已经建成包括美术馆、图书馆、音乐厅等多业态高端文化场所，并与数家院校、教育机构建立起了教学实践基地的合作关系。坦博艺术中心南侧主要包括艺术品创作、收藏和展示，收藏作品皆是古代以及现代艺术名家之作；北侧主楼2万平方米未来将建成艺术品展示集聚区。中间艺术区在政府的引导下已经初步形成了具备展示交易功能的综合性园区，园区内规划并投入使用的主要文化场馆及配套项目有：剧场、影院、美术馆、艺术家工坊、驻留艺术家工作室、文化艺术广场、创意街区等，总面积超过6万平方米。“益园”文化创意产业聚集区目前整体22万平方米建筑面积已经全面投入招商运营，园区配套成熟，已有多家实力企业先后入驻。“创意北京”项目正在推进，未来将建设成为以演出街区为核心，相关商业配套支撑的大型综合文化产业项目。

② 根据新闻报道及实地调研整理。

过高、宣传难显特色等问题，选择了较为偏远的地区。文化创意产业园区的建设在一定程度上提升了海淀区西部的经济收入，并可作为增长极对周边产生辐射作用。综合性艺术区的建设一方面解决了西部居民匮乏的文化基础设施建设的难题，同时也为未来产业聚集提供了基本配套服务，可谓一举两得。另外，规划中还包含设计业、演艺业以及为高端艺术从业者配备的基础配套设施建设等多个项目，为产业融合及全产业链的形成提供了多种可能。

西山文化创意大道规划是海淀区在文化产业空间布局中的一次大胆尝试，未来将对海淀区的艺术品交易业、文化艺术业和设计服务业等文化产业产生不可估量的影响。但是，由于该地区拆迁改造成本高，实施难度大，整体项目也存在着长期性的问题。目前的关注点还只能集中在大道上的几个项目建设，项目与项目之间缺乏关联，较为独立封闭，没有形成共同的利益诉求，在产业资源上不能共享所需。因此，要在短期内提升海淀区艺术品交易业，不能仅仅依靠规划，还要采取其他的措施。

（二）建设产业集聚区，兼顾短期效益

1. 建设集聚区要注意“两条原则，一个重点”

短期内提升弱势文化产业，合理建设集聚区无疑是“一剂良药”。近年来，全国掀起一阵建设文化产业集聚区的风潮，各地争先恐后效仿。但弱势文化产业集聚区建设有其特殊的一面，建设文化产业集聚区的模式化经验不能盲目照搬，还要结合产业实际情况“对症下药”。北京市海淀区艺术品交易行业与主导产业软件、网络及计算机服务关联较小，在集聚区建设中除了考虑所需的交通、配套设施建设等要素外，还应当注意“两条原则，一个重点”。

两条原则是指，一是尽量避开主导产业集群区域。一方面，主导产业集群区域虽周边基础设施和配套建设比较健全，但生活成本也相对较高，会给处于成长期的弱势文化产业带来经济负担。另外，从现有的艺术区选址来看，艺术从业者们似乎都偏爱远离城市的地方，除考虑经济成本问题外，艺术创作者的天性使他们更愿意为艺术觅得一份宁静。另一方面，主导产业集群区域已形成品牌效应，区域文化消费结构已经成熟，若将弱势文化产业集聚区驻扎于此地，不仅需要改变该区域的文化消费结构，在宣传中也很难突出特色。二是集聚区建设初期应当以改造和引导经营场所转型为主进行尝试，这是被产业经济成本所制约的。一方面，改造和转型的方式所需要的建设时间较短，可以产生立竿见影的效果。政府可以由此初步考察建设集聚区的可行性，避免大成本的盲目投入。另一方面，出于新建集聚区建设成本较高而地产商可能意愿不强的考虑，为了避免政府在推进集聚区建设中投入过大，因此应当以经营场所改造或转型的方式加以引导。但值得强调的是，在文化产业空间布局中还要关注“增长极”效应。避开主导文化产业集群区域并不意味着向地广人稀、偏远地区聚集，除了考虑周边配套服务的成熟程度，就艺术品交易行业来说，其虽与科技关联不大，但还存在着对创意要素的一定需求。因此，靠近一两个成熟的文化创意产业园区，可以为艺术品交易行业产业链上游的形成提供一部分有效资源。

一个重点是指，在集聚区建设中，还要重视引进龙头企业的重要作用。龙头企业由于自身发展成熟，对于整合区域产业资源，形成产业链，快速提高行业收入具有不可低估的作用。根据2013年1~11月北京市艺术品交易行业规模以上单位收入情况的统计，大兴区以353.86亿元的收入额一跃成为全市第一，①其行业收入主要来源于中国黄金集团黄金珠宝有限公司。大兴区借助艺术品交易行业实力企业的进驻，在短时间内大幅提升了行业实力，打了一场漂亮的翻身仗。2013年初，海淀区重点引进中国工艺艺术品交易所（简称艺交所）入驻大钟寺地区，这是目前国内唯一一家由中央国有资本发起设立的文化艺术类交易所，于2013年12月开始试运营，其所在的中国艺术品大厦也同时投入使用。艺交所的入驻，将作为海淀区艺术品交易行业的龙头企业，发挥其对我国书画界、工艺美术界、金融界及其他社会资源的整合优势，带动海淀区艺术品交易行业建立起科学规范的鉴定、估值、保险、托管等文化艺术品流通体系，培育、发展和完善海淀区的文化艺术品市场。

2. 建设集聚区要有所侧重

艺术品交易行业集聚区按集聚性质可分为创作社区、展示交易园区、文化消费集市三类。②北京市海淀区由于生活成本过高，不具备大批艺术家自发聚集形成创作社区的基本条件，因此展示交易园区和文化消费集市应当是海淀区建设的重点。一项关于北京市艺术品行业集聚区的调研显示，2009年，海淀仅有一家老牌的爱家国际收藏品市场。近几年，海淀区开始加紧建设艺术品交易行业集聚区，集聚区数量大幅增加。

---

① 资料来源：根据《北京统计年鉴》整理。

② 《北京艺术品集聚区现状及困境分析》，百度文库，2012年1月14日。http://wenku.baidu.com/view/f2565d13866fb84ae45c8d2d.html.

表4 海淀区艺术品交易行业集聚区汇总表

序号	集聚区名称	集聚区概况	集聚区类型
1	中间艺术园区	园区内规划并投入使用的主要文化场馆及配套项目有：中间剧场、中间影院、中间美术馆、中间艺术家工坊、驻留艺术家工作室、中间文化艺术广场、中间创意街区等，总面积超过6万平方米。	创作社区、展示交易园区
2	中国艺术品大厦	5万平方米的大楼，主营业务是文化艺术交易、交流、信息发布、项目推介和投融资服务；也包括艺术品鉴定、估值、保管、登记等。	展示交易园区
3	恩济华玉文化园	恩济华玉文化园目前已有《中国书画》杂志社、现代工笔画院等二十余家书画艺术工作室、杂志社、教学机构、图书进出口机构入驻，并建设有恩济美术馆。	创作社区、展示交易园区
4	北京美都收藏大观园（北京美都传统文化产业基地）	总经营面积12万平方米，经营类别包括“工艺品、古玩、书画、国粹艺术品等”，配套餐饮、住宿、休闲、娱乐、旅游为辅，一期2万平方米已经于2014年投入招商运营。	文化消费集市、展示交易园区
5	爱家国际收藏品市场	爱家收藏总建筑面积达3万平方米，是京城最大的收藏品市场，主营业务包括各种艺术品及收藏品展览展示、交易、拍卖、鉴定等业务。	文化消费集市、展示交易园区
6	金源珠宝古玩城	2010年开业，以经营古玩、字画、珠宝、玉器、红木收藏精品等中国传统文化底蕴深厚的商品为主，打造中国珠宝古玩艺术品交易、欣赏、收藏、交流的高端商业市场。	文化消费集市

《北京市海淀区“十二五”时期文化建设与发展规划（2011~2015）》提出“重点发展高端艺术品交易市场”，将海淀区的艺术品交易行业的地区特征定位为“高端”。这意味着，消费者更加看重艺术品本身的既有价值，这就对产业上游——艺术品的供给提出了更高的要求。海淀区在艺术品交易行业发展中不能照猫画虎打造传统的“画家村”和大杂烩式的工艺品交易市场。从五年来海淀区建设艺术品交易行业集聚区的成果来看，大部分都属政府引导建设而成；从其经营性质上来看，基本属于兼具展览、展示、拍卖、鉴定、交易等为一体的多功能艺术品交易市场，在建设中充分考虑高端消费群体的需求，建立成熟的配套服务。

3. 建设集聚区要加强宣传意识

海淀区在建设艺术品交易行业集聚区时根据区域特点，较为理智地选择了现有集聚区转项或经营场所改造，同时对于龙头企业能够给予一定的耐心支持，但在宣传上仍然存在着网络媒体新闻报道较少、传统媒体见报率较低、企业自身的宣传意识很弱、政府亦没有采用策略性的宣传手段的问题。在网络上搜索现有的集聚区名称时发现，有望拉动区内整体行业产值的龙头企业——中国艺交所，与海淀区相关的新闻也仅有两条，最近的一条还停留在2013年1月《中国艺交所正式迁入海淀园》，关于海淀区艺术品交易行业的新闻更是少之又少。未来，海淀区在对于艺术品交易行业集聚区的宣传中应当采取策略性宣传手段，一方面为了提高集聚区的民众知晓率，广聚人气，尤其是以消费为主的集市类型集聚区。另一方面要在宣传中营造区域整体氛围，加强集聚区与海淀区的关联程度，树立地区艺术品交易行业的品牌和形象。

（三）整合多方资源，促进产业融合

市场经济具备自行整合产业资源的能力，但当其能力有限的时候，就要通过政府力量，建立起资源共享机制与利益协调机制。产业资源整合的方式有多种，本文重点探讨产业融合与建立行业联盟的方式。

文化产业与其他相关产业融合已成大势所趋，文化与科技、文化与金融、文化与旅游等跨界融合一直是近年来产学研共同关注的重大课题。对艺术品交易行业来说，产业融合可以进一步丰富艺术品的品种和样式，提升艺术品供给能力，拓展艺术品的消费渠道，扩大消费规模，提高消费水平。在文化产业内部，艺术品交易行业与设计服务业密切相关，在地区发展中常常作为产业融合的手段之一。例如北京市为推动设计产业发展而连续几年举办的“国际设计周”活动。在活动设计上，一部分活动成果自然地体现为艺术品交易的成果。如2012年国际设计周活动，展出了知名设计师与艺术家设计的家具、配饰、艺术品等，以及著名珠宝艺术家设计的珠宝，并由视觉中国锐店、淘宝拍卖会和保利拍卖对部分设计周展品进行线上拍卖。设计服务业与艺术品交易业的融合大部分集中于现当代工艺品，而对艺术品交易行业中占比较高的字画、收藏等带动作用并不明显。因此，海淀区艺术品交易行业的产业融合之路需要另辟蹊径。

2014年5月15日，海淀区委区政府发起23家博物馆和6家艺术品交易机构（加上发起单位共30家），组建成立中关村博物馆与艺术品行业联盟，旨在探索通过市场化的管理运营模式，有效利用中关村地区博物馆和艺术品行业的资源优势，为中关村地区博物馆和艺术品行业机构提供针对性服务，推进海淀区博物馆与艺术品交易行业协同创新发展。联盟成立后，确定了宣传推广、展览展示、艺术品交易三块核心业务。2014年搭建了互联网和移动互联网宣传交流平台，开展12期联盟成员单位和展览资讯的媒体宣传；鼓励和调动联盟资源成功举办展览展示活动30场，策划和筹备2015中关村艺

术周活动；借助区内最有实力的艺术品交易网站——博宝艺术网开展对联盟成员单位可售馆藏艺术品、艺术衍生品进行在线宣传、推广和销售，实现线上线下互动交易。

海淀区中关村博物馆与艺术品行业联盟的成立在产业融合、资源整合、运营手段等方面都进行了大胆的尝试和创新，呈现出三个特点：

一是跨行业融合发展。中关村博物馆与艺术品行业联盟将博物馆与艺术品交易两大行业紧密联合，这种跨行业的联盟在北京市乃至全国也是少见的。从经营性质上来说，博物馆作为公益文化事业，不具备产业化的基础，但其展示、交流的资源优势，正是艺术品交易行业所需要的。艺术品机构拥有创作、研发、交易等创新优势，对于博物馆探索产业化发展路径是一个难得的机会，两个行业各取所长、相互促进。

二是跨所有制协同发展。30家联盟发起单位中有17家国有单位、13家民营企业。国有单位中央属单位7家、市属单位7家、区属单位3家，为联盟指明了发展方向，在所享有的政策支持上具有先天优势。民营企业因为其机制相对灵活、发展动力充沛、市场适应性强，推动联盟不断创新，为联盟注入新鲜活力。

三是跨平台创新发展。借助博宝艺术网现有展示、鉴赏、交易平台，搭建互联网及移动互联网功能平台，同时配合举办艺术品鉴沙龙及系列展览，实现博物馆与艺术品交易行业的线上线下互动和整合。

海淀区在整合文化创意产业资源中，打破固定思维，创新产业融合模式，根据区域特点及企业共同的利益诉求，推出博物馆与艺术品交易行业联盟，推动文化事业与文化产业的融合，在盘活区域文化资源的同时，活跃了文化消费市场及产业发展氛围，在一定程度上增加了联盟成员单位的收入。据统计，中关村博物馆与艺术品行业联盟成员2014年收入合计3亿元，艺术品销售15亿元，其中博宝艺术网线上成交1.5亿元，对比2013年都实现了正增长。[①]

（四）其他问题与建议

北京市海淀区在发展艺术品交易行业的探索中进行了几次成功的尝试，未来还应持续关注以下两个问题：

一是加强人才队伍建设。行业人才是文化产业发展的血液，要源源不断

---

① 该统计数据与统计局的数据稍有差别，由于现有统计体系的局限性，海淀区已形成规模的爱家国际收藏品市场、金源珠宝古玩城等交易市场的营业收入并未被纳入统计范围，博宝艺术网因其运营主体为科技公司也未被纳入统计范围。

为产业输送新鲜血液，就要建立起一套成熟的人才引进与输出机制。一是鼓励院校进行学科建设，使企业与高校建立起人才“订单式”服务，实现人才“点对点”的供给，形成学术性人才向实践性人才的转换机制。二是引进行业人才培训机构，加强从业人员的培训和稀缺人才的培养，提高从业人员素质，有针对性地为产业培养专业人才。北京市海淀区的艺术品交易行业中，艺术品拍卖的从业人员数量连续几年都是“零”状态，海淀区在未来应继续探索培训和引进行业高端人才的有效方式。三是营造良好的地区人才发展氛围。在对西山文化创意大道的调研中发现，一些艺术行业的高层管理人员存在着“吃住在朝阳，工作在海淀”的现象，由于海淀区缺乏针对高端艺术人才的专门配套服务建设，不能满足一些艺术行业的高层管理人员对住房、居住环境、艺术氛围的更高需求，长此以往，将间接导致人才流失。

二是探索多种形式的产业融合。一方面，要积极拓展艺术品交易行业与其他产业融合的多种可能性如与旅游业、金融业融合等。另一方面，还要加强艺术品交易行业与主导产业的关联程度，推动产业升级。例如2014年北京市文博会海淀展区展出的“博物馆（展览馆）多媒体数字导览系统”，利用“可见光标签信息技术”，可以使观展者通过展品上方LED光源发出的可见光信息，无需手动操作，即可在移动自媒体（手机、平板电脑）上显示丰富、生动的视频、语音、文字等数字内容，有效地解决了博物馆和展览馆等展品工艺深奥、文字介绍枯燥无力、很难吸引观众等问题，达到短时间内传递展品信息的目的。这项科技成果作为一项技术支撑运用到艺术品展示交易中，将以现代化的展览方式转变艺术品交易行业的传统模式，增加体验性和趣味性。

地区文化产业发展之路必然是由非均衡的初步探索走向均衡的全面发展。根据地区资源禀赋，确立主导产业地位、形成地区特色是带动文化产业总体实力的首要目标；找出地区短板、逐个击破弱势文化产业难题是发展文化产业的更高追求。正如十八届三中全会报告中指出的“加强顶层设计和摸着石头过河相结合，整体推进和重点突破相促进”，文化产业发展之路没有模式可循，提升弱势文化产业更是需要深度分析，不断探索与尝试。在发展弱势文化产业的路径选择中，还要坚持“政府主导，市场运作，社会参与”的工作原则，建立鼓励激励机制，充分调动社会力量，激发文化产业活力，形成地区文化产业资源共享、各行业协同发展、齐头并进的和谐局面。

（张紫霄：中共北京市海淀区委宣传部）

基于休闲文化与大武汉国际品牌形象打造的几点思考

陈瑛　隋丽

摘要： 城市化进程中，城市经济的发展、居民休闲时间的增加为休闲文化创造互动与扩展条件，对于城市而言，休闲文化产业的健康发展能够成为城市国际品牌形象塑造的重要标志，同时也是考核现代城市建设的影响因素。基于上述思考，国内外知名都市在国际品牌形象的打造中创立具有当地特色的休闲文化产业。本文围绕大武汉国际品牌形象打造中休闲文化产业的传播策略，借鉴国内外都市塑造品牌形象中休闲文化发展的成功案例，详细分析武汉休闲文化产业目前的发展状况与面临的挑战，据此提出休闲文化产业的传播定位以及战略举措。建构大武汉良好的国际品牌形象，要注重休闲文化产业基础设施的建设，传播渠道的扩展，对立关系的协调以及低俗印象的改善。

关键词： 休闲文化　大武汉　国际品牌形象　传播定位

一　休闲文化与大武汉国际品牌形象的现状分析

（一）国际都市塑造品牌形象中休闲文化发展的现状

自从休闲文化在欧美国家19世纪中叶问世以来，在西方国家中就成为判断国家文化发展状况的重要考核标准，并在城市品牌形象建设中占有一席之位。许多国家在旅游业、娱乐业、服务业和文化产业为龙头形成的经济形态和产业系统中增加投资的同时，也注重对休闲文化内涵的不断挖掘，并积极打造以休闲文化为名片的国际城市品牌形象。

1. 美国洛杉矶的快乐休闲文化

以美国为例，从1955年世界上首个迪斯尼乐园在洛杉矶成立以来，不少城市就以主题公园为休闲文化特色，打造城市品牌形象。具体来讲，洛杉矶市政府在推出迪斯尼乐园之后，试图将娱乐、餐饮、购物、休闲等产业标记迪斯尼的印章，创造一种全新的休闲文化范本，将原来游客主动寻找单一的休闲方式转变为被动地享受丰富多彩的多元化休闲方式，使主题公园文化在整个城市迅速扩散。①同时，把由单一主题构成的主题公园休闲模式发展为“多角度、全方位”的主题度假区，并变革城市为主题公园度假的标志以及美国休闲文化的典型代表。洛杉矶迪斯尼乐园休闲文化不仅带动相关产业的蓬勃发展，也将其独有的快乐文化传播至全美甚至全球，创立独有的城市品牌形象。

2. 法国巴黎的浪漫休闲文化

法国巴黎坐拥巴黎盆地中心，不仅独享温和的海洋性气候与四季宜人的自然风光，也是法国政治、经济和文化的中心,诸多历史遗迹、艺术殿堂、美食、时装都为其增添了时尚色彩，被世人誉为“浪漫休闲之都”。巴黎的时尚文化产业不仅覆盖化妆品、高档服饰、演艺业，也作为许多知名大学的学术专业进行研究。此外，巴黎人更注重将休闲精神外化在生活表现中，巴黎人随遇而安，平和从容的处事态度在巴黎街头随处可见，许多咖啡馆内聚集的当地人一坐就是几个小时，彻夜营业的酒吧更是数不胜数。②巴黎所体现的休闲文化并非不思进取，而是善于敢于休闲，正是社会进步、文明发展的必然产物，也是其城市魅力的独特之处。提到巴黎，人们自然就联想到时尚之都，这张颇具风格的城市名片也为巴黎观光、旅游、购物，休闲产业带来了巨大的经济效益，塑造其独有的浪漫品牌形象。

（二）国内城市塑造品牌形象中休闲文化发展的现状

改革开放以来，国内许多城市也意识到休闲文化产业对第三产业的推动力以及增强城市品牌形象的文化竞争力。先前的传统休闲文化产业已经不能满足大众的文化需求，必须打造独有的休闲文化品牌才能提升城市形象，增强居民满意度。

1. 杭州“东方休闲之都”的宜居休闲文化

杭州的休闲文化可以追溯至吴越南宋的“富庶闲适”，秉承得天独厚的

---

① 郭融融：《迪斯尼快乐文化传播研究》，2009年上海师范大学硕士学位论文。

② 黄晓菲：《成都——巴黎休闲文化的比较研究》，《四川烹饪高等专科学校学报》，2011年第5期。

文化底蕴，杭州人生来就享有喜好休闲的性情，多数杭州人的生活方式也是以休闲为主。大街小巷的各种娱乐休闲场所与随处可见的广场舞，为杭州的休闲文化品牌渲染浓厚的文化传播氛围。杭州市迎合"休闲时代"的良好发展契机，2004年确定了"休闲城市"的品牌定位，于2011年举办国际休闲博览会，通过会展的形式向世界各地展示杭州宜居城市的休闲文化品牌。[①]杭州采取打造城市标识与地方物产建设的方式双管齐下，坚持休闲文化品牌差异化之路，创建全民休闲的理念，包括西湖公园在内的许多名胜景点免费对外开放，建制全方位的休闲城市品牌，成为国内宜居休闲城市打造的范例。

2. 广州"全民健身"的休闲体育文化

作为2010年亚运会的承办城市，广州在城市品牌形象塑造中也贯穿了休闲体育文化的核心理念，将传统的岭南休闲体育文化与现代国际城市品牌形象传播融合为一体，采取多种渠道进行推广。无论是佳节中"舞狮"与"武术"的节目汇演，还是平日里公园内踢毽、太极等传统体育休闲项目，都体现广州市休闲文化中的健身理念，但广州市品牌形象建设并没有止步于此，广州市专门成立亚洲休闲体育文化传播机构进行研究，利用大众媒体的力量宣传以岭南体育文化为代表的广州休闲文化品牌，并通过举办多届体育文化节，开发黄飞鸿故乡的旅游特色，吸引国内外游客零距离感受岭南休闲体育文化，实现与城市品牌形象建设的完美结合。[②]

（三）大武汉塑造品牌形象中休闲文化发展的背景及问题分析

1. 大武汉休闲文化的发展背景

武汉市享有华中地区特大城市与最大城市，其优越的地理位置与深刻的文化底蕴成为长江中游城市群的龙头城市，"国家创新城市"、"国家优秀旅游城市"、"国家历史文化名城"等称号不仅奠定武汉市成为我国中部经济发展中心，也为武汉市休闲文化产业的发展提供助力。六千多年的悠久历史与富饶的文化资源成为启动休闲文化的文化背景，经济的蓬勃发展提供休闲文化的经济基础，市民休闲文化意识的提升促进休闲文化的传播；市政府于2012年出台多条政策促进休闲文化产业的发展为休闲文化提供政策保

① 张佳慧：《城市品牌传播的理论与实践——以杭州生活品质之城为例》，2008年浙江大学硕士学位论文。

② 文明华、卢俊、莫丽娟：《2010广州亚运与岭南休闲体育文化融合传播研究》，《体育成人教育学刊》，2010年第6期。

障，各种文化旅游节与演艺团体在武汉市的举办为休闲文化发展提供了物质保障；2014年中国国际休闲发展论坛在武汉的召开也为武汉的休闲文化发展提供良好契机。[①]

2. 大武汉休闲文化的发展问题

尽管武汉市已被评为2014年度中国十大特色休闲城市之一，休闲文化的发展也初步取得了一定成绩，但其中还存在一些问题。第一，居民休闲文化的价值观念尚不明确。目前，武汉市民仅仅将放松作为休闲文化的首要目的，认为只有在节假日中才能体会到休闲文化的乐趣。其实，休闲文化的价值在平时生活中也有所体现，平和宁静的心态与和谐舒畅的精神都是休闲文化的内在状态，但大众对这种观点尚未接受。第二，休闲文化的硬件设施开放度不够充分。许多风景名胜仍然收费较高，一些公园也未对市民采取免费开放，限制了休闲文化的受众体验。许多演艺项目的演出也只在小范围内推广，全民充分利用休闲设施的步伐有待加速。第三，休闲文化的传播渠道局限。由于一些文化资源被相关部门垄断，休闲文化涉及的活动都只在传统媒体平台上进行推广，对新媒体的利用程度不够，不能覆盖所有的受众群体，客观上降低了市民接受休闲文化的程度。

二　大武汉国际品牌形象打造中休闲文化的传播定位

（一）大武汉休闲文化传播的内涵及依据

1. 大武汉休闲文化传播的内涵

针对大武汉休闲文化的发展现状，明晚城市品牌形象中休闲文化的内涵，休闲文化的传播旨在创建满足所有市民休闲需求的宜居城市，休闲设施完备，休闲活动丰富，市民的休闲气质独特，休闲方式高雅现代，彰显武汉人兼容的精神风貌与大武汉独特的地域文化气息。

2. 大武汉休闲文化传播的依据

第一，武汉市已经走出经济低谷，在中部城市的发展中处于领头者地位。初步具备建设休闲文化为标记的经济条件与经济基础。尽管城市版图地域没有扩大，但2013年底，武汉GDP总量已经突破9000亿，同期名义增速达到12.44%，进入全国城市发展前十名，已经成为发展潜力巨大、发展速度

---

① 吕尚彬、兰霞、钱广贵：《中国城市形象定位与传播策略实战解析——策划大武汉》，红旗出版社，2012年版。

令世人瞩目的特大城市，无疑为休闲文化的发展提供经济保障。

第二，大武汉浓厚的文化底蕴与丰富的文化资源。黄鹤楼、木兰天池、归元寺、古琴台许多历史遗迹都成为武汉市享有盛名的文化印记。追求自由浪漫的荆楚文化与包容休闲的码头文化勾勒出大武汉国际城市的品牌形象，释放大武汉发展休闲文化的不竭能量。

第三，武汉市民休闲文化意识的增强。每年武汉大学樱花节数以百万的当地人口客流量，各种假日活动的举办与开展，书店、公园、影院、剧场等各种休闲场所的崛地而起，体现武汉市民对本地休闲文化的热衷与追捧。

3. 大武汉休闲文化传播定位的核心理念

“和谐共生、全民休闲”是大武汉休闲文化传播定位的核心理念。“和谐共生”既秉承荆楚文化的“求和”思想，也符合当代创建和谐社会的理念；“全民休闲”旨在为每一位居民都能提供满足其需求的休闲方式与休闲场所，营造武汉人积极健康的良好休闲环境。

4. 大武汉休闲文化传播定位的目标体系

2014~2016年：完善各种休闲文化基础设施，在全武汉市民中倡导积极健康的休闲文化理念。2016~2018年：促进休闲文化相关产业的发展，扩大休闲文化在各行各业的影响力。2018~2015年：形成完备的休闲文化产业体系，深入挖掘大武汉独有的休闲文化特色，成长为精益求精的国际休闲都市。

三　大武汉国际品牌形象打造中休闲文化发展的战略举措

（一）健全大武汉休闲文化发展的硬件设施体

1. 整合武汉市旅游休闲文化资源

目前武汉旅游资源基本上处于四分五裂的状态，需要在城市品牌形象建设中将资源进行有效整合与规划，可分旅游景点为历史文化、都市文化、自然生态景观的休闲文化景区，分别创建精品旅游，为游客创造便利的旅游线路，提升武汉旅游的文化功能，集合科教娱乐、都市休闲为一体的旅游特色，在此基础上开发多种旅游产品，创新旅游休闲文化特色，培育大武汉国际城市品牌印象的载体。

2. 创新武汉市休闲文化的开发模式

在对武汉市休闲文化资源开发的过程中不应仅仅着眼于武汉市，应站在更高的层面上，放眼整个华中地区甚至长江中游地区，如今年武汉市参与举办的“中国国际休闲发展论坛”就是一次成功的实践。同时，打破省域界限，加强区域合作。加强旅游休闲文化区域合作，一方面，有助于延长游客在武汉的逗留时间，进一步增加旅游收益；另一方面，加强与相邻地市的旅游合作，分享相似或相近的休闲文化资源以及客源，有助于提升城市形象和知名度。因此，应努力将武汉名城资源与周边城市如鄂州、黄石、孝感、咸宁、荆州等地的文化资源联系起来，充分调动它们的文化资源，共同组建旅游休闲文化网络，拓展发展空间，带动华中地区休闲文化产业的发展。

3. 开展多种形式的休闲活动、

为市民传达“休闲不是消费，而是一种享受；休闲不只是一种生活方式，更是一种生活态度”的休闲文化理念，筹办各种文化艺术节、体育赛事、吸引优秀的演艺团体或者文化名流为市民提供各种休闲活动，满足不同人的休闲活动需求，有助于提升城市居民的休闲文化气质，贯彻“以人为本”的休闲城市主题。

（二）完善大武汉休闲文化发展的传播渠道

1. 广告传播渠道

根据“和谐共生、全民休闲”的传播定位，制作不同系列大武汉休闲文化的形象广告，形式上追求高端大气，内容上丰满充实，能够展现大武汉休闲文化的独特意蕴，分别面向本地、国内以及国际进行差异化推广。选择投放媒体必须是具有一定影响力的传统媒体或者网络媒体，如中央电视台、中国国家地理、湖北日报。海外传播可借助湖北省常驻海外大使馆的资源进行推广，配合中国文化年或者其他地区的休闲文化盛事扩大武汉休闲文化品牌的传播力与影响力。

2. 公关传播渠道

与国内其他休闲城市如杭州、成都、上海、广州等建立联谊关系，积极参与其他城市的休闲文化论坛或休闲文化活动，实行定期互访；与国外影响力相似且将休闲文化打造为城市品牌形象的都市建立合作关系，在当地举办武汉休闲文化展览，武汉休闲文化推介之旅。积极关注国内外休闲文化研究组织的相关活动，力争在某方面出席，提升大武汉城市形象的国际影响力与美誉度。与国内外知名媒介机构建立互动关系，经常举办一些促进媒体了解武汉休闲文化产业发展和文化旅游资源的活动，增加武汉休闲文化在正面媒体上的曝光率。

3. 新媒体传播渠道

建立多层次武汉休闲文化传播官方网站、企业QQ、微信公众平台、官方微博以及主题网站活动，聘请专业人士进行长期维护与指导，及时更新网页信息。充分利用新媒体的互动性，定期回应网友的疑问并提供详细的信息说明，针对各种新媒体用户的特点，积极引导市民进行休闲文化的体验。与去哪儿网、携程网等知名旅游网站进行武汉休闲文化的推广，未来可考虑与海外的英文旅行网站和经济类网站合作。

（三）协调大武汉休闲文化发展的对立关系

1. 平衡大武汉休闲文化中精英与大众的关系

目前休闲活动的受众群体多以白领上层、高级知识分子为主，他们经济收入稳定、社会地位稳固，能够享受到多种休闲方式的乐趣。而普通民众平时的休闲方式以棋牌、广场舞、公园活动为主，很少有机会接触休闲文化的阳春白雪。在城市休闲文化品牌建设中，应全方位把握所有受众的兴趣激发点，不仅在精英中推广休闲文化盛事，也在大众中宣传休闲文化的丰富内涵与深刻底蕴。同时也要关注弱势群体的休闲生活，倡导平等共享的休闲文化方式，才能为国际城市品牌形象建设增砖添瓦。

2. 平衡大武汉休闲文化中本土与现代的关系

本土与现代在休闲文化品牌建设中不是绝对对立的关系，而是时间上存在相对对立。在大武汉休闲文化品牌建设中，必须清醒地认识到两者之间的这种辩证关系，休闲文化的长足发展必须在本土文化与外来文化的不断碰撞中进行磨合，保持武汉本地的码头文化与闲适情趣，才不会放弃自身的休闲文化特质，保持大武汉国际城市形象旺盛的生命力。

3. 平衡大武汉休闲文化中经济发展与文化生产的关系

休闲文化的扩展是促进消费，拉动内需的经济源泉，带动相关产业链的经济增长，也提供相关岗位的就业机会，促进休闲文化产业人才的培养与休闲文化的研究。在休闲文化传播过程中，不能一味追求经济利益而忽视大武汉城市形象的塑造。明确休闲文化植根于城市品牌形象，并服务于良好的城市品牌形象打造，处理文化生产的相关事宜中就不会迷失方向。

（四）提升大武汉休闲文化发展的公共印象

1. 改变大武汉休闲文化中低俗的印象

“武汉人只会打麻将，喝酒，泡吧”的印象在不少外地游客的脑海中根深蒂固，“来武汉的旅游景点只是为了吃小吃”类似的宣传印象必须在国内外游客中进行清理。武汉的休闲文化绝对不只是打牌喝酒，更多的是解读本地的历史革命标识，进行爱国教育；绝不仅是在旅游景点走马观花，而是在欣赏秀丽景观中开阔眼界，陶冶性情，增强对大武汉国际形象美感的领悟。

2. 颠覆对大武汉休闲环境脏乱差的印象

承载华中省会城市的形象宣传的使命，武汉市必须动员所有力量对休闲文化环境的美化与改善。加强对所有旅游景点、公园、演艺场所的卫生考核，扩展所有城市品牌形象接触点的环境治理范围，逐步提高休闲环境的美化标准。力争使得武汉本地人享受到大武汉的清洁，让每一位来到武汉的游客都对大武汉的城市品牌留下美丽洁净的印象。

3. 改善大武汉休闲文化中单调乏味的印象

充分利用大武汉休闲文化的产业资源，促进新产品的萌生，满足居民与游客的个性需求。大武汉不仅是观光胜地，也是休闲度假的宜居城市；不仅具有传统的休闲项目，也具有融入本地特色的休闲活动，如可设立在武汉长江大桥眺望武汉全城风貌的观光项目。将积极健康的休闲文化融于旅游中，创新多种形式的休闲方式，促进城市人全面而自由的发展，也是大武汉城市品牌形象的有效传播手段。

大武汉国际品牌形象的打造进程中，休闲文化的地位不容觑视。休闲文化的发展植根于武汉市卓越的历史文化资源，推广于全民休闲的良好氛围与政府的鼎力支持，提升于大武汉休闲文化的品牌特色。健全大武汉休闲文化的硬件设施，推广其文化品牌的传播，正确处理其中发展的各种对立关系，建构大武汉休闲文化的积极印象，才能持续丰富和完善大武汉国际形象。

（陈　瑛：武汉大学新闻与传播学院,教授；
隋　丽：武汉大学新闻与传播学院，硕士研究生）

传统手工技艺非物质文化遗产的产业化开发

——以伏里土陶为例

房　芳

摘要： 长期以来，许多传统手工技艺非物质文化遗产受到知名度低、缺少创新等因素的制约，艺术价值和产业价值没有得到广泛认可，成为濒临失传的技艺。以伏里土陶为例，阐述在当今文化产业发展的大潮中，以保护传承为根本出发点，如何通过产业化手段开发，找寻文化产业发展与传统手工技艺传承的最佳结合点。

关键词： 伏里土陶　传统手工技艺　非物质文化遗产　产业化

近年来，在现代生活方式和审美情趣的冲击下，越来越多的传统手工技艺非物质文化遗产濒临灭绝，尽管各级政府开始关注其保护问题，但总的来说，此类非遗既缺乏足够的社会重视，又缺少创新的资金，处于进退两难的境地。本文以山东省非物质文化遗产伏里土陶为例，探讨传统手工技艺非物质文化遗产面临的问题及产业化开发途径。

一　伏里土陶的前世与今生

山东省枣庄市山亭区西集镇伏里村相传是三皇之首伏羲的故里，在这里流传着独具特色的制陶文化。当地出土了大量从新石器时代到明清各朝代的土陶产品，据考古发掘推算，伏里土陶始于5600年前，是东夷部族向中原地区发展而定居下来时期的产物，属北辛文化、大汶口文化与龙山文化的集汇区域。清代中后期到新中国成立前，伏里村制陶业达到鼎盛，几乎家家户户都有制陶工匠，但在“文革”期间，伏里土陶被当做“四旧”几乎破坏殆尽，所幸后经民间艺人甘志友抢救、发掘，使得伏里土陶重新焕发光彩。甘志友不仅局限在土陶的发掘、保护上，也致力于伏里土陶的创新。在技法上，创用泥片贴助法，使大站狮胚胎成功率达到100%，填补了先辈工匠制作空白，为大批量生产打下基础；改进烧制火序，一级品成色定色率达38%，创新产品《孔子行教像》，创用四层加砂法，产品成功率达96%以上。新一代土陶艺人甘言军、甘言地等也对伏里土陶的创新做了大量工作，将现代工艺美术理念和雕塑美学引入到伏里土陶的创作中去。

伏里土陶是以当地特产的黑立土、红黏土、白高岭土、红石等为原料，通过淘洗、制器、烧制而成，因温度和土质不同，陶器烧成后呈现灰、深紫、象牙黄等颜色。这些被当地人称为“要货”的陶器在1982年山东省民间艺术品展览会上开始引起世人关注。如今，土陶作品出现在国内中高端收藏市场，并被美、日、韩等二十多个国家收藏。2009年被列入山东省非物质文化遗产名录。甘志友成为“山东省非物质文化遗产保护工作十大传承人”，同时被联合国教科文组织授予“中国民间工艺美术家”的荣誉称号。2012年10月，伏里土陶获得国家地理证明商标。2013年在台儿庄古城举行的第二届中国非物质文化遗产博览会上，伏里土陶再获好评。

二　伏里土陶的艺术特征及价值

伏里土陶主要有祭祀、赏玩、生活用品三大类，126个品种。祭祀类主要有烧香用的圆鼎、方鼎、香筒、土碟、香褂等；赏玩类有狮子、蟾蜍、鸡鱼狗、兔龟牛等，除狮子、牛等摆件外，大多是儿童玩具的口哨；生活用品类则有阖缸、阖盆、八角松枝盆、大小花罐等。

经过几千年的发展，伏里土陶形成了自己艺术特点：第一，独特的纹饰。伏里土陶的饰缀花纹均取自民间素材，如门钉纹、线条纹、鱼鳞纹、狗牙纹、漩涡纹、古老的动植物、人物图案等。第二，实用性强、生活气息浓郁。伏里土陶多为实用性强的器物，种类涵盖生活的各个方面，制作的精巧性与作品的实用性完美结合在一起，在当地村民的日常生活和各种民俗活动中都有伏里土陶的身影。第三，造型拙朴、独系发展。虽然在几千年的演变过程中，伏里土陶在各个朝代展现了不同的艺术特色，但总体上看其在长期发展中形成了自身特有的荒诞不经、反其实的艺术造型特点。最具代表性的大站狮，其臃鼻、S型尾巴及身上独特的纹饰，极具特色。使得众多学者都有“乍看是狮，细看不像，是虎？是豹？是猫？又都不是，是伏里要货中特有的狮”的认识过程。专家学者们认为伏里土陶“具有原始社会新石器时期的型制、浓郁的汉代风韵、南北朝特点和明清艺术的印痕，它是山东土陶艺术品种当中独系发展起来的稀有艺术品种，不可多得，它是地面上流传至今的珍贵稀有的土陶文物”。如今，这一古老艺术青春焕发，在不断创新中跻身于世界民间艺术之林。

作为颇具地方特色的文化产品，伏里土陶1982年举办的山东省民间工艺美术品展览会上得到众多专家的首肯和赞誉。之后，伏里土陶出口到港澳台和海外，还被中国美术馆、中国艺术研究院、日本玩具博物馆、日本文部省等场馆和机构加以收藏，在《中国造型艺术辞典》《中国现代美术民间陶瓷卷》《中国民间美术全集》上也有所收录，其艺术价值得到认可。

三 伏里土陶保护开发中面临的问题

长期以来，伏里土陶和广大没有被真正开发的非遗一样，由于市场认可度低、没有形成完善的产业链、产品缺少创新性、缺少传承人等一系列问题，成为濒临灭绝的技艺。

（一）市场认可度低

专家评价高并不等于市场认可，尤其是在当地都没有什么知名度的“耍货”，市场销路更是令人堪忧。土陶长期作为人们日常使用，其艺术性并没有得到社会广泛认可，而且大多是自产自用，商品属性不明晰。因此，伏里土陶的市场认可度低，产品销量不尽如人意，多集中在少量的中高端收藏市场，并没有走进普通消费者的视线。

（二）产业链尚未形成

伏里土陶和绝大多数传统手工技艺一样，基本还停留在家庭作坊、个体作业、独自销售的阶段。个体的手工作坊存在生产规模小而分散、技术力量薄弱、资金相对不足等问题，很难应对复杂多变的市场，因此发展速度十分缓慢。甘志友等一批土陶传承人多从事土陶的发掘、整理、创作工作，对土陶产业链上下游产品的开发工作很少涉及，土陶至今仍偏重纯粹的艺术品，忽略了商品属性和市场机制，还谈不上真正的产业化。

（三）产品种类少，缺少时代气息

伏里土陶和其他传统手工技艺一样，扎根于几千年的传统文化土壤之中，从制作工艺到产品式样都完全继承了传统特征。现烧制的土陶产品多为大站狮、蟾蜍等传统式样，新开发的产品也局限在孔子像、墨子像、西周水牛樽等传统题材。总体上来看，伏里土陶产品品种少，且以传统文化符号为主打元素，缺少具有时代气息的作品，很难被大众文化市场和海外市场接受。

（四）无人传承，濒临灭绝

虽然伏里村人世代制陶，但文革的破坏，延续了近六千年的制陶工艺一度中断，被破坏的不只是模具和窑坑，更重要的是斩断了制陶技艺的传承链条，使得懂制陶技艺的艺人越来越少，随着老一辈制陶艺人的离世，伏里土陶成为濒临灭绝的传统技艺。甘志友老人现今已经年逾古稀，他自筹资金20余万元成立了土陶研究所，改变过去由传人继承的方式，采取开放的姿态广收门徒，公开传授的方式希望更多人学制土陶。即便如此，当地人普遍认为土陶太“土”，看不起这门艺术，很少有年轻人愿意学习，土陶研究所成立十几年，也只有寥寥数位学生，伏里土陶面临着无人传承、濒临灭绝的困境。

四　伏里土陶的开发策略

（一）走产业化、规模化发展道路

对伏里土陶的保护应该同其他中国传统手工技艺一样，不能只停留在消极保存上，而要在不违背其内在发展规律和运行模式的前提下，将其纳入产业体系，进行产业开发，将其由单纯的文化艺术转变为成熟的文化产业。通过产业化手段运作，可以使这一传统手工技艺在文化产业发展的大潮中得到活态保护与开发，即在生产实践中得到积极保护，最终推动土陶文化产业发展，这也是解决伏里土陶传承、保护困境的唯一途径。如以衡水市为核心的冀派内画通过产业化开发，不但解决了保护与传承问题，而且走上了产业化发展道路，从业人员达到4万人，年销售额约10亿元，内画已成为河北省最具影响和实力的文化产业。

伏里土陶自诞生以来，大多是作为农家生活或祭祀用品自用，很少参与商业活动，这一特性也决定了伏里土陶的生产模式为家庭手工作坊式的个体生产，生产效率低、生产成本高、质量良莠不齐等问题突出，这与文化产业的发展机制是不相符的。因此，必须改革伏里土陶的生产机制，走规模化、集群式的发展道路，采用现代化的管理模式，提高土陶产业的抗风险能力，形成规模经济效应。

（二）走品牌化发展道路，推出主题概念

现代市场经济要求产业以品牌化模式发展，即从产品开发设计、生产加工到产品存储、销售服务为一体的品牌化道路。品牌知名度低、竞争力差是伏里土陶发展的一块短板，当务之急必须积极实施品牌战略，特别要注重培育有地方特色的驰名商标，打造出具有竞争优势、拥有自主知识产权的土陶品牌。在品牌运作过程中，要立足当地文化资源，以创意推动产业转化，不断完善企业CI系统，从理念、行为、视觉三个角度对伏里土陶进行全面设计，使土陶外形和内涵达到完美结合，形成独具地方特色的文化品牌。

好的产业运作都少不了好的主题概念，有创意的主题是走品牌化发展道路的前提。伏里土陶也应该推出适合自身特色的主题。第一，打出“土”字牌。伏里村村南并立着两座小山——龟山和蛇山，伏里土陶用土就是取于山边一个叫黑风口的地方。用黑风口的土摔成泥条，再用水洗，取水中沉淀物做成泥坯；借助模成型，再经过修坯和洗坯，晾7天左右，再放置窑中焙烧而成。可以利用人们对故土、乡土的感情，推出以乡土气息和亲缘文化为主题特色的土陶产品。第二，打出“伏羲”牌。伏羲是中华民族敬仰的人文始祖，居三皇之首，他发明创造了八卦，并教会了人们渔猎的方法，他是中医学的创始人，还和女娲共同组成中国神话的源头，在中华民族追求文明和进步的进程中具有奠基和启蒙之功。强调伏里土陶作为伏羲故里传承了近六千年的文化遗产这一主题，其影响力和吸引力会扩大到整个中华文化圈。

（三）题材要与时俱进，风格要推陈出新，寻找新的产品市场

针对当今市场细分，可以将传统手工技艺非物质文化遗产的市场需求分为三大类：一类是传统特色产品，主要针对艺术品收藏市场和中高端旅游产品市场。二类是现代气息产品。主要针对日常装饰市场和低端旅游产品市场。三类是针对海外市场专门定制的产品，主要针对海外市场。现在的伏里

土陶主要集中在第一类，即蟾蜍、狮子等传统式样，缺乏现代题材的产品，更没有中西合作的经历，市场较为局限。

因此，在产品设计上可将新时代的人物或卡通形象引入到土陶中去，将传统工艺与现代元素结合，设计一些有时代特色的产品，不但能满足当代人们的审美与生活需要，也扩大了土陶的市场销路。使用市场细分策略，选择当今流行的形象符号作为素材，设计制作出各个年龄段人群喜爱的产品，如针对小朋友的卡通形象玩偶，针对年轻人的创意家居收纳器皿，针对老年人的观赏性传统摆件。民间艺术的表现形式及内容应与时代同步，只有明确市场定位，既有阳春白雪又有下里巴人，民间技艺之路才能越走越宽广。

此外，近年来，许多传统手工技艺非物质文化遗产纷纷走出国门，主动与西方文化结合，如衡水内画针对美国市场专门设计了圣诞球，销量可观；苏州镇湖苏绣为日本、韩国绣制传统服饰和服、韩服等。海外市场也是伏里土陶应该关注的发展方向，可以将中国传统制陶技艺与西方文化相结合，利用土陶为载体，表述西方文化内涵，培养土陶产品新的市场空间。

（四）重视人才培养，加强理论研究

任何一门技艺的发展都离不开传承，针对伏里村的年轻人不爱学习土陶制作技术的情况，可以采取走出去、请进来的方法培养人才。伏里土陶可以和艺术院校联姻，建立雕塑专业的实践基地，培养接班人。此外，找到年轻人不爱学习土陶制作的原因，主要是因为就业路子窄，如果能够建立学校与生产企业的直接对接，学生毕业后直接进入土陶制作及相关行业就业，相信更多的年轻人会走进伏里土陶的制作队伍。

传统艺术也需要理论支持，尤其是市场知名度不高的传统艺术更应该注重理论研究的作用。甘志友虽然早已创办了伏里土陶研究所，但只停留在产品创作研究上，缺少关于土陶的历史、美学及产业化发展的理论研究成果。伏里土陶可以出版自己的研究刊物，作为同行交流学习的平台，也能吸引更多的研究者关注；同时，可以与当地高校合作，共建伏里土陶艺术中心，形成产学研一条龙，为学术成果产业化提供平台。

（五）加大政府扶持力度

纵观国内外成功的文化遗产开发项目，无一例外地都得到政府大力支持。例如，在苏绣的主要发源地苏州镇湖，政府全力搭台，让身怀绝技的绣

娘唱好戏。由街道办事处成立刺绣协会，承担了培养绣女、提高绣技、管理市场的职责；还通过举办培训班、刺绣大赛等活动吸引更多人学习苏绣技艺。镇湖政府出资修建了全国闻名的绣品集散地——长1670米，拥有280多家绣庄的绣品街，现在已发展成为集刺绣设计、制作、生产、销售、服务为一体的刺绣专业市场，年产值逾亿元。可见，镇湖刺绣产业发展的好与政府因势利导、大力支持是分不开的。

近年来，各级政府也针对伏里土陶的开发做了一系列工作：西集镇紧紧围绕“保护与传承并举”这一主题，组织力量挖掘整理，开展送“非遗”知识进校园、发放宣传资料等活动，并多次参加中外展销会，加大对非物质文化遗产项目的申报工作，规划建设国家级非物质文化遗产保护传承基地，基地设计总面积为10672平方米，已建成伏里土陶文化休闲一条街。各级政府积极组织伏里土陶参加各类展览，如2010年参加济南第一届全国非物质文化遗产成果展并获“蟾蜍组”银奖；同年7月，123件伏里土陶作品参加上海世博园《民艺绝技》板块的展览；2011年3月，伏里土陶作品亮相澳门鲁澳文化交流会。但总的来说，这些工作更多的停留在宣传阶段和规划层面，在产业开发方面收效甚微。政府可以在提供一定资金扶持的基础上，吸引民间资本建立“产供销”一体化的产业园，通过市场化运营来发展伏里土陶，还可以通过税收优惠等给予支持，并确保政策贯彻落实真正到位。同时，政府还应在知识产权保护、市场秩序监管和培育行业自律组织方面发挥保驾护航的作用。

（六）宣传手段多样化

首先，政府层面的宣传。枣庄市作为国家第二批资源枯竭型城市转型试点市，目前正大力发展文化旅游产业，政府宣传推介力度很大。作为本土非物质文化遗产的伏里土陶非常适合作为枣庄旅游品牌形象符号之一参与枣庄旅游产业的整体宣传，势必会提升伏里土陶的知名度。

其次，民间层面的宣传。除参加国内外各类展览之外还可以通过建立品牌专卖店、现场制作表演、游客动手制作等方式宣传伏里土陶。利用台儿庄古城的地理优势，建立品牌专营店，学习古城内多项传统手工技艺非物质文化遗产现场表演展示的模式，通过艺人现场制作土陶表演吸引游客关注。此外，让游客亲自参与制作也是一种很好的宣传手段，如江苏宜兴善卷洞景区的陶吧，游客可亲手制作紫砂小工艺品并带走。台儿庄古城景区可以借鉴宜兴紫砂的这种宣传手段，让更多的人认识并喜爱伏里土陶，拓宽土陶产品的市场发展空间。

许多像伏里土陶一样的传统手工技艺都面临着相似的困境，处在社会关注的边缘地带渐渐的衰落。在大力发展文化产业的今天，传承与发展成为这类文化遗产面临的首要课题，只有不断创新、走产业化道路才是传统手工技艺非物质文化遗产走出困境，走向发展的唯一途径。

参考文献

[1] 王鸿：《伏里土陶》，《中国国土资源报》，2002年1月21日。

[2] 何芳：《伏羲伏里土陶》，《枣庄学院学报》，2013年1月。

[3] 宋暖：《鲁派内画产业化分析》，《东岳论丛》，2011年3月。

[4] 李东生：《内画大师王习三缘何钟情版权保护》，《中国新闻出版报》，2007年8月23日。

（房　芳：江苏师范大学历史旅游学院，讲师）

语言产业视野下语言康复行业现状与发展对策分析①

李　艳

摘要：语言产业是一个新兴的研究领域，其与文化产业之间或重叠、或交叉、或相关，对语言产业及其所属各个行业的研究，有助于从一个新的角度来探讨文化产业发展中所面临的种种问题。语言康复是语言产业的业态之一，目前，在我国，受语言障碍问题困扰的家庭超过3000万、涉及人数超过1亿，语言康复行业的现状与发展也成为亟待关注的问题。本文在对当前语言康复行业发展中存在的问题及其原因进行分析的基础上，尝试为该行业的良性发展提出可行对策。

关键词：语言产业　语言康复行业　现状　对策

语言产业是一个新兴的研究领域，其与文化产业之间或重叠、或交叉、或相关，其中，处于语言内容产业部分的语言出版、语言翻译、语言创意、语言艺术以及语言会展与文化创意产业是重合的；语言培训、语言康复、语言测试等语言能力产品和输入法、屏幕书写、字形识别、语音识别、字库、文字处理软件、机器翻译等语言处理产品为文化产品的生产、传播与消费提供了支持。因此，对语言产业及其所属各个行业的研究，有助于从一个新的角度来探讨文化产业发展中所面临的种种问题。

语言康复是语言产业的业态之一，语言康复服务的对象是因为先天或后

① 本文为国家语委2014年度科研项目《语言产业视野下的语言康复行业现状与发展对策研究》（项目号YB125-133）的阶段成果；同为北京市哲学社科规划项目、北京市教委社科重点项目《北京特色文化资源整合与传播研究》（项目号SZ201310028013）的阶段成果；并为北京市属高等学校高层次人才引进与培养计划项目《北京文化影响力的提升与城市人文精神的塑造》(项目号CIT&TCD201404144）的阶段成果。

天原因导致语言表达和接受能力缺失的个体。正常的语言交流是社会化生存的基础，也是进行文化消费的重要条件。目前，在我国，受语言障碍问题困扰的家庭超过3000万、涉及人数超过1亿，语言康复行业的现状与发展也成为亟待关注的问题。

一　“语言康复行业”界定

（一）“语言康复”

“语言康复”是对各种语言障碍和交流障碍进行诊断、治疗和研究，集临床医学、听力学、言语病理学、语言学、教育学、心理学等多学科为一体的综合性学科。

其中，关于“语言障碍”，1977年美国口语——语言——听力学会将其定义为：“个体在语言系统的知识上未能与预期的常模相称的情形，特别是当一个儿童在语言的运用技巧上有缺陷，未达到同年龄儿童的预期水准时，即语言上有缺陷。”1978年学者范来波对“语言障碍”的定义是“和常人的言语偏离甚远，以致惹人注意，干扰信息交往，甚至使说话人或听话人感到苦恼的言语异常”。我国在“残疾人抽样调查手册”中，把语言障碍等同于语言残疾，并未对听力和语言的障碍问题进行区分，认为“语言残疾是指由于各种原因导致不能说话或语言障碍，从而难能同一般人进行正常的语言交往活动”。[①]

目前，失语症和语言发育迟缓被认为是具有代表性的语言障碍。此外，语言障碍还包括听力障碍所致的构音障碍、腭裂、发音障碍、口吃、吞咽障碍及认知功能障碍、精神心理障碍、口颜面失用和言语失用以及孤独症、缄默症所引起的语言障碍等。

“语言诊断”，主要用来了解诊断对象是否有失语及发音困难，诊断中较常使用的标准测验包括：语言听力理解的感受——表达——形成语言的测量量表、儿童的符号测验、伊里诺斯心理语言能力测验、卡罗引发语言表、丹弗发音甄别测验、皮博迪图画词汇测验、戈德曼-弗里斯托发音测验等。

“语言治疗”，是治疗人员通过给予患者某种刺激，使患者做出反应，并不断强化正确的反应、纠正错误的反应，最终达到形成正确反应的目的。

---

① 《语言障碍儿童的诊断与教育》，中国早教网，http://www.zaojiao.com/2009/0605/35567.html.

语言治疗服务的主要对象包括自闭症（孤独症）、脑瘫、聋哑、智障、发展性语言障碍、口吃、失语等存在语言沟通困难的患者，具体工作范围包括功能性、器质性、神经性噪音障碍；语畅障碍，如口吃等；功能性失用症、构音障碍等语言障碍；失语症，语言发育迟缓等语言障碍；听力障碍；吞咽障碍等。[①]

语言治疗作为一个学科，在美国有90余年的历史，在我国开始于上20世纪80年代中期，以中国康复研究中心成立语言治疗科为标志。随后，中国医学科学院整形医院和北京医科大学口腔医学院先后成立了唇腭裂儿童治疗室和治疗中心，为术后儿童提供语言治疗；中国聋儿听力语言康复中心是为聋儿提供语言训练的专业机构，并担负着聋儿语言训练教师的培训工作。[②]

（二）“语言康复行业”

“语言康复行业”是以提供语言康复服务的企事业单位、社会团体为主体，为满足语言、交流障碍者的诊疗需求而发展形成的行业。

据残疾人口普查数据，目前，我国语言障碍患者数量达3542万，其中，儿童为329万，占9.3%，他们当中既有聋儿，也有脑瘫、智力障碍、孤独症以及唇腭裂儿童；成年人中，脑损伤、中风等神经疾病是导致语言障碍的常见因素，例如，患急性脑血管病者有至少1/3会出现语言障碍。

由于聋儿数量每年新增3万人左右，急性脑血管病等病症也成为威胁中老年人健康的常见病症，相应导致语言障碍患者数量呈上升趋势。

另一方面，言语听觉科学实验以及康复机构的实践表明，经过科学的诊断、治疗和训练，语言障碍的康复率可以达到90%。

现有患者数量（3542万）和新增趋势，可以作为判断语言康复服务需求量的依据；同时，语言障碍的康复率（90%）也说明了在语言障碍人群中推广语言康复服务的可行性。

此外，政府推动也成为语言康复行业发展的一个重要外因。2008年，中共中央、国务院发布了《关于促进残疾人事业发展的意见》，国家残联在贯彻该《意见》的过程中，将“听力语言康复工作”作为重点，提出“当前，

---

① 《语言障碍治疗的方法》，http://bbs.ci123.com/post/14470230.html.

② 李胜利：《我国语言治疗发展现状与前景》，第三届中日康复医学学术研讨会论文，2006年8月19日。

推动听力语言康复工作，特别是聋儿听力语言康复工作最大的一个目标，就是尽可能早地实现聋儿的全免费康复，即通过政府补贴和社会支持等办法向聋儿免费提供康复服务。……目前，机构康复还是听力语言康复的主战场，特别是聋儿，大部分都是在各级听力语言康复服务机构接受康复训练，能不能把各级康复机构的科学化管理、有效的康复训练、各种技术设备的普遍使用、教材体系的建设和稳定的经费支持等，都提高到一个新水平，这些都是机构规范化建设的重要方面”。[①]

但是，由于机构、人才数量与需求数量的不均衡，语言康复服务一直存在着较为严重的供需矛盾。对需求数量进行科学调查、对服务资源进行合理配置、对社会捐助进行有效监管，需要在保持语言康复行业的公共服务特征的基础上，引入市场运作的方法、模式，提高产品与服务的供给效率，尽快缓解语言康复供需间的矛盾。

2010年左右，随着“语言产业”研究对相关语言行业的整合，“语言康复行业”与其他8个行业一起，进入了“语言产业”的研究视野。

二　当前语言康复行业的发展“瓶颈”

从文献梳理和前期调查来看，“三个不均衡”成为制约“语言康复行业”发展的瓶颈：

（一）语言康复服务供需之间的不均衡

根据已有文献梳理和行业调查，目前，我国受语言障碍问题困扰的家庭超过3000万、涉及人数在1亿左右，这一人群对语言康复服务的需求量大。

但从语言康复服务供给来看，截至2012年底，全国语言康复机构仅171家，平均每个省份只有5.5家；目前，全国语言康复师仅有4500人左右，但根据现有患者数量测算，语言康复师的需求量为14.2万人，横向比较，我国现有语言康复师的数量仅为美国同类人才的3%左右（美国现有持证语言康复师13.1万名），语言康复行业巨大的人才缺口，成为导致我国语言康复服务供需不平衡的重要因素。[①]

---

① 程　凯：《推动听力语言康复工作在新的起点上加快发展》，《中国听力语言康复科学杂志》，2008年第4期。

需要肯定的是，中国康复研究中心、中国聋儿听力语言康复中心等机构在语言康复人才培训方面做了大量的工作和积极的努力。其中，中国康复研究中心自1991年起，每年举办一期以语言治疗为主的听力语言康复培训班，并分主题举办了语言障碍专题研讨班、言语康复进展班，学员来自全国31个省、市、自治区。该中心还为学员提供了为期半年的进修机会，学员们回到当地后，大多数在单位建立了语言治疗室。[②]中国聋儿康复研究中心与听力设备生产企业合作，由后者提供资金支持，开展“聆听和谐”全国听力语言康复专业人员培训项目。

由行业领军机构牵头所开展的培训项目无疑对于缓解语言康复人才缺乏的状况是十分有益的，但是，短期培训毕竟难以替代系统的专业教育，因为“语言治疗除涉及医学课程外，还包括语音学、语言学、声学、心理学、社会学等很多学科的知识，……在美国，有310所大学开办了语言病理专业的本科教育,其中，232所大学设有语言病理硕士研究生教育,而且，法律规定必须取得硕士学位后,再通过一年学习取得临床资格证书，才能从事语言治疗临床工作”。[③]

目前，我国还尚未有高校开设语言康复专业，系统开展语言康复专业人才培养，与此相对的是，语言康复需求数量呈不断增长态势，其中，仅新生聋儿就年增3万例，从而使“供需矛盾”问题愈发严峻。

以陕西省为例，通过统计数字，可以帮助我们较为直观地把握“供求”关系的悬殊状况。“据陕西省第二次残疾人抽样调查显示，陕西省有听力残疾人79.8万人，其中0~6岁约4560余人，80%的听障儿童急需康复，而全省目前从事听障儿童听力语言康复的专业技术人员仅201人，其中，接受过听力语言康复知识培训的仅为30%，缺乏听力语言康复专业系统理论知识”。[④]

建立长效的语言康复人才培养机制，是从数量和质量上解决语言康复服务供需矛盾的关键。除此之外，亟待解决的还有资金问题、准入机制、机构

① 徐瑞哲：《言语康复师缺口逾10万》，《解放日报》，2013年6月17日。

② 李胜利：《我国语言治疗发展现状与前景》，第三届中日康复医学学术研讨会会议论文，2006年8月19~21日。

③ 李胜利：《我国语言治疗发展现状与前景》，第三届中日康复医学学术研讨会会议论文，2006年8月19~21日。

④ 宋 蕾：《陕西省听障儿童听力语言康复机制运行问题》，《陕西广播电视大学学报》，2014年6月。

管理等问题。由于编制、待遇、用人机制等问题，语言康复机构难以吸引、留住优秀人才，技术队伍流动性大、稳定性差，从而直接影响到服务质量，例如，多数机构没有建立个案管理档案及追踪复核制度，服务对象基本资料残缺不全，基本的康复训练、康复指导和跟踪服务难以达到应有的质量。

（二）语言康复研究学科之间的不均衡

在中国知网数据库中，以“语言康复”为关键词进行搜索，得到核心期刊论文69篇，其中90%左右的论文是从医学角度所进行的研究，如《运动性失语症患者语言康复情况分析》（杨复君，2007年）、《人工耳蜗植入儿童言语语言康复效果跟踪评估》（张蕾等，2011年）等。

如果对研究者做进一步分析的话，可以发现医院与康复机构是论文作者的主要来源，上海交通大学医学院附属新华医院康复医学科李孝洁等通过对2000~2009年间“语言康复”、“语言治疗”、“语言障碍”相关文献分析，还发现：有关成人语言康复的研究，其作者多为医院工作人员,研究侧重对语言康复方法或技术的介绍；关于儿童康复的研究，作者多为康复机构工作人员和特殊教育工作者，文章以综述类和基础研究类为主。

山东大学2007届语言学及应用语言学博士程凯在其博士毕业论文《听障儿童语言康复对策研究》中也对语言康复研究中学科间的不均衡状况进行了描述：“我国听力语言康复研究是由一批医学背景的专家首先推动，并在以医学背景为主体的支持下建立起来的，因此听障儿童语言康复的成果，主要集中在听力学和医学领域中，据统计，《中国听力语言康复科学杂志》自创刊以来（2003~2006年）共发表论文373篇，80%以上围绕听觉矫治与病理分析等领域，其余分散在教育学、心理学等方面,语言学领域的稿件仅占总发稿数的3%。1995~2007年《中国康复理论与实践》发表2678篇文章，与听力语言相关的仅有10篇。”①

语言康复作为一个交叉学科，是以医学、语言学、教育学、心理学等多学科为支撑的，其中，语言学的有效介入，对于语言康复研究的发展无疑是十分必要和重要的。例如构音、词汇、语法、会话训练以及语言理解能力评估等，都需要结合汉语或其他特定语言的特点来进行方案设计。

---

① 程　凯：《听障儿童语言康复对策研究》，山东大学2007届语言学及应用语言学博士毕业论文，中国知网。

特别是将语言康复作为一个单独的行业，从行业规划、管理、运营等角度来对其进行的专门研究则更少，2012年，北京语言产业研究中心的《语言产业导论》中对“语言康复行业”做了专节论述，将“语言康复”纳入到了“语言产业”的研究视野中。但由于“语言康复”与“语言产业”中的其他行业相比，具有更多的公益性质，在发展上也有着更多的不同于其他行业的特征。因此，也就更需要有产业视角下对“语言康复行业”的深入研究，从而在把握行业特性的基础上，寻找解决当前行业发展的资金、人才、管理等“瓶颈”问题的有效途径。

（三）在语言产业中，与其他行业的不均衡

语言康复行业在语言产业的9个行业中，相对较为“弱小”，这是与其现有和潜在的需求所不相称的。以现有语言障碍患者3542万来进行计算，每位患者后面都有一个受到影响的家庭，按每个家庭3口人计算，涉及人数超过1亿人。

据调查，目前我国东部发达地区的新生儿听力筛查率约为80%，中部和西部地区仅为33%和21%。已检出儿童中又有相当数量由于经济原因、家长认识原因或技术可及性等原因未能得到及时服务。0~6岁听力残疾儿童已佩戴助听器进入康复机构接受服务的比例不足50%。第二次全国残疾人抽样调查显示，我国学龄前听力残疾儿童中75%为重度以上听力残疾，每年有上万名新生听力残疾儿童需要植入人工耳蜗，而目前我国人工耳蜗的年手术量仅在3000例左右。成年听力残疾人，特别是老年听力残疾人的康复问题日益突显。60岁以上人群中，听力残疾比例高达11%，助听器使用率目前不足10%。

因此，语言康复服务能否及时跟上、满足需求，不仅是医学问题、语言学问题，更是一个社会问题，与和谐语言生活目标的实现紧密相关。

认识到语言康复行业与整体语言产业之间的关系，从产业的角度来有效分析需求与供给，从而科学制定行业的发展规划，是语言康复行业实现健康、快速发展的重要前提。因为，语言康复行业只有自己拥有了“造血”功能，才能更好地处理系统内部各元素之间的关系，才能为提供公共服务、创造社会效益提供经济支持。

三　语言康复行业发展对策探讨

(一)需求与供给状况调查

按照产业研究的一般路径，首先要对市场需求进行摸底调查，通过多种调查途径与方式，以期对当前语言康复需求的整体数量、类型及特征进行清晰地描述，同时，能够对今后一个时期的语言康复需求变化做出判断。

1. 以国家公布的残疾人调查数据为依据，对其中涉及语言、交流障碍的人数、类型、特征做进一步统计分析。

"2011年4月，中国残联在全国范围内开展残疾人康复需求实名制调查，调查的对象为持证残疾人和功能障碍者。截至2013年3月，共计2138万有康复需求的残疾人录入信息系统，调查结果显示，31.9%的残疾人有康复医疗方面的需求，30.9%有功能训练方面的需求，91.9%的残疾人有辅助器具需求（本次辅助器具的需求调查涵盖了视力、听力、言语、肢体、智力残疾人)。

根据中国残联的统计和调查，目前，我国只有50%的听力残疾儿童有机会进入机构康复，机构康复后的孩子只有50%能够进入普幼或普小，而在美国等发达国家，听力残疾儿童进入普通学校学习的比例高达90%。我国成年听力残疾人的助听设备使用率不足10%"。①

根据统计数据做进一步分类，如针对不同年龄、不同康复需求的分类研究。在此基础上，对应目前语言康复产品与服务的供给状况，来探讨实现供需平衡的有效途径。

2. 通过对语言康复管理机构、服务机构、硬件设备生产企业的实地走访与调研，了解各方诉求，探寻解决问题的思路。

通过对全国残疾人康复工作办公室聋儿康复协调组、中国聋儿康复研究中心、华东师大言语听觉科学教育部重点实验室、北京第一聋哑学校、北京博爱医院听力语言治疗科等与语言康复相关的管理、研究、教育、治疗机构以及助听器生产企业、部分社区、家庭进行走访、调研，有助于观察、了解各方诉求，发现和梳理当前亟待解决的问题。

---

① 参见孙先德：《在全国听力语言康复工作会议上的讲话》，中国残疾人联合会网站，http://www.cdpf.org.cn/clldjh/content/2013-04/26/content_30446728.htm.

例如，中国聋儿康复研究中心语言训练部在对聋儿的治疗中，还开办了“家长课堂”，让家长意识到他们在孩子康复过程中的主导作用，一方面以积极的心态引导孩子，另一方面通过学习掌握基本的康复技术来为孩子提供有效的帮助。除了实现康复机构与家庭的融合之外，还存在着康复机构与普通教育机构之间的融合问题，根据中国聋儿康复研究中心语言训练部的数据，在该机构接受康复治疗的听障儿童顺利进入普通幼儿园、普通小学学习，2009~2013年这五年入学率达到90%以上，最高时为97%，并且没有一个孩子重返聋校。但是，这一数字并不代表全国的普遍水平。目前，“中国聋儿听障康复水平在全国的差距非常悬殊，基层机构康复条件与人员技术水平的落后，导致全国听障儿童康复后进入普校的比率仅仅维持在50%左右。由于缺乏融合教育，很多孩子在普校上学后不适应，又重返聋校”。[①]中国残联2012年的调查显示，全国有59个地市没有一所聋儿康复机构，与建机构相配套的是培养专业化的语言康复人才，提升整体的服务水平。

由于涉及面广，且不断有新生患儿出现，因此，需要建立一整套筛查、治疗、康复、教育的流程管理制度。提高医疗机构、社会与家庭对语言康复问题的关注程度，相应提高语言障碍的筛查率、就诊率和康复率，保障每个人“听”与“说”的权利。医疗机构、康复机构、教育机构、社会团体、企业、家庭等主体之间的衔接与配合，需要以良好的制度为保障，明确各方的职责、权利与义务，制定行业规范，从而实现人才、资金以及相关资源的合理配置与有效使用。

（二）行业发展对策探讨

语言产业与语言事业一样，担负着提升国民语言能力、满足国民语言消费需求，构建和谐社会生活的任务。特别是语言产业中的语言康复行业，涉及对语言弱势人群的关怀，语言康复服务可以说是一种帮助语言障碍者进入或回归语言社会交际的关怀服务，在对策探讨中需充分认识这一特性

1. 明确语言康复行业的特性，在创造社会效益的基础上，实现相关企业的经济效益。语言康复人才的培养、服务水平的提升以及康复治疗所需的设备购置等，都需要一定的资金作为支撑。那么，资金从哪儿来？资金如何使

① 陈 曦、张 稚：《致青春——记2014年“全国三八红旗集体”中国聋儿康复研究中心语言训练部》，《中国残疾人》，2014年第5期。

用？资金使用谁来监管？如何保证实现资金使用的效益最大化？

“十二五”时期，聋儿康复救助资金在中央财政残疾儿童抢救性康复资金中占60%。各地残联相继出台了“关于听力语言康复的救助方案”，如汕头市残联在2014年8月发布的《汕头市残联财政局卫计局关于听力语言康复救助实施意见》中，对“有医疗、康复需求的疑似听障儿童及听力残障人士”进行救助，包括免费听力检查诊断、免费或资助适配指定型号助听器、免费或资助聋儿听说康复训练、免费或资助人工耳蜗植入手术、资助人工耳蜗后期配件。[①]但是，由于大多数救助条款都有一些附加规定，所以，并不是每位需要得到救助者都可以得到免费治疗。比如，规定“对10周岁以下在公办康复机构接受康复训练的听障儿童实施免费训练；对在民办康复机构接受康复训练的听障儿童，0~6周岁每人每年资助1.2万元，7~14周岁每人每年资助7500元”。公办康复机构的数量有限，相当一部分患者需要到民办康复机构接受治疗，对于贫困家庭来说，1.2万元或7500元之外的那部分治疗费也是一个难题。另如规定“为符合条件的聋儿免费申请植入人工耳蜗，并免费提供术后一年康复训练；对2014年1月以后自费接受人工耳蜗植入手术的中低收入聋儿家庭，每例资助2万元”。能够申请到免费植入人工耳蜗的患者数量有限，对于不得已自费的低收入家庭来说，2万元的资助相对于20万的植入费用来说，也是“杯水车薪”。

以往在资金筹措上，有一种说法是“国家投一点、残联筹一点、社会捐一点、家庭缴一点”，从科学管理的角度来看，这种说法只是表达了一种良好的愿望，在实际操作中存在诸多问题。任何好的愿望，都需要有好的配套机制来予以保障。

因此，应建立专门的机构来对资金的使用进行管理，如通过建立基金会的形式，形成一个成熟有效的资金运转及管理模式。同时，要有专门的机构对资金使用进行监管，以保证资金使用安全，帮助尽可能多的语言障碍患者实现康复。

2. 对发展理念达成共识的基础上，整合政府部门、医院、研究机构、特教学校以及社区相关各领域的力量，建立科学的管理模式，以学科联动和人才培养为核心实现语言康复行业的高效、可持续发展。

---

① 《汕头市残联财政局卫计局关于听力语言康复救助实施意见》，《汕头日报》，2014年9月3日第5版。

中国残联及其下属各省、自治区、直辖市残疾人康复工作办公室负责对各省级听力语言康复中心进行考核，各省级听力语言康复中心作为本省听力语言康复工作的技术资源中心和业务指导中心，要在机构资质、制度建设、设施配备、队伍建设、专业服务、社会服务、指导基层等方面，达到考核的要求，考核依据主要来自于残联和中国聋儿康复研究中心的相关文件。[①]

但是，在实际运作中，隶属于残联系统的语言康复机构只占其中一小部分，还有其他一些机构隶属于教育部门，或是属于民办机构。以陕西省为例，截止2014年，该省“有各级各类聋儿康复机构36家，其中隶属残联系统3家，隶属教育部门16家，民办公助17家。这些机构的成立没有统一的审批与审核，机构性质不同，职责不明确，收训能力与师生配比没有明确规定，在开展听力语言康复工作时带来许多问题”。[②]目前，从事语言康复的民办机构又可分为工商登记的企业、民政登记的社团、民办非营利机构等。民办机构，尤其是工商登记的民办机构，难以得到政府资金的支持。

对于不同隶属关系或者没有直接隶属关系的语言康复机构，如何进行协调和有效管理，关系到整个语言康复行业的健康发展。对此，可以通过论证，成立语言康复行业管理委员会或者语言康复行业协会，一方面整合跨学科、跨领域、跨地区的提供“语言康复”服务与产品的各类主体；一方面协调语言康复行业与政府部门以及其他相关行业之间的关系。

所有提供“语言康复”服务与产品的主体，只有实现了有效的整合，不仅在事实上，而且在建制上形成一个有生命力的“行业”，才能够理顺关系，形成“多米诺骨牌”效应，使发展相关的一系列问题一一找到解决的办法。

具体而言，有了行业管理委员会或者行业协会的协调，才有可能实现跨领域、跨学科之间的有效沟通，从而解决语言康复行业发展的理念与规划问题、学科建设和人才培养问题、行业管理规范与标准问题、行业的科学管理模式问题等。

（李 艳：首都师范大学文学院文化产业系，副教授）

---

① 全康办聋儿康复协调组：《关于开展省级听力语言康复中心业务建设量化考核工作的通知》，中国听力语言康复网，http://www.chinadeaf.org/edit/organizationbuild/report/2013.08.20_10.35.46.html.

② 宋 蕾：《陕西省听障儿童听力语言康复机制运行问题》，《陕西广播电视大学学报》，2014年6月。

中国平面设计产业发展趋势研究

(2013~2014)

祝　帅

摘要： 在平面设计产业中，政府和市场两种市场调节手段各有所长。在产业调整转型的关键时期，中国平面设计产业的发展得到了政策层面一定程度的支持，行业内部的交流以及国际交流更加频繁，相关学术研究已经提上议事日程，行业协会作为重要的专业组织也应该发挥愈来愈重要的作用。与此同时，互联网技术、设计管理、农村市场成为平面设计产业领域的关键词，移动互联网等新技术对平面设计产业发展的正负面影响都已凸显，未来的平面设计多媒体融合的趋势将越来越明显。

关键词： 中国　平面设计　产业　发展趋势

当前，中国人口结构变化的后果正在逐步显现："劳动年龄人口增长速度逐年减缓，2015年前后将停止增长，2030年前劳动年龄总人口将达到峰值。中国经济的刘易斯拐点毋庸置疑已经到来。"①据发展经济学相关研究，中国经济的"刘易斯拐点"将在二十一世纪初来临，最晚的估计在2015年，也就是当下的中国。随着我国城乡二元经济的迅速转型，我国经济正在进入城市化或称工业化经济的时代。在这样的时代背景下，中国的平面设计产业呈现出了怎样的新面貌？中国的平面设计产业是否已经具备与当下这个时代相匹配的发展规模？平面设计产业的未来又将向哪个方向发展？这些将是本文拟集中探讨的问题。在此基础上，本文将对近年来（2014年之前）中国平面设计行业的发展形势进行整体描述。

---

① 蔡　昉、王美艳：《当中国制造业遇到刘易斯拐点》，《管理@人》，2010年第12期。

一 相关政策综述

中国平面设计产业的发展，体现出鲜明的中国国情、中国特色。制度性要素对中国的各个产业的影响都非常巨大。因此，在研究中国平面设计产业时，本文也要首先回顾近年来官方有关平面设计产业发展指导性意见及动态。本文研究的上限要追溯到2011年10月18日中共十七届中央委员会第六次全体会议，这次会议认为研究部署深化文化体制改革、推动社会主义文化大发展大繁荣，进一步兴起社会主义文化建设新高潮，对我国现阶段的经济、社会发展有重大而深远的意义。全会决定，要充分认识推进文化改革发展的重要性和紧迫性，更加自觉、更加主动地推动社会主义文化大发展大繁荣。之后，国家相关部门连续出台了多个中央部级的政策文件，对文化产业给予各种支持，进而也支持到作为文化产业重要组成部分的平面设计等相关产业。相关政策如下表所示：

表1　　近期平面设计行业相关政策文件内容列举

时间	负责部门	文件名称	相关内容
2014年2月26日	国务院	《国务院关于推进文化创意和设计服务与相关产业融合发展的若干意见》	“近年来，随着我国新型工业化、信息化、城镇化和农业现代化进程的加快，文化创意和设计服务已贯穿在经济社会各领域各行业，呈现出多向交互融合态势。文化创意和设计服务具有高知识性、高增值性和低能耗、低污染等特征。推进文化创意和设计服务等新型、高端服务业发展，促进与实体经济深度融合，是培育国民经济新的增长点、提升国家文化软实力和产业竞争力的重大举措，是发展创新型经济、促进经济结构调整和发展方式转变、加快实现由‘中国制造’向‘中国创造’转变的内在要求，是促进产品和服务创新、催生新兴业态、带动就业、满足多样化消费需求、提高人民生活质量的重要途径。”
2014年3月3日	国务院	《国务院关于加快发展对外文化贸易的意见》	“近年来，随着改革开放的推进，我国对外文化贸易的规模不断扩大、结构逐步优化，但核心文化产品和服务贸易逆差仍然存在，对外文化贸易占对外贸易总额的比重还较低，有待进一步加强。加快发展对外文化贸易，对于拓展我国文化发展空间、提高对外贸易发展质量，对于继续扩大改革开放、转变经济发展方式，对于稳增长促就业惠民生、提升国家软实力、全面建成小康社会具有重要意义。为进一步做好有关工作，现提出以下意见：立足当前，着眼长远，改革创新，完善机制，统筹国际国内两个市场、两种资源，加强政策引导，优化市场环境，壮大市场主体，改善贸易结构，加快发展对外文化贸易，在更大范围、更广领域和更高层次上参与国际文化合作和竞争，把更多具有中国特色的优秀文化产品推向世界。”在支持重点部分，该文件着重指出要支持设计产业：“鼓励和引导文化企业加大内容创新力度，创作开发体现中华优秀文化、展示当代中国形象、面向国际市场的文化产品和服务，在编创、设计、翻译、配音、市场推广等方面予以重点支持。”

续表

时间	负责部门	文件名称	相关内容
2014年3月27日	人力资源社会保障部与国家工商行政管理总局	《关于印发广告专业技术人员职业资格制度规定和助理广告师、广告师职业资格考试实施办法的通知》	“各省、自治区、直辖市及新疆生产建设兵团人力资源社会保障厅(局)、工商行政管理局，国务院各部委、各直属机构人事部门，中央管理的企业：为加强广告专业技术人员队伍建设，提高广告专业技术人员素质，适应广告业发展需要，在总结广告专业技术人员职业资格制度实施情况的基础上，人力资源社会保障部、国家工商行政管理总局修订了《广告专业技术人员职业资格制度规定》和《助理广告师、广告师职业资格考试实施办法》，现印发给你们，请遵照执行。”
2012年2月23日	文化产业司	文化部“十二五”时期文化产业倍增计划	“重点支持产业之一——创意设计业：完善相关政策措施，营造创意设计氛围，不断提高创意设计能力，统筹推动创意设计业快速发展，提高文化产品的创意设计水平，充分发挥创意设计对文化产业、制造业、服务业等各产业领域的促进作用。扩大创意设计服务外包和出口。‘十二五’期间，举办1–2个具有国际影响力的创意设计展会和赛事活动，全面提升我国创意设计水平，支持打造3–5个世界知名的‘设计之都’。” 主要举措：“搞活创意设计市场，开展国际性创意设计推广、创意设计交易和品牌展示活动。培育壮大拥有自主知识产权和知名品牌、具有较强竞争力、成长性好的创意设计类龙头企业。建设创意设计产业孵化器，完善创业孵化功能，为大学生创业就业创造条件，推动中小创意设计企业集聚和成长。加强创意设计知识产权保护力度，形成尊重创意设计、维护创意设计创新的良好氛围。支持创意设计企业与高等院校联合建设创意设计产业人才培养基地，加快培养创意设计人才。”
2010年6月9日	文化产业司	《文化部关于加强文化产业园区基地管理、促进文化产业健康发展的通知》	“值得注意的是，当前文化产业园区、基地发展进程中出现了一些不容忽视的不良倾向，一哄而上、盲目发展的问题比较突出。有的地方建设的文化产业园区功能定位雷同，文化含量低，浪费资源；有的地方和部门热衷于给文化产业园区、基地命名‘挂牌’，而忽视其条件和内涵；有的地方以文化产业之名违规占地，搞房地产及其他产业开发；有的地方在历史文化资源的开发利用中存在偏差；众多城市竞相上马建设动漫产业园区、基地或文化主题公园。这些势头如不及时加以引导和调控，势必影响到文化产业的科学发展，需要引起高度重视。”具体措施如下：“一、加强规划，引导促进文化产业园区基地健康发展。二、严格建设程序和条件，有效遏制文化产业园区基地盲目发展的势头。三、扶优扶强，发挥好文化产业园区基地对文化产业发展的促进作用。四、履行政府职能，加强管理与服务。”
2014年4月16日	文化部办公厅	《国家文化产业示范基地管理办法》修订	“为进一步加强国家文化产业示范基地的建设管理，引导和支持国家文化产业示范基地做实做强做出特色，结合近几年基地建设的实际情况，我部对原《国家文化产业示范基地评选命名管理办法》进行了修订。现将修订后的《国家文化产业示范基地管理办法》印发给你们，请遵照执行。”其中也明确提到设计产业，如“第三条：演艺业、娱乐业、动漫业、游戏业、文化旅游业、艺术品业、工艺美术业、文化会展业、创意设计业、网络文化业、数字文化服务业、文化创意和设计服务与相关产业融合等领域的各类所有制企业，均可根据本办法申报示范基地。第四条：示范基地建设遵循内容优先、特色突出、品牌引领、创新发展的原则。重点支持文化内容创意、特色文化产品生产、文化科技融合、业态模式创新、文化创意和设计服务与相关产业融合类的企业申报、建设示范基地。”

2014年2月26日，国务院发布了《国务院关于推进文化创意和设计服务与相关产业融合发展的若干意见》。就笔者所见，这是我国历史上由国务院出台的文件当中第一次在标题中提及“设计”与“产业”。这是非常明显的政策导向信号。该文件对设计产业的高知识性、高增值性、低能耗、低污染等产业优势做出了肯定，并且认为设计产业在国家经济转型当中起到了重要作用。2014年3月3日，国务院又发布了《国务院关于加快发展对外文化贸易的意见》，文件首先对文化贸易的重要性进行了论述，并且为了进一步加大内容创新力度在支持重点部分该文件着重指出要支持设计产业。政府对设计产业的重视再次得到体现。2014年3月27日，人力资源社会保障部与国家工商行政管理总局发出《关于印发广告专业技术人员职业资格制度规定和助理广告师、广告师职业资格考试实施办法的通知》，文件对以往的通知进行了修订。作为平面设计重点服务的广告行业，广告专业技术人员职业资格考试在一定程度上对从业人员的技术水平起到了提高的作用，考试题目当中也涉及平面设计的内容。从这些文件，可以看出在经济转型时期国家对文化产业的发展加大了支持力度。设计产业作为文化产业中的一个组成部分，不仅能够自身成为独立的产业门类，而且在多个传统产业和文化创意产业当中起到重要的支撑作用。因此，政府对设计产业的态度，已渐倾向于逐步明确设计产业在国民经济中的地位。

除了政策支持之外，近两年由政府牵头设立的文化创意产业园、广告产业园也是中央和地方各级政府支持文化产业的大手笔。据“中国文化创意产业网”2012年4月21日统计，“目前已建成中国文化创意产业园区共计1216个。”在国家以实际优惠政策支持文化产业的背景下，文化创意产业园的确是突飞猛进。2012年5月10日，《文化部“十二五”时期文化改革发展规划》发布。此次规划提出了与文化产业创作生产相关的许多量化指标，其中尤其引人关注的是对文化产业园区的数量提出了控制。[①]针对后期在文化产业园的建设当中出现的种种问题，国家相关部门也对后续的建设工作进行了跟踪处理。从前国家政策只呼吁而不论结果，现在国家政策开始追踪后期的建设情况，这也是一种进步。2014年4月16日，文化部办公厅关于修订印发《国家文化产业示范基地管理办法》的通知，其中也明确提到设计产业，

---

① 资料来源：《文化产业园将限数，坚决防止盲目投资》，《西南商报》，2012年5月16日第六版。

表示要重点支持。在国家政策支持下，近几年的时间里文化创意产业园在全国建设数量达到上千家。其中不乏深圳田面设计之都产业园、深圳市华侨城OCT-Loft、田面设计之都等以平面设计和其他设计形式为主题的产业园区。[①]除此之外，还有近两年新成立的国家级广告产业园区。2011年，财政部和国家工商总局确定了首批9个广告试点园区，至2014年增加到32个，分布在22个省、区、市，中央财政累计支持21亿元，入驻企业超过5000家，年广告经营额超过550亿元。[②]

这些举措体现了我国政府对平面设计相关产业的了解和认可不断加深，对相关行业的管理和监督不断进步。不管成果如何，这些国家层面的文件和政府行为对平面设计产业提供了强大的后盾。

二 行业组织与行业交流综述

近两年行业交流也呈现出升级的面貌。首先各种赛事会议应接不暇。本文根据相关资料整理了近年来部分平面设计行业相关的活动，如下表所示：

表2 平面设计行业相关活动举例

赛事名称	主办单位	举办地点
2013年广州国际设计周	广州市人民政府	广州
2013香港设计中心大奖	香港设计中心	香港
靳埭强设计奖2013	汕头大学	汕头
2013中国设计红星奖	中国工业设计协会	北京
2014深港设计双年展	深圳市平面设计协会（深圳） miniminigallery（香港）	深圳
2013香港设计营商周	香港设计中心	香港
2014年NEW FORM 国际平面设计探索展 北京站	首都师范大学美术学院、布拉格AAAD艺术展览馆	北京
字旅——亚洲新锐平面设计展	K11购物艺术馆	首尔、香港、新加坡、台北、深圳、曼谷及北京
西方遇见东方 2014上海国际设计创意博览会	英国Media 10公司、上海艺博会国际展览有限公司	上海
深圳创意设计新锐奖颁奖	深圳市文化创意产业发展专项资金资助、深圳市设计之都推广办	深圳

① 参见石晨旭、祝帅、万顷：《文化创意产业园区建设的“深圳经验”——以深圳华侨城OCT-Loft、田面设计之都创意产业园为例》，《广告大观·理论版》，2012年第5期。

② 资料来源：国家工商总局门户网站www.saic.gov.cn.

续表

赛事名称	主办单位	举办地点
第七届方正奖中文字体设计大赛	中国文字字体设计与研究中心、北京北大方正电子有限公司	北京
2013届中国OOH青年广告创意大赛	比尔及梅琳达·盖茨基金会、《国际品牌观察》、百灵时代传媒集团、北京工商大学	北京
创意工商 2014年全国设计学科课程建设学术研讨会	教育部高等教育出版社、武汉长江工商学院	武汉
2014年"迎接大数据时代"学术研讨会①	装饰杂志社	北京
2014国际新媒体艺术三年展	中国美术馆	北京
第八届全国视觉传达设计教育论坛暨第八届"未来之星"全国大学生视觉设计展	中国美术家协会	济南
2014大连设计节	大连市人民政府、中国工业设计协会、北京光华设计发展基金会	大连
第16届全国设计大师奖	教育部高等学校设计学类专业教学指导委员会等	金华
2014上海高校设计创意优秀毕业作品展	上海工业设计协会	上海
2014上海设计双年展	上海市科学技术委员会	上海
2014AGDIE亚洲平面设计邀请展	视觉战略联盟等	韩国
中国设计大展	文化部与深圳市政府	深圳

由表2内容可见，近两年平面设计相关的比赛、会议频率非常高。这些活动多由政府相关部门、行业协会、学术机构来举办。主办单位比较多样化，政府相关部门也多次参与。活动举办地点遍布全国，甚至国外。但总体来看举办地仍然集中于以一线城市为代表的发达城市地区。虽然这些赛事的内在质量和外在影响力参差不齐，但是这些源自各个角落的声音为平面设计产业的社会认知度、行业成长、鼓励设计师进步等方面做出了一定程度的贡献。这种行业赛事活动是非常值得去组织和提倡的。

近年来，行业发展还有一个机遇，就是中国冬奥会的形象识别设计。每逢这种国际瞩目的重大赛事，都离不开平面设计服务。而把这一系列形象设计成功，在国际媒体上传达中国文化、和平友谊的内涵是十分重要且艰巨的任务。日本和韩国在历史上都十分重视奥运会的视觉设计。1964年东京奥运会，1970年大阪世博会，1988年汉城奥运会等机遇都让这些国家的平面设计在国际舞台上闪亮登场。我国设计界也一样，希望能够把握这次难得的机遇去展示中国平面设计的特色和水准。2008年北京奥运会之后，我们又将申

① 李云：《迎接大数据时代学术研讨会纪要》，《装饰》，2014年第6期。

请2022冬奥会。我国的平面设计界也已经开始了这项工作的准备。由中央美院设计学院设计的“墨舞冬奥”——以中国书法“冬”字为创作主体的北京2022冬奥会申办标志顺利通过了冬奥申委及北京市政府的评审，并于今年北京冬奥申委第一次全体会议上公示。该标志的设计融合了代表中华文化的书法元素。在完成冬奥会标识设计工作之后，该设计团队还将负责申奥报告的设计工作，继续为冬奥会的全部设计方案做准备。今后这样的赛事机遇还是应该广泛引起全行业的关注。不能将这种国际事件上的设计视为某个小群体的责任，而要把它们看做是整个中国设计行业的重要任务，务必要体现出中国设计的最高水平。这是中国平面设计行业在国际平台上的免费广告。

全球化经济的时代背景下，世界市场一体化进程不断升级。在这样的市场格局下，近两年我国平面设计行业也有着越来越开放的态度，不断地“引进来，走出去”。在重要的赛事活动、会议论坛中会邀请国外的专业人士参与、发言。我国平面设计行业从高校老师、学生到专业设计师都积极参加国外的赛事活动，如AGDIE亚洲平面设计邀请展。在2014亚洲平面设计邀请展有两位中国设计师获得单项奖。我们还积极地将中国的平面设计成果对外进行宣传展示，如2014年10月15日至11月15日在伦敦查宁阁图书馆举办的“GDC平面设计在中国2003~2013”十年大展。除此之外，GDC获奖作品在国内外开展了巡展活动，如济南、西安、墨尔本。这些展览把我们设计师的作品进行了二次传播，将传播的效力进一步发挥。复旦大学上海视觉艺术学院跨国与美国加州圣荷西州立大学远距同步教学，开设《为多数人作设计》课程，并且举办了为期两年“为多数人设计——中美学生设计作品联展”。①而且我国平面设计行业越是开放，心态就越是成熟。在对外交流的过程中不再把“西经”奉为天书，也不再妄自菲薄，更不会盲目自大，而是本着互相交流的心态各取所长，最终期望达成良好的传播效果，增进不同国家平面设计行业乃至整个公民群体的互相了解。因此平面设计行业的这些努力对于国际传播来说是具有一定意义的。

三　学术研究综述

回顾一下近几年平面设计相关的学术研究，关于平面设计的研究成果洋

① 黄永松：《居良善上——从手工艺开始》，许平、陈冬亮：《设计的大地》，北京大学出版社，2014年版，第50页。

洋洒洒，几乎到每年都有四五千篇相关论文诞生，这些研究从技术、文化、艺术、教育等多角度讨论了平面设计行业里面的一些问题。笔者检索了近两年平面设计研究的主题，发现近两年的研究呈现出以下特点：首先，相对于建筑、工业设计等兄弟设计门类，平面设计方面研究成果数量不够集中。这从侧面体现出平面设计学科仍然是一个重视实务多于科研的学科。针对平面设计的研究无法与基础学科的研究成果相提并论，与广告等相关学科的研究数量也仍然无法同日而语。平面设计学科的研究成果数量方面没有优势。其次，高水平的重要学术成果几乎没有出现，研究的主题重复率较高，且仍集中于平面设计技法、“中国元素”等内部问题的讨论。本文并非认为关于平面设计元素等内部问题的讨论没有意义，但是这体现出我国的平面设计研究整体上还呈现出一种拖沓、滞后的面貌。除去少数部分学科带头人、前沿评论家会不断地寻求突破，力图发现、阐释我国平面设计行业所遇到的新问题，多数的研究群体人员是在唱老调。当然，还是有一部分学者看到了目前平面设计新媒体化的动向，开展了相关方面的初步研究。第三，研究方法的缺失。现存的大多数研究成果都是描述、感想类的，缺乏对研究方法的掌握和应用。这体现出我国的平面设计研究力量缺乏研究方法的训练，更多的是总结实务经验等，这种现象突出了我国平面设计行业研究基础薄弱的特点。

但是，平面设计行业的务实的性质，仍然使得新的社会风潮总是能在这个行业当中凸显出来，一些研究成果体现出本学科在近年来的前沿和进展。

首先，移动互联网技术以及相关产业的快速发展带动了平面设计与移动互联网技术的融合。平面设计与互联网、计算机技术、大数据应用的融合已经不算新闻了。2014年被称为移动互联网元年。因此平面设计的许多元素在以手机、平板电脑为代表的移动互联网媒体上的应用比较突出。2014年Q2百度财报，显示移动端的营收比例达到了30%。移动互联网的用户在几个月内就会成千瓦甚至亿级的增长让互联网领域措手不及。如2014年度腾讯公司的手机应用软件微信高歌猛进，已经是亚洲地区最大用户群体的移动即时通讯软件，成为腾讯这一年度最受关注的平台。新闻咨询类的手机应用软件“今日头条”成立不到两年，累积用户已经达到1.2亿。还有今年在抢夺用户方面掀起大战的快的打车和嘀嘀打车两款打车软件。更多手机应用软件目前仍然没有实现盈利，但是为了抢占用户也在不遗余力地投资、开发。用户的视线已经越来越多地集中在手机这个小小的屏幕上。每个用户的手机上至少装载十几个应用软件，多的甚至有几百个应用软件，这个设计市场也有很大的设计服务需求。但是平面设计呈现的载体是手机屏幕、平板电脑的屏幕，因此近年来设计师转型UI设计师的趋势相对比较明显。类似Google、苹果等全球领先的互联网公司，一定程度上也对我国的平面设计的风格起到了非常大的影响。一个又一个新媒体的诞生告诉我们在平面设计领域新媒体平台的使用是必需的，但这不不代表传统平面设计会消亡，它仍然有其存在的必要性。所以拥抱新媒体是重要的，但不必有危机感。

其次，平面设计行业已经开始讨论设计管理这个课题，这是非常好的趋势。平面设计活动应该像广告活动一样由策略统筹，由团队去保障策略的执行，只有把平面设计当做一个系统工作，才能将平面设计工作科学化，更好地服务相关的行业。因此，设计管理学科的确立，意味着学界已经认可平面设计也是一门融合了科学和艺术双重属性的行业。2014年5月10日，《装饰》杂志在清华大学美术学院召开了“迎接大数据时代”的学术研讨会，会议着重讨论了大数据与设计之间的关系。虽然现在在平面设计领域成熟的大数据应用案例还不多，但是在移动互联网的媒体空间下，应用大数据来管理平面设计是一个可以遇见的趋势。因此，平面设计行业还是要加强对大数据等新媒体技术的了解和应用。

再次，农村市场成为平面设计行业新的服务蓝海。农村发展问题曾经是我国改革开放之后的重要社会问题。2003年的《中共中央、国务院关于促进农民增加收入若干政策的意见》文件开始，中央一号文件再次回归农业。我国又开展了新一轮的三农发展问题，农村市场开始得到各个行业的重视。今年国务院又发布了关于农村的文件：“中央农村工作会议精神和《中共中央国务院关于全面深化农村改革加快推进农业现代化的若干意见》的部署，充分发挥工商行政管理职能作用，支持农村市场主体健康发展，积极推动农村市场主体增强活力，促进构建新型农业经营体系，努力推进农村市场体系建设；切实加强农村市场监管，营造良好的市场环境，促进城乡商品、要素有序流通和平等交换……”对此我国设计界也已经开始行动起来。“北京工业设计促进会设计师宋慰祖、曾辉共同创建、推动的‘设计走进新乡村’建设项目，组织设计师走进北京郊区乡村，立足于乡村区域经济发展与民生需求，发现设计着力点，设计成为北京在七十多个乡村建设‘最美新乡村’计划的有机组成部分。”[①]在服务农村市场方面，平面设计行业应该明确这个阶

① 许平：《作为新兴经济体国家的中国及其设计活力》，许平、陈冬亮：《设计的大地》，北京大学出版社，2014年版，第9页。

段农村市场的需求特点，有针对性地去服务农村市场客户的需求，力求在实事求是的基础上引导农村市场的设计审美。

四 产业发展趋势预测

笔者于2008年年底提出“平面设计转型论”，以此抵制当时在业界初具规模的“平面设计终结论”；[①]此后的2011年，也有部分青年平面设计师从创作者角度喊出“平面设计死了吗”的口号[②]。相关讨论更进一步引发业内对于平面设计前景的忧虑。一时间，“平面设计已死”成为行业内部解不开的魔咒。但从近年来的发展来看，的确如笔者2008年所预言的那样，平面设计并没有死亡，而是正在凤凰涅槃的转型中浴火重生，获得新的空间。

首先，平面设计行业在我国的发展前景仍然是非常广阔的，未来的平面设计行业应该满怀信心。平面设计作为一种服务行业，虽然受到新媒体的冲击，但在传统传播媒介（如报纸、杂志）并没有完全失去受众的背景中，所面对的市场是非常巨大的。举个例子，“2013年，商标局共受理商标注册申请188.15万件，同比增长14.15%，再创历史新高，连续12年位居世界第一。2009至2013年5年的商标申请量（685万件）超过了前28年商标申请量的总和（639万件），商标申请量持续快速上涨的趋势仍然延续”。[③]这些商标都需要不同程度的平面设计服务，背后还有一系列的视觉识别服务需求。因此，中国的平面设计行业仍然有很好的市场需求量，与移动互联等新媒介材质上的视觉设计各自有其用武之地。当然，这个市场的需求是千变万化的，有不同层面的。因此平面设计要发展，还有很多的路有待探索和开拓。

其次，根据笔者此前对于经济学理论的借鉴结合平面设计产业所进行的相关实证研究，发现平面设计行业的政府调控具有非常大的难度。[④]这是因为，平面设计服务价值具有隐蔽性，平面设计的价值往往体现在其他行业的产值中，如媒体、广告等。这样一来平面设计行业贡献率很难用数据去考证。至今我国的平面设计产业研究难以获得相关的、翔实的数据支持。并且，

---

① 祝 帅：《当平面设计遭遇经济危机》，《中国文化报》，2009年1月22日。

② 李德庚、蒋华等：《平面设计死了吗》，文化艺术出版社，2011年版。

③ 国家工商行政管理总局商标局商标评审委员会：《中国商标战略年度发展报告（2013）》，中国工商出版社，2014年版，第5页。

④ 祝 帅、石晨旭：《中国平面设计产业竞争力提升路径探析》，许 平、陈冬亮：《设计的大地》，北京大学出版社，2014年版。

根据经济学原理，市场这只看不见的手是资源配置的最有效率的方法，市场竞争会导致供需变化及优胜劣汰。对于平面设计这样具有经济贡献隐蔽性的行业，市场自发调节为主是一个比较合适的途径，大大小小的设计公司按照现实市场需要而存在和运行。举例来说，因为受到成本的限制，三四线城市目前对于高端设计的需要也是有限的。这个市场包括农村市场，自然就会诞生一批满足这个市场的平面设计类服务。一线、二线城市因为经济发展的需要，自然会对高端设计服务需求比较大，因此市场也会对设计公司、设计师的工作给出相应地市场价格，这样的市场中自然也会孕育出比较出色的平面设计组织和个人。如果这两种市场之间的平面设计定位出现问题，那么自然就会被市场所淘汰掉。因此，平面设计公司无所谓绝对追求规模大小。此外，平面设计毕竟还是一个务实的行业。设计师的水平不靠各种资格认证，如Adobe资格认证之类，而是看入职时候的面试。设计师的收入也是看设计成果，如果设计师的收入与设计水平不成正比，那么自然会被其他单位高薪聘请。

再次，政府这只看得见的手也仍然控制着平面设计的大环境。从我国近年来出台的政策可以看出，政府相关部门对于设计产业等文化软实力的重视程度越来越高。因此政府相关部门也有许多方式可以支持平面设计行业的发展。一方面法律的完善，例如知识产权对于平面设计成果的保护等需要政府相关部门出台相关的、切实有效的法律政策。对于平面设计中的抄袭、剽窃等行为政府部门要对相关人员采取一定的措施，这是更有力地保护平面设计师智慧成果的做法。第二方面政府相关部门应该支持平面设计会议或者赛事的举办，将平面设计的主体化加强。将平面设计的价值普及到公众层面，提高全民的审美水平，孕育正常的平面设计市场基础。

再次，除了政府和市场之外，行业协会的作用还有待于进一步加强。行业组织在活跃整个行业，加强平面设计师的工作热情方面扮演了不可替代的角色。而设计协会、委员会的构成当中，也可以通过增加企业（客户）负责人、高校当中的管理专业教授、行业当中的设计师等各个主体的比重等手段，将整个产业链组织起来。这一方面是有利于行业内部各种组织之间、个人之间的交流。群体之间的认同效应、督促效应，会让设计师们找到一个归属地，找到志同道合的人，形成一种松散的共同体和集体价值认知。因此，诸如深圳市平面设计师协会（SGDA）等各种有效的活动组织形式需要不断地创新。2014年10月11日，中国创新设计产业战略联盟的成立，组织成员包括10多位院士、百余名教授学者以及200多所高校和企业。希望类似这样的组织能够达成良好的行业沟通，社会公众传播，促进人才成长，推进行业进步的效果。我们可以看到日本平面设计协会的网站各种评比、展览非常地频繁，这在很大程度上是协会在发生纽带的作用，但中国的中国美协平面设计委员会，中国广告协会、中国包装协会等相关行业组织下属的设计委员会等，与此相比还相形见绌。另一方面，平面设计行业组织的建设对加强行业自律也有着无可替代的意义。例如，在创意产业倡导“原创”精神的大纛下，对“抄袭”的维权和监管方面可以发挥更加积极的意义。一旦发生抄袭事件，当事人不仅将在整个行业当中声名狼藉，也会面临直接的市场制裁，对此行业组织应该在倡导原创方面发出声音。毕竟，只有一个自律的行业才能得到社会的尊敬。

最后，新媒体时代的文化产业发展，“融合”已是大势所趋。欲想把平面设计从设计工作中独立出来，如何把平面设计从广告等相关行业中剥离出来，我们认为，这既不可能，也无必要。实际上，现在整体而论各种媒体趋向于融合。2014年习近平主持召开中央全面深化改革领导小组第四次会议，并发表重要讲话。会议审议通过了《关于推动传统媒体和新兴媒体融合发展的指导意见》。会议指出要着力打造一批形态多样、手段先进、具有竞争力的新型主流媒体，建成几家拥有强大实力和传播力、公信力、影响力的新型媒体集团，形成立体多样、融合发展的现代传播体系。媒体的融合、新媒体的应用等，在平面设计产业发展中已成为必然的趋势。

媒体和用户对于对新的技术采纳可谓一日千里。在新的设计软件的帮助下，我国也开始了全民设计风潮。像美图秀秀、Instagram、玩图、Piclab等传统或APP软件，既发现了广大用户的需求，又操作方便，容易学习，因此一时间仿佛每个人都可以进行平面设计的某些基础性工作，但是毕竟与专业的设计师还是相去千里。其实，越是在这种市场背景下，专业的平面设计学习和锻炼就更加重要。用户的设计意识在不知不觉中提高，相应地，对平面设计产品的要求也会越来越高。毕竟，过去平面设计出现的时候是以报纸、杂志、海报等平面媒体为主的媒体时代，而现在是一个离不开计算机、手机的移动互联时代。因此，平面设计产业的发展必须融合到新的媒体环境中。在这种背景中，业界决不能故步自封，停留在人为制造的各种虚构生存危机一类概念辩论的层面，相反，必须通过学习新的技术，掌握产业的研究方法，去迎接学科转型的挑战，为产业研究的开展做好充分的准备。

（祝　帅：北京大学新闻传播学院副教授，北京大学现代广告研究所研究员）

浅析数字出版浪潮下传统专业出版社应对策略

丁　诚

摘要： 本文围绕传统专业出版社在数字时代如何应对向数字出版转型的话题撰写，既结合传统专业出版社的特点分析了当前数字出版市场的现状和特点，又给出了对传统出版社应对数字出版挑战时应采取策略的思考。本文在第一部分详细分析了传统专业出版社在数字出版时代面临的优势、机遇和挑战；在第二部分，又根据笔者自身的思考，给出了传统专业出版社应对挑战的四种准备策略：内容准备、版权准备、人才准备和战略准备。

关键词： 数字出版　传统出版社　专业出版　数字化转型

《2013年新闻出版产业分析报告》显示，2013年数字出版实现营业收入2540.4亿元，较2012年增加604.9亿元，增长31.3%，占全行业营业收入的13.9%，提高了2.3个百分点。值得注意的是，其中电子书、互联网期刊与数字报纸营业收入增长速度仅为7.0%，远远低于数字出版整体增速，这说明传统出版物的数字化转型尚需进一步加强。从笔者的视角来看，传统专业出版社向数字出版转型的步伐尤其需要加强。

专业出版、教育出版和大众出版并称为图书出版领域的三大板块，相对于教育出版和大众出版，专业出版在向数字化转型时具有先天的优势和必要性。首先，专业出版所面对的读者需求更多的是与工作或学业直接相关的深度阅读，所以受互联网资讯和手机阅读等碎片化阅读、浅阅读媒介冲击较小；第二，专业出版在作者资源、编辑资源、营销渠道等方面的门槛较高，专业出版社较少受到民营出版机构的竞争压力；第三，专业出版社经营方向大多集中在几个专业方向，涉及范围较窄，却较有深度，这样的特点非常适合进行数字资源整合。从国外的经验来看，以爱思唯尔、威力、斯普林格为代表专业出版社相对于教育出版和大众出版，其数字化的步伐也是走得最远。最成功的典型，这方面的案例值得我们认真学习。

当前，我国正处于产业转型升级的关键时期，社会各界对专业知识的需求量空前庞大，传统专业出版社一方面有责任有义务通过数字化转型增强专业知识的传播速度和广度，助力中华民族的伟大复兴，另一方面，出于出版社自身的生存和发展的要求，也必须正视数字出版的发展潮流，实现自身的转型升级，才能不在未来的市场变化中被淘汰。

下文将分析传统专业出版社当前在数字出版方向面对的形势，并尝试提出应对数字化浪潮的策略。

一 传统专业出版社面临的优势、机遇和挑战

（一）优势

传统专业出版社发展数字出版，自身具备三方面优势，分别是内容和作者资源优势、人才和体系优势及品牌形象优势。

第一，我国现有的500多家出版社中，148家中央各部委直属的出版社绝大多数都是专业出版社，还有一些地方专业出版社。此外，一些大学出版社虽然传统上被分在教育出版社的范畴，但其出版的大量专业学术著作和科研成果也属于专业出版领域。这样看来，专业出版社从数量上看可能接近所有传统出版社的一半，规模不可谓不大。传统专业出版社主要是大多已经历了几十年的发展，手中积累了大量优质内容资源，而这些资源是传统出版社进军数字出版最可靠的保证。除了已有的内容资源，专业出版社由于浸淫此专业多年，所以拥有大量合作多年的优秀作者和专家，这些作者对出版社大多有较高的忠诚度。

第二，传统专业出版社大多拥有一支结构合理、分工明确、经验丰富的专业编辑和设计队伍，且都有一套严格、高效的图书生产流程和质量控制体系。凭借专业化的队伍和严格的质量控制体系，传统出版社就可以保证在图书出版流程中策划组稿、编辑加工、书稿审读、排版校对及装帧设计等环节的高品质，也就保证了最终的图书产品的高品质。

第三，在关注数字出版冲击的同时，我们不应忘了这些年来实体书出版市场的竞争也非常激烈，能在竞争白热化的图书市场中立足的专业出版社，

大多已在广大读者心中树立起了较好的品牌形象，而这也是传统出版社发展数字出版时的重要优势。

（二）机遇

传统专业出版社发展数字出版来自外部的机会主要有三个方面，分别是扩展了经营范围、实现了定制化出版以及降低了出版成本。

第一，数字出版给传统出版社带来最大的机会就是大大扩展了图书出版产业经营范围，使出版社手中内容资源的利用率大大提高。当数字出版真正成熟之后，传统专业出版社的经营范围就不再被局限在传统纸书市场之中了，出版社手中的资源可以以多种载体、多种形式、多种渠道进行销售，真正实现全媒体出版。

第二，专业领域的读者需求具有个性化、细分化的特点，因此，定制化出版特别适合在专业出版领域实施。在纸书出版时，定制化出版被技术、成本、规模、收益等种种因素所制约，无法大规模应用，但在数字出版时代，这些制约因素都将不再成为问题，定制化出版定将大行于世。

第三，在数字出版时代，传统出版社将不必再支付昂贵的印刷、装订、纸张费用，也不必再承担运输、仓储成本。困扰传统出版社多年的退货率、库存积压问题，在数字出版时代，都将迎刃而解。这都可以使出版社节约大量的人力、物力、财力，直接提升出版社产品的利润率。

（三）挑战

传统专业出版社发展数字出版来的挑战主要有以下四个方面。

第一，传统专业出版社在发展数字出版时不得不面对的一个现实是，数字出版产业的销售渠道已经被渠道商、平台商、运营商基本垄断，而且若没有其他方面的强势干预，例如政府干预，这个局面将很难改变。在这种垄断环境之下，传统出版社在电子书定价权、电子书销售分成等方面的基本权益很难得到保障。

第二，版权保护是当前制约传统出版社进军数字出版重要因素。在缺乏健全的数字版权保护体系的条件下，传统出版社大规模发展数字出版就会承担巨大的风险，不但其投入的数字出版资源有可能得不偿失，还可能严重冲击当前传统出版社赖以生存的纸书市场销量。

第三，传统图书市场总规模有限，同时又具有分散性的特点，这就造成了传统出版社在经营规模上整体偏小。在全国500多家出版社中，经营规模最大的高等教育出版社和人民教育出版社，年销售码洋也只能达到二、三十亿元，而年销售码洋能够达到几亿元的出版社就已经够资格称自己为大型出版社了，数量庞大的中小型出版社的年销售额大多仅有几千万元，甚至更低。虽然近年来在政府的主导下，传统出版产业通过转制、整合，组建了几个规模超百亿的大型出版集团，但面对中国移动、中国联通、中国电信这样的通信巨头，亚马逊、当当、京东这种电商巨头，以及虎视眈眈的BAT，传统出版机构在经营规模方面还差得很远。这也就造成了数字出版产业链上下游之间的不平衡。

第四，虽然已经基本完成了转企改革，但传统专业出版社大多还在沿用着比较保守的经营体制。在数字出版领域，传统出版社缺乏市场敏感度、灵活度，创新精神不足，严重影响了传统专业出版社在数字出版环境中的竞争力。

二 传统专业出版社的应对策略

面对数字化出版的浪潮，一方面，传统专业出版社要抓住出版产业最重要的根源——内容，加强优秀作者和优秀选题的储备，做好自己现阶段的纸书出版业务；另一方面，传统专业出版社也不要逃避数字出版带来的挑战和机遇，要随时做好全面进军数字出版领域的准备，待时机成熟时果断进入。这种准备，笔者认为应包括内容准备、人才准备和战略准备三种，前两种准备是现阶段出版社应该立即着手去做的近期战略，而战略准备则是规划出版社未来发展方向的一种思路。

（一）内容准备

1. 内容数字化

内容数字化是传统出版社为应对数字出版冲击所需要做的最基础的准备，是一切其他准备的前提。

当前，国内传统出版社基本上已经全面采用了数字排版技术，图书内容基本上都是以数字格式存储的，其主要问题在于出版社存储的内容都是以排版文件的形式存在的，不能直接被当做电子书阅读，还需要进行复杂的格式转化工作，这不能完全满足数字出版时代的要求。所以，虽然要付出一些成本投入，但为了出版社的长远发展考虑，出版社应当将自己拥有的核心内容资源转化为如PDF之类的更加通用的数字格式，这将使出版社在未来面对数字出版转型时具备更多的操作空间和主动性，可以随时选择各种可能的销售媒介、渠道和平台以各种不同的呈现形式来进行电子书销售。

2. 内容整合

整合内容资源的步骤大致可以分为三步。首先，传统专业出版社应将已有的内容资源进行重新梳理，筛选出有价值的，适合数字出版时代读者需求的内容资源并转换成易于存储和使用的数字内容资源；然后，将这些内容资源进行碎片化、词条化和标准化整合，提炼关键字，为实现检索、分类、重新组合打下基础；最后，利用经过整合的内容资源建立成规模的，分类完善的，功能强大的内容资源数据库。

在建立内容资源数据库的基础上，有余力的传统出版社就可以着手扩展内容资源数据库的增值服务功能了。在提供增值服务功能方面，专业出版社具备先天的优势，他们可以在内容资源数据库的基础上向读者提供源代码、素材、视频、音频及电子课件的下载，还可以为读者提供在线答疑、远程教学等服务，这些功能都可以极大的提升读者的阅读体验，增加客户黏性，显著增强出版社本身的市场竞争力，还可以直接拉升传统纸书的销量。要实现增值服务功能，在前些年实现起来的难度还是比较大的，这是因为要将文字、视频、音频、电子课件甚至可执行文件等不同形式的内容完美地融合在一个数据库内从技术角度是需要花费很大人力和资源成本的，一般传统出版社很难承受，但是近年来大数据技术的兴起给我们带来了一缕曙光，充分应用大数据技术来整合出版社的各种内容资源将取得事半功倍的效果。

通过整合内容资源建立的内容资源数据库是传统专业出版社向数字出版转型的一个重要基础，随着对已有内容资源的整合和新内容资源的不断积累，传统专业出版社将拥有了一个可以随取随用的内容资源宝库，依靠这个宝库，传统出版社就能在数字出版领域里取得一个坚实的桥头堡，进可攻退可守，立于不败之地。

3. 牢牢掌握优秀作者和选题资源

只有内容才是出版行业最核心的资源，出版商作为“内容提供者”，只有其出版的产品内容才能体现出版商存在的价值。而出版商呈现给读者的内容，虽然经过了选择和加工流程，但究其根源还是由作者创造的。所以，作者和选题资源是出版商获得内容资源的根本，没有作者创造内容，出版商的选择和加工就失去了对象，出版商也就失去了存在的意义。

现阶段，传统出版社主要应采取这样三种策略：第一，提升自身的选题策划能力。出版社应利用自身对图书市场更深的理解和丰富的资源，开拓优秀的选题项目，在与作者的合作中占据更有利的位置，提升策划主动性，改变等着作者上门投稿的守株待兔式的组稿模式。第二，努力挖掘优秀作者。在图书市场中，已经具有极高知名度和号召力的超级畅销书作者毕竟是极少数，而每年都有不少之前默默无名的后起之秀作者编写的畅销书涌现在图书市场上。所以，挖掘潜在优秀作者资源是出版社必须要重视的一项工作。第三，与作者建立更和谐、更信任的合作关系。出版社应通过灵活的、差异化的版税制度和版权制度，更丰富周到的包装打造作者的方案，与作者建立起紧密的、双赢的合作模式，加强作者对出版社的忠诚度和归属感，充分体现出作者和出版商是利益共同体的特点。

（二）版权准备

在当前形势下，传统出版企业为向数字化出版转型，应在版权方面做哪些准备呢？笔者认为至少应该做到两点，第一，与作者就数字出版版权达成一套兼顾双方利益的，切实可行的数字出版协议；第二，组建独立的数字版权保护部门，从法律和技术两个方面加强数字版权保护力度。

传统出版社现在与作者签订的出版协议，在数字版权方面地存在着不少问题，有的协议对数字出版权益的约定非常模糊，有的协议对数字出版权益的约定有效期过短，有的协议过分强调了出版社的权益而伤害了作者的权益，还有的协议干脆就缺失了对数字出版出版权的约定，这些情况都非常不利于传统出版社为数字化出版转型做好充分的准备。所以，制定出一份明确的、长期的、合理分配利益的数字出版协议已经成了传统出版社亟须完成的一项任务。在制定这份协议的时候，传统出版社相比作者是处于强势地位的，那就应该把眼光放长远，不要拘束于眼前的一点点利益得失，设身处地地为作者利益考虑，制定出一套双赢的利益分配方案。此外，还需要注意一点，与作者的数字出版协议条款不但要体现在出版社与作者新签约的出版合同中，对目前在售图书中有数字出版潜力的图书也应与其作者重新签订出版合同或关于数字出版的补充协议，以明确其数字版权归属。总之，出版社与作者之间，必须通过一份公平有效的数字出版协议，使二者绑定成为数字出版产业链中的利益共同体，从保证核心内容资源安全、可靠，这样才可以从容地去面对数字出版浪潮中的其他问题和挑战。

数字版权保护至少应该具备三方面技能，第一，应该掌握通过法律手段保护本社数字版权不被侵犯的能力；第二，需要拥有通过数字版权保护技术来保护本社图书数字版权的能力；第三，还应该拥有强烈的版权保护意识和在浩瀚的互联网海洋中搜索、发现数字版权侵权行为敏锐洞察力。从互联网发展的现状看，在短时间内从根本上扭转数字版权保护困难局面的希望还很渺茫。传统专业出版社在全面进入数字出版领域之前，建立一支精干的版权保护队伍，是一项必须投入精力去做的工作。

（三）人才准备

经过改革开放三十多年以来图书市场激烈竞争的洗礼，传统出版社的编辑岗位大多已不再是仅负责加工审稿的文字编辑了，而是被细分为策划编辑、加工编辑、营销编辑等岗位。当前，策划编辑已成了图书出版流程中的核心岗位，他们掌控着挖掘作者、策划组稿、加工审稿、装帧设计、印刷装订、出版发行、市场营销、售后服务的完整出版流程，类似软件行业中的项目经理。而我们现在所需要的数字出版编辑人才，其在数字出版产业中承担的责任就应与传统纸书出版策划编辑类似，即全程掌控数字出版物开发、生产、销售流程。这就需要数字出版编辑人才既能熟练掌握数字出版方面的相关技能和知识，还应熟悉传统纸书出版的特点和流程。数字出版编辑人才是传统出版社开展数字出版业务的核心人才，也是传统出版社发展数字出版所需的人才储备中最难解决、最核心的岗位。

目前看来，数字出版编辑的人才来源有三种：

第一是从外部引进。从目前情况来看，依靠同行业之间的引进实现数字出版编辑人才储备的难度较大，因为这种人才本身数量就很少，即使高薪招揽也无法根本解决问题。若从互联网行业或IT行业引进人才，即使不考虑出版行业对优秀IT人才的吸引力不足的问题，这些人对编辑工作技能和图书市场状况的理解也都得从零开始培训，而编辑岗位的一些基本技能，尤其是对内容和文字的选择和加工能力，以及对读者需求的理解能力，绝非一朝一夕可以掌握，所以这种模式很难形成即战力。

第二是从头培养。以北京印刷学院为代表的一批大专院校已经开设了数字出版专业，其毕业生已受到很多出版社的青睐。但坦率地讲，在业界尚未摸索出成熟的数字出版人才培养模式的情况下，学界对数字出版专业学生的培养也必然理论多于实践。而以这种形式培养出的人才，可以作为出版社数字出版人才的有效补充，但很难独当一面。当然，如果出版社将应届毕业生先分配在传统出版部门进行锻炼，经过一段时间的经验积累后，这类编辑应能比传统编辑更快地适应数字出版编辑岗位。

第三是现有图书编辑的转型。在现有传统图书出版部门中挑选编辑技能过硬、熟悉市场需求、头脑灵活、学习能力强的编辑，进行数字出版专项培训，以使其转型为数字出版与传统出版兼顾的两栖编辑人才，这应该就是目前最有效的数字出版编辑人才储备模式了。传统编辑向数字出版编辑转型，需要掌握三种技能：第一，需要理解数字出版市场的需求特点。即了解什么样的内容适合数字出版，什么样的数字出版物符合读者的需求，数字出版物如何创造利润。第二，需要广泛了解数字出版各种形式和方法。数字出版编辑可以不知道如何实现某种数字出版效果，但需要清楚哪种效果可以实现。第三，需要清楚数字出版产品可以采用的各种营销方式和营销工具，以及制定数字出版产品营销方案的能力。具备了上述三点技能的编辑，将能应对大多数数字出版过程中出现的问题，也将成为传统出版社发展数字出版业务的核心力量。

（四）战略准备

1. 深挖专业

近几年，国内图书市场中专业出版领域的市场表现并不好，于是，各大专业出版社纷纷横向拓展经营范围，投入了大量资源在市场表现较好的生活、少儿等大众出版领域。从经营的角度来讲，这本身是遵循市场规律地表现，无可厚非，但是也需要慎重考虑这种策略的风险。一方面，大众出版领域进入门槛较低，竞争激烈，在外部容易受到新媒体的冲击，在内部也面对着原有大众类出版社和大量民营出版机构的竞争，专业出版社无论在机制、渠道还是资源上都没有什么优势，具备较大的风险；另一方面，即使有实力有决心开发大众出版市场，如果以牺牲原有专业出版业务为代价，从长远看，也必将是得不尝失的。

环顾国际专业出版巨头，其成功无一不是依靠专精的几个专业领域。爱思唯尔的商业理念是“为专业读者提供高质量和不可或缺的内容”，斯普林格的则是“为全世界的读者提供科学和专业方向的高质量内容”。同样，“专业、权威”也应该是国内专业出版社的立身之本，在专业领域深度挖掘，打造自身成为本专业最权威的内容供应商的品牌策略才是保证专业出版社长久发展的必由之道。至少，也应做到在横向扩展业务的同时，别把自己的传统专业领域丢掉，继续坚持纵向挖掘专业领域。

2. 打造数字平台

一直以来，传统专业出版社始终缺乏自主的有影响力的数字出版平台，只能依靠移动、联通、电信、亚马逊、当当网、京东商城以及淘宝网等平台来销售自己的产品，相对于这些垄断的运营商和网店，由于专业出版社处在弱势地位，其产品经常被廉价销售，利润分成也不理想。所以，传统专业出版社要借助而不是依赖渠道商和平台商的力量，将自己掌握的传统分销渠道与平台运营商提供的分销渠道统筹协调、联动经营

之前，制约传统出版社开发自主数字平台的很大一个因素就是对资金投入的畏惧。要搭建数字化出版平台，就需要拥有服务器、硬盘阵列、数据库等昂贵的软硬件设施，而维护这些软硬件设施的正常运行也需要较大的人力资源投入。让人欣喜的是，随着计算机及互联网技术的发展，尤其是云计算技术和大数据技术的成熟，出版社开发自主的数字平台时在硬件和软件方面的投入已可以大幅缩减，需要的运营维护人员也相应减少，相信随着技术的进一步进步，构建数字平台的成本终将下降到所有出版社都可承受的地步。

3. 推动成立数字出版产业联盟

现阶段，受限于图书出版产业整体的市场规模，无论传统出版企业如何提升自身的实力，在数字出版领域都很难与强大的下游渠道商、平台商、电信运营商享有同样的话语权。传统出版企业只有联合起来，才有可能充分保障自己的利益，使数字出版产业链达到平衡。达到平衡之后，电子书定价不统一、电子书格式不统一等瓶颈问题也就迎刃而解了。到那时，才能建立成熟、高效、公平、利益均沾的数字出版商业模式和盈利模式。一种联合的方式就是现在正在广为推广的出版集团形式，但其仍然有很大局限性，不能在数字出版领域发挥充分的作用，另一种联合的方式就是仿效日本出版界，组织成立由官方指导的，由大多数主流出版社组成的数字出版产业联盟，以统一的声音和运营商和平台商进行博弈，以维持数字出版产业链的平衡。这种联盟并非追求市场垄断，也不是要剥夺中小出版社的独立，而是应当致力于制定一套各方都能够接受的游戏规则，让数字出版产业在规则的框架内有序而稳定地运行，从而避免市场上的恶意竞争和混乱。

（丁　诚：机械工业出版社计算机分社副社长，副编审）

集成创新方式下数字出版产业变革研究[①]

胡洪斌　张晓丹

摘要： 以数字化与互联网技术为支撑的现代科技对传统的出版业带来了巨大的冲击，数字出版产业顺应趋势呈现强劲的发展态势，并在集成创新方式的影响下出现了相对于传统出版产业的巨大变革，这些变革具体表现在文化生产方式、文化消费方式和盈利模式方面。本文通过梳理集成创新方式下数字出版产业在这三方面的变革，以区别于传统出版产业，并凸显以图书、期刊为代表的数字出版产业的优势。

关键词： 数字出版　集成创新　变革

传统出版产业是以知识、信息为核心要素，并将其转化为纸质化的文字，进行传播，以达到交流和教化的作用。数字出版是建立在计算机技术、通讯技术、网络技术、流媒体技术、存储技术、显示技术等共性技术基础上，以技术平台的形式融合传统出版内容而发展起来的新兴出版产业。

在现代科技高度发展的背景下，以数字化和互联网技术为代表的科技选择性地切入数字出版领域，以技术集成[②]的方式，实现模式创新的目标，最终实现资源的优化配置，即集成创新的理论，就是将各种要素，包括知识、技术、市场、管理文化以及制度等进行综合选择和优化集成，再按照某一集成的规制和机制进行要素之间的有机组合，最终实现功能倍增性和适应进化

① 本文是云南省哲学社会科学研究基地重点课题"文化产业与现代科技融合的路径研究"（项目号：JD12ZD03）项目的阶段性成果。

② 技术集成是将多个领域内的知识集成为关于新产品的系统知识，即企业根据市场需求，进行概念性的产品设计，再在此基础上对原有多领域的技术进行选择性的吸收、整理、重构，以创造出新的产品。

性的有机整体的实践过程。在集成创新理论的指导下，数字出版将统一的二进制代码和互联网技术等共性技术作为技术支撑，在共性技术创造的开放性平台上，将数字化技术、内容知识、生产运营方式等优化配置，形成高效率的有机组合。随之也产生了与之相对应的生产、消费以及盈利模式。

数字出版产品形态众多，主要包括电子图书、数字报纸、数字期刊、网络原创文学、网络教育出版物、网络地图、数字音乐、网络动漫、网络游戏、数据库出版物、手机出版物（彩信、彩铃、手机报纸、手机期刊、手机小说、手机游戏）等。在数字出版领域的众多产品之中，很多行业通过介质或载体的变化，进入了数字出版的边缘领域，而真正的模式创新则发生较少，而本文要研究的主要是与传统出版产业相对应且出现模式创新的领域——图书、报纸和期刊的数字化出版及原创网络文学。

一　文化生产方式：集成创新优化生产过程，凸显内容生产的核心

传统出版产业的出版过程主要以纸质为载体，以线性模式为主。作者、读者和编印发三大环节构成了线性的传统出版产业链。这种产业链具有单向不可逆性；以编辑为主的出版社是产业链的核心环节，在产业链中具有重要角色；作者和读者的沟通需要通过出版社等中间环节；出版社在产业链中居于核心和主导地位。如图1所示：作者将作品交给出版社，由出版社完成选题、组稿、审稿、编辑加工和校对等多个工作环节，之后再交给印刷厂印刷，再分发给批发商和分销商，再通过经销商到达读者的手中。整个过程繁杂，要经过出版社、批发商、分销商和经销商才能够最终能与读者见面，这种繁琐过程增加了交易的环节，同时提升了交易的成本，造成资源配置的非效率。

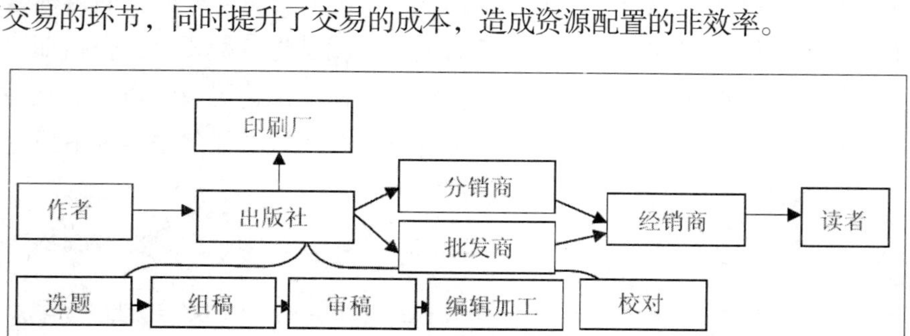

图1　传统出版产业出版模式

从图书具体的内容生产环节来看，即由出版社进行选题、组稿、审稿、编辑加工和校对环节。传统的选题是编辑根据采集到的来自于读者和社会阅读信息的资源而拟出的出版题目，在此过程中，编辑的主观决策对于书籍的出版类型有较强的决定性意义。这就人为地使一些本应受到或者可能受到大众喜爱和追捧，具有较高的市场需求的作品无缘与读者见面，将作品扼杀于选题、组稿和审稿的环节。尽管现在，图书的选题逐渐从以编辑为主导的状况到注重迎合读者个性化需求的方向转变，这虽然使得传统出版业在一定程度上有了质的变化，但是其整个筛选的过程效率低下，耗时耗力，且在信息的准确性和真正满足读者需求上，传统出版业难以与数字出版相提并论。同时，受制于编辑加工和校对的繁杂环节，如：三审制、“三校一读”制度，使得作品要经过很长时间才能与读者见面，致使在生产上形成了滞后性，也不利于大规模地出版符合市场需求的作品，造成需求的短缺。

相对于传统的图书出版，数字出版在集成创新方式的指导下，在呈现方式及生产的具体环节上与传统出版有很大的差异。在呈现方式上，OIS、Wang、WordStar、Tex、Office、iWork、WPS、Ssreader、阿帕比等排版、阅读软件的陆续出现，使数字化呈现方式逐渐向高保真性、标准可对接和实用性方向发展，这就从技术上不断完善文字及图片数字化呈现的效果，提升数字化处理的效率。尤其是PDF格式的出现，使文件能够以“所见即所得”的方式跨平台、开放标准地进行对接，为数字化的编辑、制作和阅读拓宽了道路。这种按照市场需求，将各种技术优势、信息和知识有效组合的集成创新为数字化出版开辟了崭新的道路，开创了广阔的前景。

在具体生产环节上，数字出版最大限度地优化资源配置，整合生产过程的重点和优势，实实在在地将重点放在了内容的创作上，而在审稿、编辑和校对等环节则做了精简，以便保证出版的高效率和内容的新颖丰富。这种从整体生产环节上的优化组合资源，提高效率的改变，体现了集成创新理论的应用，促进了出版产业的新发展。

首先，在进入内容生产的门槛上，数字出版以包容开放的姿态吸纳进大量的作者，以数字化和互联网技术为宽广的平台。对作者敞开了大门，降低进入的门槛，使更多的不同风格和个性的作品得以有一个展示和沟通交流的平台。例如，在起点中文网进行简单的注册环节后，即可成为其作者群中的一员，可以将自己的作品数字化地呈现在起点的网络平台上，供读者阅读。数字出版门槛的降低丰富了作品的内容和类型，满足了读者多样化的需求。

其次，在内容生产的选题环节，数字出版更加灵活多样，尊重满足市场需求，在主流价值观的背景下，以市场需求为准绳，依托互联网平台大量呈现满足市场多样化需求的作品。如通过对读者的搜索习惯、点击率等来了解读者的阅读偏好，从而更加准确、及时地了解市场需求，推送相应的作品。因此，数字出版能容纳的题材更加多样，并能不断根据读者喜好的变化调整相应选题的范围和类别。这就避免了因为人为因素而导致的部分有需求的作品无缘与读者见面。在起点中文网里，容纳了大量根据市场需求而存在的各种各样题材的作品，这些作品以读者的需求为前提，通过平台的整合，呈现给目标受众。

再次，在组稿阶段，传统出版社组稿是在选题的指导下寻找作者和稿源，主要通过自投稿、引进稿、任务稿、推荐稿、约稿、征稿等方式获得稿件。而数字出版在降低准入门槛后，稿件的来源更加广泛，它通过专业与大众渠道征收各类稿件，再将其进行分类整合，读者可以以各自的需求进行相应的阅读，充分体现了在数字化和互联网技术基础上整合和集成的优势。

另外，在审稿、编辑加工、校对和印刷方面，数字出版削减运作的流程。审稿环节放宽限制；编辑加工、校对和印刷环节充分利用数字化和互联网技术，如：XML技术、数据库技术、检索技术、数字版权保护技术等技术以及各类不断发展的排版印刷软件，整合各类技术手段对数字化文本进行加工，以集成创新的方式提高了编辑、校对和印刷的效率。

在反馈方面，数字出版凭借便利的数字化技术和互联网平台支撑以及一系列巧妙合理的互动机制的设置，为读者和作者形成有效的沟通，创造了良好的条件，使本来呈现单一线性的数字出版模式转变为闭合的圆形，使生产方和消费方进行充分的交流和沟通成为可能，有利于进一步创造生产出更好地适应读者需求的作品。（如图2所示）

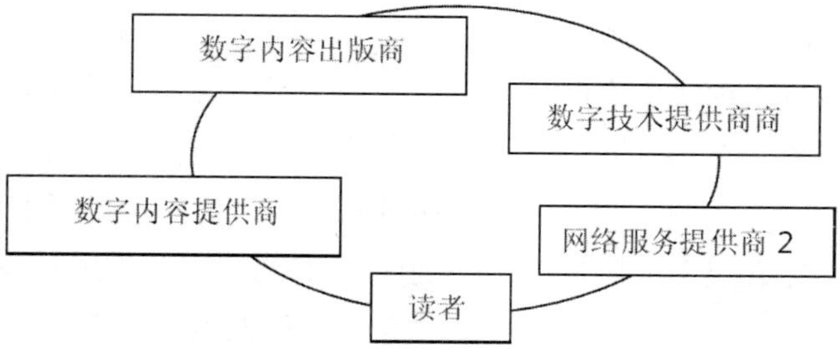

图2　数字出版促进生产与消费方的沟通

在数字出版中，内容生产成为其中的重要环节，但是，离开整套产业链，数字出版也会出现局限的状态。而整个产业链各个环节的整合优化各种要素的配置，体现了集成创新模式的应用。数字出版的产业价值链是以内容为源头，以互联网、电信网络、广播电视网络等为传输渠道，通过电脑、手机、电纸书等手持电子接收终端为读者服务的一个完整的链条。这样，数字内容提供商、技术提供商、阅读设备提供商、电子媒体运营商、电信（广电）等网络运营商、渠道开发商、终端用户等就形成了数字出版产业价值链的主体，改变了传统出版价值链中以出版社为主体的状态；以数字技术构成的数字技术平台为其载体和依托，呈现与展示数字化的文本作品。这种产业链的模式整合了内容、技术、生产组织运营等要素，形成了高效的有机链条，实现着功能倍增的集成创新效应。（如图3所示）

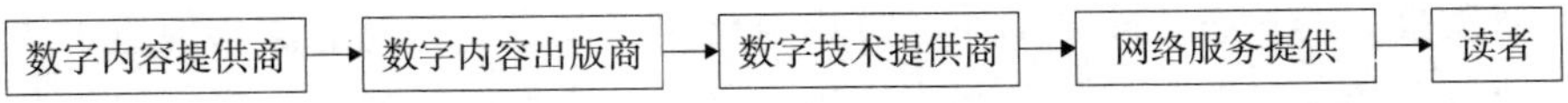

图3 数字出版的产业价值链主①

二 文化消费方式：集成创新方式下内容与形式选择的多样化

集成创新将技术、知识、内容、生产组织等各要素优化组合，以有机体的形式实现集成效应。它变革了生产方式，提高了生产效率，同时影响了与其相应的消费方式，在集成创新引领下的消费，成本更低廉、内容更加多元，形式更加多样，互动更加频繁，体验更新颖，消费习惯也发生了改变。

消费成本降低。数字出版领域消费者只需在线支付相较于实体书较少的费用，即可阅读整本书的内容。省去了来回交通的费用和时间，降低了交易成本，提升了消费的效率。起点中文网的消费者在账户进行充值后，按每千字2~3分的费用进行阅读。亚马逊kindle电子书依照不同的类型分别以纸质书价格的30%~70%左右的价格进行销售。电子书或在线阅读的方式大大降低了阅读的成本。

---

① 资料来源：金雪涛，唐娟：《数字出版产业价值链与商业模式探究》，《中国出版》，2011年，第2期，第56~59页。

内容丰富多样。数字出版缩减了作品出版的环节，降低了作品问世的门槛和成本，为创作者呈现作品提供了较为宽阔的平台，使更多原本依赖于传统出版社的出版环节限制而未能出版的文本内容得以在互联网的平台上与读者见面，这就丰富了读者的阅读内容，提升了阅读的可选择性。

渠道和获取形式多样。在内容丰富的基础上，数字出版还丰富了人类获取信息的渠道和方式，人们可以选择更多样的方式接触和获取文本信息内容。传统的出版以纸质为主，数字出版则依靠互联网和数字化的技术，以互联网和智能终端等为平台和载体来呈现文本内容，在降低消费成本的基础上，拓展了人们获取文本的途径和方式。

在消费的过程中，数字出版作品具有较强的互动性和良好的体验性。数字出版通过一系列的互动机制，增强了消费者的互动积极性。消费者可以在互联网平台上，针对特定作品发表自己的观点和想法，使消费者从被动消费、被动接受的状态，转变为主动发出自己声音和表达自身想法，促进了读者和消费者的互动和更好的作品的出现。起点中文网就是通过一系列犒赏和奖励机制，如“投月票”、“投推荐票”、“好评指数”等激励消费者积极行动起来，支持自己喜爱的作者的作品，消费者既表达了喜爱意见又促使作者群优胜劣汰，激励作者依据消费者的需求创作更好的作品。良好的体验性表现在，阅读终端可以通过屏幕、字体的设置为读者营造适宜的阅读环境。同时，阅读终端通过技术手段将注释、标记等传统阅读习惯融入数字化阅读终端，并将其他人的标注共享，实现了传统阅读的新体验。例如Kindle的电子墨水屏幕帮助读者更易集中注意力；高亮的便捷操作轻松实现了注释、标记以及注释和标记的单独摘取；通过互联网技术，众多人的标注被显示在每一个Kindle上，为交流分享打开了通道。甚至，我们还可通过过滤筛选出读者群中最受欢迎的高亮内容，以一种新的方式来读书。

碎片化、个性化的消费习惯。随着获取文本信息途径和方式的变化，人们获取文本信息的时间、空间也相应发生变化，并进而影响了人们的消费习惯。人们对内容的阅读和消费不再受限于时间和空间，消费呈现出碎片化的特点。脱离了对纸质的依赖，通过智能终端，消费者可以选择在任意的空闲时间，通过数字化的设备借助互联网服务进行阅读和消费，使阅读和消费更加灵活和多样，满足消费者多样化的消费需求。

集成创新影响下的消费模式呈现出低成本、灵活多样、内容丰富、强互动性和高体验性的特点，这使消费更符合人的真实需求，不仅仅只是“符号”的膜拜和消费，而是从人性的角度，真真切切解决了人的现实需求，为生活提供了便利。

三　企业盈利模式：集成创新方式下的多元盈利模式

集成创新将生产的各要素系统结合，以功能倍增性有机体的形态存在，大大提高了生产效率，同时影响了相应的盈利模式，多元新型的盈利模式在集成创新的引导下形成。在线付费、版权增值、网络广告及终端销售都是基于集成创新理念，在技术与平台的支撑下，通过资源的优化组合配置，形成了相应的灵活盈利模式。这些盈利模式适应集成创新条件下生产的规律和特点，迎合消费习惯，以更有效的方式和途径获取了良好效益。

传统出版机构处于由受众创造，并与广告主连接的双边市场。其主要的盈利方式是出版社以低价格将出版物卖给受众，再以较高的价格将受众在出版物上花费的时间和注意力卖给广告商，从中赚取差价。少部分的畅销小说则通过版权增值获取了附加收益。

数字出版出现之后，传统受众创造型的双边市场的盈利模式发生改变：首先，传统双边市场向“直接用户付费”的单边市场转变；其次，在集成创新条件下，运用网络技术对消费者浏览时间、点击后的行为效果可进行更精准的观察和观测，网络广告的投放也更精确和有效，避免了盲目投放造成的人力物力的损耗；最后，在集成创新条件下，数字出版实现了资源优化配置，丰富了产品的内容和类型，满足了众多子市场的需求，发挥长尾效应，这为其通过在线付费、版权增值和电子书等的模式赚取利润创造了条件。

针对数字出版相对于传统出版的不同特点，各个企业纷纷采取多样化的盈利策略，来获得收益。总结起来，这些盈利方式包括：在线付费、版权增值、网络广告及终端销售的盈利模式。

（一）在线付费

在线付费是数字出版企业通常采取的盈利模式，基于数字化的技术和互联网的平台支撑，数字出版企业通过对在线对消费者的阅读和订阅进行收费，这与传统出版售卖书籍获取盈利相差不多，但是在线付费比传统的书籍售卖要廉价，而且也有利于消费者时时刻刻、随时随地进行消费和阅读。一些专业的图书、期刊、数据库及原创网络文学网站都采取了在线付费的模式，通过互联网的渠道对消费者消费的电子书籍、期刊及其相关文献进行相应价格的收费，再根据内容的来源形式和渠道与相应的版权主体进行利益分成。自由内容与买断内容独揽在线付费的收益，部分内容则与内容提供商对收取的费用进行分成。

同方知网是专业期刊数据库的代表。它拥有海量的内容，实现了同步出版7500种学术期刊，650所院校的博硕士学位论文，1500个学会的会议论文，500种重要报纸，3200种年鉴，3600种工具书（专业辞典、百科、图谱、工程技术手册、语言辞典），全国统计年鉴与经济信息类期刊，全国专利、科技成果，国学宝典，以及2000多种高等教育期刊、基础教育期刊、精品文化期刊、精品文艺期刊和党建期刊，①成为国内最大的传统期刊的网络出版平台。这些丰富的内容为中国知网成为权威的专业期刊数据库的平台做了雄厚的支撑，为消费者便捷地寻找文献资源提供坚实的保障，进而保证了自身的盈利。这些内容来源包括自有内容、买断内容和与内容提供商的分成协议内容。依托丰富的内容，中国知网为专业的消费者免费提供在线搜索服务，通过付费下载赢取利润，再对部分分成协议的内容主体进行利益分成。在线付费的盈利模式降低了消费者的阅读成本，尤其对于专业的消费者，在线的阅读便于专业资料的搜索和使用，免去了翻阅期刊的繁琐过程，使搜索、阅读和消费更加便捷。

在网络原创文学方面，起点中文网通过在线付费阅读制度即VIP付费阅读制度进行在线收费。起点中文网以每千字2分钱（初级VIP会员阅读价格为每千字3分，高级VIP会员的阅读价格为每千字2分）的付费阅读标准进行收费。网站在VIP部分的收益，与作者按三七的比例进行分成，起点中文网分三成收益，作者分七成收益。通过在线付费、分成收益的形式形成了网站平台、作者和读者共赢的局面。另外，起点中文网还通过月全勤奖金、月票奖励、催更票分成、年终奖等形式激励VIP作者进行创作，保证盈利的良性循环。

（二）版权增值

数字出版通过将部分人气较高的数字化内容延伸至纸质图书的出版来对

---

① 中国知网：http://ec.cnki.net/gg/hlxk/hlxk.html

数字化的内容进行二次消费，整合互联网渠道和传统出版流通渠道来提升整体的销售，同时，以数字化作品的内容为源头进行影视剧和动漫等相关衍生产品的制作，借助版权的二次售卖和增值来延长产业链条，扩大影响力，创造更大的收益。

在版权增值方面，原创文学网站是典型的代表。起点中文网的版权增值服务收费主要有两种模式，一是版权出售，主要是指将原创作品的版权出售，制作成为电影、电视剧、游戏等，采用灵活的方式出售版权，获得收入，并与版权所有者进行利润分成；二是纸质书出版，与出版社合作，将电子书转化为纸质书，获得销售收入分成。

起点中文网对于影视、漫画、游戏等改编版权销售的分成比例为五五分成，作者可以拿到5%的分成收益。另外，根据版权销售成绩不同，还设置了阶梯式分成比例，销售金额越高，作者可以得到的分成比例越高，最高可达八成。

（三）电子书

通过对传统纸质图书载体的变革，电子书将数字化的内容借助EXE、TXT、HLP、EPUB、UMD、JAR等格式，转换成可以在PC端、手机和专业电子阅读器等终端进行阅读“图书”。同时，载体由纸质向电子终端转变，在降低成本，扩大了销量的同时，拓宽了传播流通的渠道。电子书借助互联网的广阔平台，提升了传播的效率，扩大了电子书的影响力。

电子书较为典型的是Kindle的电子书模式。Kindle依托强大的网络平台，汇聚了海量的图书内容，通过电子终端阅读器kindle进行捆绑阅读销售。读者借助kindle从亚马逊的网站进行电子书的付费下载，而需要支付的费用仅为纸质图书价格的30%~60%左右，大大降低了消费的成本，同时免去了去实体书店购书的不便，整体上交易成本下降。Kindle再对其收益与供应商进行六四分成。同时，kindle以保护眼睛的电子墨水屏吸引读者，通过kindle的硬件销售也赚取了不少的利润。

同样，其他的纸质图书也借助同期出版付费电子书通过手机终端阅读的模式获得了更大的收益。例如长江传媒2012年推出一本定价为30元左右的新书，其半年的销售量约1万册、利润约6万元；但该书电子版借助移动手机阅读平台，同期却实现了40余万元的收入、净利润超过20万元。在利益分成上，与渠道商采取合作分成的模式，长江数字将加工好的电子书投放到渠道商平台，利用其平台优势销售电子书，双方分成利润。长江数字再将数字版权运营获得的收入与出版社或者作者进行分成。

(四)网络广告

数字化出版的平台往往聚集和吸引了众多的消费者，拥有海量的点击量和浏览量，这为网络广告的投放提供了一定的条件。而且由于网络技术对消费者浏览时间、点击后的行为效果可进行定量的追踪观测，从而使新媒体的广告主在投放广告的过程中，效果比照传统的收视率、媒体覆盖范围、广告到达率等指标更为精准，所以数字出版改变了传统出版基于广告作为交叉补贴产品的效率，保证了广告的精准投放，使广告的收入也成了网络平台的另一项利润来源。起点中文网作为一个平台聚集了能够长时间持续地接受信息传播的众多作者与读者，通过对不同消费者需求特点和能力的分析，可以针对性地运用横幅式、按钮式、擎天柱式及互动游戏式等多种广告形式投放相应类型的广告服务，例如根据艾瑞咨询通过 iClick 的调查可以得出起点中文网用户属性及持有的品牌价值观态度及其特点。这样，投放在起点中文网平台上的关于私家车、手机、外出旅游、教育培训等产品及服务的广告就更具有针对性。

在数字化与互联网技术的推动下，数字出版产业呈现出蓬勃发展的良好态势，而集成创新理念和方式的应用，引导其通过文化生产、文化消费和盈利模式的变革，实现了资源的最优整合利用和效率的提高。数字产业的生产方式以内容为中心，生产过程较传统出版繁琐的过程相比更高效；消费方式更灵活多样，为消费者提供了诸多的选择和便利；盈利方式更加多元化，盈利空间更加巨大。虽然，数字出版也面临着不少的问题，但是总体上，数字出版的优势凸显，是未来出版业发展的方向和潮流。

（胡洪斌：云南大学文化产业研究院副教授；
张晓丹：云南大学文化产业研究院在读硕士研究生）

探析网络文化资源的定义、类型与特点[①]

胡郑丽

摘要： 网络文化资源是一种随着互联网技术而兴起的新型文化资源，其产生与繁荣的同时也形成了以互联网经济为主体的网络文化产业。网络文化资源的类型众多且呈现出有别于传统文化资源的丰富特点。

关键词： 网络文化资源　类型　特点

一　网络文化与网络文化资源

互联网技术起始于冷战时期的军备竞赛。1957年10月，苏联宣布成功把世界上第一颗绕地球运行的人造卫星“伴侣号”送入轨道，大为震惊的美国随之奋起直追，并将精力着手于信息的传递与安全。60年代，“互联网”这一军工成果被研发出来。互联网以蛛网网络的形式存在，能够自由的沟通网络上的各个点而不受某一点异常的影响，这一技术优势大大提高了信息的流通效率，使得各类信息能够流畅快速地在网内相互传播扩散。而后，互联网如同计算机一样，由军用渐渐转为民用，家庭网络在美国逐渐普及。

1993年，一些学者开始研究互联网经济学，纽约大学埃克诺米斯教授提出了“网络经济学”的观点。所谓网络经济，就是通过互联网络进行的经济活动。这种网络经济是一种建立在计算机网络的基础上，以现代信息技术为核心的新型经济形态。[①]遍及全球的互联网经济对人类文明的影响是巨大

① 刘甜甜：《网络文化资源转化为生产力问题研究》，《山东省农业管理干部学院学报》，2013年第1期。

的，其冲击力是空前的。互联网如同一把钥匙，打开了信息世界的潘多拉魔盒，它解购并重组着人类社会，古老的传统、悠久的习俗在它面前步步后退；世界缩小为“地球村”，任何一个国家很难独善其身不闻外事，自愿或被迫卷入一体化的浪潮中；信息以空前的速度被制造、传播，文明的节奏大跨步式的迈进；崭新的媒介诞生，重新分配着载体世界的份额；全新的文化形态被创生出来网络文化以独特的范式步入了人类文明。

中国不甘落后于世界脚步，改革开放以后，中国逐步引进了互联网技术，互联网开始了蓬勃的发展。进入二十一世纪以后，其扩张速度更是惊人，家用电脑、个人电脑的普及以及全国范围内的网络连通，使得中国大陆网民数量呈几何数字增长，2008年，中国已超过美国成为全球第一大网络市场。此后，我国开始意识到网络文化的力量，制定相关政策推动这一新兴文化产业的发展。2012年2月23日，文化部以文产发〔2012〕7号印发《文化部“十二五”时期文化产业倍增计划》。该计划指出，“十二五”期间，要提高网络音乐娱乐、网络艺术品、网络动漫、网络演出、网络文学等网络文化产品的原创能力和文化品位，发展健康向上的网络文化，进一步增强网络文化的核心竞争力。网络文化的兴起与繁盛，在当前看来已是不争的事实。尽管由于网络信息量大、内容鱼龙混杂、水准参差不齐等种种局限性，许多专家学者对网络文化嗤之以鼻，然而不可否认的是，网络文化已经占据着大众文化的主体内容，成为时下文化的焦点所在。网络文化或明显或潜在的影响着社会环境、大众舆论、生产过程、信息传播、艺术娱乐等方方面面，乃至对政府决策、政策推行都产生了或多或少的影响，这一力量的源头，显然是数目庞大的互联网用户群，以及“互联网生活模式”的广泛存在。

广义上的网络文化，指网络时代的人类文化内容，它是人类传统文化、传统道德的延伸和多样化的展现，其存在与网络有着一定的依存关系。如广告，看似与网络文化关联不大，然而当广告以网络为传播平台时，就不可避免地受到其媒介的影响，并形成一种独特的文化氛围，故而网络广告也是网络文化的一部分，但究其广告本身，可能并不具有网络文化的特征，其辨别是模棱两可的。所以，我们所谓的广义的网络文化，更侧重的是网络这一媒介对于其承载传递的文化内容的影响，而非其文化本身的明显特点。

狭义上的网络文化，则是由计算机网络所创造或催生的文化内容，网络是其直接的信息来源，并同时扮演主要信息通道的角色，我们日常讨论的网络文化，多指狭义的网络文化。网络文化主要存在于虚拟网络，能影响并改造现实文化，有的网络文化又从已存在的网络文化中衍生出来，具有极高的变化与传送速度，但其一定程度上，还是受限制于所在的网域，不同国家地区不同网域的网络文化，有着一定的差异性与独立性。

网络文化资源，是指网络文化中可以作为资源进行积累存储并具有开发利用价值的部分。当网络文化同时具备了市场性与可开发性，那么它就完成了从信息到资源的转变。网络文化资源，具有积累快、存量大、受众广、能耗低、层次多的多重优点。网络文化资源催生了网络文化产业的发展，网络文化产业是以网络技术为平台，数字化为核心从事互联网文化内容生产、流通和提供网络文化内容服务活动的经营性产业的集合。[①]与传统文化产业相较，网络文化产业有着较低的舆论道德风险，开发方式更为多样，开发力度更为自由，开发成本更为低廉，开发周期更为短暂，且网络文化的高速代谢特性，最大程度上淡化了文化产业开发对文化资源的耗损，是文化产业的全新增长点。尤其是在进入数字化时代后，传统文化资源必须进行重新“编码”以成为数字化的存在，而现在文化资源的数字化工程将比我国历史上大规模“纂修”工程有着更深远、无可比拟的意义。[②]

二　网络文化资源的类型

网络文化容量巨大，类型数目繁多，子文化层出不穷，网络文化资源也相当丰富。由于网络所具备的高度信息流通，许多网络文化互相交接、糅合，使得网络文化资源的情况较为复杂，故而从宏观角度进行大致区划显得更为合理。以目前的网络文化的分布来看，网络文化资源大致有以下几类：

（一）网络通信资源

网络是庞大复杂的信息载体，其主要功能之一即是信息的传递。网络中的信息传递，并不是单纯的无序传播，而是依托各式各样的网络工具及网站来进行的。随着网络信息量的爆炸式增长，各式各样的网络通讯服务应运而生，进而形成了网络通信资源。网络通信资源包括名目繁多的通讯软件、网

① 解学芳：《网络文化产业管理体制改革：技术创新驱动的缺位与突破》，《社会科学研究》，2011年第5期。

② 林　焱：《网络文化资源：开放与封闭》，《福建论坛》（人文社会科学版），2003年第3期。

络搜索引擎及门户网站，这些软件或网站以传递信息为主要功能，以获取客户并凭借客户收取服务费、广告费等为主要运营方式，常见的服务内容有网络社交平台、电子邮箱、搜索引擎、门户网站等。

以门户网站为例，随着人们对网络文化的需求增加，门户网站不断开拓业务，目前门户网站主要提供新闻、搜索引擎、网络接入、聊天室、电子公告牌、免费邮箱、影音资讯、电子商务、网络社区、网络游戏、免费网页空间等。在我国，典型的门户网站有腾讯网、新浪网、网易和搜狐网以及地方门户网站联盟城市中国等。它们大多有着自己特定的用户群，并在不断地竞争发展创新中具备了自身的独有特色，从而实现了由工具到资源的转化。它们的标志、理念、文化、竞争手段、营销内容不经意间成为广大网民喜闻乐道的内容，并以此派生出众多的网络子文化。

从谷歌与百度在中国市场的“巅峰之战”到腾讯与360的恶性竞争闹剧，从博客的泛滥到微博与微信的异军突起，网络通信资源随着网络通讯技术的发展而不断壮大，成为一类可观的资源类型。然而由于其多涉及知识产权等内容，对其开发具有一定的难度，对新网络媒介的开发也需要谨慎的判断与对市场趋势的准确把握，同时也需要具备一定的经济技术实力。

（二）网络广告资源

网络广告发源于美国。1994年10月14日是网络广告史上的里程碑，美国著名的Hotwired杂志推出了网络版的Hotwired，并首次在网站上推出了网络广告，这立即吸引了AT&T等14个客户在其主页上发布广告。同年10月27日，当一个468×60的Banner广告出现在页面上时，标志着网络广告的正式诞生。更值得一提的是，当时的网络广告点击率高达40%。中国的第一个商业性的网络广告出现在1997年3月，Intel和IBM是国内最早在互联网上投放广告的广告主，当时投放的网站是Chinabyte，广告表现形式为468×60像素的动画旗帜广告，IBM为AS400的网络广告支付了3000美元的广告宣传费用。中国网络广告一直到1999年初才稍有规模。[①]经过十多年的发展，中国的网络广告已逐渐走上了一条成熟的道路。

网络广告资源指通过互联网平台刊登或发布的广告，其主要通过文本链

① 百度百科，网络广告[EB/OL]. http://baike.baidu.com/link?url=QN47Go6TSVSShAY2RVVbwp-Ny9KdBOG_jJyXATGCxhqWJvdExb0g3dW-7O，2014-7-1。

接、多媒体、横幅或竖幅、电子邮件、按钮、浮动、插播（弹出）等形式进行传播，传播对象为活跃在网络上的用户。网络的特殊性使得网络广告业极其繁荣，小到网页文字广告、贴片广告，大到视频广告、专题广告，网络广告充斥着网上生活的各个角落。这些广告的内容五花八门，或低级庸俗，或精致高雅，或千篇一律，或创意十足，有的甚至带有欺骗性和强制性，但这都不妨碍网络广告资源成为潜力巨大的文化产业后备军。与传统大众媒介广告相比，网络广告形式多样、内容丰富、结构灵活，在资源丰富性上有着得天独厚的媒介优势，是网络创意智慧的集中体现之一，其中储存着庞大的数据与多样的形式，有着一定的开发价值。与此同时，网络广告资源数目过于庞大，精品较少，信息量虽然丰富但进行提取需要耗费大量精力，这些都影响了网络广告资源的有效利用与开发。

（三）网络动漫资源

从前些年风靡网络的韩国“流氓兔”，到占领全网的国产“兔斯基”，再到“后兔斯基时代”的“悠嘻猴”、“起司猫”、“洋葱头”、“小破孩”，网络动漫产业成功发展，形势喜人，大有叫板传统动漫业的势头。

韩国的“流氓兔”虽然早已过时，但它的身价最高时已达10亿美元。尽管流氓兔算是网络动漫业“第一批富起来的人”，它的成功有着特定的历史契机，然而网络动漫的巨大市场是不可否认的。网络动漫与传统动漫有着形式上的区别，这与网络动漫根植的环境及其目的是密不可分的。网络动漫一般以简单的Flash动画形式出现，重复一个或几个动作，作为图片贴片被广大网民应用在网络聊天、网络视频、网页贴图和回帖中，借以直观乃至夸张的表达某种情感或心理状态。可以说，某种程度上，网络动漫在网络中充当着网民的“脸”，扮演着丰富的“表情”，并借以传达或简或繁的“情绪”，在虚拟的网络里，成为交流的一种方式。这种简单而广泛的需求催生了大量的网络贴片动漫创作者(或者说网络动漫画家)，并带来了种类繁多的网络动漫作品，构成了丰富的网络动漫文化资源。

网络动漫文化资源的产业开发目前比较成熟，各类动漫产品品类繁多，带来巨大的经济效益。网络动漫从制作到推广、开发、营销的产业链基本形成，有着广阔的市场。但现实是，由于我国的法律制度还不完善，知识产权尤其是网络知识产权未得到有效保护，网络动漫创造者及网络动漫公司维权无门，常常花费大量人力物力做出的产品，被轻易地盗版、盗用，大型网络动漫企业的出现还需时日。众多网络动漫制作者的目的仅是自娱自乐，并不将其视为盈利手段，这不利于我国网络动漫的快速发展。此外，我国网络动漫的市场营销目前处于喊得多做得少的尴尬境地，多数开发者只是坐享其成，将流行的、成功的网络动漫形象直接拿来用，很少主动去打造推广未流行的“新作品”，这也是我国网络动漫业迟迟无法迈向正轨的一大症结。

（四）网络游戏资源

网络游戏是指借助互联网通讯技术，多人同时参与的公共平台电脑游戏。网络游戏是目前最为成熟的网络文化产业之一，也是最受非议与诟病的，这是由网络游戏的自身特点导致的。网络游戏的形式本身，决定了它的主要受众是以有着本能性游戏需求的青少年为主，而网络游戏的产业化经营，需要有长期且稳定的市场，这就使得“把玩家留在电脑前”成为众多网络游戏的主要诉求。青少年身心尚未成熟，人格多处在形成阶段，对是非的分辨能力差、自制力薄弱，网络游戏一方面占用了大量的时间，影响了青少年的学习和生活，另一方面，其成人化、虚拟化、自由化的内容易造成误导，产生不良的社会影响。

网络游戏资源的丰富性，几乎到了令人诧异的程度。一方面，网络游戏取材于现实，几乎囊括了所有现实生活中的元素，另一方面，网络游戏又不受现实的束缚，其内容可以自由地拓展与延伸。为了满足不同玩家的需要，最大化的细分市场，降低竞争，提高盈利，网络游戏风格包罗万象，几乎涵盖了世界的主要文明内容。网络游戏资源的另一特点是极高的可重复利用，如果一个地区同时出现五个以“三国”为主题的旅游景点，大多数游客只需要去一个或两个就已经“饱腹”，不再有继续游览的需求。然而如果同时出现五个以“三国”为主题的网络游戏，由于游戏规则的不同，只要营销合理，许多玩家都会多次进行尝试。这不是一个想当然的假设，众多游戏系列接连推出几部乃至十几部同主题游戏产品，仍能获得成功，足以印证网络游戏资源的旺盛生命力。

网络游戏资源的开发和利用，已经相当成熟，且仍在稳定快速的积极发展。中国由于众多的人口，迅速迈入游戏消费大国行列，并有着赶超世界第一游戏大国美国的趋势，网络游戏资源的产业开发有着稳定广阔的市场。

（五）网络影视资源

网络影视资源是伴随着网络的普及化以及电影电视市场的繁荣而发展起来的新型网络资源，这类资源的生产和传播载体主要是网络。狭义的网络影视资源包括微电影、网络节目、网络自制剧，广义的网络影视资源还包括传统影视剧的网络化和数字化。

随着网络视频业务的发展壮大，互联网已成为影视剧播放的重要平台，各大门户和视频网站在视频领域的竞争异常激烈,热门影视剧版权价格也随之增长。高昂的版权购买费导致了巨大的运营成本。同时，网络视频同质化竞争严重，网站需要寻找差异化的竞争路线，提升原创能力。在这种竞争环境下，自制电影、电视剧和综艺节目成为了一个不错的选择。自制电视剧、节目不但成本低，而且能保证网站在运营中享有更多主动权，同时，网络自制剧、节目的灵活性和投资决策的风险都更加可控。

例如搜狐自制网络娱乐节目《大鹏嘚吧嘚》，作为中国互联网第一档网络脱口秀节目，它可以说创造了网络自制节目的奇迹，从2007年1月份开播至今，已经制作了五百多期，每期点击量基本都超过了五百万，吸引了广大网民的眼球，也为搜狐公司带来了丰盈的广告业绩。与此同时，而在网络自制剧方面，中国的各大网站都展开了竞争态势，纷纷推出自己的自制剧。例如爱奇艺的《灵魂摆渡》、腾讯视频的《探灵档案》、搜狐的《屌丝男士》《极品女士》等在网络上都获得了不错的口碑。尤其是乐视出品的网络自制剧《超级教师》，一经播出就展现了惊人的爆发力，截至目前[①]，乐视网独家点播量达1.35亿，百度搜索指数超过10万次，乐视TV超级电视点播数量高居同期热剧前列，《超级教师》轮播台日均点击成绩亮眼，有望开创2014年中国网络剧收视新纪录。[②]据不完全统计，2014年网络自制剧的总量将会超过1700集，比去年同期增长45%。[③]此外，还有美国Netflix的首部原创网络自制剧《纸牌屋》，不仅获得9项大奖提名，而且最终夺下了最佳导演、最佳选角和单镜头剧集最佳摄影三项大奖。此举，被认为是标志着网络自制

---

① 2014年7月1日

② 《自制剧“超级教师”引领中国网剧逆袭时代》，凤凰网[EB/OL]. http://ent.ifeng.com/a/20140701/40152663_0.shtml,2014-7-1。

③ 《网络自制剧为视频开启暖春时代》，新华网[EB/OL]. http://news.xinhuanet.com/newmedia/2014-05/14/c_126498608.htm，2014-5-14。

剧已经进入到能够与传统电视剧分庭抗礼的新时代。[①]然而由于网络自制节目和自制电视剧的相关法律法规尚不完善，在具体的运营过程中也出现了低俗化、庸俗化的现象，这些问题都有待进一步去解决。

（六）网络文学资源

狭义的网络文学资源指以网络为载体而发表的文学作品，这些文学作品主要是指网络原创作品，它们的第一个公开传播渠道是网络。网络文学的体裁以小说为主，也有少量的诗歌、散文和戏剧。由于网络本身的交互性，网友可以通过评论、回复、投票等功能推动网络文学的传播。如盛大文学旗下的起点中文网、红袖添香网、晋江文学城、榕树下、潇湘书院、言情小说吧、小说阅读网等七大原创文学网站经营的就是这类网络文学资源。

广义的网络文学资源还应包括传统文学[②]的数字化网络文本，如以电子书为载体的各类网络“书屋”和“书城”。1994年，留学海外的阿中（Woo Xiaozhong）为“解思乡之情”，“将小说《围城》输入电脑以自娱。先将一小部分登出来，以慰同病者”。这是有证可考的最早的中国文学数字化网络文本。过了几天，“同病者”Xiao Tang将《围城》的序及第二章也发到网络上。从此，对《围城》的数字化工作像接力赛一样继续进行，直到1996年10月，这项数字化“工程”基本完成。[③]所以，早期的“书屋”或“书城”就是在网友自发地一字字，一篇篇敲打中形成的，这些内容由于缺乏专业人员的校对，因此质量参差不齐，且原作者的版权很难得到保障。但是这类网络文学资源培养了一大批从网络上阅读的读者。

后来一些商业性的网站开始出现，如“博库”、“超星数字图书馆”等，这些网站开始注意到保护著作者的知识产权。随着智能手机的兴起，还出现了以手机为终端的各种网络文学应用软件，如“安卓读书”、“掌阅iReader”、“百度阅读”等。再到后来，数字化网络文本不再局限于文学内容，因此，出现了“中国知网全文期刊数据库”、“万方数据库”、“维普数据库”、“读秀网”等超大容量且内容丰富的网络文本。

---

① 《网络自制剧为视频开启暖春时代》，新华网[EB/OL]. http://news.xinhuanet.com/newmedia/2014-05/14/c_126498608.htm，2014-5-14。

② 此处的传统文学指已经公开发表的图书作品。

③ 林 焱：《网络文化资源：开放与封闭》，《福建论坛》（人文社会科学版），2003年第3期。

（七）网络亚文化资源

随着网络的不断发展，网络亚文化作为一种文化趋势，每每被置于社会舆论的风口浪尖。网络亚文化，指的是与网络主流文化相趋异的小众文化，作为一种边缘文化，它们有着一定的受众群体，并在这些群体中不断孕育、形成、奉行和变形，具备着这些群体的价值观烙印。网络亚文化有着独特的价值体系和世界观，并作用于亚文化个体的个体行为，它们多以发泄压抑情感、彰显自我个性、释放心理压力等为直接或潜在目的，因而有些亚文化不可避免的具备了负面消极的文化因子。

流行、恶搞、叛逆是网络亚文化最主要的三大内容。流行网络亚文化包括网络流行语、网络热点事件、网络流行行为等，具有相当高的网络热度，参与人数广泛，受众众多，但一般持续时间较为短暂，跟风成分居多，如“囧”、“XXX你妈妈喊你回家吃饭”、“臣妾办不到啊”、“甄嬛体”、“咆哮体”、“淘宝体”等，它们往往成为某些商品的广告词，以此吸引受众。恶搞网络亚文化包括各式各样层出不穷的恶搞图片、视频等，大多以娱乐调侃为目的，又带有颠覆传统、讽刺社会的心理功用。叛逆网络亚文化以非主流文化为代表，包含各种与传统划清界限、极度张扬青春个性的边缘文化，叛逆亚文化的受众群体单一，主要集中在青春期的未成年人，他们极端地追求个性，渴望彰显自我，冲动莽撞又敏感脆弱，与传统格格不入乃至水火不容，于是走上了一种近乎于病态的亚文化道路，成为社会广为担忧和猛烈批判的焦点。

网络亚文化诞生于自由开放的网络环境，亦与现代人的小群体集群特点密不可分。网络亚文化文化资源，是网络文化资源中最富有青春气息与快乐的部分，也是新陈代谢最为快速的部分，正是网络亚文化资源的丰富，给最广大的网民带来了色彩斑斓的网络世界。

三　网络文化资源的特点

（一）随意性与短暂性

网络信息是网络文化资源的重要组成部分，由于网络信息发布的随意性强，网络信息的分布和构成缺乏统一的组织结构和有效统一的管理机制，使得网络文化资源处于无序、无规范的分布状态。[①]网络文化资源代谢速度快，产生数量多，某种网络文化资源的走红除一定的自身因素外，有着很大的随意性，事先难以准确预测和把握。往往一件不起眼的小事，一张普普通通的帖子，一句随随便便的话，就在网络这一特殊的环境中爆发出惊人的力量，成为炙手可热的网络文化资源。2009年7月16日，百度贴吧魔兽世界吧（俗称WOW吧）有人随意发了一个帖子，标题即是内容，却在六小时内引来近40万次浏览和1.5万条回复，这就是后来被誉为“09年十大网络事件”、“09中文网络奇迹”的《贾君鹏你妈妈喊你回家吃饭》，这场集体无意识的狂欢，持续到年末才逐渐消退，留给人们深深的思考与讨论。网络的这种特点，使得人人都有可能成为文化资源的整合者、开发者和享用者，同时也使文化资源的开发与利用充满了随意与可变，也要求开发者必须具备灵活的手段与长远的目光，能够对瞬息万变的网络文化做出正确的判断，从而在资源积累期就抢占优势。

网络文化资源产生速度很快，其衰退速度同样迅速。热门的网络文化，流行期往往只有短短数月或一两年，其形成的网络文化资源，在这一网络文化衰退后开发的效果就大打折扣了。这就要求在开发网络资源时，要对网络环境着敏锐的感觉与迅捷的执行力，一旦犹豫错过了网络文化资源的最佳开发期，其后续利用价值就显得如同鸡肋一般。例如2013年中秋节前夕，由于部分网友不满于五仁月饼内陷过腻、制式老旧，吃了几十年早已觉得厌烦，便在网络上喊出了“五仁月饼滚出月饼界”的恶搞口号，该口号随即遭到疯狂传播，在“90后”中更是大受追捧，一时间网民们谈及月饼必讨论五仁月饼。这一突发事件后，短短几天之内，淘宝网即有店铺打出“黑暗五仁月饼，专送仇人”、“恨他，就送他五仁月饼”等跟风口号，各商家随后亦是花招百出，围绕五仁月饼各显神通，极尽营销之能事，使得往年死气沉沉的月饼市场一时间风起云涌，热闹非凡。由此可见，反应迅捷，及时抢滩，利用网络文化资源也能带动其他产业的繁荣发展。

（二）交互性与变化性

网络文化资源的交互性是相对于传统媒体的传播方式而言的，如报纸、杂志、电视、电台，其传播的对象是互不联系的受众，他们几乎是被

---

① 泻瑞琴、林众：《论网络信息资源的特征及信息需求新理念》，《湖南社会科学》，2005年第2期。

动地接受传统媒体的单项传播信息。[①]网络文化资源的主体是众多的，人们既是网络文化信息的接受者，又是其发布者和传播者，这种发布者和传播者是一种平等的关系，人们可以像现实生活中自由、平等地进行交流。[②]而以网络文化资源为信息载体的网络媒体，则可以实现发布者、传播者与接受者之间的互动，这三者身份的虚拟性在一定程度上加快了网络文化资源传播的速度，也使得整合与开发网络文化资源的成本更加低廉。

网络文化资源的变化性又可称之为不稳定性，这是其有别于传统文化资源的另一鲜明特点。传统的文化资源，一旦形成后，具有较高的稳定性，其内容不会有较大的变动，而是呈现出“沉淀”的态势。网络文化资源则并不稳定，有些网络文化资源虽然形成了，但由于网络环境的变化，其自身也会随之改变。如长发白皙的“植物美男”形象曾经在网络上风行一时，但几年后又急转直下，被解释为“娘炮”、“非主流”，往昔十分畅销的一系列“植物美男”风格男性饰品也无人问津。哥特风格的审美倾向本来因为带有阴暗、诡异、凄美的特质而长久以来一直作为中国网络中十分小众的网络文化，有着固定的小众市场。然而在仿朋克的“杀马特”网络社团、网络“非主流”群体等出现后，其成员大肆混淆哥特与其他艺术风格，并泛滥的加入颓废、迷茫、自暴自弃等极端情绪，使得“哥特式”几乎成为过街老鼠，人人喊打，“哥特式”风格产品同样受到牵连，被不明真相的网民视为浅俗不入流，人们纷纷试图与其划清界限，导致了许多商家的严重损失。“土豪”这一网络用语作为形容土财主、暴发户的词语，以前一直带有浓重的贬义色彩，被网民用以挖苦讽刺，然而近年特别是2013年以来，随着“土豪我们做朋友吧”等口号的流行，“土豪”开始被“洗白”，逐渐成为带有中性甚至褒义色彩的名词，网民们开始用“土豪”形容平日里待人大方，舍得花钱的仗义朋友，更有人以“土豪”自居，借此表达一种自信或是上进的生活态度。以上这些，都是网民对网络文化资源的理解发生变化导致的，网络环境的波动、网络语境的变化，会使得网络文化资源随之改变，这也是开发者需要注意并及时随之改变的一点。

---

① 王守光：《整合网络文化资源助推文化强省建设》，《理论学刊》，2010年第9期。

② 吴泰来：《论网络文化资源的特征及信息需求新理念》，《湖南冶金职业学院学报》，2009年第2期。

(三)可复制性与无界性

网络文化资源究其根本，是存在于互联网中的开放性虚拟数据，并不具有可触的实体，只要保持数据完整，就可以无限制的复制和传递，这就使其具有高度的可复制性。网络文化资源的可复制性是一把双刃剑，一方面是知识产权维护的困难，这也是目前中国面临的难题，获取他人的资源可能只需要轻轻点击复制或者下载，而对于侵权的监察、考证、申诉工作则十分的复杂耗时耗力。另一方面，高复制性给网络文化资源带来了传播上的巨大优势，这不仅体现在开发内部的数据传递上，也体现在与受众的市场活动中，便捷高效的传播降低了成本，保持了高还原性，高复制性带来的低廉维护成本，也使得网络文化资源的开发门槛更低，风险更小，运作更为灵活。传统形式的文化资源，在进行利用开发前，需要进行资源的保护与维持，这一环节的成本是巨大的。网络文化资源则没有此顾虑，网络作为一种信息媒介，当网络文化诞生的同时，其就已经被记录在了网络这一媒介中，网络文化资源以数码的虚拟形式存在，可以无限复制，轻松保存，灵活转移，大大减少了开发的中间环节，提高了效率，节约了资源。

由于我国网络文化相关法律法规还很不完善，网络文化资源目前暂处在法律盲区。这给网络文化资源的开发带来了便捷，使其开发盲目混乱，各大网络公司、文化公司纷纷抢滩网络文化，割据为王，一度出现了垄断和混战并存的局面。巨大的利益仍在不断吸引着新的角力者，因我国网络文化的相关规章制度完备仍需时日，故可以预见的是，一段时间内，网络文化资源的争夺占有与无序开发仍将持续。

在全球化的时代特征下，互联网世界实现了信息传播的无界化，受众接受网络文化资源可以不受时间、地点的制约，这是一种打破国界、打破传播者本身界限的一种传播方式。在这样的一种环境下，文化市场可以不分国内、国外市场，这两个市场走向了融合的趋势。如以前好莱坞大片在美国上映的时间往往比中国要早一天或几天，如今互联网时代打破了这种格局，通过技术手段可以实现全球同步上映。此外，由于网络媒介的发达，每一个人都可以突破技术手段成为媒体人，一种新的媒介方式——自媒体也出现并呈现出一种繁荣的态势。

(胡郑丽：四川文理学院文化与传媒学院，讲师)

教 学 改 革

文化产业专业学生专业书籍阅读状况调查分析①

秦　勇

摘要： 文化产业专业是近年来诞生的一个复合专业，融合文化、经济、管理、社会学等多门学科，但尚没有贯通成为一个整体，因而相对成熟专业而言，该专业缺乏成熟的学术体系与专业经典书目体系。针对文化产业专业学生的专业书籍阅读调查，发现文化产业专业学生存在阅读处于比较盲目、混乱状态，缺乏系统的阅读指导，阅读习惯受移动媒体影响巨大等问题。鉴于此，本调查分析认为有必要构建系统的阅读书目体系，通过阅读书目的构建，可以给文化产业专业学生良好的阅读指导，并能通过书目体系帮助文化产业专业学生加强对文化产业这一学科自身的属性的认识

关键词： 文化产业　专业书籍　阅读习惯

大学教育是培养学生自我学习、自我教育的重要阶段。相对于中学阶段，大学生有相对多的课外时间。只有通过课外时间的有针对性的专业阅读，大学生才有可能成为某一领域的专业人才。现今的大学生阅读现状令人担忧：一方面表现为不阅读（不读教材之外的任何专业书籍），另一方面表现为盲目阅读（不知读什么）、碎片化阅读（无系统的零散阅读）。据《光明日报》刊登的一份大学生阅读调查显示，广州高校学生不知读什么书和不知怎么去读书的人数分别为39.2%和33%；杭州高校学生在阅读中最主要的困

① 本文系首都师范大学学术学位研究生精品课程群建设《文化产业理论与实践》课程群建设项目阶段性成果，2014年首都师范学教改一般研究项目“文化产业本科人才培养必读书目体系构建研究”阶段性成果。

惑是不知道读什么书和不知道怎么读，比例分别是46.4%和31.8%。全国55.8%的大学生认为很需要和比较需要在专业阅读方面的专家导读。[①]以上调查大多针对一些成熟专业的学生阅读情况，一些新兴专业，比如文化产业的大学生阅读专业书籍的情况更为堪忧。由于文化产业专业是近年来诞生的一个复合专业，融合文化、经济、管理、社会学等多门专业，但尚没有贯通成为一个整体，因而相对成熟专业而言，该专业缺乏成熟的学术体系与专业经典书目体系。尤其是缺乏系统的专业经典书目，造成的局面是学生普遍有专业学习上的迷茫感，没有系统的理论与实践（实习）相联系，也没有文化产业的学术底蕴可言。鉴于这种形势，本文以首都师范大学文化产业专业学生为调查对象，对文化产业专业学生专业书阅读现状做了调查研究。

本调查发放调查问卷主要针对文化产业专业本科生二、三年级学生，这些学生都是“90后”一代，绝大多数是“94后”一代。[②]本次调查回收有效问卷100%。从学生的代表性与问卷回收情况看，这次调查基本可以反映文化产业专业本科生整体阅读状况。本阅读调查问卷涉及的问题题型分三种情形：一种是封闭式单一选择问题，被调查对象只能对备选答案选择唯一答案；第二种是半封闭单一选择问题，被调查对象如果对问卷提供的备选答案不满意，可以自己提供主观答案；第三种是开放式问题，被调查对象自主提供主观答案。三类问题共涉及14方面问题，每个问题都可以反映出文化产业专业学生专业书阅读某方面的问题。现本文对调查数据做以总结与分析。

1、文化产业专业学生认为文化产业是一个独立的学科专业吗?

该问题设计主要调查文化产业专业的学生对所学文化产业专业独立性的认识状态。调查中发现，34.9%的学生能肯定地认识到文化产业是一个独立的学科，39.7%的学生不认为文化产业是一个独立的学科，更有25.4%的学生对这个问题没思考过或说不清楚。其中，没有认识到文化产业学科独立性的学生合计占被调查学生总数的65.1%。65.1%这一比例说明文化产业专业的学生对文化产业学科的本质特性等问题认识不足。在这种认识不清学科独

① 陈品：《大学生阅读调查：阅读状况报告告诉我们什么》，中国教育新闻网，2010年10月24日，http://news.jyb.cn/book/rdss/201004/t20100424_355626.html.

② 本调查针对的被调查对象主要是首都师范大学文化产业专业的学生，不同学校文化产业专业学生的阅读状态会因学校的学习氛围等因素不同而有一定的差异，但总体上，因为各高校文化产业专业特点、学生群体的特点等相近，本人认为这一调查仍有一定的普遍代表性。

立性状态下，学生很难清楚该读那些专业书籍。

2、文化产业专业学生最常用的阅读媒介?

该问题设计基于对阅读内容和阅读媒介密切关系的认识，认为不同媒介会导致阅读的专业性程度有巨大差异。通过对被调查学生的调查统计发现，有34.3%的学生仍然以传统的纸媒（纸质图书）阅读为主要的阅读媒介，但令人意外的是经常以传统的计算机（台式机、笔记本）来阅读专业书籍的学生只占不到3%，绝大多数学生喜欢通过新兴的移动媒体（手机、平板电脑、图书阅读器等）来阅读书籍，其占有的比例为59.7%。此外，经常通过影音媒体（比如电视、电影）来来了解专业图书内容的不足3%。总结起来，可以看出现在的大学生对新兴媒体的适应速度越来越快，大学生倾向对移动阅读媒体的选择决定了其阅读的零散化、碎片化的趋势。

3、文化产业专业学生经常阅读的图书类型?

该问题的设计基于对文化产业专业学生阅读兴趣的猜测，想弄清楚文化产业专业学生其他类别图书阅读是否挤占专业图书阅读的时间。通过调查我们发现，有47.1%的学生倾向于阅读人文社科类的图书，另有42.9%的学生平时喜欢阅读文艺作品，而喜欢阅读和文化产业专业书籍关系密切的经济管理类图书的学生为4.3%，喜欢阅读上述图书以外类别的占有5.7%。这一调查数据说明文化产业专业的学生的知识背景总体上是偏人文的文科背景，同时也说明在文化产业专业学生在学习中缺乏“经济管类图书”阅读的引导与指导。

4、文化产业专业学生平时怎么获取图书资料?

该问题的设计主要是要了解图书获取方式对文化产业专业图书阅读的影响。通过调查反馈，我们统计，有33%的学生习惯于购买专业图书，有35%的学生有去图书馆或向朋友借阅的习惯，有32%的学生习惯于通过网络下载专业图书。这些调查数据说明，图书馆尚没有充分发挥文化产业专业学生学习的主要图书资源提供地作用，购买和下载等自主的获取图书资料方式（占有67%的比例）仍是学生获取阅读资料的主导方式。单纯通过购买图书来进行阅读会限制学生专业阅读的图书数量，仅仅通过下载图书来阅读会限制学生专业阅读图书的质量。

5、文化产业专业学生多久去一次图书馆?

该问题的设计主要为了解文化产业专业学生的图书馆利用率。调查发现，每天去图书馆读书或学习的学生占27%，每周去一次图书馆的学生占

39%，两周至二个月以上去一次图书馆的，即基本上没有学习或阅读习惯的学生占34%。这一调查数据说明大多数文化产业专业的学生没有养成良好的阅读或学习专业知识的习惯，这也是文化产业专业学生阅读专业图书状况不佳的重要原因。

6、文化产业专业学生认为哪些书可归为学术专著？

该问题主要鉴于文化产业专业学生缺乏学术意识而设计。通过调查发现，绝大多数学生（占有84.4%的比例）都能正确区分学术著作与非学术著作，但仍有15.6%的学生将文艺作品、心灵鸡汤类作品、大学语文教材等视为学术著作，说明经过一年到两年的专业学习，有部分学生仍没有进入专业学习或进入大学学习状态，也说明文化产业教学中缺乏足够的学术引导。

7、文化产业专业学生一学期看几本学术性书籍？

通过对文化产业专业学生阅读学术书籍的调查，发现，70%的学生一学期仅阅读一到两本学术型书籍，阅读三本及三本以上学术书籍的不足24%，而且居然有6%的学生弄不清自己阅读的是不是学术性书籍。这一阅读状况意味着文化产业专业的学生对学术书阅读兴趣较淡薄，其花费的时间与精力也自然相对较少。

8、文化产业专业学生一学期看几本文化产业类的专业书籍？

该问题的调查结果与问题7的调查结果大体一致，73%的学生一学期仅阅读一本到两本文化产业类专业书籍，阅读三本及三本以上文化产业类专业书籍的学生占22%，而且也有近5%的学生不清楚自己阅读的书籍是否算文化产业专业书。对比问题7，其阅读一本到两本的学生比例略有增高，有可能学生将文化产业类教材计入文化产业类专业阅读书籍范围内所致。整体上，文化产业专业学生阅读文化产业类专业书籍状况堪忧。

9、文化产业专业学生获取文化产业专业图书信息的途径？

该问题设计出发点是为了调查学校教育对文化产业专业学生的阅读引导作用。经过问卷统计，文化产业专业学生的绝大部分文化产业专业图书信息的获取都来自教师的书目推荐，其占的比例为74%。这说明教师在教学中的专业书籍推荐作用巨大。文化产业专业学生阅读状况不佳也和教师的阅读推荐不积极有直接联系。调查中发现，有自主搜索阅读文化产业专业图书意识的学生仅占23%。这说明文化产业专业的学习被动性依赖性比较大，大部分学生没有真正完成从高中依赖性学习向大学自主性学习转变。

10、文化产业专业学生如何阅读教材之外的文化产业专业书籍？

该问题针对文化产业专业学生的阅读习惯与学习方法进行调查。经过统计，绝大多数学生（62%）习惯于浏览学术性的文化产业专业书籍，而能反复读艰深的专业书籍的学生仅占9.5%，有记阅读笔记习惯的学生仅占27%，读书后能够写读书心得或撰写书评的仅有1名学生。整体上，文化产业专业的学生分不清泛读与精读的区别，没有养成良好的阅读习惯。

11、文化产业专业学生之间经常交流文化产业专业阅读的信息吗？

该问题的设计主要为了解文化产业专业学生的学习与阅读氛围。经过调查发现，文化产业专业学生缺乏读书学习的交流氛围，经常交流读书信息的仅有8%的学生，根本不与同学进行阅读交流的占19%，大多数学生（73%）偶尔进行阅读交流。从这组数据说明文化产业专业的学生并没有良好的阅读交流氛围。

12、文化产业专业学生认为影响业余时间阅读文化产业专业书籍的因素主要是哪些？

这是一个原因分析式调查，学生自己给出的原因有一定的真实性。经过调查，42%的文化产业专业的学生选择了“不知道读什么”。这说明文化产业专业学习中阅读指导缺位。其次，25%的学生选择了“考证考研等挤占时间”。这说明在阅读学习中，部分学生无法协调功利性学习（考试为目标）与自主性学习（专业阅读）的关系，也说明部分学生对专业学习自身缺乏兴趣。再次，有15%的学生选择“阅读其他类的书籍太多”，造成这一选择的原因应该与选择了“考证考研等挤占时间”的学生情况类似，都是在时间分配上不能很好地协调。此外，还有14%的学生选择“平时浪费的时间太多”，有6%的学生选择“课程太多”，有1名学生自填了“对文化产业不抱希望”。总体上，文化产业专业学生阅读状况不佳的主要原因应该说是缺乏阅读指导，其次是对阅读时间分配缺乏有效的“时间管理”意识。

13、文化产业专业学生认为应该多读哪些专业书籍？

该问题的设计出发点是调查文化产业专业学生对文化产业专业阅读内容的心理预期。经过调查统计，有48%的学生认为应该多读“跟文化产业密切相关的书籍”。这一统计数据说明：一方面文化产业专业复合性过于驳杂，学生难以进行多学科阅读，另一方面文化产业学科自身的专业书缺乏，学生接触地相对较少。其次，有21%的学生认为应该多读“文史哲类书籍”，有18%的学生认为应该多读“经济管理类书籍”。这说明部分学生认识到了文化产业专业的复合型特点，能有在专业基础上深入阅读的兴趣。另外，还有

13%的学生认为应该“无书不读”。

14、文化产业专业学生凭记忆能列举出哪些看过的文化产业专业书籍?

该问题调查的出发点是要感性地了解文化产业专业学生阅读状态。写不出来、仅能写出一两本文化产业专业书籍的学生占78%，22%的学生能举出两本以上的文化产业专业书籍。在被文化产业专业学生列出出来的书籍中，经过统计，出现最频繁的书籍是《娱乐至死》，这本书被46%的文化产业专业的学生列举出来。排在第二位的，被文化产业专业学生最频繁提及的是书籍是《文化产业概论》，有33%的学生列举了这本教材。排在第三位的，被文化产业专业学生较频繁提及的是《传播学概论》，有9.5%的学生列举了这本教材。

通过对上述问题的调查统计分析，可以看出以下几个基本问题：一、文化产业专业学生对文化产业这一学科自身的本质、特征等问题认识不十分清晰；二、移动媒体对文化产业专业学生的学习与阅读的影响作用巨大；三、文化产业专业学生的学习兴趣不高、学习氛围不浓，缺乏良好的阅读与学习习惯；四、文化产业专业学生的阅读处于比较盲目、混乱状态，缺乏系统的阅读指导。鉴于此，本调查分析认为有必要构建系统的阅读书目体系，通过阅读书目的构建，可以给文化产业专业学生良好的阅读指导，并能通过书目体系帮助文化产业专业学生加强对文化产业这一学科自身属性的认识。

（秦　勇：首都师范大学文学院文化产业系，副教授）

产学研相结合的实践型人才培养模式初探

——以首都师范大学文化产业专业为例

郭　嘉

摘要：人才一直是制约着文化产业升级转型和又好又快发展的重要因素之一。目前，我国文化产业相关行业需求与人才储备之间存在着巨大的缺口，高素质专业人才以及综合型专业人才还比较缺乏，就文化产业管理学科发展的整体而言，其教育还是传统式的过于侧重理论教学的模式，产学研相结合的实践教学部分不足，尚不能适应市场和产业发展对相应人才的实际需求，因此发展产学研相结合的实践型人才培养模式既具有重要意义又尤显紧迫。该文以首都师范大学文化产业专业为例分析了该专业建设的特色、面临的问题，并为其良性发展提供了研究中心与实验室双线发展的可行性策略以供探讨。

关键词：文化产业　产学研结合　实践性人才

一　我国文化产业发展态势良好

文化产业作为21世纪发展最快的朝阳产业之一，已经成为全球许多国家的经济支柱产业。我国也已把文化产业作为国家战略性新兴产业进行大力发展。2000年中共十五届五中全会通过的《中共中央关于制定国民经济和社会发展第十个五年计划的建议》中，首次使用了文化产业这一概念；2003年9月，中国文化部制定下发的《关于支持和促进文化产业发展的若干意见》；2004年，国家统计局在与中宣部及国务院有关部门共同研究的基础上，制定了《文化及相关产业分类》，把我国的文化产业界定为：为社会公众提供文化、娱乐产品和服务的活动，以及与这些活动有关联的活动的集合。

随着近年来我国经济体制改革的不断发展，文化在产业经济中扮演的角色日渐重要。2007年，党的十七大明确提出，要“大力发展文化产业”；2009年7月，国务院常务会议讨论并通过《文化产业振兴规划》，提出重点任务的第一项就是要发展重点文化产业，提出“以文化创意、影视制作、出版发行、印刷复制、广告、演艺娱乐、文化会展、数字内容和动漫等产业为重点，加大扶持力度，完善产业政策体系，实现跨越式发展。”2010年，《中共中央关于制定国民经济和社会发展第十二个五年规划的建议》首次提出“推动文化产业成为国民经济支柱性产业”；2013年，胡锦涛总书记在十八大报告中提出，确保到2020年实现全面建成小康社会宏伟目标。其中，文化产业要成为国民经济支柱性产业。要发展新型文化业态，提高文化产业规模化、集约化、专业化水平。要坚持把社会效益放在首位、社会效益和经济效益相统一，推动文化事业全面繁荣、文化产业快速发展。加强重大公共文化工程和文化项目建设，完善公共文化服务体系。文化部也提出了《文化部“十二五”时期文化产业倍增计划》。把发展文化产业放在极为重要的位置。2014年，为贯彻落实党的十七届六中全会关于发展特色文化产业、国务院关于推进文化创意和设计服务与相关产业融合发展的精神，推动特色文化产业健康快速发展，文化部、财政部联合印发了《关于推动特色文化产业发展的指导意见》，将特色文化产业的发展放在一个新的高度。

从我国文化产业发展的经济效益来看，2013年我国文化产业增加值为2.1万亿人民币，占GDP比重为3.77%。今年文化产业增加值已经突破2.8万亿，占GDP比重可望达到4.1%左右，可见文化产业的发展依然处在快速的增长阶段。在2014年各省市经济下行、增速发展放缓的情况下，文化产业的增速仍维持在10%左右，其中北京、上海等地的增速仍保持在16%左右。伴随着“十三五”规划的到来，我国文化产业将全面进入快速发展的时期。目前，全国各省、市、县已经展开的“十三五”规划的各项调研和编制工作，更是凸显了文化区域化，特色化的发展方向在“十三五”这一机遇期中，国有文化企业的深化改革和民营文化企业的做大做强，以及新型文化业态下多重混合文化经济的不断呈现，尤其是目前正在推动的公共文化服务和文化产业立法工作，都为文化产业发展驶入快车道提供了可能和保障。

综上，大力发展文化产业是经济可持续发展战略的重要环节，该策略有助于增强文化软实力大力发展，对保护我国优秀文化亦起着至关重要的作用。目前我国整个文化产业发展呈现上升趋势，文化产业发展态势良好。

二　文化产业专业人才培养至关重要

自1998年中央政府在文化部设立文化产业司以来，我国文化产业发展迅速纳入到国民经济发展的管理体系之中。我国学术界最早引进文化产业概念的是北京大学，该校早在1999年初就成立了文化产业研究所，由哲学系教授（曾任北京大学艺术学院院长）叶朗担任所长。伴随着文化兴国热潮的到来，文化创意人才培养的重要性再次被提到议事日程。早在2004年，国家为了缓解当时的文化产业人才荒率先在山东大学、云南大学、中国传媒大学、中国海洋大学这4所高校试点开办文化产业管理专业。经过数年发展，目前全国开设文化产业管理专业的高等院校至少有60所，开办的相关专业或方向也多达30个。但是有目共睹的是该专业培养出来的诸多学生市场适应力不强，就业状况并不乐观。

鉴于我国文化产业发展的重要任务，培养优秀文化产业人才成为高校刻不容缓的重要任务，毕竟人才才是文化产业发展的核心竞争力。中国传媒大学文化发展研究院院长范周教授在谈到高校文化产业人才培养时谈到：人才一直是制约着文化产业升级转型和又好又快发展的重要因素之一。目前，我国文化产业相关行业需求与人才储备之间存在着巨大的缺口，高素质专业人才以及综合型专业人才还比较缺乏。因此我们继续探索出一条在适应文化产业本质的基础上进行多元实践、多维创新的发展之路。

当前，我国教育部门及各个高校越发重视对大学生实践和创新能力的培养，教育部也将实践教学作为本科教学评估的关键指标之一，而各高等学校也在不断积极探索有效的实践教学模式，努力提高学生的实践创新能力。随着我国文化产业的快速发展及文化产业对从业人员实践与创新能力的高要求，我国文化产业管理专业本科人才的培养模式如何实现从侧重于课堂教学向多元化教学模式转变，成为当前该专业教学重要的思考命题。

三　我系文化产业人才培养的特色与主要问题

上文提到，目前我国许多高校都开设了相关专业和方向，但大部分都是作为传统学科的分支来呈现的。比如，多数高校将文化产业专业设立在人文历史学院、经济管理学院、新闻传播学院或者艺术学院等二级学院，这就给文化产业的人才培养打上了浓重的传统学科烙印。但确切来讲，这些学科并不是文化产业专业学位教育的本源。改变文化产业人才的培养模式，解放文化产业学科的传统观念，是搞好文化产业学位教育的重中之重。

文化产业作为一门新兴的交叉学科，文化产业研究领域的划分也越来越细，学科的子门类越来越多，但文化产业本身还没有成为一门独立的学科。因此，应当切实发挥各个高校自身的比较优势，突破原有的学科界限，推进文化产业不同行业之间的交叉与融合。在文化产业培养过程中，除理论知识的教授之外，对学生创新能力、实践能力的培养也尤为重要。过度的重视理论教育致使专业与实践相脱离，导致学生们缺乏实际的动手操作能力与创造力，最终会导致培养出来的学生不能很快地与社会和市场相适应。随着文化产业的发展，许多新业态的出现给我们的教育又提出了一个个新的问题。以下我们将以首都师范大学文化产业系为例来分析我们现在人才培养上的特色以及遇到的问题。

（一）已形成较为明显的学科特色

文化产业包含众多分支。如上文所述，2009年国务院常务会议讨论并通过《文化产业振兴规划》规划指出：文化产业包括文化创意、影视制作、出版发行、印刷复制、广告、演艺娱乐、文化会展、数字内容和动漫等门类，要兼顾涵盖面极广的专业对高校文化产业研究而言是不可能且不科学的，因此，每所高校都因地、因时、因人制宜确定了各具特色的发展方向。以以下七所文化产业发展较好的学校院系为例可见一斑。

表1 七所高校文化产业研究院研究方向

研究院所在院系	高校研究院	研究方向
上海交通大学媒体与设计学院	国家文化产业创新与发展研究基地	文化和文化产业方针政策研究
北京大学艺术学院	北京大学文化产业研究院	文化产业理论和应用研究
云南大学文化产业研究院	云南大学文化产业研究院	产业理论研究
山东大学历史文化学院	山东大学中国文化产业研究中心	文化产业学术理论研究 全国文化产业行业研究 区域研究
中国传媒大学文化发展研究院	中国传媒大学文化发展研究院	文化产业理论研究
武汉大学新闻与传播学院	武汉大学媒体研究中心	媒介理论 媒介战略 媒介经济
浙江大学传媒与国际文化学院	浙江大学传播研究所	传播学基础理论研究 分支理论研究

表1为七所高校文化产业研究院的研究方向，由上表统计可以得出，几所高校研究方向数量各异且各不相同，分化程度较高。但如果进行方向对比可以看出，七所高校的研究方向可以分为以下几大类：产业理论与政策研究、区域产业研究、媒介研究和传播学理论研究。其方向关键词就是文化产业与媒介传播。对比可查，我校文化产业系当下的发展情况与高校文化产业研究的主流方向也是不谋而合的，我校文化产业研究的主要方向包括文化产业管理、新闻传播、戏剧影视文学、编辑出版等几个方向，产业发展及媒体研究是各方向交叉研究的重中之重。

（二）产学研相结合发展已取得阶段性成果

从2005年建系以来，文化产业系重视产学研结合，积极争取市教委、学校和北京市地方的支持。2007年创建了“文化产业模拟运营实验室”，以此为依托，建立了首师创意网（WWW.CI.CNU.EDU.CN）。2008年，成功申报北京市教委“首都文化创意产学研合作模式创新平台”；2010年，成功申报北京市教委“首都文化创意区域发展模式构建与区校合作创新途径研究平台”；2008年和2010年，本系在首都新农村研究中心先后承担“首都城乡结合部文化生态研究”、“‘世界城市’语境下首都城乡结合部文化资源保护、开发与可持续发展问题研究”等研究课题。通过上述课题研究，本系组织并动员了数十名研究生和本科生，在老师的指导下，深入北京市城乡社区、机关、文化产业园区进行调研学习，使学生获得了实践锻炼和经验。

到目前为止，通过大家积极努力的运作，我系业已和以下机构合作建立了长期、稳定的学生实践基地项目。中央电视台新闻中心、中国网络电视台、中国电视剧制作中心、新华社《财经国家周刊》《出版人》杂志、韦伯公关公司、《时尚》杂志、华文出版社有限公司、中华工商时报、中国消费者报、中视中艺传媒公司、北京首师金鹰文化发展有限公司（基地）、北京银河长兴影视文化传播责任公司（基地）、北京大华万里国际影视文化传播有限公司（基地）、北普陀影视城、常州国家动漫基地、北京浩昊科技发展有限公司、互动通控股集团、北京智捷天成公关咨询公司、创智传动大业广告有限公司等。这些实践基地为学生们提供了较好的实习平台，让大家能够更多、更快地将自己的所学所想应用到实际工作中去，很好地解决了大家所学与所用的连接问题。

（三）学生动手能力略显薄弱

从我系11级本科生的实习单位及工作岗位的统计研究发现，学生们的选择范围较广、机会较多但是动手能力略微薄弱，专业性有所欠缺。学生们实习的机构多为传媒、文化、音乐、出版、广告等文化传媒公司；其次是以京东、搜狐、乐视TV为代表的互联网公司；第三是新京报、北京广播台、北京电视台等事业单位。具体数据如下图所示。

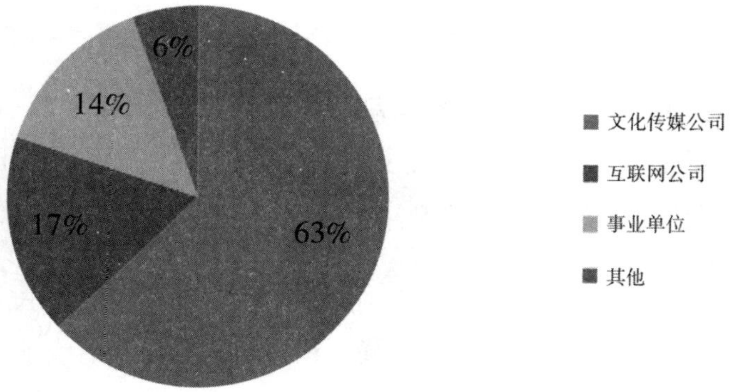

图1　我校2011级文化产业专业学生实习概括（共35人）

统计数据显示，学生们从事的多为编辑、新媒体运营、销售、客服等工作。据以上单位的反馈意见和学生们实习心得发现学生们缺乏实际的动手操作能力是目前雇佣双方反映最为一致的问题。Photoshop、dreamweaver、html5等基础的修图、编片、动画制作软件学生们使用起来都颇为生疏，因此他们即便有好的想法、好的创意都难以实现，而编辑、新媒体运营等又是最需要这些基础能力的工作。所以学生们的实习和就业就呈现出了目前这种眼高手低的状态，大家嫌弃销售、客服没有什么技术含量不愿意去做，但是面对能施展自己专业能力的工作又无从下手。

文化产业管理专业所培养的应该是既懂文化又懂市场的“复合型”人才。虽然我国目前文化产业管理专业的发展势头强劲，但就人才培养的实际情况而言，其在学科定位、课程设置、师资配备、教学合作等方面与文化产业的实际发展存在一定错位和不适应。就文化产业管理学科发展的整体而言，其教育还是传统式的过于侧重理论教学的模式，产学研相结合的实践教学部分不足，尚不能适应市场和产业发展对相应人才的实际需求。因此，发展产学研相结合的实践型人才培养模式既具有重要意义又尤显紧迫。若不解决好这些问题，必将影响文化产业学科建设，阻碍文化产业发展的步伐。

四 我系文化产业人才培养的建议策略

研究中心与实验室双线发展应成为目前我系文化产业人才培养的必经之路。研究中心和实验室以研发与人才培训基地为依托，把培养适应文化与科技融合发展趋势的创新型人才视为首要目标，将学校的教学、科研和社会服务的功能整合起来，形成产学研商一体化的运行机制。同时研究中心与实验室也努力为国家和各级政府部门决策提供智库支持，承担完成国家和地方政府部门交予的文化创新课题研究任务，发挥重要作用。

许多高校的研究中心与实验室的双线发展之路给我们提供了很好的借鉴样本。中国传媒大学文化发展研究院下设5个学术研究机构和4个研究基地。学术研究机构包括文化创意产业研究所、文化贸易研究所、文化娱乐产业研究所、非物质文化遗产研究所、媒体零售研究所。研究基地依托研究所优势资源创建，分别是国家对外文化贸易理论研究基地、北京市文化创意产业动漫、影视研发与人才培训基地、国家文化创新研究中心和朝阳区文化创意产业研究基地，其中前三个基地是部级研究基地。山东大学中国文化产业研究中心下设5个研究部（网络与新媒体研究部、创意设计研究部、休闲与娱乐产业研究部、文化旅游研究部、文化资源与遗产研究部）和4所实验室（区域文化资源与中国文化产业协同创新中心、中国传统文化现代表达实验室、文化产业规划数字模拟实验室、文化产业互联应用实验室）。其中4个实验室不仅为学生提供实践平台，而且实践成果为研究部提供了大量一手资料，为理论研究提供了科学权威的数据支撑，极大促进了研究部的理论研究。

我系也应依托现有资源应该成立相应的研究中心与实验室，具体规划如下：

1. 影视制作中心。我们现有的课程体系：新闻学概论、大众传播学、新闻采访与写作、新闻编辑、新闻评论、中国新闻事业史、外国新闻事业史、新闻摄影、广播电视学、广告学、公共关系学、新闻事业经营管理等课程为深入研究与实践影视制作提供了可行性。此研究方向的设立为了借助先进硬件设备，使得学生系统地掌握新闻传播和信息采集、信息加工、媒介制作、网络应用、专业会话等相关技能，熟悉本学科的发展前沿，了解国内外广播电视新闻事业发展动态，从而在理论和实践两方面获得同步提高。

2. 创意工坊。2011年至今，由首师大文化产业系主办的“首师创意大赛”已经举办了四届。该大赛鼓励学生积极创新，以培养学生的创意思维模式和开拓能力，在学生学习实践过程中起到了重要的作用，这是成立该创意工坊的基础。截止到2014年年底，北京地区共有文化创意产业园区14个。包括知名度较高、园区建设较完善的798文化创意产业园、亦庄文创园和尚8文化产业区等。在国家政策的大力扶植下，文化产业消费在全国，尤其是北上广一线城市占GDP的消费比重逐年上升。投资文化产品创造与管理、文化园区的改造与维护上的资金比重加大，提供了众多岗位缺口。此研究方向目的为使学生熟练掌握文化产业管理基础理论，了解当代中西方文化产业发展的现状与趋势，熟悉文化产业政策与法规。培养求新求异的创意思维模式和开拓能力。侧重媒体创意与策划培养，通过有特色的课程体系和科研创新活动，培养学生的创意灵感和文化企业策划能力。

3. 文化营销部。随着互联网这一最新的极具包容性的、全球性的媒介的急速发展，互联网文化逐渐从亚文化走向主流文化的地位。2013年底，互联网人口数达6.3亿，渗透率达46%，其中移动互联网用户数达5亿。互联网彻底改变了人们的沟通交流和思维方式，文化传播方式，带来的新的商业模式。此方向注重培养学生构建基本的文艺理论和文化研究知识框架，以社会学为学科基础，辅以宏观、微观经济学基础知识，结合文化消费和文化营销的实际操作经验，让学生理解掌握以电子商务为基础的基本商业操作模式，深入了解互联网发展历程及发展趋势，掌握前沿动态，充分利用文化与互联网特征，适度发掘文化的经济潜能。

（郭　嘉：首都师范大学文学院文化产业系讲师）

二类本科院校新闻学专业实践教学探索
——以中国劳动关系学院新闻学专业为例

中国劳动关系学院本科教学工程新闻学专业项目组

摘要：目前，新闻传播类专业也已从部属、省属大学向地、市一级大学扩张，从公办大学向民办大学、独立学院扩张。但和庞大的新闻传播类就业大军相比，能够提供给他们的严格意义上记者岗位少之又少。在这种背景下，新闻传播教育该如何发展，便成为当代新闻教育工作者面临的重大课题。在媒介融合的趋势下，新闻学专业必须改变过去分散单一的教学模式，切实依托新的媒介平台加强实践技能的培养。本文以中国劳动关系学院新闻学专业为例，对二类本科院校新闻专业实践教学的理念、现状进行了探讨与分析，在此基础上，就如何从学校、专业定位出发，优化实践教学效果进行了思考。

关键词：二类本科院校　新闻学专业　实践教学

目前我国新闻传播学类专业教学点1080个，本科生在校学生总数为23万名，每年的毕业生近6万余人[①]。新闻传播类专业已快速从综合性大学向专业性大学延伸，体育、师范、财经、政法、科技、农业等大学几乎都办了新闻传播学专业。新闻传播类专业也已从部属、省属大学向地、市一级大学扩张，从公办大学向民办大学、独立学院扩张。

但和庞大的新闻传播类就业大军相比，能够提供给他们的严格意义上记者岗位少之又少。全国经核准颁发新版记者证的记者总数约20万人，且媒介招聘不再仅仅限于新闻传播专业，新闻传播专业的毕业生就业竞争十分激烈。据了解，即使如复旦这样的知名新闻院系毕业生从事记者工作也才20%

---

① 2013年10月18日“2013–2017年新闻传播学类专业教学指导委员会第二次全体会议”数据。

左右的比例。在这种背景下，新闻传播教育该如何发展，便成为当代新闻教育工作者面临的重大课题。

与此同时，自美国麻省理工学院教授伊契尔·索勒·普尔1983年首次提出“媒介融合”这个概念以来，媒介融合的趋势已经席卷全球，变成了一个既成事实。如果高校的课程体系中没有媒介融合的相关内容，高校教学和人才培养将严重落后于社会发展。而按照美国学者李奇·高登的媒介融合理论，媒介融合包含了六个方面，即媒介科技融合、媒介所有权合并、媒介战术型联合、媒介组织结构性融合、新闻采访技能融合、新闻叙事形式融合。[①]可见，新闻学专业必须改变过去分散单一的教学模式，切实依托新的媒介平台加强实践技能的培养。

一 二类本科院校新闻学专业实践教学亟需调整

对高等学校而言，参考联合国教科文组织的方法，即分为三种基本类型：综合性研究型大学、多学科或单科性专业型大学（学院）或者称应用型高等学校、多科性或单科性职业技术型院校（高职高专）。社会对人才的需求是多元化的，现有的高校却普遍缺乏彰显特色的合理定位，新闻传媒领域的教育也是这样。因此，每所高校都应力求正确分析自己在整个高等教育系统中的位置，找准自己的办学定位与发展目标。

中国劳动关系学院新闻学专业自2005年正式招生以来，经过师生10年的共同努力，已经取得了一定成绩，在课程设置上新闻传播类知识和宽厚人文素养两个方面初具雏形。但受制于基础薄弱、师资不足等原因，新闻传播类知识学生掌握得并不扎实，尤其是具体技术技能方面。实际上，新闻教育本身作为应用型专业，被认为是“文科中的工科”，向来强调理论与实践的结合。

但一个必须进行正视的问题是，中国劳动关系学院作为一所二类本科院校，在高考录取率不断攀升的人才遴选机制下，新闻学专业招入的学生在就业市场中的竞争位置应该进行实事求是的定位。这样的调整，当然不是把大学教育降格为高职教育，而是加强操作技能的培养，同时不放松人文精神的建设。只有切实增强学生的实践能力，掌握融媒体下信息传播的技术手段，

① 宋昭勋：《新闻传播学中Convergence一词溯源及内涵》，《现代传播》，2006年第1期。

才能让学生在就业竞争中避免“空有剑胆琴心，涂叹百无一用”的窘境。以下就以中国劳动关系学院新闻学专业为例，对实践教学进行探讨。

二　新闻学专业实践教学的理念变革

实践教学的相关研究自20世纪90年代以来，研究者从心理学、教育技术学、教学设计等角度进行了新型实践教学模式建构的探究，并且在理论建构和实践操作方而取得了显著进步。如基于问题的学习、抛锚式教学、认知学徒制、交互式教学、基于目标的情景\场景、基于项目的学习、建构主义学习环境和开放学习环境、缄默知识理论等。这些研究从理论上对人才培养的创新提供了有效支持。

作为基础支撑的建构主义学习理论认为，知识不是对现实的纯粹客观的反映，任何一种传载知识的符号系统也不是绝对真实的表征。它只不过是人们对客观世界的一种解释、假设或假说，它不是问题的最终答案，它必将随着人们认识程度的深入而不断地变革、升华和改写，出现新的解释和假设。

所以，课本知识只是一种关于某种现象的较为可靠的解释或假设，并不是解释现实世界的“绝对参照”。从而，教学不能把知识作为预先决定了的东西教给学生，不要以教育者对知识的理解方式来作为让学生接收的理由，用社会性的权威去压服学生。学生对知识的接收，只能由他自己来建构完成，以他们自己的经验为背景，来分析知识的合理性。这种建构是无法由他人来代替的，因为对客观世界真正的理解只能由学习者自身基于自己的经验背景而建构起来，取决于特定情境下的学习活动过程。否则，就不叫理解，而是叫死记硬背或生吞活剥，是被动的复制式的学习。

再如缄默知识理论也认为实践教学是应用型专业的必备构成。“缄默知识”概念由英国哲学家波兰尼于1958年在《个体知识》一书中首次提出，他认为知识分为显性知识和缄默知识两种形式，显性知识是指可以用语言文字来表达的知识，缄默知识是指以整体经验为基础的只可意会不可言传的知识。这种知识即是所谓的“行动中的知识”，或者“内在于行动中的知识”。对知识的表达而言，行动是和语言同样根本的表达方式。上述观点现已得到国际社会科学界广泛的认同，尤其是让人们重新审视“实践教学”的价值。

因此，在过去的教学体系中，实践教学是依附于课堂教学的，被看成是课堂教学的延伸和补充，这种价值定位在很大程度上影响了一些以应用为目的的专业实践教学的进行，应该把新闻学专业实践教学从课堂教学的从属地位上解放出来。除理论启发外，在我们老师的教学实践中，也发现了即使是班级最顽劣的学生，将其放到真实的工作情境中锻炼一段时间，所获取的专业技能、对自身缺陷的反省，要远远好于课堂上的耳提面命，这样的事实更体现了实践教学对我们专业人才培养的战略价值。

三　目前实践教学存在的不足

虽然一直以来强调实践教学的重要性，但与之配套的相关机制却并不完善。以学校统一规定的大一到大三年级每学期中期的实践周为例，就没有考虑到新闻学专业的特殊性，存在以下主要困难：一是实践周的主打项目是视频制作，这也是媒介融合、进入视频时代后学生急需掌握的基本技能。但实践周本身各类活动较多，其中的但即使是学生把一周的全部时间用来拍片，也难以完成出高质量的片子。如记录片体裁，很难在一周时间内记录完整的事件和冲突，再加上剪辑的时间，真正用于前期拍摄的时间也就是两三天，根本无法想象制作出优秀的记录片。更重要的是，本来实践周不仅要培养学生的技能，更要培养学生的工作态度和工作兴趣，但在如此仓促的时间内，学生不得不粗制滥造应付任务，效果真是适得其反。

二是教师疲于应对，精力不济，严重影响正常的教学秩序。实践周不停课，但还要完成大量的实践教学任务。每到实践周，组织者不得不为项目主持、时间协调伤透脑筋，执行者则在正常教学和实践活动之间疲于奔命，长期以往，大家对实践周和实践活动都有畏难和抵触情绪，非常不利于实践教学活动的深入开展。

正是因为上述因素，实践周有流于形式、应付检查的发展趋势。如果不能从根本上做出制度调整，很难想象学生在实践周里能得到高水平的锻炼。实践周只是目前实践教学活动困境的一个缩影，从更宽的视野看，目前整个实践教学存在以下问题：

一是实践课程设置少而浅。目前只有在《电视摄像与编辑》《新闻摄影》《DV创作》《舆论调查》等课中有一部分课时是实验课。有些对学生未来工作很有价值的技能课程如三维动画、网络流媒体技术等课程缺失，另外限于课时，已开课程里的很多东西讲不透，如《电视摄像与编辑》中的照明、节目包装、录音处理等，其它课程也或多或少存在类似问题，如广告摄影、制片管理等等。

二是实践课程师资力量不足、不强，这也是众多二类本科院校新闻学专业的普遍问题。以中国劳动关系学院新闻学专业为例，目前上实践课的主要是由三四位老师承担，但由于老师们都是在本科后半路出家，多多少少在专业的动手实操能力有所欠缺。在一些特别强调专业技能的科目上，如网络实务、商业摄影、片头制作等方面，还不能给学生提供有足够社会竞争力的技能培训。

三是没有形成显明的特色。目前许多二类本科院校的新闻学专业课程和培养方案，还属于“推着走”阶段，中国劳动关系学院新闻学专业也是如此。在全国新闻行业吸纳就业能力严重不足的现实环境下，对于到底要培养怎样有差异化核心竞争力的学生，似乎还没有明确，这也使得实验教学的着力没有焦点，特色也就难以显现。

四　实践教学调整的具体举措

为改变目前实践教学中存在的问题，近三年来中国劳动关系学院新闻学专业开始逐步进行实践教学方案的调整。

一是根据现有资源情况，创办了一个真正面向社会的互联网媒体，据此凸显特色。和一些兄弟院校的实践教学相比，中国劳动关系学院的一个优势是与工人群体联系紧密。因此，新闻学专业创立了一个网站，以新生代农民工和关注这个群体的人为报道和传播对象。网站的运作，由老师和学生组成采编团队，各自负责相应版块和栏目。但在具体的内容生产过程，遵循的是同样的标准和理念，即注重时效性、故事性和思想性，统一接受竞争受众注意力的检验。这样做的好处是，在真实的传播环境里，师生共同摸索新媒体信息传播的规律和经验，同时接触真实社会，获得书本上没有、但非常重要的与陌生人采访沟通的“缄默知识”。

二是建立校园网络电视台，改短期突击为长期渐进，切实提高师生的实践教学效果。建立这个传播平台后，让师生结合日常课程进行实践训练，如广播电视新闻、电视摄像与剪辑、纪录片创作等，这样拉长了作品的制作时间，把过去的一个星期延伸到一个学期，通过合理分组能够解决设备不足的矛盾，同时学生也能更从容地进行构思和拍摄、剪辑，容易出精品，提高学生的实操能力和相应的成就感。

上述两个实践教学平台的建立，显著促进了学生由做作业向做产品的心态转变，及早进入准就业状态。因为是面向全校、全社会播出，学生原来做作业只是让老师看，做得好坏都不太重要的心理被扭转。网络电视台开通了收看反馈通道，网民的真实评价检验学生作品的传播效果，激发学生的责任心和好胜心，更有利于实践教学的进行。

三是改变了实践周的职能。在网站和网络电视台这两大实践教学平台建立后，把半年或一年的作品，在实践周这一周进行展映、评奖，使之成为一个“秀”的集中时段。如设立最佳深度报道、最佳短片、最佳选题等细分奖项，举行一个颇具规模的颁奖典礼，结合文艺演出，使之成为一个学生期盼的节日，这样既极大提升学生的参与感、荣誉感，具有很强的激励作用，同时也能锻炼学生的组织能力和团队合作精神，为除掌握具体的技能之外学习到更多东西。

四是建立了一套实践教学保障机制。实践教学要长期稳定高质量运行，需要维护好两个对象——老师和学生。对网站和网络电视台而言，进行短期的播出并不难，难的是长期坚持，进而形成一个稳固的平台，校内外认可的品牌。所以没有相应的激励机制是肯定难以为继的。对老师而言，本来上课、科研的任务就很重，再加上实践教学的帮助学生策划选题、质量把关、评审优劣，时间、精力上的压迫又将上一个层级。因此，专业对经费使用进行了调配，建立了对实践教学指导老师的劳务分配制度。

对学生而言，为切实督促他们掌握实操技能，融入实践教学活动，必须“威逼利诱”。实践教学本身就有5个学分，凡是不进行实践活动的，就不给学分，每个学生必须给网站和网络电视台供稿，比如新闻采访，每个学生都必须做完出镜记者给电视台供稿，这样可以避免现在实践教学活动中分组人数过多、学生浑水摸鱼、滥竽充数的情况发生。而一旦圆满完成任务，在实践周的评奖中，将予以奖励，给予充分认可来调度学生的积极性。

业 界 物 语

破局与创新：广电新媒体芒果TV的融合发展实践探索

黄春琴　彭　鑫

摘要：2014年是媒体融合发展取得飞速发展的一年，作为湖南广电旗下的新媒体先锋代表，芒果TV自2014年4月20日以“独播”起航，迅速构建起包括PC端、移动客户端、互联网电视和IPTV在内的“一云多屏”全媒体平台布局，推出以芒果TV　inside为家族呼号的系列产品，以市场化、企业化来承载媒体转制的创新之举等，开辟了具有“芒果特色”的广电新媒体融合发展的全新模式。

关键词：芒果TV　湖南卫视　融合发展

随着互联网技术的发展，在全媒体运营和大数据渗透的时代下，“融”已成为整个媒体行业的最关键性词汇，包括广播电视等在内的传统媒体如何应对数字革命挑战、适应全球传媒格局变化、提升整体实力和核心竞争力，在内容、产品、渠道、终端等方面实现与新媒体的加速融合是必由之路。

作为湖南广播电视台全力发展网络视频业务的唯一新媒体机构——芒果TV，借由2014年4月20日穷游类真人秀节目《花儿与少年》的独家网络播映，芒果TV的流量、点击量、成几十倍增长，以业界黑马之姿迅速跻身公众视野，成功打响湖南广电在互联网新媒体领域的品牌呼号，也预示着湖南广电迈出传统媒体与新媒体融合的一大步。2014年5月，湖南电视台台长吕焕斌宣布湖南卫视拥有完整知识产权的自制节目，将由芒果TV独播，在互联网版权上一律不分销，以此打造自己的互联网视频平台，芒果TV多端融创发展大幕正式拉开。

截至2015年2月，芒果TV的PC端日均独立访客2000万，主要用户及流量指标居业界第8位；与此同时，芒果TV互联网电视激活用户500多万；手机移动端累计用户下载量突破4500万；湖南IPTV实现总用户150万。芒果TV以湖南广电自有独家优质内容为发力点，从内容、平台、终端、运营等多个维度突围筑建跨屏生态，以开放、拥抱、融合的态度链接传统广电媒体与网络新媒体，迅速构建“一云多屏”的新媒体融合平台，破局与创新成为独具“芒果特色”的芒果TV发展模式的两大关键词。本文将从芒果TV自独播后的发展轨迹和成果出发，探讨全国独树一帜的广电新媒体平台的新旧媒体融合实践之路。

一　独播+自制：精品内容拉动平台升级

纵观国内外视频网站发展，从Youtube到优酷、土豆、腾讯视频等，在发展之初无一不是以技术为导向、逐步搭建海量视频网站。无论是采取UGC模式，还是PGC模式，都是为了吸引用户、扩大影响力，完成从单一视频网站向综合视频平台的转变。然而，芒果TV在发展模式上一直坚持选择以精品内容为发力点，与湖南广电密不可分的天然联系也使得芒果TV在内容运营上区隔于其他视频网站，无论是2014年《花儿与少年》的独播试水、2015年开启的全面独播，还是多档自制内容的全平台上线、自制工作室的成立等，芒果TV始终以精品内容打造精品品牌，以金牌内容促进平台发展。

（一）“芒果独播”战略触网融合

芒果独播是湖南广播电视台以芒果TV为融合媒介，以湖南卫视为资源依托，于2014年4月下旬起实施的台网融合战略计划。自2014年4月下旬起，湖南卫视原创节目内容不再对外分销互联网版权，所有自有版权内容只在自主网络视频、互联网电视和湖南IPTV等平台播出，将版权内容作为成本投入，变短期利益管理为战略价值管理，全力打造芒果TV的互联网平台。“芒果独播”战略旨在打造以“芒果”为品牌的媒体生态圈，由服务观众向服务用户转型，重新定义广播电视台。

该政策以创新电视栏目《花儿与少年》为起点，逐步延续到《唱战记》《变形计》第八季、《爸爸去哪儿2》《一年级》等季播节目，并加入《不一样的美男子》《深圳合租记》《武媚娘传奇》《只因单身在一起》《活色生香》等热门电视剧，用独家内容优势转化成对网络用户的巨大拉动。

2015年，湖南广播电视台台长吕焕斌称其为“独播元年”，芒果TV全面独播也正式启动，全网独播湖南卫视所有最强IP内容，包括经典栏目《快乐大本营》《天天向上》，王牌栏目《爸爸去哪儿》《我是歌手》第三季，新生栏目《我们都爱笑》《奇妙的朋友》等，全年贯通湖南卫视周播剧场，市场价值超10亿的独播资源落定芒果TV，进一步搅动视频行业格局。

（二）“马栏山制造”瞄准头部流量

在全面独播湖南广电优质版权内容的同时，芒果TV全面启动网络自制，依托于湖南广电的创意优势、制作团队等核心资源助推“马栏山制造”，以“自造”+“制造”+“智造”三箭齐发开创自制内容品牌全新起航。

在自制剧方面，芒果TV强调以“金字塔尖的内容”吸引头部流量，2014年11月1日，芒果TV的自制剧《金牌红娘》正式上线，标志着中国网络自制剧由作坊式小成本影视向工业级影视制作转变；12月24日《搭讪大师》上线，上线当晚点击量便轻松破百万；2015年1月28日《花样江湖》全面上线，融综艺元素于古装情景之中，造就中国首部综艺古装剧，开创“花样美少年古装戏”新篇；另外，还有《古镜》《学童进击》等开机项目，《热浪拯救队》《女生日记》等筹拍项目。

在其他自制项目方面，芒果TV一改传统电视线性播映方式，围绕卫视现象级综艺节目等，推出《备战T2区》《歌手相互论》等《我是歌手》第三季衍生类自制栏目；进一步强化平台的媒体属性，推出综艺访谈类节目《偶像万万碎》和娱乐新闻类栏目《芒果捞新闻》等自制综艺。芒果TV注重满足用户进阶需求，深度捆绑电视台推出多项直播类内容，如在2014~2015湖南卫视跨年演唱会中，首开先河推出360度全方位五屏网络互动直播，第一次真正意义上实现了互动全开放、视角任意选、观众做决定的深度互动；在开年之初便将触角延伸至海外，全平台、多终端同声传译中文字幕独家网络直播人民选择奖和金球奖，成为首家包揽两大颁奖礼直播权的唯一中国媒体，也成为国内首个跨海盛会同步直播的网络平台；在常规直播项目方面推出《正在粉丝楼》，独家邀请顶尖级歌手参与线上线下多重互动，倾力回馈广大粉丝。种种融合创新之举为芒果TV带来红利，移动客户端下载量高居APP Store榜首，芒果TV也成为众多搜索引擎的搜索热词。

此外，芒果TV还开设以湖南广电资深金牌节目制作人田海为牵头的第一个工作室——田海工作室，田海的加入，不仅充实芒果TV自制力量，同时释放出更深层意义的信号，湖南广电的成熟研发能力将在芒果TV新媒体领域得到延续。依托于体系成熟且经验丰富的“湘军力量”，在融合发展模式下的芒果TV自制系列逐渐展露出独有特色和品牌效应。

二 平台+渠道：一云多屏构建立体生态

对于互联网视频媒体，如果说内容是吸引用户的根本，平台和渠道则是将优质资源展现给用户的桥梁，两者的搭建是决定所有内容延展广度和深度的基础。芒果TV在以全新姿态进入大众视野之前，就一直注重构建内容播控平台，2014年独播之后湖南广电旗下的金鹰网及芒果TV两大平台改版整合，全新“芒果TV”网络视频平台惊艳上线，成功确立芒果TV视频、芒果TV互联网电视和湖南IPTV的全平台布局，而在互联网渠道竞争势不可挡的今天，芒果TV以多终端、多渠道的融合打通，营造一个平衡的媒介生态系统，即由“内容”、“平台”、“终端”、“应用”四个维度，打造一个引领型、包容型、开放型的立体“芒果生态”。

（一）平台化业态模式的建立

在网络信息碎片化的时代，无论是传统媒体还是新媒体都必须以平台化整合各方资源，在混合式的传播机制中最大限度地集聚用户，提升品牌影响。作为互联网视频平台，芒果TV在台网融合中以先行者的姿态升级创新，通过多方组织架构，成功确定了“芒果TV”全平台布局，包括芒果TV视频（PC+Phone+Pad）、芒果TV互联网电视和湖南IPTV。

具体来说，芒果TV以视频网站和互联网电视为两大核心主营。芒果TV包纳：芒果TV视频（PC+Phone+Pad），PC端www.hunantv.com系湖南卫视唯一官方视频网站，也是湖南广播电视台旗下唯一互联网视频平台，Phone+Pad端是芒果TV融合网络特色与电视特色为一体的面向移动端口的互动娱乐客户端平台；芒果TV互联网电视，是首批获得互联网电视牌照方之一，也是全国7家内容+播控双牌照持有者之一；湖南IPTV，即湖南交互式网络电视，以“三网融合”为依托，利用电信宽带网络，向湖南家庭用户提供包括电视直播、回看、点播及其他增值业务等多种交互式的网络电视服务。无论是PC、OTT还是湖南IPTV等，芒果TV在内容更新、资源拓展、用户发展等方面实现全线交互打通，内部流转顺畅的多平台业态模式得以建立。

（二）多终端渠道融合的打通

在终端和渠道方面，芒果TV始终以开放、拥抱的姿态实现多方合作、多渠融合，建立共同发展的良性产业链生态。

芒果TV秉持为用户提供多终端视频服务理念，积极与TCL、三星、海美迪、长虹、百度等40余家终端品牌商实现合作，形成以“芒果TV inside”家族为系列的品牌产品，包括芒果TV互联网电视联合TCL推出国内首款双品牌互联网电视一体机——“TCL芒果TV+”，三星、长虹等品牌一体机，“芒果嗨Q”、“芒果冰”、“坚果”、“芒果塔”等电视盒子。在智能手机方面，与乐phone合作推出芒果手机（预计2015年上市），芒果TV以终端合作的方式不断完善上下游产业链。

以往终端、渠道的融合打通主要是依靠自然联系属性，互联网新媒体平台则很少主动充当推介角色助力双方的融合互通，芒果TV线上线下旗舰店双店起航则成为行业创新先例。2015年1月7日，位于湖南广电粉丝楼的芒果TV互联网电视品牌体验店和芒果TV inside京东官方旗舰店正式营业，芒果TV率先尝试建立线上线下品牌店进行产品展示和销售导流，通过搭建芒果TV inside产品的线上展示和线下体验平台，建立起终端厂商与用户之间的新桥梁，芒果TV主动承担起终端渠道基因互融的责任，一方面线上线下贴近用户，提供一站式专业服务，另一方面整合渠道服务厂商，推广品牌拉动合作产品销售。

传统媒体与新媒体融合发展，适用于芒果TV为先锋代表的广电互联网新媒体，往往突出表现为“平台”扩张与“渠道”融合，互联网新媒体之所以冲击着传统电视媒体，即两者平台的区隔性与竞争性，所以我们提出“平台化”——将多个平台统一在一个集团下运营实现资源全面整合，在渠道方面更注重的则是“融合”，网络延伸至电脑形成互联网PC端渠道，网络延伸至手机、平板等爆发移动互联网渠道，网络延伸至电视则孕育出家庭互联网渠道，终端对应渠道，渠道连接终端，多终端渠道的融合打通以及“电视+互联网+移动互联网+家庭互联网”的“四渠”统一是芒果TV融创发展的最好体现。

三　体制+运营：内外协作打造芒果品牌

在以移动化、网络化为特征的新媒体倒逼传统媒体的大背景下，湖南广电深刻认识到新媒体不言而喻的优势，所谓传统媒体与新媒体的融合不仅仅是平台创新、渠道融合，更要深入到体制创新、运营创新的层面。芒果TV作为中国首个“国”字号全屏覆盖的新媒体平台，对内不断实现体制机制改革，对外不断创新市场运营拓展，内外协作打造独具芒果TV特色的品牌影响。

（一）内部体制改革聚积新一轮势能

走融合发展之路，首先要解决市场身份问题，传统媒体与新媒体当以事企分开为重点，以市场主体为落点，由事企两种语言混用，统一到用市场来说话，有利于资源及业务打通和战略执行的“一盘棋”，有利于对行业和市场资源的捆绑做大，也有利于解决传统媒体行业互联网基因不足等问题。

作为湖南广电的市场化主体，芒果传媒下辖快乐阳光、快乐购、天娱传媒、金鹰卡通、芒果娱乐、经视文化六大子公司，早在2006年起，湖南广播电视台就将基于节目视频网络版权和增值业务开发的资源全部归拢到快乐阳光集中市场运作。2014年湖南广播电视台台长吕焕斌确定湖南广电体系改革框架：湖南卫视是全台内容创新的引擎和发动机，是龙头，芒果传媒是全新体制机制下的合格市场主体，是市场平台。顺势而发，基于广电版权政策的倾斜和“芒果独播”战略的推动，快乐阳光迅速发展为以“芒果TV”为品牌呼号，整合PC、互联网电视、移动客户端和IPTV的全媒体产业格局，企业运作与市场运作是快乐阳光的根本标签。

在2015年湖南广电集团对芒果TV的整体发展战略要求上，台长吕焕斌提出，对快乐阳光、芒果TV的要求是，要打造一个与湖南卫视在电视业界的地位与规模相匹配的互联网平台和品牌。湖南广播电视台副台长、快乐阳光互动娱乐传媒有限公司董事长聂玫表示，2015年芒果TV将完成融资到位，混合制改制初步启航，快乐阳光从单一股东企业变成混合制企业，在此基础上，以更加市场化方式来要求和治理公司，包括按照用户互联网的规律与用户指标、活跃指标等方面来考核企业，提高企业的资金使用效率。

互联网企业的发展人才和技术是关键，芒果TV在这方面，着重补给技术短板，包括人才引进以及人才引进带来的技术创新。从人员发展时间节点来看，2006年公司仅两百多号人，截至2014年4月（独播之前），发展至五百多人，而从独播开始到2014年12月31日，芒果TV已迅速扩张至九百多人，这其中就包括大量的技术人员的引进。2015年，芒果TV也将继续扩充人才力量，为芒果发展积蓄能量。

（二）外部市场运营驱动全体系发展

在具体对外的经营管理和互动营销过程中，芒果TV注重创新，摆脱一次性版权销售模式，做好横向纵向经营领域的拓展，以平台优势转换市场价值，以市场运营布局跨界发展，不断取得互联网平台建设和全媒体业务的突破。对此，聂玫在第二届中国网络视听大会中介绍芒果TV营销方面的实践：改变单一的流量方式，包括多种营销手段，如流量营销、数据营销以及品牌影响力营销。

为把芒果TV的内容、平台优势迅速转变为市场优势，芒果TV迅速完成市场布局：在3个月内成立华北、华东、华南、福建销售中心和4A服务团队；全面打通多平台之间的用户和广告体系，探索多屏营销；构建差异化的高端营销渠道，与各大优质品牌企业建立战略合作关系，实现合作共赢；主动出击市场拓展，2014年10月至11月间，先后在北京、广州、上海、长沙、福建（晋江）举行5场招商会。与此同时，芒果TV市场运营的客户数量和投放量呈爆发式增长，宝洁、通用汽车、百盛餐饮、宝马、雷克萨斯、百雀羚、紫竹药业、携程等都是重点品牌客户。2014年广告营销，芒果TV仅PC端就已有将近1个亿的广告收入，截至2015年1月31日，芒果TV广告签约金额已经突破3.7亿。

总之，芒果独播变短期利益管理为战略价值管理，马栏山制造变版权引进为品牌输出，平台化变区隔竞争到一云多屏，多渠道融合推进单线支撑为双向产业链整合，内部体制改革驱使事企运作向市场化转变，外部运营推动单一经营向立体营销拓展，芒果TV以强势内容和平台发展布局一云多屏，建立了内容+平台+终端+应用四维立体的生态体系，依靠传媒湘军力量的精神破局创新，“以我为主融合发展，打造新型主流媒体”，芒果生态圈正日趋完善。

附录：芒果TV融创发展案例

1、“芒果独播”战略

2014年4月下旬起，湖南卫视原创节目内容不再对外分销互联网版权，所有自有版权内容只在自主网络平台播出，该战略以创新电视栏目《花儿与少年》为起点，逐步延续到湖南卫视其他王牌综艺、热映剧集等，2015年，全面独播启动，市场价值超10亿的独播资源落定芒果TV。

2、启动芒果TV自制——“马栏山制造”

在全面独播湖南广电优质版权内容的同时开启自制布局，芒果TV全面启动网络自制，已制作完成多部自制剧、自制综艺、自制衍生栏目。此外，还开设田海工作室，充实芒果TV自制力量。

3、2015携手湖南卫视十亿打造“共同出品”剧

湖南卫视、芒果TV共同出品、斥资10亿打造双独播剧场，芒果TV从播出方摇身成为制作方。

4、“电视弹幕”首次实现电视、互联网技术融合

芒果TV创新网络直播方式，率先于第十届金鹰节晚会直播中引入“电视弹幕”，用户通过各端口参与互动留言，留言就有可能以“弹幕”的形式出现在直播画面中，“电视弹幕”引入首次实现电视与互联网技术的融合。

5、华晨宇北京火星演唱会，创直播互动模式新纪元

芒果TV打通PC端、互联网电视端和湖南IPTV同步高清直播华晨宇首场个人演唱会，创新“现场演出+付费直播”的O2O演唱会模式，共逾40万用户实现网络在线共赏，创造了明星演唱会同时在线观看直播人数新高。

6、2014~2015跨年演唱会全国首创五屏互动直播

湖南卫视2014~2015跨年演唱会直播，芒果TV于全国首推360度全方位网络互动创意直播，在网络直播平台优选设置区别于电视直播画面外的五路现场机位，第一次真正意义上实现了互动全开放、视角任意选、观众做决定。

7、芒果TV inside家族产品旗舰店双店启航

芒果TV率先尝试建立线上线下品牌店进行产品展示和销售导流，即芒果TV互联网电视品牌体验店和芒果TV inside京东官方旗舰店，双店起航搭建芒果TV inside产品的线上展示和线下体验平台，建立起终端厂商与用户之间的新桥梁。

8、同步同传直播好莱坞两大颁奖典礼

芒果TV再创产品新高度，采取全平台、多终端同声传译中文字幕方式直播好莱坞人民选择奖和金球奖，芒果TV成为首位包揽两大颁奖礼直播权的唯一中国媒体，也成为国内首个跨海盛会同步直播的网络平台。

（黄春琴：湖南快乐阳光互动娱乐传媒有限公司品牌管理中心总经理；
彭　鑫：湖南快乐阳光互动娱乐传媒有限公司品牌管理中心高级策划经理）

浅谈县级电视媒体“三农”节目的创新和发展

徐风美　王莹璐

摘要： 县级电视媒体是电视宣传体制中最基层的传媒媒介，而涉及“农业、农村、农民”的“三农”节目是县级电视台最核心的内容之一。现阶段，县级媒体“三农”节目面临众多挑战，准确定位问题，创新发展农业节目，服务三农，既是县级电视媒体的重要职责，也是县级媒体自身发展的必然要求，是我们每一个县级电视媒体人需要思考的重要话题。

关键词： 县级电视媒体　三农节目　发展

一　重抓县级电视台“三农”节目的意义

“三农”节目是以教育为目的，以电视传播为手段，内容围绕“农业、农村和农民”的节目。我国三农节目具有中国特色的节目形态，“是为解决农村教育资源短缺，作为教育的有力延伸与补充应运而生的时代产物”。[①]它为农民和从事相关工作的人提供了了解农村政策、学习农业科技信息和知识的途径。

从2004年到2010年，中央连续发布的“一号文件”都紧扣“三农”问题。2014年中央一号文件提出，坚决破除体制机制弊端，坚持农业基础地位不动摇，加快推进农业现代化。电视媒体作为大众传播的有效手段，应大力

① 祁志敏：《受众视域下对农教育电视节目发展思路探讨》，《当代电视》，2013年第7期。

增加对“三农”节目的露出频次，而县级电视媒体作为电视媒体的基层传播渠道，是最贴近群众的舆论传播工具，要根据当地党委和政府对“三农”工作的领导，把握好农村改革的方向和节奏，谋划好农业农村发展的思路和方法，宣传好党在农村的各项方针和政策，倾听了解农民群众的诉求和期盼，真心实意解决农民群众生产生活中的实际问题。

二 县级电视台“三农”节目特色与发展现状

目前，我国“三农”节目已布局多个省级频道，包括：中央电视台第七套军事农业频道、吉林电视台乡村频道、山东电视台农村科普频道、河北电视台农民频道等6个省级专业频道。有超过三分之二的省级电视台开办了农业电视专栏，收视率较高的包括《每日农经》《致富经》等。此外，省市县电视台也有“三农”节目的上线与播出。总体来说，“三农”节目具有以下特色。

首先是地方特色浓重。县级电视台根植于地方，以地方性事件为主要报道内容。不同地区拥有不同的风土人情和民俗特色，及农业发展状况。因此，“从新闻的接近性上来看”[①]，县级“三农”节目要求拥有较高的地方特色，以及针对各地方的实际状况而量体裁衣打造的电视节目。其次是群众性强。“三农”节目的受众包含四个层次：占比最大的农民劳动阶层，他们的文化水平普遍较低；乡镇的农业管理阶层，他们是农村社会生活的管理者和引导者；从事教育及文化传播的知识分子，他们对电视节目拥有较深刻的理解；“农民工阶层，他们大部分时间从事第二、三产业的劳动，关于娱乐性较强的对农电视节目。”[②]由于受众文化水平和侧重领域不同，因此对“三农”节目提出了通俗易懂的要求，增强节目的“互动性和娱乐性，把节目的解说像讲故事一样”，[③]易于被受众接受。既针对不同受众，保持了内容的完整性和教育功能，演观众之所需，吐观众之心声，又改善节目风格，让受众喜闻乐见。

---

① 张加春：《县级电视台发展的体制性障碍及其突破》，《东南传播》2009年第6期。

② 祁志敏：《受众视域下对农教育电视节目发展思路探讨》，《当代电视》，2013年第7期。

③ 孙 超：《县级电视台民生新闻发展探究》，《西部广播电视》，2014年第9期。

三 县级“三农”节目存在问题

（一）会议活动报道多，缺乏准确节目定位

县级电视台“三农”节目仍以领导出席相关会议和活动报道为主，新闻内容大同小异，缺乏创新，内容单调乏味。当地民众无法“在枯燥的‘会议纪要’、‘领导起居注’中真正体会政府的方针政策。新闻传播效果差，影响力低”。[①]农民无法了解学习农业政策指导方案，无法更加有效地把握布局方向、开展田间工作。

（二）实质服务价值缺失

县级电视台虽然是区域中最基础的传播渠道，但其仍算是区域内较有影响力的传播平台。许多电视台的新闻节目旨在向观众灌输、宣传标语口号，以权威的姿态“教育”观众，缺少内容的实质性，违背了开展“三农”节目的初衷。

（三）记者缺乏专业媒体人素养

新闻记者在节目成形的过程中担任着搜寻一手信息，田野调查，事件解读和资料编辑整理等职责，是为打造一台好的节目，提供素材的重要保证。而部分县级电视台“三农”节目的新闻记者不愿奔赴一线亲自了解农民的真实想法，深入乡下获取一手资料，对“三农”报道存有偏见。“对农村涌现出的新人、新事、新气象的报道轻描淡写，或仅把话筒对准农民企业家就认为完成了‘三农’报道”。[②]

（四）采访经费有限，采访质量受损

由于县级电视台覆盖面积小，受众范围小且单一，政府没有足够资本发展各级电视产业，同时“县级台的意识形态功用已经基本由中央和省市台所取代”。[③]因此县级电视台所获得的经费有限，设备简陋，在一定程度上影响采访、编辑和节目制作质量。

---

① 陈增伟：《浅谈新形势下县级电视台新闻报道的策略》，《中国报业》，2014年第1期。
② 蔡亚丽：《改进“三农”报道思考》，《新闻前哨》，2012年第8期。
③ 张加春：《县级电视台发展的体制性障碍及其突破》，《东南传播》，2009年第6期。

四 “三农”节目改进方向

（一）立足地方区域特色，确定栏目定位

基层县级电视媒体的农业节目肩负着四项职能：培训，面向农民的科技致富培训；培养，农村实用人才的培养，发挥典型带动作用；推广，新品种、新技术的示范推广；传播，科技、政策、信息等面向农村的传播。县级电视台本身在电视媒体中的等级和地位处于劣势，因此更要以充分发挥上述农业节目的四项职能为目标，打造属于本台的品牌栏目，提升电视台自办节目的收视率。

栖霞位于胶东半岛中部，目前，全市苹果面积已经发展到100万亩，年总产量达200万吨左右，有着“无公害苹果生产示范基地”、“中国苹果之乡”和“中国苹果之都”等荣誉称号。全市农民80%以上的收入来源于苹果产业。针到这一独特的区域特点，我们在十几年前就开辟设立了一个专门的农业节目《农民之友》，主要围绕苹果产业方面做文章，根据季节农时的变化，及时传播果树管理方面的实用技术。现在《农民之友》栏目，已经成为当地的一个品牌栏目，有着稳定广泛的收视群体。在此基础上，我们在2013年又成立了专门的农科频道，搭建起与农民交流的专业平台，更好地满足农民生产生活的需求。“三农”节目在强化贴近实际，贴近群众，贴近生活的“三贴近”原则下，应做活“三农”大文章，只有立足地方特点，精确栏目定位，才能真正服务农民。

（二）记者立足服务本职，追求实用主义

随着我国广播电视网络“村村通”工程的实施，电视已经成为广大农民朋友获取各种信息的主要来源。如何立足服务“三农”，办好具有地方特色的三农类电视专题节目是采编播人员面对的现实问题。

首先，应从受众角度考虑选题，也就是从农民朋友的立场来做决定。要时刻牢记“三农”类节目的服务职能，要考虑选题对农民朋友有没有借鉴、引导作用，节目对农民朋友的生产生活有没有帮助。2009年，我台推出了新型农民的代表，其精细化的管理模式使其苹果优产率高达95%以上。他的管理经验不仅在本台做了多次专题报道，同时，他的典型经验也在中央新闻频道和中央七套《聚焦三农》节目中播出。这个典型农民的推出在当地引起了

很大的反响，每年到他那里学习的人络绎不绝，参观学习的果农都从中收益不少。

其次，在采编环节，要求我们的采编人员深入田间地头，深入农民生产生活的实际，用真实的镜头，朴实的语言，把农民真实的想法通过电视画面表达出来。记者编辑只有把自己当农民，才能在立场、观点、思维方式方法上为农民考虑，想农民所想，急农民所急，真情为农民服务。县级电视媒体编导一般都是身兼数职，编导，摄像，采访都要做，风雨无阻，非常辛苦。工作中，只有发扬艰苦奋斗的精神，勤练内功，加强学习，学习农民丰富的实践经验，学习党的路线方针政策，了解农村发展的历史进程，深入研究农业、学习农业经济理论。善于积累知识，县情、乡情、村情，农时节令、农业主导产业的布局等都要基本掌握，这样便于在日常采访中驾驭题材，提高现场的应变能力。

第三，在后期制作环节，也要根据电视媒体的特点，不断创新，充分运用电脑特技、字幕、音效等手段，活化农业节目的形式。在制作一些关于苹果管理技术方面的专题片时，重要的是要突出技术的“实用性”和“可行性”，不宜过分渲染技术的“高、精、尖”或者“新、特、奇”等，风格上要求细致简练，深入浅出，要达到“看得懂、学的会、用得上”的学习和收视效果。我们农科频道制作播出的一期关于《壁蜂授粉技术》的专题片，节目中多次运用动画、图示等技术手段，把生硬的技术用形象生动地画面语言传递给广大受众，取得了很好的收视效果。

另外，在播出环节，也应充分考虑农民需求，把自办“三农”节目放在农民收视的黄金时段播出。同时，根据特殊情况做出灵活调整。比如，栖霞是中国苹果之都，今年的苹果价格可以说开创了历史新高，在苹果收获的季节，果农们都关心的就是价格问题了。我们根据果农的这一需求，急时调整节目安排，在每天的农科频道节目里插入本市各大苹果收购市场的价格情况，把最新、最需要的信息及时通过电视媒体传播出去，获得了一致好评。

（三）完善体制机制，突破发展难题

首先，积极争取政府特别是对口的对农职能部门的支持，保持节目的公益性。因为，一方面，对电视台来说，“三农”电视节目服务的对象主要是经济实力相对较弱的农民，很难获得广告商的青睐（特别是对县级台来说），但是它的运作成本却并不比其他栏目低，甚至更多。比如栏目的交通

费和通讯费等就不是一笔小数目。另一方面，对政府而言，通过电视来推广农业技术、发布农业政策等，这种传播形式相对直观，容易让文化水平普遍偏低的农民接受。

此外，由政府出资开办对农节目可以较好地保证节目的公益性，使栏目不至于因资金问题受广告商的掣肘。有了政府的政策和资金支持，栏目工作人员可以专心地考虑节目的制作，严格根据农时和农民的实际需要，有针对性地制作节目。不需要为栏目的创收劳神，很好地保持了公益性的风格。更为重要的是，栏目完全能避免因广告多滥而造成的栏目公信力下降等问题，真正赢得农民的信任。

最后，有了政府体制机制的保障，从事“三农”领域工作的电视从业人员可以获得良好的、成体系的业务培训，提高自身技能水平和综合素质。台内还可以设立合理的业务奖罚机制，充分调动从业人员的主观能动性和积极性，做出更多更好的“三农”类节目。

综上所述，县级电视台作为最基层的大众媒体，有着内容单一、资金短缺、从业人员综合素质缺乏等弊病，但同时它扎根农村，贴近农民，有着良好的群众性，在做“三农”节目方面有着得天独厚的优势。所以，县级电视媒体应该充分利用其优势，秉承“三农”节目教育功能的原则，根据本地特色找准节目定位，提升从业人员新闻素养，争取政府或民营资本的进入，进一步加强为农民服务的意识，不断创新发展，更好地服务我国的社会主义新农村建设。

（徐风美：山东栖霞市广播电视台纪录片部副主任；
王莹璐：首都师范大学文化产业系学生）

音乐生活方式在音乐节中的体现

——访摩登天空公司总裁沈黎晖

徐海龙等

时间： 2013年12月5日

地点： 摩登天空公司

采访人： 徐海龙　朱娅阳　邵琪　潘杨燕

1、摩登天空和通州区政府签了五年的合同，今年已经到期了，明年草莓音乐节会在哪里举办呢？

答：依旧在通州地区，我们和区政府又续签了五年。

2、当时为什么选择在通州举办草莓音乐节呢？

答：其实就是一个偶然的机会。当时一个朋友住在那附近，就找到了通州运河公园，之后就带我们去参观，后来发现那块场地挺棒的。其实这纯属一个巧合，当时并没有那么多想法。当时我们只做了摩登天空音乐节，草莓是2009年创办的，当时我们想能不能一年做两个音乐节。

3、那您现在是做四个音乐节吗？

答：现在是十几个音乐节。当时我们觉得做一个音乐节就要死了，做两个音乐节可能不行，但是后来做了之后比我们想象得要容易，因为毕竟有一些经验。

4、您方便透露一下和通州区政府是怎么合作的吗？

答：特别简单，场地前两年免费，后三年是收费的，续约也是收钱的。区里面没有任何的现金的支持。只是区里面比较重视，会开一些政府协调会，各个相关部门。因为一个音乐节的举办会考虑到交通，工商，卫生、旅游、公安等等各方面问题。所以区里面过完年之后就开一些政府协调会，来帮我们去做一些协调工作，草莓音乐节是一个纯粹的市场行为。

5、就是说，举办草莓音乐节不用您公司管太多外部事情，就只是筹办草莓音乐节的内容?

答：对，但是政府各个口我们也需要开协调会，开协调会的时候我们就会有各种各样的问题，要提出来有一个一个解决。好在我们一直在通州举办，所以有些流程和部门的磨合我们已经比较熟悉了，现在就要省事儿一些了，最开始的一年两年还比较困难。

6、当初您跟区里面接洽成功是因为区里面有这样的一个政策或者说有一个导向说发展这个?

答：没有，其实当时没有导向说发展这个，其实是公园开始找的我们，没有到政府的层面，但是这活动要举办当然要报到政府了。报上去了政府也很重视，因为通州没有举办过这么大的活动，政府觉得这是区里唯一的一个大型活动，那政府也要配合，所以政府基本上做的就是配合工作。

7、那您觉得政府的配合很重要是吗?

答：任何的音乐节政府的配合都很重要，音乐它需要太多地头上的这些事，去外地也是需要和政府合作的。当然做音乐节我们花在批文和审查的精力占到了40%。做音乐节你要符合手续，那可能你会发现到时候批文是很高的一沓。

8、如果去到外地那么首先接洽的部门是什么部门呢?

答：有的时候就从场地开始连接，就是场地所属的区级的，有的时候是市级的，都是从场地先入手。

9、政府在内容上有没有一些审批呢?

答：当然，内容审批从歌词和视频音频，请乐队演唱的曲目都要提交。以前国内艺人是归区里审查，港台和海外艺人是归文化部审查。现在国内还是区内审查，但是港台和海外艺人就到北京市文化局审查了，这是今年的一个政策改变。

10、那这个审查对您来说有限制吗？是怎么解决的呢？

答：当然有限制，解决的办法就是我们取消掉。其实这样会对音乐节的效果或者说质量有影响，但是只能取消掉，现场还是会去盯，音乐如果有问题是没法把它公布出来的，所以你当然要给取消掉。比如说有这么一个乐队，你报上去了人家没批，你不能让他来了，没批的话没法也不敢做宣传，这些事我都有证据的对吧。我一宣传他们一搜索就出来了，那这问题就大了。除了文化审查，还有公安方面的审查，他们也说你这不行那不行。比如说我们在西安办的时候，我们原来有三个舞台，他们非让我们取消掉一个舞台说是怕人多，可是你多设一个舞台是为了分流，但是这道理跟公安讲不通。在极端的时候，公安会改你的演出时间表，他会说这个你们必须要同时演，但是你岔开演是为了分流，同时演了，观众看完了之后都不知道去哪儿，这些问题我们都遇到过。随着事情往前发展推动，我们也在提升自己的硬件设施的防护标准等等。

11、势头已经起来了，品牌也打响了，慢慢和政府合作会更融洽吧？

答：对，但是区长没法儿担安保的责任，所以即使政府的人特别想干，但是只要公安有问题就不行，所以还要和公安那边协调。做音乐节事儿比较多，能让人掉一层皮。

12、国外是怎么样的呢？

答：首先国外没有文化审查，文化审查占了我们差不多50%的精力，安保也很重要，国外比较重视环保和噪音，所以他们办的很多大的音乐节都远离市中心。我觉得这是非常有道理的，但是他们现场没有什么警察。我去过一个丹麦的Roskilde音乐节，十几万人的音乐节没见着什么警察。我觉得其实要音乐节旁边站一堆武警，观众会觉得不舒服，本来就是一派对，其实大家都是来这儿玩的，所以我觉得安保在合理的范围是比较好的。国外就主要是在安保做一些协调。

13、现在草莓音乐节盈利的板块主要是票务是吗？

答：主要是票务加赞助再加上售卖，现在主要是前两部分。衍生产品部分太小了，那个部分是我们未来想做的事情。

14、现在草莓音乐有没有形成一条完整的产业链？

答：其实应该是说摩登天空的产业链是跟音乐节有关系的，摩登天空是一个版权公司、经纪公司，同时也是小型演出的主办方，中型演出还有大型音乐节，我们有自己的赞助商部门，这几部分加一起，音乐节只是我们的一个板块一个产品，我们摩登天空是从内容到渠道形成了自己的产业链，还有票务到赞助，这些事一个相对封闭的系统，音乐节是我们呈现出来的一个线下的活动。

15、衍生产品是您这个产业链的一个环节是吗？

答：我们认为将来消费很重要，消费板块在未来很重要。摩登以后更像一个生活方式的公司，我们会有更多的衍生品，比如说你去一个音乐节，大家花钱买一张门票，在餐饮处吃了个便当，买了杯饮料，这是一个刚需的消费，但是实际上音乐节还可以卖东西，很多的年轻人去，有大量的人群而且都是一类人，我认为他们是对时尚和潮流感兴趣的一群年轻人，他当然是可以买很多东西。说草莓现在也有一些市集，跳蚤市场，但是这跟主办方没有太多的关联，但是我们已经在尝试做一个草莓的市场，这个市场将来会有很多品牌入驻进来，以前他们只做品牌的推广，当以后形成一定的渠道以后，比如一年有20个草莓音乐节，我们签一个品牌进来做销售式的分账，这就成了一个临时商店的概念。我们曾经也做过一些实验，我们曾经在镇江草莓音乐节给了Vans几个摊位，他们三天大概卖了35万的货，当然他们卖得很便宜，比如说这鞋原来260，现在到草莓就100，其实他们是清库存，质量没有问题，年轻人看这个就有赚便宜的心理，我们公司的人也买。

16、您公司的定位跟书上说的一样，就是一个体验式的生活方式，对产品的选择，您会选择具有匹配度的东西吧？

答：是，不匹配的话东西也卖不掉，草莓尤其是北京上海的草莓已经是超级音乐节，观众基本上是北京最潮的人，处在时尚中心的人，年轻的、对音乐、对潮流文化敏感的人。就是三个类型，文艺青年、摇滚青年加潮流青年。音乐节不应该只有摇滚青年，在草莓音乐节里还必须有大量的文艺青年，对电影，看书感兴趣的。潮流青年对潮牌，对时尚非常敏感，有了这三个群体之后，还有好多看热闹观众。

一个音乐节还是很重要的，作为主办人你要明确，你想要什么样的人来，你是什么样的人，也就是说什么样的人办什么样的音乐节。如果你只是纯粹的市场导向，你选艺人的时候就会体现出来，不光是产品和你的音乐节对不上，艺人也对不上，请艺人是要看他和其他的艺人在一起能发生特别好的化学反应，否则观众一看艺人名单，就觉得这是一个谁都不会来的音乐节，因为你满足不了观众纯粹的需求。其实你选择什么音乐就决定了你请谁来，一个音乐节中，音乐是最主体的，并不是选择粉丝越多的艺人，来的观众就越多。

17、对音乐和乐队的选择标准有没有具体的描述？

答：一个音乐节想要更多的人来，比如请李宇春，她粉丝多，或者韩庚，今年的上海“Summer Sonic”音乐节请了韩庚，还有其他类似艺人，当然还有海外的重金属乐队。可是韩庚的乐迷会觉得这些艺人跟我没关系，没有去，那些艺人的乐迷觉得怎么有韩庚啊，也不去了，两边都不讨好。韩庚乐迷觉得还不如去他的演唱会，重金属乐迷觉得怎么会有这么奇怪的一群人。一个是韩庚，一个是重金属，其实是音乐的两个极端。当然音乐里的事儿就太多了，比如说跟你说一个音乐风格你选了谁谁谁，化学反应也不一样，你要非常了解这个你才能知道把艺人怎么组合在一起。

2011年草莓音乐节有杨臣刚，不是我们选择的他，是他要求来的，给舞台导演打电话，他说他现在搞摇滚了。我们高级的企划人员一起商量，他来可以，但是必须在重型舞台。如果杨臣刚被放在主舞台，就有问题。他也特别勇敢，被公布出来在重型舞台演出，他就惊了，他一看前后全部都是death metal，他就给我打电话，既然你搞摇滚，那这也是一个挑战。如果他被放在主舞台，就代表承认他的音乐水准和品味，然而他被放在重型舞台是一种反差，是一种恶趣味。他展示音乐的目的达到了，我们的目的也达到了，现场观众看见他都特别高兴，他演得很投入，从传播效果来讲非常好。音乐节你要制造一些奇妙的东西。比如说有一个叫MC石头的，他是网络上一个喊麦的小DJ，出生在一个小县城，其实也是一个恶趣味。如果你要把他放在电子舞台就不对了，所以我们就给他放到了CHA舞台，CHA舞台白天是说相声，讲笑话的，把他放在这个舞台就对了，只有草莓的观众才懂这个。MC石头是喊麦，特别土，我们舞台导演找了两个临时演员做伴舞，还是大妈，穿着毛衣就在那儿扭啊扭，他自己也特别高兴，他自己知道是恶趣味，时尚青年全high了，一般人就很难明白这个。

今年五一，这些舞台就是这样安排的，今年乐蜂网有内衣秀舞台，尚雯婕和一些流行明星，如果把他们放在主舞台就不对了，他们跟那个（内衣秀）舞台气场合，有时候你让它特别不和也能达到一种效果。类似这样的舞台关联是非常有讲究的。其实音乐节最重要的是音乐，为什么草莓那么大，因为它完全了解这个东西，乐迷也了解，所以人就越来越多。当人越来越多的时候，那我们就开始开发消费这块，要给来音乐节的这些人更多的价值，比如说这些品牌比如说它放在商场、大卖场甩卖，就感觉跟挥泪大甩卖似的。可是在草莓音乐节它就是卖得便宜，感觉这是一个很好玩的事儿，大家都在赶时髦，感觉是在shopping，而不是挥泪大甩卖，品牌也有面子，整个气场就不是大商场那种，反而是所有东西都是比较酷的，所有都是针对这个大群体的，环境不一样，体验不一样。

18、草莓音乐节是主舞台是稍微偏向先锋一点的？

答：它也不是那么先锋，只是说更加专业一点，其实还是有学术的意思，主舞台的艺人还是很有号召力的。现在已经没有大众流行音乐这个概念了，比如宋冬野，在豆瓣上开始火，在小范围内火到一定阶段，音乐节也不会给他主舞台，他也只能是在第二舞台第三个时段演出是比较正常的，在他前面会更资历更老的艺人。更多人知道他以后，他可以在豆瓣、虾米连续四周五周排到总视听量的第一，这些人（逃跑几乎，阿肆，好妹妹）在互联网上的数据就跟那时候的老鼠爱大米似的，这个时代的“老鼠爱大米”就是董小姐，现在的网络歌曲变成文艺青年追捧的东西。文艺青年的数量已经越来越大，变成新一代年轻人中的主流人群。

央视你说它是主流我也不认为，北京上海的草莓音乐节加在一起一共24万观众，没有任何一个音乐活动能有24万观众，你说它是主流聚会还是另类？很难讲，现在没有界限了。在未来的音乐市场就有一件事情，有多少人听你的歌？有多少人想看你，演出能卖出去多少票？就这两个标杆，只有一句话，你能卖票吗？你看看天天在电视上的那些人，未见得能卖票。以前有政府采购，未来就是看票，消费者从兜里掏钱出来看你的演出，就是这么简单。

19、那您在这里边还是再细分了，比如说您的CHA舞台、重型音乐舞台，在此基础上，时间段还要细分，乐手再投到各个地方，有时候是直接契合，有时候是做反差的。关于这个，你们在草莓音乐节中，会有意识地怎么细分吗?

答：我们现在是8个舞台，都不一样。上海是5个舞台，北京8个舞台，三天是160组艺人，上海是100组艺人，北京和上海草莓音乐节是260组艺人，24万观众，13个舞台的这样一个音乐节。这些乐队都要对飞，国际大牌要从北京飞上海，上海飞北京。

20、那您能具体说一下这8个舞台在风格方面是怎么设计的?

答：北京草莓8个舞台，草莓舞台就是主舞台，主舞台是国内、港台加欧美大牌，这么一个定位的。第二个舞台，我们叫爱舞台，它和主舞台相仿，只是艺人牌儿没有主舞台那么大，艺人名气小一点，但是比较多元，这两个舞台大小基本差不多。然后第三个就是重型舞台，全是特别噪，重金属，特别吵。第四个叫星球舞台，星球舞台在北京就是有点儿实验的感觉，乐队都特别有意思，音乐都特别新，比较有品位，比较有音乐审美，乐迷比较小众。

21、因为今年我看到的星球舞台就有那种选秀节目出来的艺人，哪个是?（A草莓音乐节）

答：那可能是给了索尼音乐一个时段。然后除了这个星球以外就是校园舞台，所有的乐队都是来自校园的。然后就是电子舞台，音乐都是舞曲，今年有一个叫秀舞台，是临时增加的，给乐蜂网的那个，还有一个是CHA舞台，就是玩的闹的。

22、不光是舞台细分，乐手又有一个细分，就会有新的效果。

答：对对，比如说重型舞台的乐迷，有时候有的人都不离开那儿，跳舞的舞台有人会在那儿四五个小时也不离开，大部分的人就是都看看。音乐节我觉着是对打开你的音乐世界是一个特别好的一个渠道。基本上以前没有机会再同样一个时间，同样一个空间看到许多不同类型的音乐，说不定因为在这里，你就爱上了某种类型的音乐，因为以前没有机会听到这些音乐，所以你就是一个多元的聆听，现场体验的这样一个感觉。所以有的人第一次去草莓是看热闹去的，然后就喜欢上某个乐队，或者说喜欢上了某一类音乐，这个对音乐的普及也很有帮助。

23、您觉着音乐节现在就到了一种细分市场的阶段是吗？那么现在这么多音乐节，已经出现井喷现象了，虽然我们认可的也就那么几个，你怎么看这个情况呢？

答：还没有，但是慢慢已经开始了，但是我觉着差不多未来三五年吧。我觉得反正大家都在做音乐的普及工作，这点是积极的。首先中国太大了，很多人从来都没有看过音乐节，年轻人在上学，上班，他们都应该去看音乐节，因为音乐节是一个挺立体的，物以类聚的这样一个派对，你要是没有去过音乐节现场，感受一下现场的音乐，真的是缺失了某些东西。很多城市并没有这些东西，他们也没有livehouse，看演唱会，首先门槛也高，票价也高，另外演唱会有时候还会出现假弹、假唱，还有晚会什么的这些并不是真正的现场音乐。而音乐节你是可以真正地感受现场音乐的那种自由，而且人和人之间可以互动，每个观众都是音乐节的组成部分，因为音乐节不光是感受这种音乐的。你会看到很多不一样的人，平常你可能见不到那么多不一样的人，所以通过一个音乐节真的会颠覆你的一些看法。现在年轻人都活在线上，而音乐节实际上是提供了线下的这样一种体验，大家可以真的去交流，也不一定是认识新朋友，约之前的好朋友也可以约在音乐节。我们做过一次调查问卷，其中有一个问题就是你怎么来到音乐节的，答案很出乎我们的意料。我们以为大多数都是通过上网，当然我也不否认社交媒体很重要，比如说门户网站，比如说电台、电视宣传这些都有不同的比例，显然互联网是最主要，但是超过这些所有的，是朋友，就是口耳相传的，比如说草莓音乐节一公布，然后大家就开始相互约了。我举个例子，音乐节是一个大的派对，然后就是一个大派对里面涵盖了好多小派对，就像互联网那样，我们是一些小的群组，所以会被更多的城市接受。我觉着中国的年轻一代都应体验一下音乐节，虽然现在音乐节的数量看起来挺多，但我真觉着这可能还远远不够。

24、那您选择市场，您觉着还是有一些二线、三线城市没有进展是吗？

答：对对，因为这个还需要培养，比如说有一些音乐培养起来就不容易，他们也培养了一些观众，可能我们再去就是站在他们的起点上，在他们做过的基础上再去做一些新的事，而不是从零开始做。今年我大概是在五个城市做了音乐节，北京、上海、西安、武汉、长春，以后会往南边走。

25、我们听说您会在镇江做一个摩登天空的博物馆，您做这个的初衷是什么呢?

答：那个实际是因为我们在镇江做了几年草莓，实际上那个像是一个文化综合体的概念，我们现在摩登有一个新的版块是场地的东西，比如说我们现在在西安定了一个一千多米的场地，我们把它叫做Modern Sky的中国，它比较像艺术中心，相当于一个livehouse，也有可以做展览，同时年轻人也可以在里面喝喝咖啡，这样实际是一个很酷的事。实际上我们希望它成为一个城市最酷的地方，比如说我们平常会有讲座，也可能会有一个小的书店，可能还会有成品的售卖呀，咖啡的交流，平时还可能有讲座，有展览，有派队，有放映。西安可能会是第一个，然后上海，武汉，北京，未来还会在全国开到20个左右。它首先是一个商业模式，是一个livehouse，卖票，然后它又是一个咖啡馆的模式，同时又是一个展览空间，我觉着它是一个综合立体的体验。这样镇江的博物馆可能就是它的升级版，比如说我们有更大的地方，更大的能力做一个更大的博物馆，同时也有一些商业配套，比如说配套里面可能有一些商业，然后艺术方面做支撑，我们来完成文化这块，还有音乐节的一个场地，一个大型的场地，可以做一些音乐季。这是我们下一个三年要做的，就是每个城市都有摩登天空的一个场地，我们希望摩登天空是一个生活方式的平台。现在大家认识摩登天空可能是因为我们公司艺人认识的，也可能是因为草莓音乐节认识的，但是去草莓音乐节不一定知道摩登天空。我们希望摩登天空未来有自己的门店，我们希望它是一个常态的东西，有草莓相关的内容，也有艺术周边的内容，然后它也是一个演出场地，它同时也可以喝咖啡，我们也可以做很多讲座展览，很多年轻人在这边可以碰撞出很多想法。同时，它的商业模式也都符合这几个业态的东西，我们也可以把它们结合在一起。

26、这几天不是有摩登天空音乐节吗，它是一个什么样的尝试?

答：实话说，摩登天空音乐节现在变得比较尴尬，因为现在草莓音乐节做得太大。草莓可以说是它的一个升级版，因为它是把摩登天空另外的一个东西发挥到极致了。摩登天空音乐节是2007年创办的，做了这么多年，我们有两年赚了钱，其他全都是赔钱的，那我为什么还要做呢？我是觉得有些事情还是在探索。今年我们把演出变成单场次，不用靠户外的那种特别大的演出场地，然后这个票价会比较便宜，因为我们现在是靠单场也就是艺人的整个号召力来平衡这个票价的。随着演出，艺人来划分不同的大小场，这也是国外的一种做法。当然我们还增加了音乐产业论坛这一块，增加了一个叫years的论坛，是一个芬兰政府和我们一起做的，等于说今年我们第一次加入了这一些东西。然后我们明年有一个计划是把摩登天空音乐节和赫斯特集团合并成一个新的形式，把艺术、音乐、影像和时尚做成一个中型的音乐活动，因为他们可能有好多盛典，我们准备把这些盛典进行合并。赫斯特集团有很多独立设计，很多时尚的影星，时尚名人，他们做的是比较高端的东西，而摩登有国际大牌乐队，有音乐产业论坛，再有艺术家的版块，我们可能把它做成一个小的、跨界的音乐节。但是这个计划正在讨论中，我们可能一人出资一半，明年可能就会改版。不管音乐怎么样，它都是一个品牌，这就是摩登天空这个品牌所要传达的内容，而不是说它只是一个音乐节。所以我们一直要尝试，因为我们需要他一直有新鲜感，所以我们会有一点实验色彩，而不是在商业上去追求综合的体量。现在我们已经有了张冠李戴音乐节，也有云南的五百里城市音乐节，总之音乐节在慢慢做细分，我们自己也在做细分。我们和荷兰公司合作的跳舞也开始了。我们的草莓音乐节也在做一些尝试，比如说增加了它的单体体量。

27、您方便透露一下草莓音乐节是什么时候开始盈利的吗？后来的情况怎么样呢？

答：草莓从第二年开始就盈利了。草莓音乐节，第一年是赔钱了，第二年是赚钱了，西安第一年是赚钱了，第二年是赔钱了。

28、草莓音乐节成本最大的一块是什么？

答：肯定是艺人，由艺人产生的差旅费、出场费什么的。我们算了一下，2007年到现在，艺人的出场涨了20倍左右。我们自己的艺人，以前演我们音乐节，一个乐队，我们给3000或者5000块钱。现在他们对外演出都是十万，所以我们也得给六万，给他八千是肯定不行的，出场费是水涨船高的，是一个市场行为。

29、艺人这块产生的成本给您压力是越来越大了，是吗？

答：我们也在赚别人的钱，所以我们也是艺人涨价的推动者。我觉得艺人还是得看跟谁比，要是跟港台的那些比，其实他们在某些场次还是比那些人有号召力的，所谓性价比好，所以他们的价格还得涨。我们只能说票价让它慢慢地涨，因为票价不可能一下翻20倍，能翻个两倍就不错了，所以就只能说我有更多的赞助商这是第一，第二呢就是有更多的观众，观众实际的售票数量慢慢地越来越多。

30、我们在草莓看到的艺人，他们最开始和摩登天空只是一个合作的关系。比如说阿肆，那您最开始和艺人是怎样的合作方式呢？

答：就是签约。在摩登天空的经纪部门。因为像我们这样一半都是自己的艺人，像武汉可能80%都是自己的艺人。这样我们对上游的内容会有一个很高的掌控，效益会比较高，成本会相对低。但是这样也会产生很麻烦的事就是管艺人。摩登是一个艺人和唱片公司起家的公司，它在已经进行十年的时候才开始做音乐节，所以摩登在艺人的管理，艺人的推动，版权这方面是非常有经验的，所以它对音乐产业，对内容制作管理是非常了解的，我们在做音乐节之前是有这个基础的，同时艺人也愿意和我们公司签约。后面我们的音乐节会越来越多，我们会拓展渠道，当然签艺人也会越来越容易。

31、我们理解的传统意义上的推广方式是上娱乐新闻，电视，平面，电台等，这些在您旗下的艺人里好像很少见到？您对艺人是一种无推广的思想是吗？

答：其实这些事情也都在做，说推广也没太大用处，当然无推广不意味着没有企划，企划是很重要的，它要确定艺人的核心是什么。因为很多时候，从企划这儿就把艺人扭曲了，就是说他不是那样的人，公司偏要他成为那样的人。另外就是很多人有一个缺点，公司偏要给他盖住。我们首先要尊重艺人的自然的那些音乐特点，推广是交给市场去验证的。如果是在十年前。二十年前推广特别重要，为什么呢？因为没有互联网，那个时候完全是需要买通媒体，要投放很多广告。十年前我们也这样做，但是今天一个艺人成不成，你把他放到网上一个星期就看出来了，他的初始数据会慢慢出来了，你只需要在正确的时间对他略做一二，效果就能比较客观。但是如果你多花一倍的钱，行不行呢，它的效果有，但是没有那么明显。你说你花多少钱去买媒体的话，你说你有三十万，我说我去买电台媒体，一小会儿，电视就更不用说了，这个包真是太小，太微不足道了。艺人行不行不在于花了多少推广费，怎么推广，而在于用户，你要利用用户自己的行为，然后让他放大。比如说他的数据很高，你应该把他放到更大的舞台。如果他的数据很低，他也要露面，你就给他放到一个比较小的舞台，这样会比较匹配。在这样一个时代，首先我觉得成本是比较低了。另外一个呢，可能是有参考数据了，以前的参考数据是无从采样，现在这些都是有客观数据的，包括你对livehouse演出的票房是多少。你如果演不了，比如说我们周六是二手玫瑰工人体育馆，为什么要在工体呢，是因为原来他演1800人场地，票卖完了，工体无非就是3500人的场地，没卖光，但是他是有这个可能性的。如果连300个人的场地票都卖不满，要演1000人的场地也是不行的，因为有票务数据做支撑。推广也是跟着项目越来越科学。也不叫无推广，因为很多东西都是系统了，放在系统里本身也是一种推广，看起来它不是推广，但是比如在livehouse演出它本身就是一个推广，可你不能单纯把它看成推广，因为它还售票。

32、签您那儿的艺人主要是在自己的音乐节上和其他地方的演出，宣传上露面，还有哪些地方，互联网上吗?

答：艺人推广这件事情，所有这些东西全打通了。首先摩登拥有所有音乐公司中最多的资源，摩登公司本身也成了一个媒体公司。从某种角度来讲，我们以前认为的媒体公司是杂志，广播，电视台，互联网站，他们有覆盖的人群，但你说现在一个杂志发行量有多少呢?一个平面杂志发行两万本就不错了，一年二十多万本，可是我一个音乐节一个小册子印十万本，音乐节手册一人发一本，就十万本，那我跟他换一个平面广告是交换，同时我们跟媒体还有一种交换的玩儿法，一个舞台冠名，200万，媒体不用给我钱，送我200万的广告就可以了。网站也是如此，都可以用置换的模式，这样我们就拥有了一个特别大的媒体资源。比如，我们和MTV台成立一个52期的电视节目，52期节目全用我们的现场，因为那些钱我们已经付了，艺人已经请了，MTV只需要来拍摄现场，变成一个电视节目就行了，他们主持人串串台词，乐队的人做个访问，艺人包括一些国外的来北京演出的艺人，包括草莓音乐节我们请的一些艺人，包括港台艺人，都在我们的演出系统里。他们负责拍摄，我们负责演出的投资，然后放在MTV channel。同时他们分销到

30个城市的省级台，我们就分广告，卖掉广告，最后我们和MTV进行广告的分账，这就是音乐的增值。媒体方面我们跟其他音乐公司完全不一样，比如我们和赫斯特（Hearst Corporation），他们是全世界最大的两个平媒之一，他下面有ELLE杂志，还有关于各种家居汽车的，首先就是资源置换，我有草莓音乐节，一年1000场小型演出，100场演唱会，里面有20个音乐节，这是我们所有的现场，我们还有艺人、版权。他们先给我一个草莓音乐节的手册，我们有消费，他们的ELLE shop线上商店变成线下的商店。在草莓音乐节你会看见年年都有ELLE的商店，独立设计师，独立品牌在里面，会给观众很好的体验，就是等于是它利用了线下。另外ELLE这个集团（赫斯特）它每年有好几百场的活动，活动里也用到艺人、乐队，制作参与他们的这些东西，同时他们有广告客户，广告客户可以投放到平媒，也可投放到现场去。我们跟任何的媒体集团，无论是电视的，网络的，还是平面的，在新的思维下，我们完全用媒体对媒体的方式，联合投资，或者我们互相跨界的方式，形成很多新的资源。当我们的艺人签约以后，我们就把这些艺人发送到各个平台去，那是一件非常容易的事情。

33、您认为音乐市场已经不是传统的市场了，您的公司可能也不主动集中投放传统媒体。但是像央视这样的主旋律媒体，他们虽然发行量不及您的小册子大，但是作为这些媒体的受众群是了解不到您的艺人的，你是觉得这些媒体与您的艺人定位不符，才不去投放的吗?

答：也不是，首先新闻联播已经连续三年报道过，另外，明年的三套他们有《中国好歌曲》，他们也选了摩登的几个艺人，我们派了三个艺人。

我们先不说央视，我们就说湖南卫视和东方卫视，首先东方卫视是上海草莓的联合投资人，是SMG旗下的新娱乐频道，是联合投资的角色，所以这个显然我们走的很近。另外，在今年《中国梦之声》里有翻唱阿肆的“炸鸡”，而且快男也唱了大量摩登的歌曲，包括董小姐、新裤子、万年青年旅店、刺猬，这全是摩登的歌，这个真不是我们推的，这些音乐完全是他们的音乐编辑自己选的。为什么呢，因为现在年轻一代，那些喜欢我们这样音乐的受众成长起来了，这些人有话语权了，有决定权了，他们可以决定背景音乐放什么。现在媒体的老大、台长，也开始了解我们了。我们是一个有16年历史的公司，16年前这些人可能才二十多岁，但现在他们可能变成中坚力量了，所以媒体现在正在互相融合，已经到了一个没有强烈界限的时代，不是说央视就是央视，我们就是我们，央视还得找我们去做节目，央视现在的情况也不乐观。现在优酷、土豆整体收入已经变成前五了，在卫视里，你会发现有一天说不定优酷、土豆这种互联网平台的收入就超过央视了，这不是没有可能。因为网络是无限大的，而央视有频道限制，所以摩登天空要在土豆开频道，要在youtube要开频道，现在我们已经在和这些人合作，只是说未来这个趋势绝对会放大，互联网会代替电视，互联网和电视会进行整合，所以以后资源是无限大的。在这个时代，新的一拨年轻人已以成长起来了，三五年之内，所有这个产业，包括电视产业，将会全部被颠覆掉，媒体之间的这个界限也完全没有了。

这个苗头在演唱会上已经有一定的表现了，在三年前我说过，五年之内摇滚乐颠覆音乐产业，可以打败所有的东西。他们不信，觉得我是干这个的，所以我要这么说，可是今年又有人问我，说还差两年。可是你看现在，谁在开演唱会，中国内地，汪峰、许巍、朴树、郑钧，包括何勇、张楚、谢天笑、二手玫瑰在开演唱会，在开工体的演唱会，进行大的巡回演唱会。这些人之前并不被认为是主流，三年前、五年前大家根本不会认为将来开演唱会的全是这帮人。可是我们现在可以将这帮人的名单排很长，你可以说明年宋东野就会开演唱会，卖3000张票，是很有可能的。现在这帮人在全国，许巍演唱20站，老崔10站，汪峰10站、20站的卖，还不说这100个音乐节，你看这些已经占了演唱会市场多大份额。现在一般人还认识不到这个问题，因为你还是可以看到刘德华、张学友。可是内地的竞争格局是什么，竞争格局其实是公平的，流行的东西可以占据着央视吗？那些所谓的晚会，都是没开演唱会的啊。

34、您认为羽泉算是这帮人吗？

答：羽泉算，杨坤也算，选秀一票人都算。我的意思是说，你现在连胡彦斌都说要搞摇滚，现在摇滚变成一个时髦。为什么我说两年以后会有一个颠覆，首先音乐节未来两年还会爆炸，现在可能有100多个，将来会有300个。300个音乐节最主要收入都是被摇滚乐队和艺人拿走了，因为音乐节可以赔钱，艺人绝对会拿到钱，所以这些人会变成最有钱的艺人。将来可能有个排行榜，你会发现排在前100的，会有40个摇滚乐队在里面。再过两年，这个格局还会不一样。因为随着政府的限制令，音乐的另外一个版块在萎缩，比如包括李宇春这些人在萎缩。政府以前可以请明星，政府买单。现在政府买单完全萎缩，以后就是完全市场，完全卖票。这样一个市场环境下，肯定是一个真的音乐、一个票务的市场，谁红，谁有号召力，谁挣钱最多。

35、那您觉得是社会风气变了，摇滚乐才会越来越火吗?

答：我觉得不是摇滚乐的问题，是年轻人的问题，因为摇滚乐代表的是流行文化，是年轻人……年轻人真的不会喜欢宋祖英了，为什么呢，因为年轻人生活里所有的其他东西跟她没关系。但是你看的电影，你玩的游戏，你看的动漫，所有你接触的流行文化，都是与摇滚乐有关的，跟有质量的音乐有关的。比如好莱坞的电影用的音乐质量是很高的，年轻人是听着这些音乐长大的，虽然央视不播，但是互联网让年轻人得到了所有该得到的所有东西，不需要央视。他们可以得到所有的音乐资讯，他自己自然会对音乐有审美的判断，不光是对音乐的审美，对电影的审美，对文学的审美，对流行文化的审美，对绘画的审美都在提高，这些是以前你必须要上课才能得到的东西，现在通过互联网都可以得到。

互联网免费时代带来了很多免费的音乐，大家听到这些东西，大家都会有一些体验。在这些体验中，唯有真的音乐才会有最完美的体验，真的音乐不会被时间磨灭掉的，而这个东西我觉得慢慢就会成为完全主流。其实摇滚乐这个词只是一个代名词，就是它是一个真音乐的代名词。当然音乐形式很多元，不是说只有摇滚乐是真的、好的音乐，只是摇滚乐最为明显，它是真实的，发自内心的，但实际上就是好的音乐。

36、以前我们会认为年轻人在流行文化下爆发式成长，审美能力好像是下降了，变得麻木了。现在看来，在互联网的作用下，大家好像更专业了，只是在课上可能不好好学习了，但是在其他渠道好像变得更加专业，好像很有质量的追求。

答：实际上这根本不用担心，因为所谓生活方式，从你穿什么衣服，到你听什么音乐，到你看什么影像，到你玩儿什么东西，它是一个东西。比如说，以前觉得fashion离我们很远，但现在有了快消，有HM、Zara、优衣库，所有这些东西让你在低价格中就能享受到时尚潮流，所以这些东西跟音乐的快消，跟音乐的流行文化完全是一回事，它不是让你花多少多少钱，它并不是一个奢侈品。现在你只要有一iphone，一个ipad，这是个很公平时代，没有所谓的信息不对等，你能得到的我也能得到。一个美国年轻人15

岁，一个中国年轻人15岁，差别比以前要小得多，说不定以后就完全没有了差别。在一个电影发行出来3个月，全世界就可以看一样的电影，唱片、游戏、动漫也都是一样的。世界变得越来越小，所有流行文化的传播要比以前的速度更快。

37、那您觉得现在年轻人艺术品位,、艺术欣赏和分析的能力，跟互联网之前的年轻人相比的话，他知识获取更多了，但真正专业的审美和评判能力是提高还是下降?

答：这个有利有弊，利是你得到的东西多了，虽然很浅，但是你也会学会欣赏鉴赏一些东西，鉴赏能力其实是高了。但是这个时代让你静不下心来，你的时间被碎片化了，很难聚精会神地去干一件事，以前你没有事可干，现在你好像也没干什么，但时间就全没了，一会儿看会儿手机，一会儿看会儿手机，时间就没了，所以能静下心来创造一件独一无二事物的几率、决心、时间、难度，比以前要大了。你看到了很多，你脑子乱了。比如说我们做音乐的就特别明显，以前我们做音乐的时候，听的音乐特别少，然后去做一个东西，就是一根筋把它做了。而当你学了特别多的东西，看了特别多的东西，你觉得你有100个方案可以解决，你反而失去直观的判断能力，所以现在年轻人去创造一个东西，看起来可能还可以，但是他们很难做出更高的，更独特的东西。有时候，我们会觉着，在这个时代我们什么都不需要做，好像我们每个人变成多余的人。

我们活的比以前任何一个时代频率都要快，身处这个时代你是无法改变的，你要接受他，这个不是说某一类人，而是说整个时代是这样的。但是我觉得这就是时代，没有对和错，没有利和弊，每个时代有每个时代的印记，我们每个人就是这个时代的采样而已，你真实记录了这个时代，这个时代可能就是爆炸性的，信息量特大的，高速发展的，也是让你无所适从的，它就全写在你的作品里面，全在你这一个人的信息里面，所以我觉得这是一种真实，我觉得真实就挺可贵的。

38、在艺人方面，您是怎么去挖掘的?他们大多都是创作型的，当他们还不知名的时候，还在某个角落的时候，是怎么把他们挖出来的?

答：首先我觉得是物以类聚吧，这些人也欣赏我们，比如宋东野，我们当时是在豆瓣发现他的，我们工作人员给他打了个电话说，你是宋东野吗，他说是，这是摩登天空，过来聊聊吧，就这么简单的事情。来了以后，他问你们要干嘛啊，我们说你不错，想要和你签约。他就好好好，签。合同在那儿放着，不用看，因为他相信这个公司，相信这个品牌，这个品牌是伴随他长的，唱片店里他看过这些唱片，音乐节他也老去，你跟他就不需要更多的沟通，所以说虽然是互联网发现人，但是你没有之前的积累，这人也未必能和你走到一起去。还有呢，我们有经纪人，有不同的场牌，他们经常会有现场演出，而且还有特别重要的一个因素，就像我们签了宋东野，签了尧十三，签了马頔，他们这一票人全签了，以前我们签了万晓利，后来又介绍我们认识周云蓬，类似这样的也很多。

39、您之前担任超女的评委是吧，您通过那个挖过艺人吗？

答：没有，从来没有，一个都没有。我觉得选秀是一个普及，去参加选秀的人，首先大部分都是模仿者，有自己主导想法的人可能只有1%，99%的人都是模仿者，走到最后的也是在99%里的几率更高，不在那1%里。选秀是会改变一些事情。我为什么去做选秀呢，因为我特典型，我坐在选秀的评委席，就会有拿吉他的人来，只要评委里有我，自己写歌的人来的就会多一点。但是选秀呢，每年一选二选三选，它也在进步，因为观众的审美也在提高，选秀的人也在成长，它也起到大量的对音乐普及的作用，审美提高的作用，它是通过电视，这个最主要的平台来普及，我觉得它还是积极的。只不过说你别把选秀看太高就行，就算你把它看太高，它也没那么高。他们选出来的受众是粉丝，我们这是乐迷，是两个东西。粉丝是什么，是不管你怎么样，确实他有魅力的地方，要不也不会成为他的粉丝嘛，不管你唱得怎么样，唱得好，你更好；唱得不好，我也觉得你好，跟音乐没关这件事，因为他的人格魅力，这你不能否认，人格魅力占了很高的比例。可是乐迷是你的音乐好我才喜欢你，我是因为你的音乐认识你。所以说为什么音乐节不能请李宇春，你要请李宇春可能来了一堆她的乐迷，可是第二年没有李宇春了，乐迷不会来。粉丝的视野是很窄的，他就认为你好，别人都不好，所以他跟你的音乐节没关系，你请了他们的明星他来，不请就不来了。而且粉丝跟粉丝之间还看不上，就可能会打起来。所以你要弄俩人，不光他跟你的音乐节没关系，还会有别的问题，所以我们不用这类艺人，也有这个考虑。

40、你能透露你们和艺人合同上是怎么分成的吗？

答：分成是经纪嘛，我们就拿经纪比例，新的人我们拿多一点，我们拿五成，成熟艺人拿三成，艺人七成，差不多这样，我们拿三成五成。我们要帮他们投资唱片，做管理，我们自己的音乐节有付他钱，给他各种各样的机会。我们现在一年现场演出系统现在有几百场小型演出，还有很多剧场的演出和音乐节。

41、那您和比如愚公移山这种小酒吧也是租场地？

答：也是两种，一种分账，一种租场地。我觉得这个演出票卖得很好，我就租用场地，付你固定租金，我觉得买不了太好，那我们就分账。

42、那像电视这种你们基本上就不投放吗？

答：有，他们都有在电视出现。不过我觉得现在电视也需要改革，我觉得有电视内容方面我们有很大的机会，所以现在我们也投了一些电视内容。我们开始自己做，举个例子，何勇去了天天向上，然后大家就觉得特别傻，然后就有些人说电视太傻逼了，不应该去电视节目。实际上电视节目本身没错，只是说这个节目不适合你，但是也没有适合他的节目。但在国外不是这样的，国外有真正适合这些人的节目，而且会有很多人看，因为你去了你气场不对，你不是那样的人（和主持人相比），电视作为媒体本身这个介质没错，只是说现在这个平台不适合有意思的音乐，所以说这个反而是我们的机会。包括选秀也要做些改变，是不是可以做一个真音乐的节目，我觉得慢慢地都会出来。所以电视对于我们来说，反而是个机会。

43、公司的艺人都是选用的有创作才能的艺人，如何处理艺人自身创作与公司商业利益的矛盾？如何平衡商业与创意两者间的关系？

答：我们不管市场需要什么，以艺人的创作为中心。音乐是一个抽象的事物，它不同于体育比赛，体育比赛跑第一就是冠军，音乐是没有办法界定的。如果要说一位歌手是否有实力，当然可以看他卖出多少张唱片，这是一个参照物，但很多音乐并非这样判断的，很多音乐的文化是没有办法衡量的。比方说，各有一千位观众喜爱两位歌手，都卖了一千张演唱会的门票，你看起来是一回事儿吗？其实并不是。那一千位人是谁，很重要！一千位大咖、文化艺术品位高的人，和一千位单纯的粉丝的含金量完全不同，不是一回事儿。所以，我们做的事情不会完全按照销量去判断（以市场为中心）。我们认为他有价值，则就会签下他（她），与他（她）合作，尊重歌手的创作。

44、大学生志愿者是草莓音乐节运作的一大主力军，甚至被很多音乐节效仿。在最开始邀请大学生群体担任志愿者是处于什么目的？作为节省成本的一大有力手段，是什么在吸引大学生群体？

答：大量使用志愿者群体，其实是有利有弊的。聘用志愿者也并不是源于我们，在很多大型活动的举办上，比如奥运会，我们都不难发现庞大的志愿者群体。国外部分音乐节中，志愿者甚至承担着极其重要的工作。例如丹麦的Ruscul音乐节，它的工作人员由几千名志愿者组成。

启用志愿者，节省成本只是其中的一部分原因。以前我们觉得，任何活动都要启用志愿者节约成本。后来我们觉得有些岗位我们必须要聘用临时的工作人员，而不是志愿者。要做好志愿者与临时工的明确区分。因为毕竟志愿者和我们没有劳动合同关系，我们开始将两者区分开来。志愿者多是做一些接待、指引等对专业技术要求不高，但需要人力去做的工作。而其他一些相对专业的工作，我们会聘用临时工来完成。

对于志愿者来说，他们会认为自己参与到了音乐节中，自己的生命中多了一次体验。我们音乐节志愿者的选择多是集中于学生群体，考虑到随着音乐节门票增长的趋势，学生购买力不强，那么志愿者岗位可以为他们在完成工作之余提供观看演出的机会。最科学的安排是将志愿者按小组划分，进行轮班制，尽量保证每位志愿者能够观看自己喜欢的歌手演出。在日本，音乐节中志愿者的分工就特别细致。他们把志愿者当班的时间排列出来，当班之外的时间就可以去观看演出。

所以，志愿者的做法并不仅仅是单方面节约成本的问题，我们也为大量的年轻人提供了接触音乐节的机会，这是一个双向受益的过程。志愿者对于音乐节本身来说就扮演一个特别重要的角色，也将一直会扮演这样一个重要角色。

45、那您会不会担心志愿者管理方面的问题，比如工作不认真负责导致一些岗位缺失人员？

答： 我们一直对志愿者群体是比较放心的，因为公司如今很多正式员工都是从志愿者里挑选出来的。志愿者是被分配到不同的小组进行管理的，每位工作人员都会带领几位志愿者工作，他们很容易看出每名志愿者的表现。在志愿者中间，甚至会发现有的人特别突出，对工作格外认真负责。我们的工作人员在举办活动中其实也会留心注意挖掘这方面的人才，将其推荐到公司。目前公司有五六个人都是从志愿者中发掘出来的。比如上海分公司的负责人就是在志愿者中脱颖而出的。

我们认为志愿者们出于对音乐节本身的喜爱，会特别投入这份工作，认真负责。有很多志愿者甚至从头到尾一眼演出都没有看过，就一直在埋头干活儿。但有时他们也确实想看，但确实无法腾出时间去看。

46、那他们的回报是什么呢？责任？回报？归属？

答：其实也需要看每位志愿者个体的性格。虽然年纪都不大，但有的人就有这种责任感，你交给他的任务他会认真负责地完成，有一种使命感。这群人就是给我们印象深刻的人。因为有时候由于我们的工作没有做到那么精准，比如对人流的估计不够准确，工作量会在某一时段突然增加很多，工作强度非常高。这时候，志愿者就会特别辛苦，也会涌现出很多突出的志愿者们。

若从志愿者的角度来说，更多的可能是一种付出的心理，自己会收获一种满足感。所以，通过这一点我一直在考虑，是否在未来的音乐节中去鼓励观众付出一些，不单单是现金。比如说，捡捡垃圾。给我印象最为深刻的是草莓音乐节的第一年，晚上当所有灯都关闭了的时候，我发现草坪还有很多人在捡垃圾，当时我就特别感动。但如今草莓音乐节的受众越来越多，场地越来越大，就不受控制了，没有办法要求这些了。我们还是想在明年去做这件事儿。

47、捡垃圾这件事情好像有点行为艺术的感觉

答：从另外一个角度来想，我在构想在音乐节中让大家互相之间产生一些关联，比如说必须要求一位观众带礼物送给一位观众，你也不知道你会给谁，我们不知道会发生什么。我们作为一个音乐节的活动主办方，我们只是在践行我们的一个想法而已。但正是因为你这样一个小小的想法，影响的不知道有多少人，改变了很多人的很多事儿。有十万多人来到现场，这十万人需要通过怎样的联系、沟通，路途上奔波多久才能来到这里。来到了这里他们又将会见到谁，即使见到了认识的人，也许也会改变人生轨迹，有可能你们多年不见面了。甚至认识完全陌生的人，在这之后又会发生多少事情。所以，我们只是创造了源于自身想法的一个念头，创造了这样一个平台。因为它完全不同于演唱会，演唱会在黑暗的场馆，看完后大家就各自离开了。但在音乐节上，大家都是在展示自己，这里面有太多的可能发生。每个人都是内容，每个人都应该付出。只是说这种付出会让人会有更大的收获。我们想鼓励大家分享，在音乐节创造出更多门槛并不高的分享环节（公益或非公益都可）。

48、您所认为的成熟的音乐市场是怎样的?

答：受众愿意为自己喜欢的音乐买单，真正参与到音乐中来。

49、盗版现象对你们公司威胁大吗?

答：盗版问题其实如今已经被我们忽略了。因为如今的唱片销售越来越少，实体的盗版也在相应减少，但网络上的盗版在增多。摩登天空主要还是做现场音乐。我们与虾米、豆瓣、百度音乐都签有合同，以付给我们年费的方式链接我们的音乐。但还是有很多非法网站链接我们的音乐，但如今这些网站多太分散了。我们之前因腾讯侵权打过一场官司，他们赔偿了相应的损失。但整个过程很难、很复杂，需要请律师、取证等，也许到最后还不能拿到相应的补偿。而且整个行业中侵权成本特别低，一首歌的赔偿才在300到500元的范围内。主要还是法律不够完善的问题。

50、有没有考虑过加强艺人与观众的互动?（音乐产业）

答:理想的互动在以后的摩登天空生活馆进行。以讲座、签售、演出等形式展开。

51、草莓音乐节的举办，在赞助商上，会不会选择与自身风格相匹配的赞助商?

答：目前还是赞助商选择我们。之前都是国际品牌，如爱马仕、匡威、奔驰等，但赞助费相对较低。如今我们就比较倾向于赞助费较高的企业，如薇婷、伊利等。因为我们没有选择的主动权，那么重点就是如何控制他们，比如限制他们在现场所播放的歌曲，必须在我们规定的范围内（这些要求都需写在合同书里），要与整个音乐节匹配。

52、摩登天空的公司架构?

答:目前在北京是总公司，在上海有办事处，西安和云南分别有分公司，纽约有办公室。部门分为版权部(发行)、艺人经纪部、演出部、音乐节部、BD(赞助)、行政部六大部门。

新成立的部门Modernsky Lab，刚成立试运营了一年。该部门主要做生活方式的周边衍生产品。我们签约了一位服装设计师，她来担任Lab的时尚总监，运营她自己设计的一条服装线。我们还会签约一些插画设计师等让他们去做产品设计。我们构想的产品销售渠道就是将来摩登天空的门店，同时也会在尤伦斯等艺术中心、创意店铺、草莓音乐节的落地商店等售出。当然，我们也考虑做艺术展等模式融合的方式，但主要商业模式设计产品、售卖产品。

53、如何对待草莓音乐节中现场售卖行为，如跳蚤市场、创意集市?

答：我们会保留创意市集，但将来会逐渐缩小其规模，被一些品牌现场销售所替代。首先应该消灭掉跳蚤市场，进而为创意市场预留出一块区域，将其集中在一起，因为它其实已经慢慢地成为了音乐节的一部分。他们售卖的产品也会随着受众审美的提高，自然地升级、淘汰。

(徐海龙：首都师范大学文学院文化产业系，副教授)

创意孵化器

审美现代性与文化商品的媚俗

贺　玮

摘要： 审美现代性在当前的主要特征之一是文化商品生产的媚俗现象。文化生产为了赚取利益将不可避免的迎合大众的审美和炫耀性消费的心理而成为一种取悦的力量。这种取悦的力量满足了中产阶级模糊的审美理想，成为了文化消费和文化商品生产的主导因素。现代文化商品的生产几乎注定是媚俗的，媚俗是文化现代性和传媒技术发展的必然结果，是现代人不可逃避的审美经验。

关键词： 审美现代性　文化商品　中产阶级　文化消费　媚俗艺术

一　两种现代之性与文化产业的媚俗

从15~16世纪开始，西方社会出现了全面的转型——现代化。这是一个较为漫长的时期，包括了从文艺复兴至今的全部过程。西方文明的“现代性”表现为科学发上突破性的发展所引领的工业革命和资本主义带来的社会经济面貌的焕然一新、人们对时间的关切、对理性的崇拜以及自由的理想等方面——这一切都在中产阶级建立的文明中作为核心价值观得到弘扬。然而除此之外还存在着另一种现代性，一种文化上的现代性，或者说是审美上的现代性，其特点是“它对资产阶级现代性的公开拒斥，以及它强烈的否定激情”。李世涛认为，审美现代性是西方对现代社会转型在审美方面所表现出来的回应，虽然文明的现代性是审美现代性的前因，审美现代性对文化的发展却有着更为复杂的影响，除了那些富有激情的积极的方面，这其中也充满了孤独感、漂泊感和无助感。从西方审美现代性的价值诉求来看，它与西方文明现代性的价值可以说基本上是一致的，但其还是更多的体现了二者的紧张、矛盾和对立关系，并且这种对立显得尤为突出。审美现代性还一直发挥着它对西方现代性的反思、批判和校正作用。虽然这两种现代性之间的对立和矛盾十分明显，但它们又不断的互相影响。

首先，对传统文化的反对是导致审美现代性走向媚俗之路的首要原因。事实上，西方现代性的各个方面都是反传统的，“当超越的、神圣的美被作为反对的对象时，西方审美现代性就必然会求助于与传统的审美经验相对立的媚俗了”。

其次，西方现代性也直接导致了宗教的式微,理性在此代替了信仰。面对空前强大的生存压力，人们大量的负面情绪难以遏制地爆发。在这种情况下，审美就不得不承担了满足精神需求的任务， 而现代人精神追求多元化，平庸化的趋势也有所增强,为了要满足世俗化的审美需求，艺术创作也随之变得世俗化，媚俗之风也得以盛行。除此之外，媒介技术的发展为消费社会的来临铺就了一条康庄大道，审美变成了一种新的消费品。

社会学家齐格蒙特·鲍曼说：“现代性的历史就是社会存在与其文化之间紧张的历史。现代存在迫使它的文化站在自己的对立面。这种不和谐恰恰正是现代性所需要的和谐。”鲍曼的这种表述揭示了现代性自身的矛盾。

审美现代性的深意在于将主体从现代社会工具理性中解放出来。在这个宗教式微的时代，学者们纷纷提出以审美替代宗教来实现世俗的“救赎”功能。在科学的认知、工具理性和实践理性等现代因素的巨大阴影之下，人们有一种要求从工具理性之中解放出来的热望。“审美的‘无功利性’抵消了工具理性的功利性,审美的主动性和自由消除了工具理性的被动性和压制性”。

然而在现代消费社会的语境下，美本身也被纳入了工业生产的范围，大众对艺术的消费心理很难说是“非功利性”的了。凡伯伦在《有闲阶级论》中将文化消费定义为一种“摆阔性休闲”，他认为，无论现代社会是多么复杂，它都保存了野蛮社会中为炫耀而消费的“掠夺性文化”的基本特征。凡伯伦可能错误地判断了艺术媚俗化的历史必然性，但可以看出，审美现代性的“救赎”作用也在一定程度上被异化，衍变成了一种攻击性炫耀或逃离现实的欲望。

文化产业就是在这两种现代性的裂缝中生根发芽的，一方面，现代科技的进步、民主制度的完善与市场经济的发展为文化产业的生成提供了可能性与发展空间，使人们能够享受更丰富的文化生活；另一方面，文化商品被工业化生产的目的就是赚取利益，为了这个目的，文化生产将不可避免的迎合大众的审美和炫耀性消费的心理而成为一种取悦的力量。这种取悦的力量既可以满足最简单流行的审美怀旧感，也可以满足中产阶级模糊的审美理想，而中产阶级的审美理想是文化消费的主导因素，因此也将成为文化商品生产的主导因素。也就是说，现代文化商品的生产几乎注定是媚俗的。

二 中产阶级的审美与文化消费

（一）中产阶级的趣味

媚俗艺术可以被看成是中产阶级的生活方式的体现。中产阶级那种富裕且有空闲时间的生活对上层和下层阶级都具有很大的吸引力，实际上这是一种整个社会的理想生活方式。作为一个进取的阶级，中产阶级的享乐要限于空闲时间，这种享乐是对紧张生活的放松和补偿，正因如此，审美上的媚俗就成为一种有意识的逃避现实的努力。由于目的是享乐，中产阶级对文化的消费是开放的，包容的和猎奇的。尽管马克斯·韦伯指出现代性主要是清教工作伦理的产物，但现代性无所不在的变化感却使社会心理指向相反的方向：消费完全是合理的，勤俭和节制则显得过时和可笑。可见“媚俗艺术实际上是中产阶级的趣味，而中产阶级的趣味是社会中绝大多数人的趣味”。

这里就涉及审美和品味的问题，中产阶级在消费行为上是努力追求品味和地位的。为了达到和他人有所区分的目的，中产阶级不断变换着自己的品味。鲍德里亚认为，现代消费是一种符号消费，其目的是区分社会地位。布尔迪厄的社会差别理论的基本概念就是“合法品味”或“高雅品位”。布尔迪厄认为，品味是一个人所拥有的一切事物的基础，是人与人之间关系的基础。布尔迪厄将品味定义为阶级品味。他认为一个社会的正统品位逃离不出统治阶级的品味范围。有望崭露头角的新生社会群体，即中产阶级，必定会迎合这种正统的品位。即使这种正统品位一开始是先锋性的，但在中产阶级的追捧下难免一点点的媚俗化，中产阶级变成了理想的消费者，他们坚持着建立在借贷和浪费基础上的享乐主义消费观念。

（二）中产阶级的文化消费特点

中产阶级在文化消费中对地位追求导致了一种为了“面子”的消费。他们在消费时所参考的因素并非其本身的经济能力和自身的审美倾向，而是媚俗的和具有虚饰性质的。在《日常生活中的自我表演》一文中，戈夫曼说明了日常生活与人际交往中人们的“自我表演”成分，这对中产阶级的媚俗式文化消费行为作出了合理的解释。戈夫曼在他的研究中提出了“印象整饰”的概念，根据《心理学百科全书》的解释，印象整饰也叫自我呈现，是指一个人通过一定的方式影响别人形成对自己的印象的过程。好的自我呈现是人际交往是否成功的重要因素。根据戈夫曼的经典研究，购买特定的商品是特定群体成员身份和地位的象征。为了表明自己有较高的地位，中产阶级最愿意进行炫耀性的虚假消费。这种消费动机也许略显可笑,但这在很大程度上是中产阶级在各方面消费的重要动机之一。布尔迪厄认为“中产阶级趣味”的文化消费反映了中产阶级对上层地位的渴望。中产阶级文化消费是对社“高雅品位”的跟风模仿而非其自身的需要。从本质上说，大部分中产阶级都是从更低的社会阶层里通过自己的奋斗跻身现有阶级的，富有阶层的高级生活品位必然是他们所不具备的。因此，他们在文化消费中所追求的都是辨识度极高的可以明确表明身份的商品。

虽然中产阶级消费文化是一个复杂的系统，但我们仍然可以在其中找到一些中产阶级文化消费所具有的一些共同特征。首先，中产阶级是文化消费主要力量，是追求时尚的典型人群,在各种社会环境中他们都表现出相似的消费热情；其次，中产阶级是积极的地位追求者，他们努力向自己向往的上层社会靠拢，也努力将自己与社会下层区别开来，因此他们在文化消费中特别注重涉及社会地位的文化符号；第三，在文化消费过程当中,中产阶级难以做到自由选择,他们更容易受到上层阶级的品味的影响，盲目的追求时尚；最后，中产阶级的更容易被消费主义思想所吸纳，树立起消费主义价值观，不断参与文化的再循环以便使自己过上“体面”的生活。

于是，中产阶级在文化消费上显得富有激情、浪漫、有品味、讲究格调，而这些都表现在对有特定意义的文化符号的消费上。中产阶级也被构建成为轻松、愉快的消费者。通过对中产阶级消费文化的理论研究，我们可以看出，中产阶级看似浪漫愉快的消费行为中其实矛盾重重。

生存在这种矛盾之中，中产阶级在文化消费上成为了媚俗艺术的忠实追捧者。他们效仿上层社会的富有与奢华，但这种奢华又是虚假的和仿造的，这是典型的媚俗行为，加上广播、电视、网络等大众媒介的发展所导致的一种集体冷漠的旁观者状态，中产阶级可以不必做出任何努力就可以获得技术上预先消化过的影像和商品来满足自己跟随时尚的虚荣。“与肤浅性相结合的被动性是滋养媚俗艺术心态的重要条件”。这直接导致了一种文化产品的媚俗化与“同质化”。

三 两种媚俗艺术之于文化商品的生产

（一）媚俗艺术与审美商品化

在《现代性的五副面孔》中，马泰·卡林内斯库提出：“无论在技术上还是在美学上，媚俗艺术都是现代性的典型产品之一。”媚俗艺术对时尚的依赖和迅速过时性使得它成为“可消费艺术”的主要形式。卡林内斯库写道：“一旦媚俗艺术在技术上可行，在经济上有利可图，就只有市场能约束那些廉价的或不那么廉价的模仿物的激增，这些模仿物可以是对一切事物的模仿——从原始或民间艺术到最近的先锋派。”

很多理论家对媚俗艺术持有不同的见解，凡伯伦认为媚俗艺术是追求地位和炫耀身份的“掠夺性文化”；阿多诺则提出媚俗艺术是对现代单调乏味的日常生活的一种快乐逃避。无论如何，媚俗艺术的概念都是围绕着模仿、伪造、假冒等说谎的特定美学形式展开的，也许媚俗艺术的内容是新颖、刺激、热闹的，但它却一定缺乏审美的独创性。消费社会的“美”和任何其他商品一样要服从市场的基本规律，它的传播取决于其商业价值，因而就显得十分便于生产。

现代人将商品审美化的同时也将审美商品化了，其具体的表现就是文化商品生产的媚俗化。

审美的商品化是审美现代性趋向媚俗的典型表现。随着经济的发展，艺术品也进入了市场，任何稍具艺术修养的人都能够消费艺术品，文化消费成为了普通大众日常生活的一部分，从此艺术不再神秘，亦不再神圣。任何可以获得商业利益的市场行为，都可以被文化产业所模仿，“顾客就是上帝”这一理论更是在文化产业领域大行其道，这些在安迪·沃霍尔的作品中就表现得淋漓尽致。在审美的商品化大行其道之时，后现代主义艺术应运而生，其媚俗性也就可想而知。

在风格上，媚俗艺术一定是折中主义的和多元化的，这种风格完全适用于现代文化商品的生产。在艺术批量化生产和传播中，现代技术的介入使各种媚俗元素不可避免地融入了文化商品中。当媚俗艺术家工作时，他不得不立刻想到购买他的产品的消费者有何种需要，但消费者在兴趣和欲望上显然是千差万别的，因此媚俗艺术的风格必须能够兼容并包，这种兼容并包的折中主义意味着商业上的可行性，所以大多数的现代文化商品都具有奇怪的“符号学含混性”。对此，卡林内斯库有过这样的描述：

“这些艺术品有意显得既像真品又像手段高明的仿造品。这种自相矛盾的仿造性的作用并不难阐明。一方面，仿造性的可见标志被有意用来驱散一件完美仿造品可能会创造出的独一无二性或稀罕性。显得稀罕性会与媚俗艺术的商业可得性相抵触。另一方面这种伪造性把观者的注意力吸引到熟练、模仿技巧、多才多艺、玲珑剔透之类令人愉快的品质上。”

由此可见，媚俗的文化商品必须坚持反精英的可得性。现代文化商品声称能给消费者与体现在原作中的独一无二的美同品质的美，每个消费者购买到的都是无数仿制品以及仿制品的仿制品中的一件。在文化商品的生产中，只要有一丁点为了巨额利润而大批量复制艺术品的意识，就能使产品的形象彻底媚俗化。

“媚俗”一词大部分时候都带有贬义色彩，但媚俗艺术对文化产业的影像要比我们想象的更为复杂，媚俗艺术与高雅艺术也有着不可分割的联系。

（二）低等的媚俗与前卫的媚俗

媚俗并不是当今社会特有的新鲜产物，文艺复兴时期就开始出现了媚俗艺术。当时的艺术大师为了反对当时的宗教和社会制度对人性的束缚,将艺术表达的重点放在了感性和世俗一边，这些作品对人性的启蒙和对现实的批判都有重大意义，但这些作品也同时开启了媚俗的先河。无论是拉伯雷的、薄迦丘、乔叟还是莎士比亚，他们的经典作品中，都可以看到大量低级的调侃，可见媚俗艺术本质上就是现代的。廉价的仿制品、粗俗的纪念品、怪异的古玩等产业无疑是媚俗的，它们能满足最简单而广泛的流行审美怀旧感。但这些低等的媚俗产品并非媚俗文化的全貌，正如拉伯雷一定程度上也是媚俗的一样，在高雅艺术领域之内媚俗的部分几乎从未消失过。可见媚俗艺术是分为两种的：一种是为了迎合顾客“上帝”的需求而量身定制的媚俗文化产品。商品化和市场性是它的显著特征，它的出现是为了满足那些对真正的文化兴趣缺乏而又想要满足“有文化”这种虚荣情绪的人。通过对真正文化的拙劣模仿和抄袭，这种虚荣情绪得以发展壮大。现代工业的发展更是让这种媚俗文化可以机械的复制，它可以与时俱进，也可以日新月异，但是它的本质永远是虚假的，是不具备灵魂的。只是这样制造简单而又易于接受的形式是真正的文化所不具备的，并逐渐成为我们生活中不可或缺的一部分，现在称之为文化商品。

这类媚俗文化商品的典型例子是电视剧和商业电影这两个工业时代的产儿。为了迎合大众的趣味，当今大部分影视剧存在着剧情的极度娱乐化、人物的扁平化、接受上的低幼性等问题。影视制作人为了吸引眼球，全然不顾现实逻辑，一味制造低俗的噱头与笑料，叙事上漏洞百出，甚至拍出“手撕鬼子”的闹剧，将一切合理性消解在感官刺激之中。并利用大众对明星的崇拜和追捧心理，把演艺明星作为吸引眼球的重要视像元素，制造出一个个充满想象的视觉童话，使观者欲望本能与消费社会的符号体系巧妙融合在一起，刺激着大众的消费欲望。比如创造了票房神话的《泰囧》、备受青少年追捧的《小时代》系列，都是典型的例证。

另一种媚俗艺术，产生于媚俗艺术与前卫艺术的互相利用之中，可以称之为“高级媚俗文化产品”。克莱门特·格林伯格在他的《前卫与媚俗》中有这样的描述：“像《纽约客》这样的杂志，从根本上是适合奢侈顾客的高级媚俗文化产品，它转化并冲淡大量的前卫素材为其所用。并不是所有的媚俗作品都完全毫无价值。偶尔，它产生出一些有价值的东西，一些有正宗民间风味的东西，这些偶然和孤立的例子蒙骗了那些理应明辨是非的人。”格林伯格想要说的是，媚俗艺术可以通过模仿前卫艺术的外表而获益，毕竟富有阶层也需要一种豪华的媚俗艺术。媚俗艺术的巨大商业前景对前卫是一个致命的诱惑，即使能够不完全屈服于媚俗艺术，优秀艺术家们也难免会在世俗面前低头，修改他们的作品它以迎合消费者的趣味，于是媚俗艺术与高雅艺术的界限变得模糊了，真正伟大的艺术沦为了财富和地位的象征。更值得关注的是，老旧的媚俗艺术品可以激发文人雅士的反讽意识，因此会成为一些有修养者的理智娱乐。精英们有时候会有意识地运用媚俗艺术的坏趣味来颠覆僵化的学院主义。

文化产业利用媚俗与前卫之间复杂的关系，能够预测并在某种程度上创造出新的流行风尚，越轨、不遵从主义、激进主义等都可以轻而易举地被转变成文化商品。

结　语：古老的喜剧主题

如果说现代文化商品的生产注定是媚俗的，那么文化商品的消费无疑也是一个充满虚伪和骗局的世界。但能否说现代文化产业生产出来的文化商品全都是恶趣味和欺骗的化身呢？能否说当今大众的文化消费都是自欺欺人呢？卡林内斯库认为：“如果我们承认媚俗艺术是我们时代的‘常规’艺术，我们就必须承认它是任何审美经验的必然起点。”媚俗艺术本质上可以说是一个供大众交流的美学系统，大众媒介即是媚俗品滋生的温床，当代社会中几乎无人能够逃出媚俗文化商品的包围，但人们也许可以通过与媚俗的“伪物品”无数次的遭遇而最终意识到，艺术是不会失去其价值和美学真理的，即使它被误解、利用和滥用了。正如卡林内斯库所说：“以一种意想不到的方式，媚俗艺术的这种失败令人宽慰地昭示出古老的喜剧主题：欺骗者被骗，傻瓜认识到自己的傻而变得聪明。”

（贺　玮：首都师范大学文学院文化产业硕士研究生）

威尼斯文化资源整合传播策略研究①

——以San Barnaba社区的文化传播实践为例

潘瑞佳

摘要： 商业化已成为许多城市文化资源开发过程中，破坏文化资源、阻碍城市永续发展的关键问题，如何解决城市文化资源开发与城市生活间的矛盾，目前在我国并未找到有效的解决办法。本文以实证研究方法，考察威尼斯2009年前后，从商业化恶性循环到良性发展这一转变过程，研究其如何通过文化资源整合与社区营造，实现城市生活、文化资源与旅游产业的健康可持续发展。

关键词： 威尼斯　文化资源　社区传播

威尼斯是意大利威尼托大区首府，也是有着丰富文化资源的历史文化名城。对于威尼斯文化资源的相关研究从18世纪末开始至今经历了从单一到多元、从宏观到微观、从单学科到多学科融合研究的蜕变。具体可分为三个阶段：

初始期：18世纪末~19世纪60年代。以文化资源维护作为研究的主要内容，遵循考古学与传统史学的研究方法，着重研究威尼斯历史文化资源的维护。约翰·拉斯金"整体修复理论"②与威廉·莫里斯"历史保护理论"③作为

---

① 本文为国家语委2014年度科研项目《城市社区语言文化建设的理论与实践研究》（项目号：YB125-84）的阶段成果；同为北京市哲学社科规划项目、北京市教委社科重点项目《北京特色文化资源整合与传播研究》（项目号SZ201310028013）的阶段成果；并为首都师范大学实验室开放基金项目《威尼斯文化资源整合传播研究——以San Barnaba社区的文化传播实践为例》的阶段成果。

② John Ruskin.The seven Lamps of Architecture[M].London: Cambridge Drive.

③ Thompson,E.P.William Morris: Romantic to Revolutionary[M].New York: Pantheon Books,1976。

本阶段的主流思想，经历了较长时期内的并行与论争。

扩展期：19世纪末~20世纪末。第二次工业革命后城市化进程在全球范围内迅速推进，激发了平衡城市建设与文化资源保护实践的研究。本阶段学者们主要汲取文化遗产学、考古学、城市学的的相关理论，更多的采用实证研究方法，从过去偏重对威尼斯文化资源保护层面的研究，转向文化资源与城市建设、文化旅游的融合研究。代表的理论有“文化资源（文化遗产）“活”与“非活”理论、“冷冻“与“动态“理论、”“使用式保护理论”[①]与“文化资源城市信息承载”理论。第三次科技革命后，意大利本土学者对威尼斯文化资源与城市文化的研究开始摆脱过去英国、法国的理论框架，趋向本土化，日渐形成独特的文化资源研究体系，在文化资源整合、文化旅游、城市文化等方面均有所建树，并最终催生了文化资源（文化遗产）保护与开发进程中被奉为经典的《威尼斯宪章》[②]与《佛罗伦萨宪章》[③]。

多元期：21世纪之后。经济、科技全球化、互联网的兴起、环境问题以及欧洲联盟政治经济文化状况的发展变化，使21世纪之后至今对威尼斯文化资源、文化传播的研究轨迹呈现出学科交叉与横向拓宽的特点。在研究内容方面，涵盖了自然地理科学、环境科学、社会学、经济学、计算机信息科学等领域，在研究方法上综合运用社会学、传播学、经济学、文化遗产学等相关理论。研究对象更加细化，着重于解决新时期文化资源、产业经济、城市生态等方面的新问题。

以往国内外的研究主要涵盖三个层面：第一，为什么要研究威尼斯的文化资源？第二，如何界定和保护威尼斯的文化资源？第三，威尼斯的文化资源如何在新时期，在经济、文化、生态、城市建设上发挥更大的作用？

笔者认为前两个层面的研究都有了比较丰富的成果，第三个层面的研究仍然处在探索阶段，因此，本文试图在新媒体语境下，以威尼斯社区文化传

---

① Viollet le Duc.Dictionary of French Architecture from 11th to 16th Century（1854~1868）[M]. Paris:A Morel editor,1868。

② International charter for the conservation and restoration of monuments and sits[S]Venice: International Council on Monuments and Sites,1964。

③ Florence Charter: Historic Gardens[S].Florence: International Council on Monuments and Sites 1982。

播为切入点，通过对2009年后威尼斯相关政策的文本分析和对威尼斯主岛目前发展状况田野调查，研究威尼斯如何营造社区，进行社区文化传播，进而实现文化资源保护、城市文化塑造和旅游产业的长足发展；如何实现文化资源、城市生活与经济发展的相互协同共生。

一 2009年：作为威尼斯城市文化治理改革的节点

（一）2009年前，威尼斯文化资源面临的困境

1. 文化资源与旅游产业的矛盾

2009年前，威尼斯主岛上主要承载旅游功能的七处文化资源集中分布在圣马可区与圣保罗区内，其他四个行政区及圣马可与圣保罗区内的其他地方基本处于无开发或少开发的状态。据意大利文化部公布的数字，2005~2009年，威尼斯每年接待的游客数量约为1500~2000万。由于各个行政区内文化资源开发严重失衡，游客数量庞大，使威尼斯圣马可区、圣保罗区的文化资源在内部完好性与外部观赏性均遭到不同程度的破坏。

2. 旅游产业与城市生活的矛盾

数量庞大的游客对威尼斯居民的日常生活产生了消极的影响。在生态环境方面；游客生活垃圾污染城市环境、客流妨碍威尼斯水上公共交通、远洋油轮的停泊与经过，威胁威尼斯城市地基和水平线，同时产生噪音污染。在经济方面，受旅游产业的影响，威尼斯物价上升迅速，而旅游产业所带来的福利并未能惠及市民。受以上多种问题的挤压，一定数量的威尼斯原住民开始迁离，部分古老的建筑面临被弃置的危险。

3. 文化资源保护与商业化之间的矛盾

超额的游客量导致文化资源本身和文化资源观赏性被破坏，破坏之后的文化资源需要修缮，为弥补政府文化资源维护资金的不足，威尼斯政府扩大广告吸入量，筹集资金，维护文化资源。而过度的商业化进一步加剧了对文化资源的破坏，同时对游客的旅游体验带来负面影响。威尼斯文化资源与陷入商业化的恶性循环。

（二）2009年，威尼斯城市功能新的定位

2009年，为解决上述问题，威尼斯政府进一步明确了威尼斯的城市功能，将其定位为“世界旅游城市”。“世界旅游城市”实行双重的评判标

准，一方面，威尼斯呈现给游客的是一座具有悠久历史、充满新奇感、吸引力和探险价值的水上之都；另一方面，威尼斯则最大限度上提供给本地居民优美、自然的城市环境和宜居、舒缓、便利的生活体验。

1. 立足本岛，面向世界

“复古”是威尼斯城最显著的特点。威尼斯市政厅及文化遗产保护部认为越是具有威尼斯本土特色的东西，就越能够吸引世界的注意力并获得认可。因此，威尼斯将“复古”作为保护发展城市的基本准则，在城市规划、设计、古建筑保护等方面，将留存原有建筑（纪念物）原貌、基本生活方式作为首要原则，建立起整体保存完好的“水上之都”。

2. 提升游客品质，成果惠及市民

吸取以往文化资源、旅游产业、城市生活三者恶性循环的教训，威尼斯政府多管齐下，采取对威尼斯文化资源合理去除商业化、对旅游产业加强管理、在城市生活方面倾听民意，利益惠及居民的政策。在去除商业化的过程中，威尼斯建立起内部自主流动与外部协助的文化资源保护、治理机制。内部自主流动指威尼斯主岛内文化资源相互的联系与扶持。在合理去除商业化后，为弥补维修维护资金缺口，威尼斯政府将本岛内12个国有博物馆与2家私人博物馆“捆绑”加入博物馆智能通卡，并在参观路线方面提供便利。博物馆所得收入大部分作为维护文化资源的经费，并根据资源的受损情况进行资金的倾斜。

二　威尼斯文化资源的整合与管理

威尼斯本岛共有六个行政区。2009年后，社区营造使六个行政区各自的特点更加凸显，逐渐形成了以圣马可区、圣保罗区、杜索杜尔区为主的文化资源旅游区、以现当代艺术和策展见长的卡斯特罗区、以娱乐休闲为主的圣卡罗切区和以民族历史为特色的犹太区。对六个行政区内的文化资源整合与管理主要体现在两个主要的方面，第一，在凸显各个行政区的特色的基础上，开发新的文化资源区（如图1、图2）；第二，重新规划旅游路线，建立各个行政区之间的互通。

2009年末之前，威尼斯本岛的旅游路线主要有两条：叹息桥——总督府——圣马可广场——圣马可大教堂——圣马可商业区这一陆路线与大运河沿岸——黄金宫——里亚托桥这一水路线。2009年后，结合各行政区内文化资

图1　2009年前威尼斯本岛文化资源开发情况

图2　2013年威尼斯本岛文化资源开发情况

源优势，将主岛旅经典游线路拓展为八条，附属旅游线路2~3条，使游客深入到威尼斯本岛内部，实现了旅客分流、减轻部分文化资源区客流压力，进而达到各行政区文化资源开发的平衡。

（一）文化资源整合重组——以San Barnaba广场为例

San Barnaba社区是威尼斯文化治理的一个典型案例。San Barnaba原本为威尼斯杜索杜尔区的一处广场，面积约为800平方米。位于威尼斯本岛中部，在大运河支流西岸，周边无一级文化资源，是一个既没有地缘优势，也没有产业优势的广场。但从2009年3月起，经过月18个月的时间，威尼托区政府、威尼斯市政厅、威尼斯大学与San Barnaba广场周边居民经过多次协商与合作，将San Barnaba广场营造成一个结合了威尼斯传统市集、威尼斯特产购物区和餐饮住宿服务区为一体的新型社区。经过文化资源引入与重组后的San Barnaba广场，是目前继圣马可一级文化资源区与大运河沿岸之后，最被威尼斯居民与游客所喜爱与认可的新型本土文化社区。

（二）San Barnaba社区文化资源整合

1. 倾听民意与宏观管理——社区市民与政府之间的合作

San Barnaba 社区资源的整合经历了比较长的一段时期。在文化资源整合的过程中，威尼斯市民推动了政府对San Barnaba社区营造的考量，政府在对San Barnaba广场进行评估考察后，提供给居民宽容、宏观的政策保障，不参与到具体的规划之中。政府与居民间的协作为San Barnaba社区朝向更加本土的方向发展提供了条件。

2009年2月San Barnaba广场第一家“旧书摊”开始营业，满足了广场周围市民互相之间交换、购买书籍和其他非全新生活用品的需要。同年5月，威尼斯“博物馆之友”会议上，San Barnaba社区居民通过威尼斯市政厅正式向威尼托大区议会与威尼托大区政府提出合法使用San Barnaba广场空地的要求。经过近6个月时间的评估与考察，威尼托区政府正式划定San Barnaba社区的范围（如图3），并允许社区范围内周围居民可以环形利用San Barnaba广场空间，进行自主经营。威尼斯传统市集也从此形成。

图3 San Barnaba广场范围示意图

与此同时威尼托区政府与威尼托文化遗产保护部为保证San Barnaba广场不遭破坏，对每天市集的开放时间、地点以及市集陈列架材质等均作出明确规定。（市集采用的物品陈列架必须为轻型木制品或纸制品）

至2009年末，San Barnaba已经成为集合了传统市集、玻璃制品店、蕾丝制品店、面具店、手工艺品店、书店、餐厅、宾馆等多种文化服务设施的社区。

2. 复古与“狂欢”的融合

现代的大学生毕业狂欢与San Barnaba市集作为有威尼斯本土特色的文化表现形式在San Barnaba广场融合。两种活动作为威尼斯人日常生活的一部分，淡化了San Barnaba的商业色彩，提供了让游客触摸威尼斯本土文化、深入威尼斯人日常生活的平台。

“毕业狂欢”是威尼斯大学特有的校园文化，2009年12月，威尼斯大学获得威尼斯市政厅的允许，批准其毕业生合法利用San Barnaba广场空地进行“毕业狂欢”活动。狂欢以教室、学生为主体，进行歌舞、游戏等系列活动。位于San Barnaba广场附近的威尼斯大学在获得对广场的“合法使用权”的同时，也被吸纳为社区文化资源的一部分，为以“安静”、“复古”为特色的San Barnaba社区融入了现代的青春元素，一定程度上承载了社区“文艺表演”的功能。而威尼斯大学作为一种智力资源，在日后社区发展成熟的过程中起到了重要作用。

与现代的狂欢活动不同，San Barnaba市集是以威尼斯传统市集为基础而开办的，具有方便市民生活与吸引游客双重功能的市集。相比圣马可购物区，San Barnaba市集有以下特点：（1）满足市民生活与游客需求，价格合理。市集70%以上为非全新品，供本地居民交换或游客购买。与圣马可购物区相比，价格更加合理，与生产玻璃与蕾丝的穆拉诺岛与穆拉诺岛相比，有着更为便捷的交通。（2）是传统市集，更是生活体验平台。San Barnaba市集并非单纯意义上的购物区，而更多的成为展现威尼斯传统市集文化的平台，游客进行的不仅是参观、购物过程，更是了解威尼斯传统水上市集文化、融入了威尼斯人的日常生活、进行社区生活体验的过程。

3. 非商业化开发，成果惠及居民

（1）社区中人与人的关系——利益共同体

San Barnaba社区形成之初，威尼斯政府就确定了“非商业化”的原则。社区营造以提升市民生活质量为出发点，提供便利政策，支持社区居民“自主创业”。在此过程中，为避免重复建设与不良竞争，社区内居民是以互通有无、共同协商的方式进行社区规划，将社区产业首先融入社区服务的肌理之中，在此基础上发展旅游产业。因此，San Barnaba社区内人与人之间成为相互依存的利益共同体，提升社区生活质量与提升游客旅游体验达到了较高程度的契合。

（2）社区与人的关系——相互依存，共生共荣

政府在进行San Barnaba社区营造的过程中，秉承社区居民为“第一受益者”的理念，对社区内居民采取保护政策。如，目前社区玻璃制品店、蕾丝制品店、宾馆、餐厅等服务设施中，91.9%以上均为San Barnaba广场社区原始居民所开设，超过33%的店铺是对原有空置房屋的利用，其余则为社区居民住所改建；San Barnaba社区居民享有San Barnaba市集场地的优先选择权。因此，每个居民都是社区形成过程中的参与者、社区资源的享有者与效益的被回馈者。三者的统一使San Barnaba社区获得居民高度的情感认同，社区保护与社区内部传播活动在此基础上得以顺利展开。

如今的San Barnaba不仅是一个产业聚集区，更是社区居民的工作、生活场所。社区的营造为San Barnaba广场周边居民的生活质量带来了更为积极的影响。据统计，San Barnaba社区目前共有店铺37家，提供了50-60个工作岗位（具体数量随淡旺季客流增减而变化），社区居民从2010年起至2014年8月，经济收入呈递增趋势。同时，威尼斯市政厅通过“智能旅游卡”与“博物馆通卡”“船票通卡”等手段，调控客流人数，加大对游客的文明环保的宣传管理力度，保障社区生态环境不受破坏。

三　San Barnaba社区文化传播

（一）社区内部的新媒体传播

与很多国家社区文化与传播工具之间出现断层不同，San Barnaba社区传播的特点之一就是利用新媒体构建了网状社区传播格局，使San Barnaba社区居民、社区传统手工艺技师（主要为面具技师）、威尼斯大学学生、游客四个群体间的传播实现了传播平台新媒体化、传播对象年轻化、传播内容多元化的特点。

1. 传播平台新媒体化。

作为San Barnaba广场资源的使用者与社区活动的组织者之一，威尼斯大学与San Barnaba社区、社区居民形成了良性的合作关系。社区及社区内店铺为大学生狂欢节提供便利的地理位置与优惠的服装、道具条件，威尼斯大学学生则利用其掌握的新媒体技术，通过Facebook、Twitter、What’s up为社区搭建起新媒体使用平台，为起初无法顺利使用新媒体平台的社区居民提供帮助。此平台用于展现社区资源、传播社区内部活动安排、日常事务以及外部合作信息。实现了社区内传统文化传播平台的新媒体化，以提高社区内工作效率、提升社区交流便捷性、扩大社区影响力。

2. 传播对象年轻化

拥有威尼斯手工面具铸模与绘制是技法是San Barnaba社区文化特色之一，由于面具制作的复杂性，技师年龄多在50岁以上，San Barnaba传统市集也更多的被老年人所关注，因此San Barnaba社区文化的内部传播呈现出“老龄化”的特征。而新媒体的使用，将线上线下结合，上传面具制作技法影像资料至网络平台，拓展出网络的手工制面具课堂，同时提供线下实体课堂的预约学习服务；将市集中得商品陈列于“虚拟市集”，供年轻人随时随地挑选商品。通过新媒体渠道适应年轻人的信息获取与参与习惯，打破了传统文化在社区传播中老龄化的特征，实现了传播对象的年轻化，在促进社区内部传播的同时，对传承威尼斯面具传统制作工艺技法起到了积极的作用。

3. 传播内容多元化

San Barnaba社区传播为达到良好的传播效果，在传播内容上致力于体现其多元化的特点。社区传播内容不局限于社区内传统文化的传播，同时包括社区居民日常生活动态、社区活动、游客交流等方面，表现方式包括文字、图片、短片等等。丰富的内容和多样的表现形式使社区传播呈现出多元的特点，成为社区内部信息共享，外部信息获取与内外互动的平台。

（二）各行政区社区之间的交互传播

威尼斯六个行政区分别承担着不同的职能，2009年后，社区营造的开始使部分行政区内出现了其他类型的社区。由于行政区职能的不同，其内部的社区也各有特点，威尼斯主岛内各个社区在发挥自身特色的同时，注意与其他社区间的信息交流，以网络和社区活动为载体，进行差异互补，实现了社区间的交互传播，促进自身发展与客流在威尼斯本岛的深入流动。

（三）San Barnaba广场文化资源整合传播效果研究

2013年11月—2014年2月，笔者在威尼斯期间，随机抽取San Barnaba社区居民与本岛游客，进行关于San Barnaba文化资源整合、传播效果的研究。研究主要以认知度、社区客流量占主岛总客流量份额、满意度、社区内居民黏度为指标，对San Barnaba广场文化资源整合与传播效果进行测量。本次测量按照性别比例随机抽样，共抽取社区居民122人，获得有效问卷122份，抽取游客181人，获得有效问卷167份。测量结果显示：

1. 在认知度方面与客流量占比方面：有95.1%的社区居民对San Barnaba社区有着良好的认知，有着较强的自豪感与归属感，超过77.8%的社区居民对社区的形成及发展过程有着完整的了解和客观的认知。有84.4%游客到达过San Barnaba社区，超过57.4%的游客在San Barnaba社区有过购物行为，27.3%的游客选择在这里住宿。

2. 在满意度与社区成全黏度方面：94.3%的社区居民对San Barnaba社区生活持满意态度，到达过San Barnaba社区的游客中，超过92.1%的人对社区持满意态度。满意的原因依次为：可以体验威尼斯人生活、设施完善、商品价格合理、环境整洁。在社区居民黏度方面，除威尼斯大学外，社区内共有53户约180余名居民。其中，原San Barnaba广场居民49家，占92.4%，而超过77.8%的社区居民对社区的形成过程有着清晰的认知，有超过48%的居民表示与社区内80%以上的其他居民关系熟识，超过33%的居民表示与社区50%以上的居民熟识，超过11%的居民表示与社区内30%以上的人熟识，74.1%的居民参加过社区内活动。

由此可见，San Barnaba社区居民对社区有着良好的自我认知、对社区生活多持满意态度，社区内成员之间有着较强的黏性，就游客而言，San Barnaba被纳入大多数游客的游览行程，社区活动、产品能够引起游客注意并有着较高的购买率，在一定程度上实现对圣马可及圣保罗区游客的分流，提升San Barnaba社区附近文化资源被利用度，取得了较好的整合、传播效果。

纵观威尼斯文化资源与旅游产业的转型过程，可以发现，协调发展不仅仅依赖于其城市功能的定位、文化资源整合与传播的策略，也得益于其独特的城市哲学。威尼斯在深厚的历史积淀的基础上，糅合现代生活理念，发展出“乐活”的城市生活哲学。其中传达着崇尚简单健康、自然环保、舒缓精致的生活理念。威尼斯将这种现代的城市生活哲学与自身文化资源的特质、保护、开发与传播方式相融合，既遵从了威尼斯游客对这个“旅游城市”复古的观光诉求，又结合现代城市可持续发展的主旨与当今健康前卫的生活观念，衍生出一种既保持着传统独特性的“轻缓”，又符合现代趋势的威尼斯城市哲学。这一城市哲学被本地居民与游客高度认同，成为威尼斯除自然与人文资源之外的又一个独特标志。

文化资源是一个城市最好的名片，而这一“名片”又被所有市民所共有，威尼斯在2009年后对协调文化资源与城市（社区）建设、促进文化的传播和人的发展方面，为我们呈现了一个新的视角，与此同时，在文化资源整合与传播策略之外，威尼斯对城市哲学的培养和延续，同样让我国当前在建设城市与传播文化的热潮中冷静下来，理性思考如何展现城市差异、体现城市的“灵魂”提供一个契机。

（潘瑞佳：首都师范大学文学院传播学专业硕士研究生）

首都新型城镇化与斋堂古村落群的可持续发展研究

李瑞慧

摘要： 自2003年胡锦涛总书记在十六大上提出“走中国特色城镇化道路”开始，新型城镇化的概念逐渐崭露头角，不间断地出现在各级政府的工作报告中，在2014年1月16日北京市第十四届人民代表大会第二次会议上，北京市市长王安顺明确将首都新型城镇化建设提上日程。新型城镇化的核心是以人为本，重点在文化建设，着力点是文化资源的可持续发展。而在城镇化进程中，重经济指标轻文化建设的现象，已经成为新型城镇化健康发展中的“囊肿”，必须立即清理。因此，本文首先从本源上论述研究首都新型城镇化的意义以及文化资源合理的保护开发在新型城镇化中的作用，其次选取北京市门头沟斋堂镇古村落群作为研究案例，重点分析其存在的问题并构思其未来的发展方向，对新阶段的城镇化实践提供积极的指导意义。

关键词： 新型城镇化　文化资源　可持续发展　古村落群

一　研究首都新型城镇化的意义

美国著名经济学家、诺贝尔奖获得者克里斯曾经说过，21世纪将有两件大事：一个是美国的高科技，另一个就是中国的城镇化。中国城镇化从20世纪初起步，经历了一个多世纪的风风雨雨走到今天，在新形势新环境下，中国的城镇化面临着新课题。2014年1月16日北京市第十四届人民代表大会第二次会议上，推进新型城镇化，率先形成城乡发展一体化新格局的任务被提上日程。北京市市长王安顺明确提出：要加强历史文化名城的保护，加大文保区保护修缮力度，延续城市历史文脉。进一步拓展大兴——亦庄、顺义、昌平、房山等综合性新城功能，建设好门头沟、怀柔、平谷、密云、延庆等区域性新城。为首都新型城镇化的发展指明了方向。据统计2011年北京市新型城镇化水平达到0.654，比起第一名上海市0.839的城镇化水平有不小的差距，另外北京城乡人文质量水平0.709同样落后于排在首位的上海市0.900的水平。[①]北京作为中国的政治、经济、文化中心，应该最大限度地发挥资源优势、地位优势，扭转目前城镇化畸形发展的现状，同时，作为新型城镇化发展的火车头，其发展方向与成败经验直接影响着我国的其他地区。

自2003年胡锦涛总书记在十六大上提出“走中国特色城镇化道路”开始，新型城镇化的概念逐渐崭露头角，不间断地出现在各级政府的工作报告中，各级政府一直强调中国特色的新型城镇化，但在着手实践的过程中不可避免地出现了很多问题，例如并没有将文化资源的保护放在首位，一味地追求所谓的经济指标、经济效益。文化是一个城市的灵魂，对文化资源的可持续开发和利用是新型城镇化建设的成功保障。另外，新型城镇化之所以区别于旧的城镇化就在于它强调以人为本，突出人的主体地位，因此新型城镇化归根结底是人的城镇化。马克思在《1844年经济学——哲学手稿》中谈及：一个人的全部特性、种的类特性就在于生命活动的性质，而人的类特性恰恰是自由的自觉的活动。人是社会关系的产物，人的自由、幸福生活状态不可能脱离人所处的社会环境和时代背景，它必然在一定程度上反映社会和时代的基本价值观念、反映社会和时代对人的基本关注和要求，必然反映时代发展的新问题和新情况。根据荷兰伊拉斯姆斯大学教授路德·魏荷文对中国3次幸福指数的调查，发现1990年中国国民幸福指数为6.64（1~10标度），1995年上升为7.08，但2001年却下降到6.06。根据中国社会科学院发布的《2007中国社会形势分析与预测》，2004年、2005年、2006年中国百姓的幸福感分别为3.79、3.73、3.64。[②]呈现出倒U形的曲线特征，陷入伊斯特林提出的“幸福悖论”[③]的怪圈。因此城镇化需要改变以往的发展路径，旨在实

---

① 牛文元：《中国新型城市化报告2013》，科学出版社，2013年版。

② 牛文元：《中国新型城市化报告2013》，科学出版社，2013年版。

③ “幸福悖论”指的是当一个国家经济发展水平处于较低阶段时，国民收入与国民幸福水平具有较强的正相关性，国民收入的提高在很大程度上意味着国民幸福水平的提高。当国民收入达到了一定值以后，国民收入增加与国民幸福水平提高之间的正相关性就越来越小了，更多的财富没有带来更多的幸福，这就是幸福悖论的直接表现。

现人的自由、保障人的权益，摆脱“幸福悖论”的牵绊，走上城镇化可持续发展的道路。

二　文化资源与新型城镇化的关系

(一)文化资源的内涵

对文化资源概念的界定，学术界众说纷纭，很大一部分学者认为文化资源是指凝结了人类无差别劳动成果的精华和丰富思维活动的物质和精神的产品或者活动，[①]这个概念为文化资源构建了一个大框架，但对其包含的具体内容并没有详细阐释。吕庆华认为文化资源是人类劳动创造的物质成果及其转化，[②]这种界定似乎忽视了文化资源在文化属性和精神层面上的意义。欧阳有权对文化资源的定义更全面更完整，他认为文化资源是“能够突出原生地区的文化特征及其历史进步活动痕迹，具有地域风情和文明传统价值的一类资源，包括历史遗迹、民俗文化、地域文化、乡土风情、文学历史、民族音乐、宗教文化、自然景观等”。[③]笔者尝试从文化这个概念的角度出发去界定文化资源，笔者认为文化是一个生产“意义”的持续过程，这个意义是关于人或者来自人的社会经验并受到人的普遍认同的意义。本文参考王强、包晓光在《中国传统文化精神导论》中对文化的定义：“文化是特定的人类社群在一定的历史时期里形成的足以体现该社群的精神、气质和独特追求的行为模式、思维模式和情感模式的综合体。它为该社群的成员所共享，并以某种方式反复。它在观念层面、制度层面、器物层面、符号层面、行为习俗层面均有体现，相应的展现为观念文化、制度文化、器物文化、审美文化、符号文化、行为习俗文化，我们把这些叫做文化的六个方面。”[④]而文化资源就是文化不同形态的承载者体，因此文化资源可分为两种类型，一类是有形的物质文化资源，具体包括文物和历史文化遗址、特色工艺、文化设施等。一类是无形的精神文化资源，例如非物质文化遗产、民俗风情文化、文学艺

---

① 黄永林：《从文化资源到文化产业——历史文化资源的保护与开发》，华中师范大学出版社，2012年版，第11页。

② 吕庆华：《文化资源的产业开发》，经济日报出版社，2006年版，第50页。

③ 欧阳有权主编，《文化产业通论》，湖南人民出版社，2006年版，第138~139页。

④ 王强、包晓光：《中国传统文化精神导论》，昆仑出版社，2006年版，第10~11页。

术、传统精神。

（二）新型城镇化的内涵

城镇化这个概念最早由西班牙工程师塞达在1867年提出，当时他用“urbanization”一词表示，随着世界范围内城市化进程加快，“urbanization”一词风行世界。我国学者在最初研究城镇化问题时将“urbanization”译为“city”或者“town”，即城市或者镇。“在我国市和镇都属于都市型居民点，因此“城市化”与“城镇化”两者完全同义”。[①]新型城镇化之所以新就在于它改变了过去粗放式的、“摊大饼”式的发展路线，旨在治愈人口剧烈膨胀、交通拥堵、生态环境破坏以及居民生活幸福感降低等一系列“城市病”。其本质是人的城镇化，即要着重解决人的流动、人的就业、人的融入、人的解放等方面的问题。本文采用新玉言主编的《新型城镇化·理论发展与前景透析》一书中对新型城镇化的诠释。他认为，新型城镇化就是对城镇化的本质内涵进行重新界定，并对世界上多元城镇化发展模式进行分析与借鉴，并从中国基本国情出发，总结中国城镇化的实践经验，遵循城镇化发展的一般规律，其基本内涵为坚持以人为本，以新型工业化为动力，以统筹兼顾为原则，推动城市现代化、城市集群化、城市生态化、农村城镇化，全面提升城镇化质量和水平，实现科学发展、集约高效、功能完善、环境友好、社会和谐、个性鲜明、城乡一体、大中小城市和小城镇协调发展。[②]

（三）文化资源在新型城镇化中的作用

第一、文化资源是城市个性的象征。恩格斯曾在《马克思恩格斯全集》中这样说“只有法国才有巴黎，在这个城市里，欧洲的文明达到了登峰造极的地步”。[③]一部世界史就是一部人类城市的时代史。独特的文化资源给一座城市贴上了独有的标签，提起海派文化首先想到上海，谈及古典园林首先想到苏州，说到中西合璧、国际时尚首先想起香港。同样的道理，只有香港才能成就维多利亚港的豪华大气，只有南京才能孕育出南宋都城的时代沧桑，也只有上海才能造就外滩的低调奢华。城市不是因为建筑的不同而千差万

---

① 新玉言：《新型城镇化·理论发展与前景透析》，国家行政学院出版社，2013年版，第1页。

② 新玉言：《新型城镇化·理论发展与前景透析》，国家行政学院出版社，2013年版，第41页。

③ 恩格斯：《马克思恩格斯全集》第五卷，人民出版社，1958年版，第550页。

别，建筑只不过是文化的一种载体，只有文化资源才能赋予城市千姿百态的风格，才是城市个性发展的源泉和沃土。旧的城镇化往往陷入大城市模仿国际大都市，小城市模仿大城市，区县城镇模仿小城市的恶性循环，这种邯郸学步、亦步亦趋的做法只会造成“孪生城市”鳞次栉比。中国地大物博，文化资源丰富多样，城镇化建设不能满足于顶着“博大精深”的光环，将文化资源束之高阁，而是要通过对文化资源的深度发掘，用新颖、新鲜的文化形式装点城市，使城镇化建设异彩纷呈。

第二、文化资源是城市发展的灵魂和血液。新型城镇化是为了实现“农转非农”的跨越式发展，要求产业和人口的集聚与整合，其目标是集约、智能、生态、文明。文化建设在实现生产生活方式转变上发挥着至关重要的作用，而文化资源的可持续发展正是文化建设最基础的实践，对文化资源的可持续发展就是实现这一核心目标最有效的手段。首先，文化资源是历史遗留下来的各代人民的智慧结晶，是知识密集型资源，是驱动文化创意的资源类型。文化资源可以自由灵活地嫁接科技，创新文化产品，开拓经济空间，推动新型城镇集约化、健康化、清洁化发展。其次，城市文化与城镇实体是神与形的关系，城市形象需要有独特的文化魅力和文化特色作支撑，一个城市只有形神兼备才具有长久的活力与竞争力，文化软实力不仅是国家竞争力的核心，也是城镇化建设的动力。缺少文化内涵的城镇化是跛足的，残缺的、畸形的、粗俗的。没有文化支撑的城镇化，其发展也是缺乏内在动力的和难以为继的。如果说基础设施建设是城镇的骨骼，文化资源就是它的血液，并为新型城镇化提供持久动力。此外，文化资源的保护实践可以规范人的行为习惯，引领提振人的精神，并能促进社会传统文化风俗和价值观的深度融合，为新型城镇化建设提供精神动力和智力支持，塑造城市形象、提升城市品位，这些作用是其他要素无法替代的。

三　北京市斋堂古村落群开发实践中的问题分析

(一)居民主体性地位的重视程度不够

上文提到新型城镇化的“新”体现在以人为本。人的主体性地位的实现程度是衡量新型城镇化建设的标准。2006年中坤集团打着“修旧如旧”的旗号开发杨家峪，拆除了大量久未修葺的古民居，带来大量负面影响，导致工期延后。“古村落”的主体是一群接受较少的文化教育、从事收入微薄工作的土著居民，主体意识薄弱，如果开发者不合理的介入甚至高姿态地强制介入很容易使他们丧失实质性主体地位，实际上这种情况屡见不鲜。开发前没有与村民进行平等的沟通，开发过程中随意安置村民，这种改造与开发行为是对“古村落”主体生存权、知情权、自主权、选择权的剥夺与侵害，使得“古村落”主体地位不明朗，甚至在与开发者的关系上发生了错位。另外笔者发现生活在旅游景点里的村民以经营农家乐作为主要生活来源，生活较宽裕。而其他村民则从事简单的售卖工作，勉强收支平衡，对文化活动、旅游、休闲等话题很少关注，镇上的文化基础设施多数也已经废弃，居民没有享受到作为文化资源拥有者应享受到的利益。村民属于古村落文化的一部分，脱离“古村落”主体，保护进程就会受挫，只有“古村落”主体受益，开发才能长久持续地进行。

（二）政府主导型地位不明确，监管能力有待提高

门头沟政府出台《北京市门头沟区古村落保护办法》以抢救保护现存的古村落，延续古老的建筑风格与民俗文化，但保护意识与实际要求仍然存在很大差距。大拆特建不重视古村落风貌保护与传承，有的古村经常接待电影电视剧甚至大型活动的摄制组，这些摄制活动对古村的破坏和污染是日积月累、潜移默化的过程，虽然不会在短时间内显现出来，但活动中对淳朴民风的现代雕饰却是永久性、不得复原的。另外，因缺乏专业知识素养，维修过程中发生保护性破坏的现象比比皆是，例如缺乏适宜的建筑材料，一些村民把青砖灰瓦，换成红砖朱瓦，老式木装修成钢窗和铝合金，民居的古风正在慢慢萎缩。有的为了保护乡土建筑，古朴的过街楼涂抹成水泥疙瘩，古街道铺垫成平整的甬道。古色古香不见了，历史沧桑消失了，充斥着不伦不类的现代气息。政府的主导型地位不明确还体现在与市场的关系上，传统的城镇化由政府操刀主持大局，市场扮演者可有可无的角色。那么，新型城镇化是不是可以放任市场自流？新型城镇化允许市场这双“看不见的手”充分发挥积极作用，一定程度的市场化是可取的，但不代表政府放弃主导性地位。政府要一以贯之地扮演好监管审查的“包公”角色，破除城镇化唯经济指标这个伪命题，使新型城镇化的春天不仅仅存在于光鲜亮丽的数字里。

（三）宣传力度不够，人文价值亟待开发

中国民间文艺家协会主席冯骥才说：中华民族的根、非物质文化遗产的

载体都在古村落，我们的民俗、民间戏剧、歌舞、音乐、手工艺都在其中，‘皮之不存，毛将焉附?’如果没有古村落，这些民间文化遗产也就没有了。斋堂镇虽然完整保存了很多丰富多彩的民俗风情、传统技艺和民间艺术，例如山梆子、蹦蹦戏、秧歌等，但缺乏耳熟能详的艺术形式。目前文化资源的宣传开发只着眼于知名度高的资源上，忽略了具有潜在价值但不知名的资源，导致旅游产品单调单一，缺乏吸引力。民俗活动也局限在“住农家院，吃农家饭”上，形象建设紧紧围绕“农家乐”进行，其他具有文化价值的资源没有得到有效地发掘。文化服务迟缓滞后，基本停留在满足食住行的需求上，缺少娱乐元素、文化元素，因此整个古村落群单调朴素，更像一座与世隔绝的世外桃源。虽然很多游客来到这里是想暂时逃离快节奏喧嚣的城市生活，寻找一块简单宁静的心灵净土，但没有人会拒绝不温不火的文化服务带来的舒适，也没有人会无视文化创意散发出的吸引力。

四 基于可持续发展理论的斋堂古村群开发保护方案

（一）可持续发展理论

二十世纪八九十年代，科学家面对“环境问题”时发现，仅靠科技手段，用工业文明方式去修补环境不能从根本上解决环境问题，必须从经济政治社会文化等各个层面上调控和支配人类的社会行为。“可持续发展”这种新的发展观应运而生，并引起国际社会的普遍关注。进入20世纪90年代，可持续发展观被正式纳入国际社会议程。可持续发展的内涵在世界环境和发展委员会《我们共同的未来》中是这样界定的：可持续发展就是满足当代人的需要，又对后代人满足其需要的能力不构成危害的发展。这个概念在1992年巴西里约热内卢联合国环境与发展大会上得到了普遍认可。《中国21世纪议程》认为，可持续发展就是在保持经济快速增长的同时，提高科技进步和提高劳动者素质，不断改善发展质量、提倡适度消费和清洁生产，控制环境污染，改善生态环境，保持可持续发展的资源基础，建立“低能耗、高收益、低污染、高效益”的良性循环发展模式。

（二）文化资源的可持续发展理论

文化资源的可持续发展就是“在经济上能生存但不损害未来发展所依赖的资源的发展，强调开发既要满足当代人的需要又不危及未来的发展机会”。[①]文化资源不同于其他自然资源，它具有共享性、非独占性、集群性、消耗性与非消耗性、可再生与不可再生的统一等特点，因此笔者认为对文化资源的可持续发展应该包括两个层次，第一层是对文化生态系统的可持续发展；第二层是对文化生产力的可持续发展。

文化生态系统的可持续发展主要是指文化资源本身生存状态和其所处的生存环境的可持续发展。具体包括：一对文化资源地的安全和卫生的关注，对文化资源本体及其生存环境的安全和卫生的关注，对文化资源地范围内人们的生产生活环境的公共安全和公共卫生的关注以及对资源所在地人们生产生活基础设施建设的保障。二对文化资源风貌景观的保护及合理开发，特别是在城镇整治过程中不能采取全部拆除以重镇风貌的做法，根据历史价值和当地居民意愿进行整修改善，充分体现文化资源地纵向的历史延续、横向的多种文化以及社会的共生共荣。

文化生产力的可持续发展特别强调人的文化生产力会达到生产极限。美国经济学家德内拉·梅多斯和他的研究小组在《增长的极限》中发现：全球系统中的五个因子是按照不同方式发展的，人口、经济是按照指数方式发展的，属于无限制的系统；而人口、经济所依赖的粮食、资源和环境却是按照算术方式发展的，属于有限制的系统。增长的极限并不局限于环境与经济两个领域。人类的心智、生理机能都有可能存在增长的极限。文化生产力的发展受制于物质经济发展，如果依据德内拉·梅多斯的预测物质经济存在增长的极限，那么，文化生产力也逃不出增长极限的宿命，文化资源不绝对是取之不尽用之不竭的。另外，对文化资源的保护存在着难以调和的矛盾：如果将文化资源可持续利用固定在圈地保护的层面，往往曲高和寡，限制了其发展空间；如果将其投放进市场环境，那无疑又是杀鸡取卵。这就强调人类在合理发掘文化资源的同时，通过创新使其与时代接轨，更重要的是作为创新主体的人类需要不断提高专业素养。

（三）斋堂古村落群开发保护方案

古村落属于不可再生的文化资源，印证中国在建筑艺术、旅游宗教、科学文化等方面的成就，对于古村落资源的开发应采取“立足保护、科学规

---

① 邹统钎：《中国遗产旅游可持续发展模式创新与体制改革》，旅游教育出版社，2013年版，第11页。

划、合理开发、永续利用的原则”[①]。

第一、“古村落”主体地位的确立。文化即“人化”，人既是文化的创造者与拥有者，又是文化的承载者与传承者，也是古村落文化的一部分。保障“古村落”居民的主体性地位，需要做到以下两点，第一，文化资源的开发必须以社会效益为导向，不能造成当地村民生活的支离破碎，切实使村民的发展权、生存权、知情权、选择权发挥实质性的作用，真正做到开发方案从村民中来，利益成果到村民中去。第二，由于文化资源具有强烈的地域性、民族性、排他性的特点，拥有文化资源的村民居住在行政区划的边缘地带，其生活方式往往滞后于现代生活，甚至与现代化脱节。作为文化资源的主体，如果强迫他们继续过原生态的生活，是剥夺他们享受现代化的权利，同时没有人愿意被当做怪物一样生活在古代，这是对主体性的侵犯；另一方面文化资源是世世代代遗留下来的文化痕迹，有很多元素与现代社会格格不入，如果将文化资源的保护直接纳入现代化市场体系中，浸泡在现代化环境里，那无疑是扼杀文化的灵魂，因此在现代化、生活化保护与原真性、可读性保护之间找到一个平衡点成为重中之重。

第二、政府加强分级管理，吸引社会力量广泛参与。首先政府要明确梳理古村落中文化资源的数量、种类及分布，按照轻重缓急的原则进行针对性的整治。孙云仙、董力等人在《湖南省“名人故居”文化资源的开发探讨》一文中利用观赏价值、科学价值、文化价值、景点地域组合、旅游环境容量、入境条件、知名度、特色度等项目作为评估指标，[②]对文化资源进行评级。斋堂镇可以借鉴这种评级方法，将当地文化资源按照重点保护区、建设控制区、环境协调区、科学艺术区等标准分级保护，使古村落文化资源既能体现出纵向的历史延续，又能展现横向的文化多样。其次，政府要摆正作为主导者的态度，适当地将权力下放，吸引社会力量广泛参与，扩大资金来源，使文化资源管理的主体多元化，营造群策群力、全民皆兵的良好氛围。例如爨底下村很早就实行村民自主经营模式，门票收入由村委会组建的文化旅游公司收纳，在旅游开发中村民直接选举产生的村委会经当地人认可后成为统筹旅游的组织机构，主要的职能就是将门票收入用于本村建设，负责各

---

① 孙克勤、宋官雅、孙 博：《探访京西古村落》，北京画报出版社，2006年版，第236页。

② 孙云仙、董 力等：《湖南省“名人故居”文化资源的开发探讨》，《长沙电力学院学报》，2000年第3期。

种公共设施的修建和完善以及旅游宣传，对居民的经营活动不做具体的干预，但负责统一指导。村中有条件的居民多将自己的古宅改造成家庭旅馆，提供餐饮服务，经营旅游商品商店，通过这样的方式在旅游开发中获益[①]。最后，政府需要有特定部门专门监管利用古村落拍摄电视剧、电影或者举行大型活动的单位或者举办者，这些单位或者个人需要征得行政主管部门的审批，并上交拍摄计划或者活动计划。相应部门严格监管不得改变古村落原始风貌，合理搭建影棚和场地，使用的器械在拍摄结束后必须妥善处理，在不影响古村落生态环境的前提下，拍摄场地搭建遵循可循环利用的原则以保证效益最大化。

第三、精准定位，加强宣传力度，打造古村落独特的文化名片。利用电视广播报纸杂志互联网、新媒体等各种媒介全方位宣传，扩大知名度，打破“农家乐”的单一定位，深入挖掘当地古村落不为人熟知的文化背景、文化内涵以及文化价值。加强斋堂镇宣传网站的建设。充分利用新媒体高效迅速传播的优势，利用自媒体广阔的平台，加强斋堂古镇的形象塑造。以前斋堂古镇的建设一直停留在村落建筑的整修和农家乐的宣传发展上，自从《爸爸去哪儿》走进灵水村，古村落借电视节目的宣传火热了一段时间，而像斋堂的其他古村落比如爨底下村（保存最完整的古村落之一）仍默默无闻，即便如此，这种现象也能从侧面反映出电视节目等新媒介传播范围之广、速度之快、影响之大，在社会广泛熟知的基础上动员社会各界人士献计献策保护古村落文化资源的做法可谓一举两得双管齐下。另有目前在线旅游持续发力，为旅游业市场打来了一扇“蓝色大门”，表面上看似与滴滴打车利用相同伎俩的“一元门票”，幸运地躲过了“赔钱赚吆喝”最终“拿钱打水漂”的败局。三季度财务报表中漂亮的数据显示，此措施不是“拍大腿定方案”之举，反而在不景气的旅游业市场上形成一道亮丽的风景线，古村落群的旅游业发展可以尝试这种新兴的在线旅游模式，改变旅游业一直以来以“门票经济”为主导的发展理念。但仍需警惕在线旅游“一元门票”潜在的弊端和繁荣景象下涌动的暗流。

（李瑞慧：首都师范大学文学院文化产业系硕士研究生）

① 陈　理：《民族历史文化资源与旅游开发》，民族出版社，2007年版，第197页。

以农业文化产业保存乡土文化助推新型城镇化

——以北京市平谷区为例

吉 硕

摘要： 千百年的乡土文化根植于千百年的农业社会之中是乡村得以立足和安定的根基。新型城镇化之下，乡土文化依旧是值得利用的资源。对乡土文化的开发一方面有利于和谐社会的发展，一方面可以实现较高的经济效益。北京市平谷区通过多年实践发展农业文化产业，在取得了较高经济收益的情况下，又弘扬了当地的乡土文化，使文化得以保存与发展，真正做到了文化资源的可持续发展。

关键词： 乡土文化　新型城镇化　平谷区　文化产业

一　城镇化对乡土文化的解构

城镇化是一种将乡村拉入城市的建设行为，多年城镇化进程过后我们取得了一定的经济成果。但是当我们回首曾经的乡村方才发现城市文化吞噬了乡土文化，千百年来传承下来的乡土文化被不断解构。

（一）现代性与城镇化

现代性的重要表现之一就是城镇化的发展，如果我们探求城市的意义就不难发现非农业产业与非农业人口正是衡量城市化的有效标杆。城市这个名词其实是复合语词，城即使指因为人口而聚集所形成的行政化区域，类似于中亚国家名中古波斯语“斯坦”的意思；而市就是商品交易场所，带有了浓重的商业味道。所以说城市与乡村的区别就在于城市更加商业化，乡村则是一个农业的环境。城镇化又被称为城市化，近年来推行的城镇化其实代表了现代性重商主义的不断推动。

（二）农村人口迁移

人口的迁移是衡量城镇化进程的主要指标，农村居民向城镇居民转变，毫无疑问会让农村人口会呈现下降趋势，而城市人口呈现上升趋势。相关数据表明，2000年我国城镇化率为36.5%，2010年为49.68%，城镇人口从4.6亿增加到6.7亿。[①]在2011年中国的城镇人口首次超越农村人口，这也可以看做是我国几十年来城镇化进程取得的一项成就。然而人口的大规模迁移也造成了诸多社会问题，2014年仅在北京就有770.7万流动人口，[②]而在全中国这个数字可达到两亿多人，有人曾预言在20年后中国可以达到城市人口、农村人口、流动人口各达5亿的三足鼎立局面。正是因为乡土文化与城市文化的不相容，使得大量流动人口在城市之中找不到适合的生活节奏。这两亿多的流动人口平均年龄为28岁，[③]在中国的许多乡村都造成了劳动力不足，村中年轻人很少。大量年轻人很难融入城市文化，却又造成了乡土文化的后继无人！

如今农村的基础教育问题就造成了农村人口向城镇流动，许多地区中学只在镇上有，家长为了下一代不得不远离故乡而搬进城镇，最后造成的结果还是老年人留守土地。

（三）市场经济带来重商观念

费孝通在《乡土中国》中曾经记录了一个故事：老婆婆总是要把自己的手工业制品挑到很远的邻村去销售，于是就有人很是纳闷：为什么放着自己村中的市集不去销售而要到老远以外的市场销售？老婆婆的答案是：在自己村中进行销售，熟人之间不好意思摆上金钱关系，所以碍于面子挣不了什么钱，放到外村则一码是一码收益比较大。[④]这也就很好的反映了费孝通所谓“熟人社会”的观点，乡里人虽然不喜欢外乡人，但是村落的经济运作离不开外乡人——不是熟人才可以合理地进行交易！乡土文化对于市场经济其实是有一定抵触的，而城镇化的运作带来更为丰富的商业交往，但也瓦解了熟人了社会。

---

① 任远：《我国人口迁移和城镇化新特点》，《文汇报》，2013年2月。

② 北京市发改委：《2014年一季度形势分析》，2014年。

③ 国家卫生计生委:《中国流动人口发展报告2013》，中国人口出版社，2013年版。

④ 费孝通：《乡土中国》，2008年版，人民出版社，93页。

（四）村落的消逝

“每座古村落都是一部厚重的书”，冯骥才曾经在一次采访中呼吁建设者可以对那些历史悠久的古村落手下留情。国务院发展研究中心主任李伟在第五届中国经济前瞻论坛上表示，中国古村落数量从2000年到2010年十年之间消失了数十万个，折算后相当于每天消失300个自然村落。[①]古村落的拆除一方面是文物的破坏，另一方面则是文化的破坏，器物是文化的载体，器物的产生是在特定的文化语境中被编码，而古村落就是乡土文化的承载体。

二　新型城镇化与乡土文化

在现代性思潮的影响下，我们对乡土文化的认识基本上是负面居多。今天我们不断推行城镇化生活中体现的多数是西方现代观念，相比之下乡土文化显得陌生起来。千百年农业文明培养出的乡土文化依旧有其可取之处，在新型城镇化背景下，乡土文化是其很好的推动力。

（一）新型城镇化

新型城镇化是以城乡统筹、城乡一体、产城互动、节约集约、生态宜居、和谐发展为基本特征的城镇化，是大中小城市、小城镇、新型农村社区协调发展、互促共进的城镇化。[②]这是新型城镇化的定义，但是我们站在本文的角度，从文化的观点来看新型城镇化，其实它的特点主要是从新回归“人”的发展。从“人”的角度看问题，就必须想到人的需求是物质的但也是精神的，只满足物质的需求人是不会幸福的。新型城镇化就是要抓好文化的发展，不再把人看做追求物质的机器，努力去维护好属于当地人的独特文化。

“让城市融入大自然，让居民望得见山、看得见水、记得住乡愁。”[③]这是中央在城镇化会议中明确提出的新型城镇化建设要点，重视环境保护才能收获更好的结果。城镇化的转型必须注意到对环境的保护，这也是我们对城

---

① 李　伟：《中国十年间每天消失300个自然村落》，《中国科学报》，2014年1月。

② 张占仓：《河南省新型城镇化战略重点》，《经济视点报》，20011年9月。

③ 习近平：《中央城镇化工作会议公报》，新华网，2013年。

镇化运动中大肆破坏环境的反思。水污染、空气污染、土地污染等环境问题已经成为困扰中国发展的最大问题。新型城镇化的核心是居民的幸福，不论城镇建设的多么好，环境问题都应该被首先考虑。

（二）复兴乡土文化有助于新型城镇化

1. 制度层面：乡土文化有利于社会安定

我们现在耳熟能详的“东方经验”——调解，其实就是源自于乡土文化的宗族、乡绅调解，费孝通曾经把乡村称作是一个“无讼”的社会。我们的法制建设已经相对完备，如果可以让农村找到乡土文化中的那种对于纠纷的调解，那么和谐社会与和谐乡村将更好地实现。另外，人们常说国有国法家有家规，而在乡村之内也有所谓的“乡规”或为“乡约”，这种规定是建立在小共同体之上，包括教育、地方保护、地方农业等等。它囊括了乡村生活的方方面面，是从多年的经验所得出。虽然难免或有一些落后的成分，但植根于当地独特的环境有相当的合理性，在新型城镇化建设中，这些土规定都有他们发挥的空间。

2. 提升凝聚力与认同感

文化的重要之处是在于它是一种独特的生存方式，来自乡村的文化就代表了，在这一小区域中小共同体的共同认知与共同生活方式。它既是来自于历史，也是来自于群众，更是来自于这片独一无二的环境。这样的文化可以给这里的人民带来凝聚力，找到他们的归属感，甚至说是荣誉感与自豪感。我们推行城镇化，让农民远离了乡土文化，这是一种文化的乡愁。于是，在新型城镇化进程中留存下乡土文化，让乡民不再有乡愁。改革开放以来，许多乡镇企业都是建立在家族这一小共同体本位之上，也在侧面说明即使在市场经济中乡土文化依旧有很强的凝聚力。群体认同感的是和谐社会的基础，也可以是新型城镇化的有力推动。

3. 文化多样性的保存

所谓“千村一面”的格局说的是乡村的面貌，面貌包含的不光是外貌，还有内在的一面。城镇化运动背景下，城市文化侵吞着乡土文化造成的文化同质化与全球化如出一辙，这也是“千村一面”的另一个维度。文化的多样，使得乡村更有生命力，能够因地制宜的发展自己，没有繁荣的乡村文化就不会有繁荣的乡村。尊重不同的文化，正视不同的文化也有利于我们对一些文化资源的保护。许多政府现在都有意识的保护非物质文化遗产，比如节日、饮食、艺术等等，保护并加以开发也给当地政府带来了实际的经济收益。

4. 提升环境意识

保护与利用好乡土文化不只是可以让农民热爱他们的土地珍惜他们的山水，对于城市人也是一种升华。在一些相对偏远的乡村中其文化保留了大量对于自然的崇敬，而相对繁荣的村庄（城镇化建设相对发达）则缺少这种对于自然的敬畏。我们应看到这种“人”对于自然的谦卑正是大肆破坏环境的“逐利者”所欠缺的，可以最为重要的在于人与自然和谐共生的关系。复兴乡土文化让人们带着欣赏与尊重的角度去看待自然，自然而然就可以达到“绿色”的概念，也就是“新型”的目标。

5. 文化产业拉动经济

挖掘文化产业重在文化特色，同质化的文化是不可能造就成功高的文化产业的。乡土文化的商业价值在于其与城市的差异，城市周边的乡村都会有郊区游、农家院、果实采摘等一些旅游项目。乡土文化是有自己的背景的，多样性的文化正是它生机勃勃的源泉，而它的多样性正是发展文化产业的沃土。复兴乡土文化，找到文化资源从而以发展文化产业正好带来可观的经济效益，用来建设新型城镇化。观念的转化，引起GDP的转化，也就是实现了“绿色GDP”；用自己的文化来为自己带来经济效益，乡民也会感到真正的幸福。

三　乡土文化的根源在于土地与农业

百里不同风，十里不同俗。不同的地理气候造就了不同的环境、不同的农业与不同的乡土文化，乡土文化发源于农业社会植根于土地之中，与农业文化一脉相承。受到特定地理环境的影响宗族特征、习俗、饮食习惯、民居建筑等都会有较大差别，当这些差别汇总在一起我们就可以看到不同地区乡土文化的迥然不同。

（一）土地耕种与宗族关系

在农业社会宗族组成小共同体，与单纯邻居的关系相比建立在血缘基础上的宗族就会显得更加紧密团结。因为生产力的低下，古代农业的劳作需要大量的合作，而十分团结的宗族就可以发挥出很高的效率。相比之下，南方的宗族显得更加紧密而北方的民族则相对松散一些。顾炎武曾写道：“今日中原北方，虽号甲族，无有至千丁者。户口之寡，族姓之衰，与江南相去迥绝。”[①]可见南北宗族的紧密程度在几百年前就明显差异。另一方面，祠堂作为宗族的代表在南北也有较大差别，上个世纪三十年代据李景汉曾经对中国一些地区的祠堂进行过调查，其研究显示，在广东省汕头近郊，4973户的17个宗族中有52个祠堂，而在河北定县，有10445户的162个宗族中祠堂仅19座。[②]

究其原因南北土地的差异也造就了南北宗族的差异，北方的土地多是旱地，而南方的土地以水田较多。旱地与水田耕种的最大区别就在于合作，水田耕作需要农民们之间的大规模合作，原因就在于水田的灌溉是一个复杂的过程需要对村落中的家庭进行统筹规划，全村一起帮助一家插秧灌溉，之后再全村帮助另一家劳动。这样的耕作方式是以全村为单位的集体性劳动；而旱地耕作中只需要小规模的合作，对于人员的需求可以控制在单个家庭之下。北方在古代社会并没有像南方一样发达的灌溉系统，北方的取水设施多数是打井挑水。[③]北方的合作性也是普遍存在但其规模与南方基本没有可比性，只是局限于播种与收割的时候而这在整个农业周期中只占一小部分时间。在农业生产中，因为地理环境的关系，农业生产展示出差异最终显示出乡土文化的不同——宗族的紧密程度南方胜于北方。

（二）土地耕种与南北节庆差别

因为宗族的紧密之分，在节日习俗中南北的乡土文化相去甚远。南北的节庆之别就在于家庭与家族的分别。从春节来看，南北都要在年三十吃团圆饭。不过团圆的程度就有分别，南方的团圆是家族的团圆，而北方的团圆是家庭的团圆，以家族为单位团圆人员则更庞大，家庭为单位人就不会很多。在清明节祭祖的时候，也是如出一辙，南方多数地方是族祭，北方多数是家祭。

（三）土地耕种与村落密集性

同样是因为宗族的紧密型不同，在村落的分布方面南北也有不同的倾向。南方的村落显得更加紧密，而北方村落则相对稀疏。村落的分裂基本是因为最初的村落繁衍生息，人数众多导致承载力不足，多余的人口向外迁移组成新的村庄。南方的村落更加紧密显然是因为宗族的关系比较亲密，分裂

① 顾炎武：《日知录》（卷23），岳麓书社，1994年版。
② 周大鸣：《当代华南的宗族与社会》，黑龙江人民出版社，2003年，第37页。
③ 王 询：《中国南北方汉族居住区的地域差异》，《东北财经大学学报》，2007年第2期。

出去的新人不愿意离自己的宗族较远。毕竟南方的水田生产需要大量的宗族合作。北方的村庄相距比较远，村庄之间合作也并不紧密。另外一个点也值得我们关注：南方存在大量的单姓村，即使在杂姓村庄也会有一个姓氏在人数上有压倒性的优势；而在北方存在了大量的杂姓村，村庄中的第一大姓在人数上也没有压倒性的优势。①

（四）土地耕种与饮食文化

南北饮食的区别重在两方面原因首先就是气候不同农产品不同，北方土地较之于南方就显得贫瘠，北方旱地作物不如南方的农产品丰富。就主食来说，北方主产小麦与玉米，陕西冬麦区6月上旬、中旬小麦收获，麦后适作夏玉米、大豆、谷子以及蔬菜。南方的主食则就是糯米与大米，这两种作物都很难在干旱地区丰收。在南北饮食之中北方就是面食为主，反观南方就是米饭糯米的天下。这就是所谓农作物带来的饮食文化的区别。

从气候的角度看，北方冬天气候寒冷，不适宜蔬菜生长，过去在冬天可选择的蔬菜很少，北方更喜欢种植耐寒性较高的蔬菜。所以在饮食方面南方就比北方更丰富。此外，北方冬季寒冷无法耕种，但南方的土地一年四季皆可劳作，于是不光在种类方面，在食品储量上南方也更有优势。于是就南方形成了更为发达的饮食文化。

即使在小范围内，因为农业生产的差别也会对饮食文化造成很大的影响。安徽的饮食文化可以分为淮北、皖中、皖南，在这三地中皖南菜系是最为丰富多彩的也就是八大菜系之中的徽菜。相比之下淮北是平原地区，主要作物是小麦所以面食居多；而皖南为山地物产更加丰富作物主要是大米，长江冲击平原使得这里的更加适于耕作。盆地河谷多重地形让该地物产更加多样，菜样也更加多变。②

四 北京市平谷区发展农业文化产业保护乡土文化

根据平谷区2007年的统计年鉴，2006年全年平谷区的综合旅游收入只有4.2亿元，在北京所有的郊区县中排名倒数第三。与昌平区相比4.2亿元仅

---

① 王 询：《中国南北方汉族居住区的地域差异》，《东北财经大学学报》，2007年第2期。

② 安徽文化网：《安徽民俗食品大全》，http://www.ahage.net/fengsu/10587_3.html 2009.2。

仅是昌平区当年的6分之一。当年的全区生产总值也就仅仅为65亿元。[①]七年之后，平谷的旅游业飞速发展，也带动全区进一步富裕，实现旅游营业收入26.8亿元，与旅游龙头区昌平的差距不断缩小达到四分之一以内，在生态涵养发展区中，平谷区旅游营业收入排第四位，于延庆县、怀柔区、密云县之后；增速排第二位。[②]截止到2012年该区森林覆盖率达到了62.5%，远超全市平均值，在所有远郊区县中也是独占鳌头，完全达到了发达国家的水平。而在这片广袤的森林中，桃林占到了四分之一左右。平谷大部分地区属于山区或者半山区，不适合种植粮食，但其得天独厚的地理条件是平谷成为了我国最大的桃生产基地，如今种植面积达二十二万亩，黄桃、油桃等四十余个品种。通过多年的努力，平谷大桃已经拥有了极高的品牌识别度，基本上平谷两个字成为了高质量桃的代名词。平谷人开动思维结合大桃建立起了农业文化产业，围绕桃树的生长周期和文化内涵在短短几年内很快走出了一条成功之路，以文化产业带动了区域发展。

（一）平谷区依托农业发展农业文化产业

找到了桃花这个文化核心，平谷区就开始围绕桃花打造文化产业。主办方认识到围绕桃花这一主题就必须顺应这种农作物的自然规律。于是我们可以看到一年中的不同季节，围绕桃树的生长，平谷区打造了丰富多样的文化活动。富有特色的旅游项目每年吸引着大批游客前来观光，为平谷区创造不菲的收入。

1. 桃花节

以花为媒，营销平谷。截止到2014年春天，平谷已经举办了十六届桃花节，如今已经成为了京津地区十分重要的春季踏青景点。每到春天去平谷踏青已经成为了许多北京人的“保留节目”。从每年春节开始平谷便会举办花会大拜年为桃花节预热，每年桃花节一般都会从4月中上旬持续到五月初，正好可以横跨“五一”假期,。平谷主要有七大观赏桃花的地点，每个观赏区风采各异。主要有小峪子桃花海赏花区、小金山赏花区、桃花源观赏区、行宫赏花区、大岭赏花区、峨眉山赏花区、洙水赏花区。最集中观赏区是在平谷区峪口镇、刘家店镇、大华山镇、山东庄镇、南独乐河镇、金海湖

---

① 北京市平谷区统计局：《北京市平谷区2006年统计年鉴》，中国统计出版社，2007年版。

② 北京市平谷区统计局：《北京市平谷区2013年统计年鉴》，中国统计出版社，2014年版。

镇一带，这些景点星罗棋布，徜徉其间颇有几分万紫千红总是春的味道。经过多年发展桃花节已经从早先的观光旅游，变成了多元素融合的系列活动，将体育、国际、爱情等元素都纳入到桃花节系列活动中。每年桃花盛开的世界都会举办国际徒步大会，将体育运动很好的融合到了景区当中。本着风景美人更美的道理，每年桃花节中还会举办世界小姐选美大会吸引无数游客一睹芳容。桃花盛开的地方自有桃花缘，这是中国古代流传下来的美好传说，而平谷桃花节在万里花海中组织起大型相亲活动让远道而来的青年男女不虚此行。

最为值得一提的当属平谷将音乐与桃花合二为一取得了巨大的经济利益。2010年评估正式启动“中国乐谷”项目，计划投资150亿元打造以音乐为核心的创意园区，这也是北京市“十二五”规划的重要内容之一。而这个园区的核心就是东高村镇，此地浓厚的音乐氛围，是因为这里是全国小提琴的最大产区每年生产提琴近30万把，占全国总量的35%，其中90%是销往海外的。[①]以此为契机平谷区着力打造音乐文化，在平谷区中小学生的课余生活与居民的社区活动中，区政府都有意培植音乐文化。同样平谷也将音乐节与桃花节合二为一，近年来平谷桃花音乐节走年轻化路线，以摇滚流行音乐为主打吸引大批年轻人，与迷笛、草莓等音乐节齐名。从2013年起，桃花音乐节与迷笛音乐节强强联手，坚持高品质音乐邀请大牌歌手乐队，在当年的“五一”小长假中音乐节吸引了至少10万游客。2013年桃花音乐节，全区接待游客 216.59万人次、旅游收入13225.89万元，分别比去年同期增长29.2%、32.9%，当月的《新闻联播》节目也对平谷的旅游盛况做了深入报道。[②]

2. 采摘节

暮春花落桃花节闭幕，花落结果也就拉开了金秋采摘节的序幕。22万亩的桃花海就会变为22万亩的桃林，而其中大部分桃林对游客开放可以进行采摘活动。北京的采摘节其实不在少数，各地都依靠自己的特色农业争相开展采摘旅游。但真正最出名的还是平谷大桃采摘节，这一方面得益于平谷大桃享誉海内外的名气，也得益于桃花节的良好宣传效应让游客流连忘返。平

---

① 《“中国乐谷”预计投资150亿元5~10年建成》，中新网 http://www.chinanews.com/cj/2010/08-05/2450127.shtml.2010年。

② 马晓欢、胡江龙、韦泽龙：《桃花音乐节强力推动旅游经济》，千龙网，http://report.qianlong.com/33378/2013/05/13/118@8681087.htm.2013.5。

谷大桃的品种繁多，于是大桃的成熟时间也不尽相同，再加上培植方式的不同从六月到十月中旬都可有桃采摘。采摘节的时间横跨夏秋两季，夏天平谷是京东的避暑圣地，平谷森林覆盖率较高，空气洁净和气温也比北京城区更加舒适。采摘节从夏天开始很好的对接了暑期的的避暑游客。秋天平谷则是观光胜地，为了配合采摘节活动平谷近年结合自然优势，开展了红叶节观光游览活动。这部分来观赏红叶美景的游客也为采摘节提供了客源。除了夏秋两季以外，在春季平谷为了配合桃花节也会在温室中培植桃树，让游客在春天也可以采摘，采摘节跨度之长也使得商机进一步延长。采摘活动也是最直接给农民带来利益的，采摘的桃子要比批发商来收的桃子价格高而且还不必劳烦农民自己采摘，最后更是带动了当地民俗游的收入。

在采摘节举办之时，当地会有桃王评比、吃桃大赛、精品桃拍卖等活动，围绕“桃”主题不断开发文化观光活动，进一步拉动“大桃经济”，为平谷的桃子找到更好的销路。

（二）农业文化产业反哺农业

通过近些年的大桃产业发展，成果颇丰，实现了富民的目标。平谷区现有大桃面积22万亩，其中，盛果期桃树15万亩，全区有3万户桃农近7万人从事大桃生产。2012年，大桃总产量2.7亿公斤，总收入11.8亿元，户均大桃收入3.93万元，10万农民人均大桃收入1.18万元。[①]22万亩的桃林是平谷最为可贵的资源，万亩桃林成就了桃花节与采摘节的蓬勃发展，而桃花节与采摘节更为种桃也的发展带来了新的动力。桃花节的名气让平谷大桃成为了人们的首选；采摘节更是把游客直接带进平谷“买桃”，让桃农不必亲自摘桃就可以直接坐等收入，省去了传统的运输承包等环节。这些环节会使桃的销售时间拉长，在这期间大批的桃因为不新鲜而被直接扔掉，采摘节是大批桃子可以在当地销售减少损失。为了配合观光旅游，平谷区的桃树种植业也积极引入新品种，丰富了农产品的多样性。平谷区为了延长桃花旅游季的时段，从2014年起便开始将“春节桃”投入观光使用。这种特殊的品种有别于普通的桃树，它秋天开花，冬天结果。为了迎合观光旅游的需求，才让平谷有愿望去开发和引进新品种“春节桃”，正是文化产业的发展才推动了人们对于农业的投入。

---

① 平谷区政府：《平谷大桃产业状况》，2013年。

(三)以农业文化产业带动乡土文化传承

乡土文化深深植根于农业之中，平谷利用地区农业资源发展文化产业与其说是农业的复兴不如说是乡土文化的复兴。那些曾经被边缘化的乡土文化因为人们对于农业、文化产业的重新认识也得到了正确的对待。以前被鄙弃的乡土文化因为成为了经济增长点又重新流回到了居民的生活之中。可以说正是因为回归了农业，才有了这一系列的成果。

1. 民俗

观光旅游与采摘是平谷主打的两张牌，而民俗游就是这两者的配套设施。平谷民俗游的起步相对较晚，但是当桃主题游确立之后民俗游迅速发展。平谷将民俗游与当地自然环境结合的相当好。全区六十七个村基本上绝大部分都开展了民俗游，于是当地人就开始有意识地保护民俗并将其合理开发。当地的节庆，饮食，手工业等就都被复兴了起来，比如平谷结婚就有自己的习俗。而桃花又有爱情的意义，于是在每年桃花节期间，许多对夫妻都来平谷按平谷风俗举办有特色的“桃花婚礼”。这就是对传统习俗所提炼而进一步开发的结果。此外，这些民俗可能在日常生活中失去了作用，但被应用到了旅游之中也避免了这些民俗在岁月的长河中逐渐消失。

2. 环境

正因为平谷的农业发展较好又辅以出色的文化产业支持，平谷森林覆盖率达到了60.5%正因如此平谷的气候与环境都要优于北京城区，是北京五个生态涵养区之一。其空气质量是北京所有区县之首，夏季平均气温比北京城区低两度以上。平谷每年吸引大批游客吸金无数就在于其怡人的风景，在于其第一产业所带来的收益。曾经因为经济利益的驱使我们大肆破坏环境，如今还是因为经济利益我们保护环境并因此受益。这也是新旧两种城镇化对于环境问题的不同看法，而平谷正是走上了这条可持续发展的新型城镇化之路。

3. 饮食

民俗游总必不可少的就是农家饮食，平谷的农家乐就有十分特色的“桃花宴”，上百道菜都与桃花有关。平谷山区较多物产丰富大量传统饮食就地取材，旅游业的进一步兴起使得平谷传统饮食得到了一个复兴的机会。伴随着游客的不断增多越来越多的人走进平谷，了解平谷，品尝平谷。一些平谷有特色的饮食，也逐渐走出大山向外输出，在北京城区内也可以品尝到平谷特色饮食。开发农业文化产业不光带来经济效益，也让饮食文化得到保护与发扬。

4. 平谷调

中国乐谷的启动标志着平谷走上了音乐文化区的概念，这样不光是用音乐产业拉动了地区经济，也对自己本区具有乡土气息的传统戏剧做了保护。平谷调是以平谷地区方言为基础，以“乐亭调”等音乐为基本曲调的一个曲种，它崛起于田垄乡间，流传于市井街巷。19世纪末就已经形成，对京东大鼓北京琴书都有很大的影响。当地的文化产业如火如荼的发展，这种就要退出历史舞台的老剧中也找到了自己的新位置，成为平谷民俗的一大亮点。如今平谷调已经是北京市非物质文化遗产，不断发展音乐产业的平谷也大力保护这种戏曲，让这种文化“走出平谷”到更多的地方进行表演，宣传平谷。

5. 传说

传说故事作为一种古老的文学形式，一直被人们口耳相传。在平谷也有许许多多这样的传说，著名景区丫髻山是道教圣地之一，山里的传说数不胜数，涉及历史人物、神鬼人物、普通民众等人物传说《平谷民间文学集成》《神鬼丫髻》等书中记载了这片大山中的无数故事。伴随着旅游业的发展，人们开始收集和整理这些传说，因为这些精巧的小故事可以成为吸引游客的话题，用来制造噱头，让旅游景区更被人们所熟知。如今丫髻山已经成为游览平谷的必经之处，丫髻山还会在每年举办庙会，在丫髻山的游览之中游客会被这些神奇的传说所包围，使观光更有内容。平谷区通过开展文化产业，将这些民间传说与经济增长点很好的相连接，让这些古老的传说在今天还可以发挥作用。一方面可以保护古老文化的结晶，一方面又从侧面拉动了当地的经济，可以说文化产业的发展本身就是对文化的一种保护。

（四）农业文化资源的可持续发展

可持续发展归根结底是满足当代的需求，又不损害后来人的利益。文化资源的可持续发展就在于对文化资源的保护。目前多地对文化资源过度开发，使原本十分有价值的文化资源变得烂俗，使后来人无法在利用；或破坏了环境，使自然资源不复存在。但从农业的角度开发文化产业则是一种可持续的发展模式。

首先，农业生产与旅游相结合，农民一次劳动双份收入。第一产业与第三产业相结合也使得农村的经济结构更加合理，文化经济有其不稳定的因素，两个产业相互协调可进一步避免经济风险。其次，居民与游客的文化生活共同丰富，发展文化产业复兴乡土文化受益的不光是游客也包括本地人。再次，自然资源保护，自然资源成为了农民赖以谋生的经济资源，农民自然就会努力保护农业资源。在平谷因为每一朵桃花都会变成桃子，所以在桃花节上如果随意摘花将会被罚款，此外破坏桃树土地等农业资源也将得到严厉的惩罚。这都是文化资源的可持续发展，不论前人还是后人都可以享受这来之不易的资源。

截至2012年末，北京城镇化率已达86.2%，仅低于上海的89.8%，居全国第二位，与高收入国家城镇化水平接近。[①]新型城镇化的背景下，如何保留乡土文化留下这最后的乡愁，应该是新型城镇化的重中之重。千百年的乡土文化根植于千百年的农业社会之中是乡村得以立足和安定的根基。新型城镇化之下，我们转换角度真正从人的角度看问题，而不是一味满足数字的需要。留下这份乡土文化并不是去纪念曾经的岁月，也是新型城镇化的有效助推力，而其中留下的文化资源自然资源都是可以利用的经济增长点。北京市平谷区结合区县独特的农业资源，另辟蹊径找到了一条适合自己的可持续发展之路。区政府已经明确表示，这些独特的农业资源是平谷区进行新型城镇化的有力支点，事实也证明以农业发展文化产业，文化产业反哺农业，乡土文化的传承是平谷区近些年取得成功的根本所在。

（吉硕：首都师范大学文学院媒介经济专业硕士研究生）

---

① 张宝秀、黄序：《城乡一体化蓝皮书：中国城乡一体化发展报告·北京卷》，社会科学文献出版社，2013年版。

首都新型城镇化背景下文化遗产可持续发展研究

——以房山区琉璃河遗址为例

韩晓庆

摘要：文化遗产是形成一座城市记忆的有力物证，也是一座城市文化价值的重要体现。文化遗产的可持续发展标志着该地的历史变迁与人文风貌，更是一个地区、一座城市文化延续和传承的关键。2014年党的十八次代表大会上，再次提出新型城镇化概念，如何在新型城镇化的过程中找准文化遗产可持续发展的路径，实现中华文脉的传承与创新协同发展，是目前我国面临的主要问题。北京作为全国经济、政治、文化中心，更肩负起了排头兵和领头羊的作用。本文将以北京房山的琉璃河遗址为例，探寻我国新型城镇化与文化遗产可持续发展的新路径。

关键词：新型城镇化　文化遗产　可持续发展

一　新型城镇化与首都新型城镇化

在党的第十六次代表大会上，我国提出依托产业融合推动城乡一体化的“新型工业化”战略。在十六届五中全会通过的《中共中央关于制定国民经济和社会发展第十一个五年规划的建议》中第一次使用了“工业化、城镇化、市场化、国际化”的概念，被称为“新四化”。自此，新型城镇化开始进入各省“十一五规划”。党的十八次代表大会上，新型城镇化这一概念被再次提出，2014年3月16日，中共中央、国务院印发《国家新型城镇化规划（2014~2020年）》标志着我国新型城镇化道路将有章可循。改革开放以来，伴随着工业化进程加速，我国城镇化经历了一个起点低、速度快的发展过程。1978~2013年，城镇常住人口从1.7亿人增加到7.3亿人，城镇化率从

17.9%提升到53.7%，年均提高1.02个百分点[①]。随着城镇人口的增加，城市人口过于密集、土地权纷争等一系列的问题接踵而至，文化资源的可持续发展作为传统文化传承和延续的关键也渐渐进入人们的视野。

北京作为有着3000多年建城史、800多年建都史和辽、金、元、明、清五朝古都，整座城市都弥漫着深厚的文化底蕴和浑厚的古典气息。据统计，北京地区的文物古迹已有一千余项被确定为各级文物保护单位，其中，五项已经被列入世界文化遗产名录，六十余项被列为全国重点文物保护单位，二百二十余项被列为市级文物保护单位。得天独厚的文化资源优势和深厚的历史积淀造就了北京市文化中心的地位。为了进行文化的有效发展与传承，北京市政府一直把文化建设放在各项建设的首要关键地位。2010年习近平主席在北京考察时就曾指出：北京建设世界城市要按照科学发展观的要求，立足于首都的功能定位，着眼于提高“四个服务”水平，既开放包容、善于借鉴，又发挥自身优势，突出中国特色，努力把北京打造成国际活动聚集制度、世界高端企业总部聚集之都、世界高端人才聚集之都、中国特色社会主义文化之都、和谐宜居之都，充分体现人文北京、科技北京、绿色北京的特征。2011年北京市政府在广泛征求意见的基础上，在全国率先提出了“爱国、创新、包容、厚德”为内涵的北京精神。

北京作为全国的政治经济、经济、文化中心，其新型城镇化进程在全国的改革进程中起着带头与表率的作用，是全国各省市新型城镇化改革的标杆。2014年3月13日，北京市政协成立召开推进首都新型城镇化建设情况通报会议，会上成立了首都新型城镇化建设调研组，为首都新型城镇化建设提供有力保障。与会代表提出5点建议，其中有一条是“要重视农村、乡村在现代化大都市中的存在价值，突出乡土文化、乡村民俗在城镇化进程中的独特价值”。作为中国新型城镇化的缩影，北京在落实新型城镇化过程中依旧将文化的发展与传承放在了重要战略地位。

二　文化遗产的可持续发展

（一）文化资源的定义

文化资源指所谓的文化资源就是人们从事文化生产和文化活动所利用或

① 摘自《国家新型城镇化规划（2014~2020）》。

可资利用的各种资源，是为文化产业、文化服务业、文化旅游业及文化市场建设和发展所需求的特殊资源，是自然界和人类社会中所有能够为人类所利用的文化物质和能量。包括自然景观资源和文化遗产资源。本文主要研究的文化资源为文化遗产资源。即受到人类直接影响和长期作用使自然面貌发生明显变化的景观，主要包括物质性文化遗产和非物质文化遗产。物质性文化遗产指物理实体在历史发展中形成的、与人的社会性活动有关的景物构成，包括建筑、摩崖石刻、乡村城镇等。非物质文化遗产指被各群体、团体、有时为个人所视为其文化遗产的各种实践、表演、表现形式、知识体系和技能及其有关的工具、实物、工艺品和文化场所。它是以人为本的活态文化遗产。

"城市记忆是在历史长河中一点一滴地积累起来的，从文化景观到历史街区，从文物古迹到地方民居，从传统技能到社会习俗等，众多物质的与非物质文化遗产，都是形成一座城市记忆的有力物证，也是一座城市文化价值的重要体现。"[①]发展文化产业的核心要素就是文化资源，文化资源的形成和发展往往依存于城市的遗产。文化遗产资源是一个城市最为宝贵、最为独特的文化优势。[②]在现有的文化资源中，文化遗产资源成为城市发展变迁过程中的记忆延续。

在2013年12月12日至13日召开的中央城镇化工作会议上，习近平总书记提出"要体现尊重自然、顺应自然、天人合一的理念，依托现有山水脉络等独特风光，让城市融入大自然，让居民望得见山、看得见水、记得住乡愁；要融入现代元素，更要保护和弘扬传统优秀文化，延续城市历史文脉"。在新型城镇化进程中，文化资源应该与城镇化表现出一种双向互动、相得益彰而非水火不容的关系。充分利用现有文化资源，通过对文化资源的保护、传承、创新和延续，实现中华文脉的薪火相传。优秀的传统文化是不同地域间赖以区分的文化标志，为避免新型城镇化过程中的"千城一面""千村一面"的现象，避免"离土离乡"的移民文化，需不断加强对当地文化资源的保护、传承和发展，而传统文化资源的弘扬和传承，则需要进一步加强各村镇的文物建筑、传统民俗等的建设力度。

---

① 单霁翔：《关于城市文化的几点思考》，《群言》，2007年第6期。

② 范　周：《新型城镇化与文化发展研究报告》，光明日报出版社，2014年版，第7页。

(二)可持续发展的涵义

1987年，联合国环境与发展委员会在《我们共同的未来》一书中正式提出可持续发展（Sustainable Development）指“既满足当代人的需求，又不对后代人满足其自身需求的能力构成危害的发展”。耶夫塔克（Yiftachel）提出，可持续发展在社会方面应追求一个人类相互交流、信息传播和文化得到极大发展的城市，以富有生机、稳定、公平为标志等。

有调查显示，中国改革开放30年以来以建设的名义对旧城的破坏远远超过了以往100年。旧城的破坏业已成为近几十年来中国城市建设者们最短见的城市行为。2012年住房和城乡建设部与国家文物局联合开展的首次国家历史文化名城保护工作大检查显示，全国119个国家级历史文化名城中，13个名城已无历史文化街区，18个名城仅剩一个历史文化街区，一半以上的历史文化街区已经面目全非。[①]

有学者概括出新型城镇化的三大内涵：民生的城镇化、可持续发展的城镇化、质量的城镇化。[②]其中可持续发展的城镇化又包括文化事业、自然环境、历史文脉等。可持续发展，是新型城镇化的核心内涵和最终目标。为了实现文化遗产的可持续发展，在保护、继承和发扬文化遗产的过程中，要坚持“保护为主、抢救第一、合理利用、继承发展”的原则，科学合理地进行资源中所蕴含的文化传承。

改革开放以来，我国在经济发展方面取得了一系列成效，但在文化资源的可持续发展方面仍存在一系列问题。例如自然历史文化遗产保护不力，城乡建设缺乏特色。一些城市景观结构与所处区域的自然地理特征不协调，部分城市贪大求洋、照搬照抄，脱离实际建设国际大都市，“建设性”破坏不断蔓延，城市的自然和文化个性被破坏。一些农村地区大拆大建，照搬城市小区模式建设新农村，简单用城市元素与风格取代传统民居和田园风光，导致乡土特色和民俗文化流失。本文以北京市房山区琉璃河遗址为例，探究我国新型城镇化背景下，文化资源的可持续发展问题。

---

① 《全国历史文化名城名镇名村大检查发现13个名城已无历史文化街区》，《文汇报》，2012年9月7日。

② 单卓然、黄亚平：《“新型城镇化”概念内涵、目标内容、规划策略及认知误区解析》，《城市规划学刊》，2013年第2期。

三 以房山区琉璃河遗址为例研究新型城镇化下北京文化遗产的可持续发展

北京简称京，是中国的首都，全国的政治、文化中心和国际交流的枢纽，也是一座著名的历史文化名城，与西安、洛阳、开封、南京、杭州并称为中国六大古都。房山区位于北京西南方位，是首都北京的西南大门。悠久的历史造就了该区璀璨的历史文化遗产资源，根据房山区统计信息网的数据，截至2012年底，全区共有文物保护单位316处。其中，全国重点文物保护单位6处，市级重点文物保护单位15处，区级重点文物保护单位47处，一般级文物248处。非物质文化遗产225项，其中宋氏杂技等21项入选区级非物质文化遗产名录；大石窝“石作文化”村落、五虎少林会、水峪中幡、京绣、北京灯彩、狮子会等8项入选市级非物质文化遗产名录；“菊花白”酒传统酿造技艺和杨家将（穆桂英）传说2项入选国家级非物质文化遗产名录。[①]琉璃河遗址便是上述提到的全国重点文物保护单位之一。

（一）房山区琉璃河遗址简介

房山琉璃河被称为“北京之源”，房山琉璃河西周燕都遗址是北京地区迄今为止发现最早的古城遗址，距今已有三千多年历史。最初发现于1945年，1962年进行过小规模的试掘，考古人员在1972~1973年对墓葬区进行深入钻探和发掘工作。考古发掘成果表明这是一处居住址、古城址和墓葬区同时并存的遗址，1979年列入北京市文物保护单位，1988年，被国务院颁布为第三批全国重点文物保护单位，“十一五”时期，琉璃河遗址入选中国100项最具代表性大遗址。

遗址主要包含居住址、古城址和墓葬区3部分遗存，至1986年冬，两区共发掘墓葬200余座，车马坑近30余座，是北京地区迄今为止发现最早的古城遗址。夏商周断代工程的初步研究成果认为商周的分界为公元前1046年，房山区琉璃河西周燕都遗址的发现将北京的建都史上溯到了三千多年前

---

① 数据来源：房山统计信息网，《北京市房山区2012年国民经济和社会发展统计公报》http://fsh.bjstats.gov.cn/sjfb/tjgb/42210.htm.

的西周燕国，为深入发掘北京历史的来龙去脉打下了良好基础，同时还造就了首都北京不同历史时期的城市发展轨迹，完善了北京历史城市发展的连续性。为进行西周燕都文化的保护和传承，1993年北京市政府决定建立西周燕都遗址博物馆，1995年8月坐落于北京市房山区琉漓河乡董家林村村东的西周燕都博物馆正式建成并对外开放。该馆占地20667平方米的博物馆。馆内有展厅、文物库和两处墓葬，两处车马坑。展示的文物有陶、铜、原始青瓷、玉、漆、俑、石等器物数千件。

随着政府政府文物保护单位获批成功，一系列的问题接踵而至。琉璃河遗址距北京市区43公里，考古遗址分布在琉璃河镇靠北面的大小台地上，涉及范围内有六个行政村，东西长约3.5公里，南北宽约1.5公里，其中保护范围约3平方公里，包括董家林和黄土坡两个村庄，居住人口433户，937人，涉及6家企业。建设控制地带内包括洄城、刘李店、立教、庄头4个村，居住人口1803户，4061人，涉及48家企业。依据考古遗址保护法规的规定，在遗址保护范围内不能进行基础设施建设，这也就意味着村民在遗址上的建房将被冻结，如果将遗址周围进行全面保护，禁止居民居住，该区内将有4000余人无家可归。

约翰·奈斯比特在《2000年大趋势——九十年代的十大方向》一书中指出："在新世纪，文化的经济意义将远远超过人们的预料，其对地方整体经济具有乘数效应，将使城市发展大受裨益。"[①]琉璃河遗址作为代表北京人类起源根基的文化遗产资源，除其所蕴含的得天独厚的文化价值外，其经济价值同样不可预估。但由于尚未开发，遗址并未带来预期的经济效益，同时遗址内禁止设企办厂，保护区范围内的村庄经济发展远远滞后于周边村庄，琉璃河遗址陷入经济发展与遗址保护的矛盾。

（二）发展琉璃河遗址的重要意义

一个地区的标志性建筑、代表景观、格局风貌，名人、名作、著名的文化事件，独特的民俗风情等各个时期的文化遗产，诉说着该地区的历史，可以引起该地区聚居人群的认同感，激发人们的爱乡热情。可以说一个地区的文化遗产，是这个地区不可再生的宝贵资源，能使城市的文化艺术价值得到

---

① 约翰·奈斯比特、（美）帕特里夏·阿伯丁著，陈鸿斌译：《2000年大趋势——九十年代的十大方向》，经济日报出版社，1991年版。

生活，也能为城市增添自然界的魅力荣光，它们是该地区的文脉和灵魂。为了保护各地文化遗产资源，更好地延续历史文脉，国家新型城镇化规划对文化和自然遗产资源的保护提出了明确规定。在《国家新型城镇化规划（2014~2020）》专栏9人文城市建设重点中明确提出，要加强文化和自然遗产保护，加强国家重大文化和自然遗产地、国家考古遗址公园、全国重点文物保护单位、历史文化名城名镇名村保护设施建设，加强城市重要历史建筑和历史文化街区保护，推荐非物质文化遗产保护利用设施建设。

一位法国学者曾这样说："人类的今天是建立在昨天之上的，以破坏文化遗产为代价的急功近利，会掉的绝不仅仅是一处景观或一个文物，它毁掉的是一个民族的历史，影响到一个民族的形象和气质。"[①]历史文化遗产是承载一个城市、一个国家、一个民族优秀文化的历史实物，也是继承传统、延续文脉的时间记忆。文物古迹、风景名胜、历史街区等历史文化遗产留给后人的不仅是其令人缅怀的建筑材料和架构，更在于它所承载着发人深思的精神内涵。因此在新型城镇化过程中，我们要摈弃以往的单纯服务于经济效益增值，牺牲传统文化遗产为代价的城镇化。通过可持续发展意识与传统文化保护观念进行文化遗产的发掘及传承，维护传统文化资源的生命及其在人们心目中的形象。"城镇化的过程不是一块土地的全新建筑，而是坐落于原有聚落形态文化特征的新型生活方式"。[②]

在《全文》新型城镇化的指导思想和坚持原则中都提到，要坚持以人为本，以人的城镇化为核心。新型城镇化不是简单地城市人口比例增加和面积扩张，而是要在产业支撑、人居环境、社会保障、生活方式等方面实现由"乡"到"城"的转变，使人在城镇中更好地生活。发展新型城镇化，是为了让所有的国民平等享受城市发展成果，实现人的"幸福感"。美国城市学家乔尔·科特金在其《全球城市史》的前言中写道："人类最伟大的成就始终是他所缔造的城市。城市代表了我们作为一个物种具有想象力的恢宏巨作，证明我们具有能够以最深远而持久的方式重塑自然的能力。"[③]对于琉璃河西周燕都遗址的保护与传承，不仅是对于新型城镇化的良好实践，更是在城镇化进程中体现人与自然、人与传统文化和谐共生的有力证明。

---

① 张 宁：《人文北京——老北京文化的延续与发展》，《海内与海外》，2009年第8期，第36页。
② 王 钰：《新型城镇化要延续传统文化根脉》，《中国文化报》，2013年3月18日。
③ 新玉言：《国外城镇化—比较研究与经验启示》，国家行政学院出版社，2013年版，第1页。

(三)琉璃河遗址开发脉络

伴随着琉璃河镇日益严重的居民住房问题和经济发展困境，琉璃河遗址的保护与开发工作被逐年提上日程。2011年1月，筹建“商周大遗址保护公园”被列入北京市十三届人民代表大会第四次会议议案，纳入政府议事日程，房山区委托北京市城市规划设计研究院开展了《琉璃河遗址保护规划(2012~2030年)》的编制，力图通过保护规划的实施，促进琉璃河遗址科学合理的保护，妥善解决遗址保护范围内董家林、黄土坡村在遗址保护与村庄发展建设上的矛盾，促进城乡统筹协调发展。同年6月，房山区文委联合国家文物局、北京市文物局等单位召开《西周燕都遗址保护规划及考古遗址公园建设规划》专题会，正式启动《西周燕都遗址保护规划及考古遗址公园建设规划》。2011年11月27日，琉璃河镇在镇政府又协同北京市文物局召开了琉璃河镇西周大遗址公园建设研讨会，讨论大遗址公园现状和规划建设设想。房山区十二五规划中明确提出要“进一步加强文物保护、管理和开发工作，实施磨碑寺等一批文物抢救性保护工程，对文物遗址、非物质文化遗产进行适度的市场化开发利用，建设博物馆。以发掘历史文化资源为重点，使史志工作更好地服务于全区经济社会发展。”要“依托房山丰厚的历史文化资源，努力发展文化创意产业。以周口店北京人遗址和琉璃河北京西周燕都遗址为重点，建设两处开放式遗址公园”。“重点打造以良乡长阳、燕房两大新城组团为中心和以窦店、琉璃河、长沟、河北四大城镇群落为重点的宜居宜业宜游可持续发展的新型城市格局。对于琉璃河重点城镇群落要以中国北京农业生态谷为依托，以琉璃河、韩村河为核心，统筹韩村河、石楼等部分农业用地，逐步建设首都具有世界水准的高端现代都市农业特色城市，并与窦店高端制造业融合、协调发展。”

2013年7月18日，房山区召开“琉璃河镇湿地生态休闲公园规划设计方案”招标启动会，推进城市化建设和西周燕都大遗址公园建设有机结合，拟建成为以琉璃河自然景观为背景，以琉璃河镇、桥、历史文化为特色的城市观光休闲娱乐公共空间，构成以水为中心、以绿为主旋律和以文化休闲为主体的标志性景观。该项目也是北京市“十二五”期间重点建设的10座市级湿地公园之一。2013年11月29日，房山区召开琉璃河遗址保护规划工作汇报会。明确提出注意遗址保护规划同城市发展的衔接，以及文化遗产保护与社会经济的可持续发展，接下来将涉及调整文物保护区划、制定多项文物保护措施、明确村庄搬迁安置工作和建立琉璃河考古遗址公园等内容。2013年房山区政府工作报告中指出，目前，房山区已启动《房山历史文化遗产丛书》的编撰工作，计划分12卷，预计2015年底完成。该区已完成《琉璃河遗址保护规划》（初稿）。2014年5月6日，房山区召开琉璃河湿地公园建设工作部署会。北京市建筑设计研究院等设计单位分别汇报了琉璃河湿地公园设计方案。

据房山区2013年统计年鉴数据：2012年房山区旅游区点38个，比2011年增加了5.6个百分点，共接待175.2万旅游人次，营业收入达22502.9万元。2012年该区的旅游休闲收入达484958万元。[①]建设琉璃河考古遗址公园，一方面对于遗址的保护、西周燕都遗址文化价值的发掘有利，另一方面通过西周燕都遗址公园的开发建设，对于遗址保护范围内民众的生产生活条件，提升该地旅游产业，推进琉璃河镇的城市化进程也有巨大的推动作用。

（四）琉璃河遗址的可持续发展建议

刘易斯·芒福德说：“存储文化、流传文化和创造文化，是城市的三个基本使命。”琉璃河北京西周燕都遗址是祖先创造灿烂文明后流传给我们的宝贵财富，如何将这笔财富保存下来并流传给后代，是我们这一代人需要解决的重大课题之一。

1. 遗址完整性保护。要坚持将历史文脉作为城市建设的灵魂，以保护历史文脉、弘扬文化传承为核心开展各项建设。要在文化遗址周围设立缓冲区和保护范围，严格控制建筑高度和密度，必要情况下要进行周边居民的迁址，考虑如何通过有效的保护、科学地开发，完满、丰富地展示悠久的西周文明。房山区2014年政府工作重点中指出，2014年将启动34项文物保护修缮工程，其中一项便是琉璃河西周燕都遗址的环境改造工程。此外，还应建立文化遗产保护专家咨询制度以及公众和舆论监督机制，努力提高新型城镇化建设过程中的文物保护意识，加大对文化遗产的保护力度。

2. 进行文化再发掘。在《中国传统文化概论》一书中，作者将中国传统文化精神的发展概括为四个阶段：从七千年前的母系氏族社会到夏王朝诞生前这几千年的历史时间段为代表的前文化时期、以夏、商、周三代为代表的创生时期、以春秋战国时期为代表的中国传统文化的古代转型时期、从秦汉

① 数据来源：房山区2013年统计年鉴。

两代到1840年鸦片战争前夕中国传统文化的制度凝定与丰富、发展和普泛化时期。作为中国传统文化精神的创生时期代表，琉璃河西周燕都文化遗址有着巨大的文化潜能，房山区政府可以以西周燕都博物馆为依托，进行文化多样化再发掘，同时重视文化产品的开发，通过对文化产品挖掘，展示琉璃河的文化底蕴，为琉璃河西周燕都文化遗址的建设增光添彩。

3. 利用数字网络技术。新型城镇化要依托自身独特的文化资源，以“人”为新型城镇化核心，在坚持可持续和健康发展的前提下，通过数字网络技术整合资源，用新技术实现文化资源的创意式发展，实现文化历史文脉的可持续传承。需适应数字化时代的要求，在资源整合的同时加强数字资源提供能力和远程服务能力。2014年房山区开通了文化微博（http://weibo.com/3963974320）——房山文化，建立起数字文化服务通道，及时向群众发布全区各类的文化工作信息，切实保障群众文化知情权。此外，在2014年房山区文化委员会工作重点中提到房山区将与房山电视台合作制作《文化纪事》专题节目，以专题纪录片和新闻专题片的方式，宣传房山特色，呈现区域文化发展脉络，实现房山区文化资源的可持续发展。坚持规划先行，积极推进琉璃河遗址等6处文物保护单位保护规划的编制工作。

4. 提升文化的知名度。借用营销学中的知名度效应，它是指由品牌为企业带来效应，将企业本质一面通过品牌展示给世人。来实现商业社会中企业价值延续，在当前品牌先导商业模式中，意味着商品定位、经营模式、消费族群和利润回报。对于文化遗产而言，它所追求的利润便是通过品牌和知名度的树立，来最大限度地实现文脉的传承。提升知名度的过程可以通过举办多种多样的活动等“文化广告”的方式来进行。许多房山区2014年工作重点中指出，将加大文物宣传力度，以“国际博物馆日”和“中国文化遗产日”为节点，开展文物保护宣传活动，营造全社会参与文物保护的浓厚氛围。同时，与西周燕都遗址博物馆合作，开展纪念北京建城3059周年系列文化活动。

5. 加大财政投入。国家文物部门及政府机关要加大对西周燕都文化遗址的财政投入，一方面可加大琉璃河遗址的保护力度，同时还可以加大遗址保护范围内的村庄搬迁安置资金，第三方面通过加大资金的投入推进琉璃河考古遗址公园的建设，改善人们对琉璃河西周燕都遗址的文化体验，真正实现以人为核心的城镇化建设，最后还要着眼于改善当地民生，促进区域经济和社会协调可持续发展。

台湾学者钱穆曾说："中国的传统文化的发展和绵延就像是由一个运动员坚持的长跑；而其他文化形态，如古希腊文化精神，虽然绵延长久，但在这一漫长过程中，领导者不断更换；而古巴比伦、古埃及、古印度文化则或是在很大程度上消亡了，播散了，或是与其他文化形态混融在一起。唯有中国传统文化卓然不群，虽然屡有挫折，但是却代代相承，既未中断消失，也未曾在散播中丢失了本体，而是保持了空间、时间、载体的整一性。"文化是城市的血脉，是城市精神永恒的源泉和动力。而文化资源是文化的载体，是体现城市精神特质的有力见证。一座充满魅力的城市总是有着其独特的精神特质和鲜明的性格特征，在城市发展的过程中如何将文化资源可持续的发展和利用起来，是一座城市能够良性运转的关键。

（韩晓庆：首都师范大学文学院文化产业系硕士研究生）

北京政务微博运营及传播效果研究[①]

——以“北京发布”为例

张　瑶

摘要：政务微博已成为“网络问政”的重要手段，北京地区已建立“北京微博微信发布厅”，形成“微博矩阵”，产生一定社会影响力。本文以“北京发布”为研究对象，追踪分析其运营发展情况。同时本文通过调查问卷法，调查该微博传播效果，认为“北京发布”能够基本满足用户需求，但在互动方面需进一步提高。

关键词：政务微博　北京发布　传播效果

一　研究背景

自2009年，湖南桃源县官方微博“桃源网”出炉，政务微博开始兴起，经过几年发展，已形成一定的规模和社会影响力。据《2013年中国政务微博客评估报告》，截至2013年12月31日，在新浪网、腾讯网、人民网、新华网四家微博客网站上认证的政务微博客账号总数为258737个，其中党政机构微博客账号183232个；党政干部微博客账号75505个。[②]当下政务微博发展较为成熟，已进入平稳增长期。快速发展的政务微博得到了政府的一定重视，成为“网络问政”的重要手段，致力于促进政府信息公开、引导网络舆论、传达民情民意、树立政府形象、实现群众政治参与等。政务微博，

---

① 本文为首都师范大学文化研究院2014年度一般研究项目《公共信任视角下北京政务微博微信传播效果研究》（项目号：ICS-2014-B-02）的阶段成果。同为国家语委2014年度科研项目《城市社区语言文化建设的理论与实践研究》（项目号：YB125-84）的阶段成果。

② 《2013年中国政务微博客评估报告》：http://www.egovernment.gov.cn/2014年4月8日。

对于党政机构及领导干部来说是一个“与民沟通、信息发布和倾听民声的重要渠道”，“让群众了解、理解政府工作，借此推进政府透明度，提供政府公信力”。[①]

北京市于2011年建立全国首个省级政务微博群，即“北京微博发布厅”。北京微博发布厅的运作特色是将传统的“单账号发布”拓展为“多账号协作”，并首次在微博发布厅中引入新闻发言人微博，尝试建立“公职人员微博”与“政府机构微博”的协同联动模式。截至2013年底，“北京微博发布厅”拥有全市各区县、委办局及新闻发言人共81个一级成员，二级成员超过2000个，在新浪、腾讯、人民网三网的总粉丝量超过7000万，发布信息36万条，为网民解决问题上万件。2014年开通国内首个政务微博微信发布厅、全国首个政府新闻发言人“微博矩阵”，在通过微博、微信等社会化媒体平台发布政务信息、增进与市民的互动方面动作积极、反应敏锐，其做法及效果值得研究者予以深入关注。

新浪微博“北京发布”是北京市政府新闻办公室官方微博，于2011年正式上线，对自己的定位是“传递政务信息，提供群众服务资讯，倾听您的诉求，关注您所关注。爱生活，爱北京”。[②]经过三年的发展，“北京发布”已发布两万余条信息，拥有528万粉丝群，具有一定影响力，成为“北京微信微博发布厅”重要成员之一。与发布厅中的“平安北京”“交通”等其他政务微博相比，“北京发布”并不只代表某一行业或某一城区，它代表着北京政府的整体形象，其内容涉及各行业各城区，具有综合性。因此本文以“北京发布”作为研究对象，分析其日常运营情况及如何应对突发事件，并且调查分析其实际传播效果。

二 研究方法

（一）抽样分析法

鉴于“北京发布”在三年中发布微博数量巨大，笔者对其主要采取抽样分析法来进行研究。本次研究的样本分为两个部分，第一部分是2011年

---

① 人民网舆情监测室：《如何应对网络舆情？——网络舆情分析师手册》，新华出版社，2011年版，第239页。

② “北京发布”微博：http://weibo.com/bjfbt，2014年10月21日。

"北京发布"上线后发布的内容数据和2012年、2013年每月的1号、10号、20号、30号的内容数据以及2014年1~4月份1号、10号、20号、30号的内容数据，第二部分是2014年5月1日至6月15日的全部内容数据。通过对这两部分样本的研究，可以了解"北京发布"的发展历程及改变，梳理其发展脉络，追踪其长期的传播效果，同时能够了解"北京发布"的发展现状。

（二）调查问卷法

本文对"北京发布"传播效果研究采用调查问卷法。具体为采用线上线下问卷调查法，一方面在社区、街道发放纸质问卷，一方面利用网络资源发放电子问卷。通过回收问卷了解各群体对"北京发布"信息的接受程度，以此分析该微博实际传播效果。

三 "北京发布"的内容分析

首先，参照《2013年中国政务微博客评估报告》，从影响力和传播力对"北京发布"进行大致分析。影响力的分析指标包括受众数和微博年龄。"北京发布"目前拥有578万粉丝，首条微博于2011年11月17日下午推送，已有三年的微博年龄。经过三年的探索和发展，已拥有固定的受众群体，具有一定社会影响力。传播力的分析指标包括总发布数和微博原创数量。截至目前"北京发布"总发布23027条微博。而通过对"北京发布"微博内容的长期追踪，笔者发现其转发内容比例不断减小，相对的原创内容比例逐渐增大（如下图）。从评论和转发数量来看，转发微博内容的评论转发量平均是小于原创性内容的，特别是在应对突发事件时（如7·21暴雨事件）。

2012~2014年4月底原创率变化图

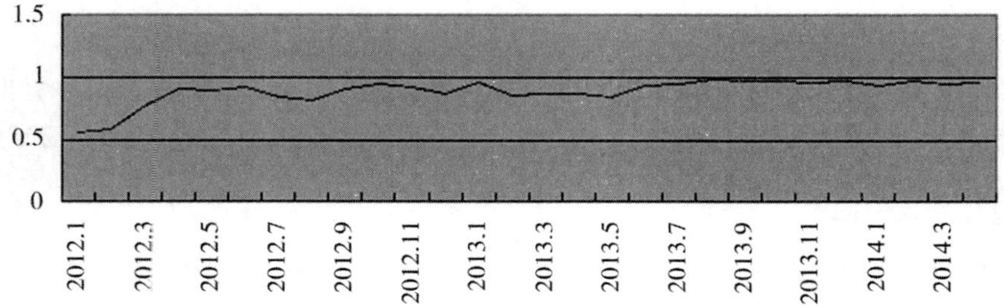

原创性内容数量逐渐增多，原创率不断增大，也就使其内容更能体现“北京发布”特色，符合“北京发布”的定位功能，有助于在微博受众群体里建立微博品牌形象和影响力。总体来看，经过三年的发展，“北京发布”已具有一定的社会影响力和传播力，

根据对“北京发步”的内容分析，可以发现：

（一）更新频率规律化，发布内容模块化

“北京发布”经过三年的摸索，现已现已形成基本的发布规律。在更新频率上，“北京发布”推送微博的时间大多是正点或半点时刻，推送时间间隔基本为半小时，具有明显的规律性。在推送微博数量方面已有一定的规律性，“北京发布”工作日的日常微博发布数量一般为25条（不包括微访谈等特殊直播微博），周末及假期休息时间微博数量约为16条。规律而密集的推送更新，确保用户在任何时间“刷”微博都能够看到“北京发布”的微博内容，保持与用户的持续联系，增加受众的媒介依赖程度。除去每日涉及的日常话题外，“北京发布”会不定期地进行微博直播和微访谈，对某一活动或某一问题进行深度报道，增强微博内容的厚实度。对微博直播和微访谈的系列发布会使“北京发布”每日微博发布数量出现较大变动。

“北京发布”为北京市政府新闻办公室官方微博，是综合性政务微博，发布内容涉及面广，话题众多。在每日发布的内容中，该微博努力涉及有关群众生活的各类最新信息。面对众多繁杂信息内容，“北京发布”分门别类，将信息分为几类模块，发布时标明相应版块标签，便于用户阅读。内容版块分为“党建声音”、“社会管理”、“聚焦”、“北京进行时”、“文化北京”、“绿色北京”、“教育”、“资讯”等，从不同方面展现了北京在政治、社会、文化、生态、科技、经济、教育、人文等方面的最新动态。虽然该微博发布综合信息，但其根本属性是政务微博，其推送内容的重点在于发布最新政策新闻信息并予以适当解读。

同时“北京发布”努力克服微博碎片化浅报道，有选择性地进行深度报道及内容解析。面对重要信息或新闻事件时，“北京发布”采用专题性报道发布形式，进行持续性地深度报道，或是当天持续性报道，或是在一段日期内每日持续报道。例如，“北京市2013~2017年清洁空气行动计划”这一话题从2013年9月3日持续到2013年10月4日，共发布了98条微博，每日对清洁空气行动计划进行任务分解说明，并附上详细的长微博图片内容，以便受

众深度了解此计划。又如“北京发布”针对2014年北京两会直播这一新闻，自1月16日至22日共发微博169条，对两会进行了全程深度报道。专题性报道发布形式能使得报道深入进行，增强内容厚重性。

（二）发布形式和语言表达适当，充分发挥新媒体优势

在内容发布形式上，“北京发布”多采用“标题+话题+内容+图片/长微博图片”的形式。每条微博内容基本都有设置标题及“标签”，使得用户一眼扫过就能大概了解微博内容，进行选择感兴趣的内容进行浏览阅读，增强用户阅读体验。长微博形式弥补了微博140字局限带来的表述不便，使得微博内容更为丰富，增加深度阅读。此外，有些微博内容在最后添加相关链接，以便用户进行深度阅读和延伸阅读。在语言表达上，“北京发布”逐步调整，开始的语言表达口语化、随意化，虽给人亲切之感但缺乏一定的新闻严肃性，而当下语言表达较为接近于新闻报道语言，有时会适当出现口头语音表达来减少严肃气氛，较之前相比个人话语气减弱，具有官方政务微博的辨识度，能够体现北京市政府办公室的严谨认真形象。

与传统新闻媒体相比，新媒体新闻传播迅速及时。政务微博作为官方的网络发言人，能够及时迅速报道政府会议决策等新闻。“北京发布”编者能够参与政府会议或相关活动，现场推送发布消息，例如其微博“直播发布会”、“微直播”、“小布在现场”等话题的微博内容便是同步报道现场新闻信息，发布及时，传播速度快，时效性强。

（三）互动情况有待提高

微博互动主要表现在用户评论和转发情况上。微博自身所带的评论与转发功能为“北京发布”与用户互动交流提供了一个良好平台，但据笔者的跟踪观察来看，“北京发布”的评论转发量还是较少，而且在评论中回复用户的次数较少，对于提出的一些问题也未能予以解答。这是其有待改进之处。除去评论转发外，微访谈也是“北京发布”与用户进行互动的重要方式。“北京发布”会经常举行微访谈互动活动，一般微访谈话题是现下群众比较关注的问题或近期热点话题政策等。通过微访谈，用户可向“北京发布”所请的专家学者进行提问从而得到专业解答，一次性解决众多疑惑。这不失为“北京发布”借专家学者与用户进行的一次集中互动。现以5月28日进行的“建设无烟城市”微访谈为例。此次微访谈时间为15:00~16:00，发起契机和

目的为5月31日是世界无烟日，通过微访谈使大家了解吸烟的危害，普及烟草烟雾危害知识，解读将颁布的《北京市控制吸烟条例》。访谈邀请到四位专家学者。访谈中用户提出的问题有65个，回复42个，回复率为64.6%，在“北京发布”中对此微访谈的报道微博达50条。微访谈这种形式是“北京发布”以自己为平台，实现网友与业界意见领袖的互动，解决网友困惑，实现双赢结果。用户可通过专家学者即“意见领袖”得到专业解答，满足其求知需求，而“北京发布”既可以满足用户需求，得到其认可和信任，又可以通过意见领袖的专业解答树立科学严谨权威的形象，扩大影响力，成为塑造自身品牌形象的资本之一。

四 突发事件下“北京发布”的运营分析

微博作为新媒体的代表，具有反应速度快，更新速度快等特点，因而被视为及时报道突发事件和重大事件最新动态的最佳平台之一。政务微博作为政府“网络问政”的手段，在应对突发事件和重大事件时应具有反应及时、稳定社会、表现民情、引导社会舆论等作用，能够满足民众需求，稳定社会民心。现就以“7·21北京特大暴雨”事件为例对“北京发布”应对突发事件进行研究分析。

2012年7月21日，北京出现多年不遇的大暴雨，一直持续到22日8时左右，对基础设施和居民正常生活造成巨大影响，受灾人数及死亡人数众多。面对这一突发事件，“北京发布”的应对较为成功。具体可从以下几个方面分析：

（一）反应较为及时，实时报道最新信息

“北京发布”于7月21日16:52发布第一条微博，微博转自“水润京华”，其内容为公布重点部位防汛指挥部电话，反应比较及时，得到过百次的转发。而后开始实时关注雨情，24小时不间断发布最新信息，时间上可谓全方位覆盖。在这里有一点值得注意的是在7月21日发布的11条微博全部转自其他政务微博，转发次数未超过200，但在22日出现的原创微博转发和评论次数均高于前日，纵观整个事件的应对过程，原创微博整体上的转发与评论次数明显高于转发微博，这也说明应对突发事件时第一手资料是最有传播价值的。“北京发布”对“7·21北京特大暴雨”事件关注报道时间久，从

21日一直持续关注到28日，这期间微博发布数量突增，无论从时间还是数量上都予以了重点关注报道。

（二）内容范围广，及时提供各类受众所需信息

“北京发布”对“7·21北京特大暴雨”的持续报道内容涉及层面多，内容范围较广。在7月21日和22日，内容多为各处灾情报道和救援情况报道。在暴雨停止后，开始持续报道灾后安置救援和重建等善后问题、捐助问题、灾后天气问题、死亡人数及构成问题、哀悼反思以及改进等问题。最后28日“北京发布”转发“人民日报”文章作为总结，以满满的正能量的传达结束了为期一周的暴雨事件持续报道。这次持续报道为期时间长，选择报道的内容丰富多样，精准定位，能够在不同的时间内给予用户想看的不同信息，满足受众不同时期的不同信息需求。

（三）产生了一定的影响力，引导网络舆论

“北京发布”对暴雨事件一周的持续报道，引发网友热度关注，最后总转发量达298560条，总评论量达65565条。从这两个数字，可以看出此次报道产生的影响力。而且一周的持续报道，及时公布信息，在得到网友的关注时，也得到了社会认可，引导了网络舆论，最终结束报道时基本舆论统一，传播了正能量。

总体来看，在“7·21北京特大暴雨”这一突发事件的报道中，“北京发布”是比较成功的，确保了信息及时传达，传达受众需求内容及引导网络舆论等。但也存在着一定的不足之处，例如：转发微博比例较大，需多些一手资料原创内容；与网友互动不够多，不能及时解答网友疑惑；有些微博宣传色彩较重，需多发真正符合网友需求的信息。此次的突发事件为“北京发布”将来的科学有效信息传播提供了经验和反思之处。

五 “北京发布”的传播效果分析

针对“北京发布”的实际传播效果分析，本文采用调查问卷法，此次问卷调查共回收问卷130份，有效问卷共计125份。此次问卷按照微博对受众的影响程度由浅到深依次设置问题，以此来分析受众对“北京发布”的认知、接受程度。下文便是以问卷结果为依据分析该微博传播效果。

(一)影响范围有待扩大

在此次调查问卷中，有93.6%的受访者拥有微博账号，其中70.94%关注政务微博，关注“北京发布”仅为55.83%。可见“北京发布”拥有一定的受众群体和影响力。同时也因传播媒介限制和微博知名度影响，其实际影响范围有限。在实际调查中，不少年轻受访者甚至尚未听过“北京发布”，可见政务微博虽经过发展完善，但在市民中知名度还不高，还需对微博进行适当推广，进一步扩大受众群体。

（二）受众对信息内容存在一定兴趣偏好

通过调查问卷分析，笔者发现受众对“北京发布”的信息存在着一定的内容偏好，兴趣倾向。调查结果如下图所示：

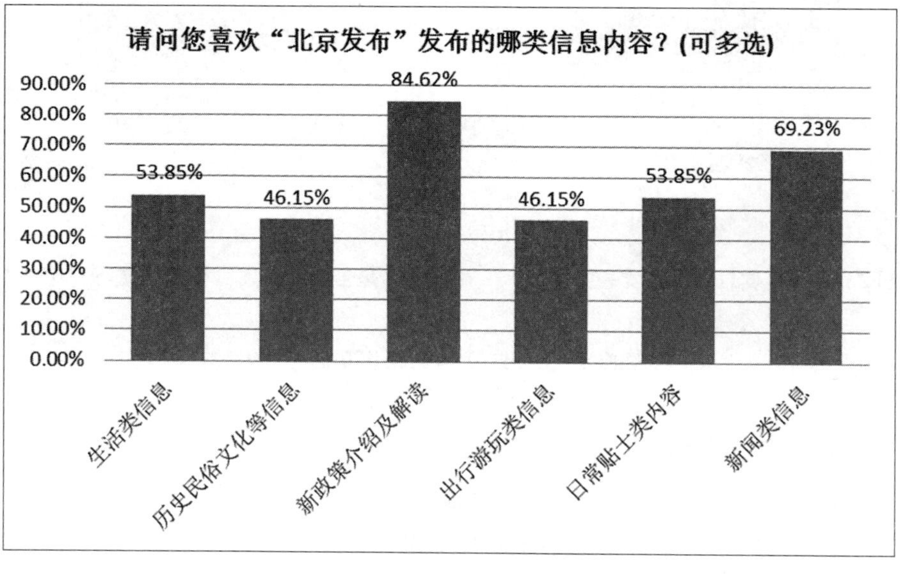

图1 受众对微博内容的兴趣偏向

从图中数据可看出，有84.62%的用户偏爱政策类信息，69.23%的用户偏爱新闻类信息。这些类型信息需要权威机构的发布和专业解读，进而确保其真实性可靠性。而政务微博正是这样的官方机构，利用新媒体传播迅速的特点，能让用户快速清晰地了解到最新信息，满足用户的主要诉求，这也正是“北京发布”的主要职责所在。而其他类内容作为补充内容发布，也得到用户的部分认可，贴近生活拉近距离，增强用户黏性。

（三）转发与评论比例较少，双方互动积极性有待提高

调查问卷在转发评论方面共设置10道问题，旨在了解微博与用户的互动情况，了解用户在“北京发布”这一网络平台上的民主参与情况。

1、转发情况分析

此次调查问卷对转发情况设置了3道问题，分别考察用户的转发率、转发时的评论倾向和转发内容偏爱倾向，调查结果如下图2、图3、图4所示。

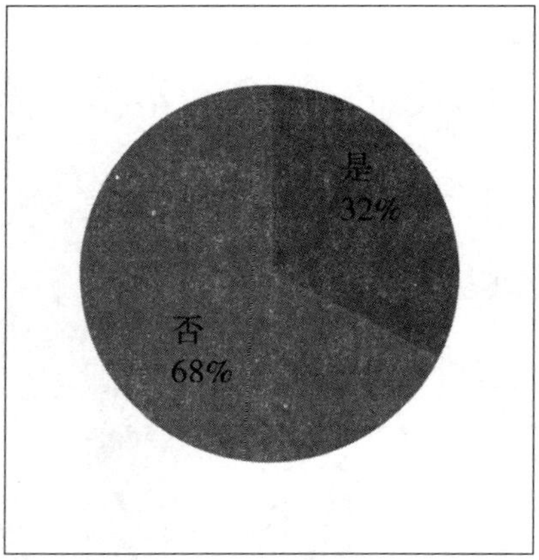

图2 是否转发过“北京发布”微博？

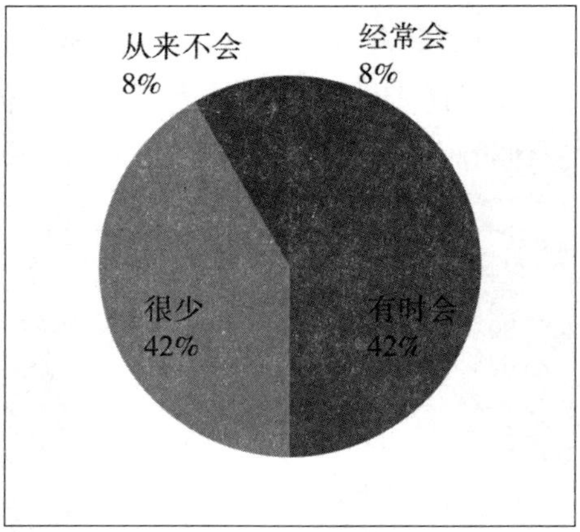

图3是否会对转发微博内容进行评论？

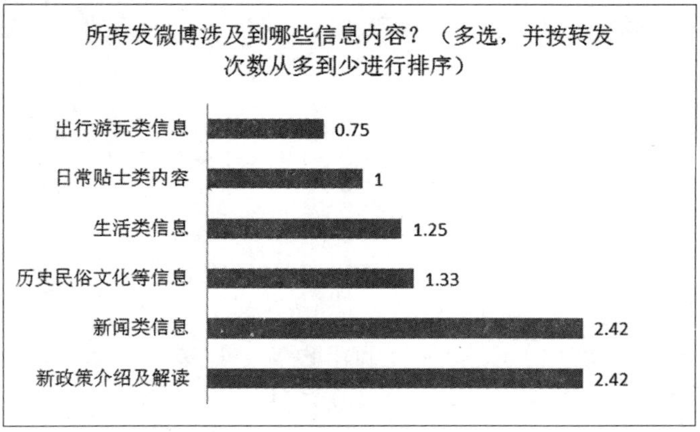

图4 转发微博内容类别

注：选项平均综合得分=（Σ频数×权值）/本题填写人次。（权值由选项被排列的位置决定）

从调查结果可以看出，“北京发布”发布内容丰富，数量众多，但其转发率并不高。更多用户只是进行简单的浏览，互动交流较少。用户与平台，用户与用户之间交流较少，用户的态度观点不能得到充分反馈。设置“是否会对转发微博内容进行评论”这一问题，旨在考察用户在转发过程中是否进一步参与内容互动，是否会表达自己的观点看法。由图3看出，对“北京发布”内容转发时用户不会经常表达自己的意见，网络民主参与积极性低，但在事实上促进了该条信息的传播，扩大影响范围。

为考察用户对“北京用户”各方面内容的互动积极性，问卷设置了“转发微博内容涉及哪些信息内容”这一问题。根据图4所示数据，用户倾向于转发新政策信息和新闻信息，这与前文受众与微博内容偏好倾向有一定重合性。生活小贴士和历史民俗文化类信息也获取一定转发量，这些对时效性未有太多要求会被用户转发收藏来补充自己的知识储备。而天气信息和活动信息因对时效性要求较高，错过一定的时间便没有价值，转发比例较低。

（2）评论情况分析

网络的普及为民众提供表达自我观点、发表自由言论的场所，而微博正是民众表达舆情的集结之处。“舆论和舆情最终必然成为公众参与社会生活的一种表现形式。可以说，舆论和舆情都是社情民意的集中体现”。[①]若要借助政务微博了解用户所传达的社情民意，就需重视用户反馈的评论意见。为了解用户和微博运营者的互动积极性和具体交流情况，问卷设置了相关问题。

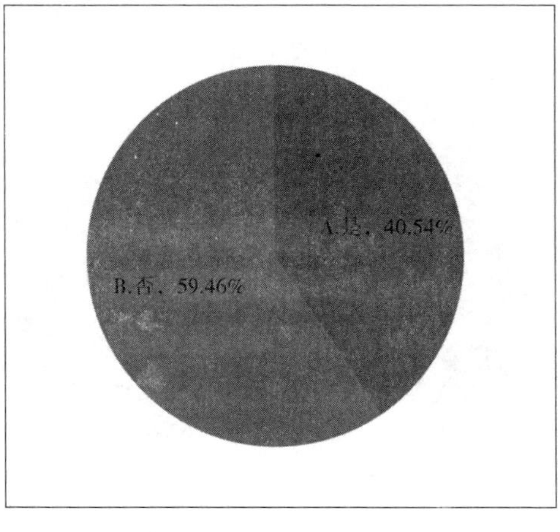

图5 是否评论过“北京发布”

① 毕一鸣等：《社会舆论与媒介传播》，中国广播电视出版社，2012年版，第144页。

评论是参与微博互动最明显的表现方式。用户可通过评论表达自己的态度观点，提出质疑问题建议等，是政务微博收集反馈信息的主要渠道，也是观察传播效果的重要途径。从结果看，“北京发布”的日常评论并不多，缺乏与用户的互动，不能激发用户参与积极性，需进一步加强与用户间的互动交流。

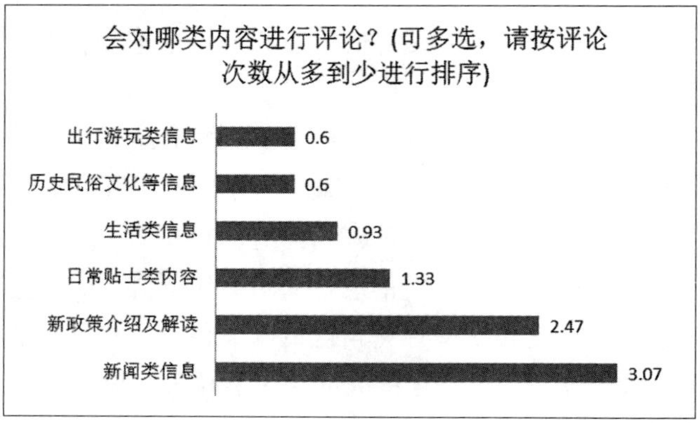

图6　评论内容类型偏好

从统计数据可以看出，用户对新闻类和政策类信息参与积极性较大，互动性强。这与政务微博的传达政府信息和政策新闻的职能相关，通过评论可观察网络民情和舆论倾向，更好地实现与民众的沟通。其他方面内容评论较少，用户可能只是简单浏览，参与意愿较小。总整体看，用户评论数量较少，微博需提升内容数量和质量，加强与用户的沟通交流，形成网上舆论讨论场，更多地了解民情民意。

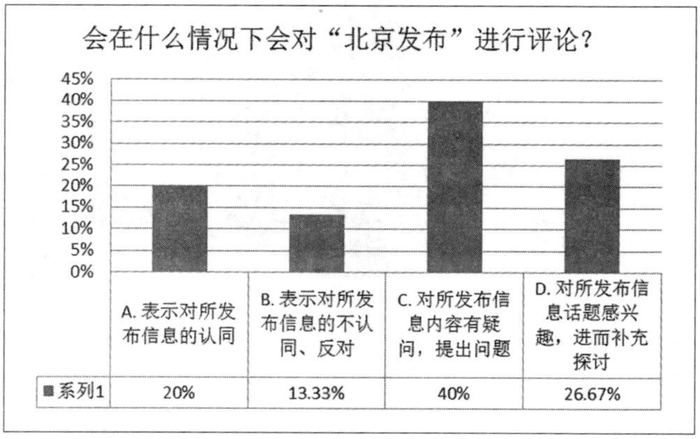

图7　评论动机分析

调查问卷就用户评论动机设置问题，目的是了解用户在何种情况下有交流沟通的意愿。从图7数据来看，用户在对内容感兴趣希望了解更多时会主动参与话题讨论，满足信息需求。相当一部分用户不能从微博内容中获得自身认同的信息时，便会产生参与积极性，提出质疑，进行互动。这也从侧面表现出，“北京发布”微博内容在丰富性准确性上需进一步提升。不同的评论动机会产生不同类别的评论内容，对微博发布内容进行不同视角的解读，延伸微博内容内涵。评论也是用户与用户交流的渠道，用户可互相补充信息，加强用户与平台、用户与用户之间的互动，反馈更多的民情民意。

微博互动不仅停留在用户的评论行为上，还需要微博运营者的及时回复。用户的评论本身是希望与微博进行沟通的主动行为，微博运营者的回复反应决定着互动是否能够继续进行。微博发布的内容对用户产生首次传播效果，而评论回复将深化传播效果，影响用户的最终信息接收程度。为了分析“北京发布”对用户反馈的互动积极性和应对措施，此次调查专门设置了4道问题。

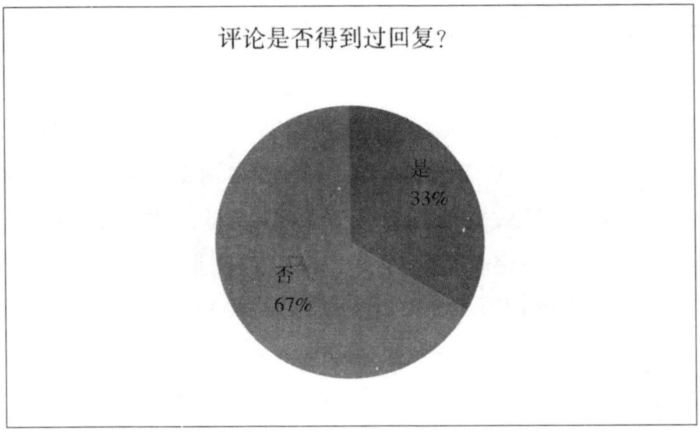

图8 评论回复比例

调查评论回复率旨在考察“北京发布”面对用户评论的互动积极性。但从数据来看，“北京发布”对用户评论的回复率并不高，互动频率较低。这一问题需引起注意，增强与用户的互动。

另此次调查数据显示，对“北京发布”发表过评论的用户中有53.33%的人提出问题，提出问题得到回复的仅为37.5%。而用户获得的回复情况如下：

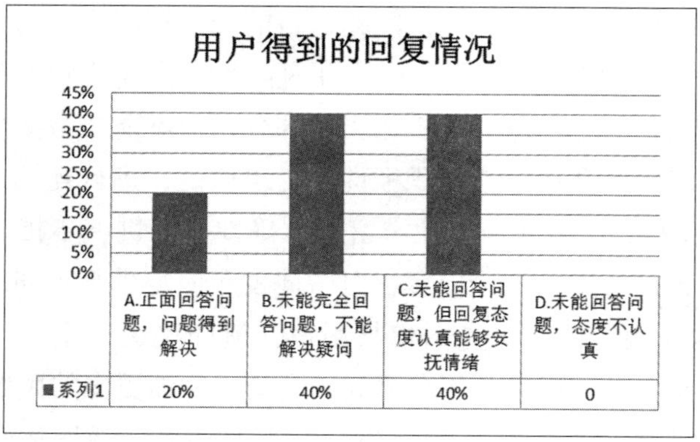

图9 回复情况

在评论中提出问题是主动与“北京发布”进行沟通。但从统计数据来看，回复率并不高，尚未过半。用户对微博的参与热情与微博管理人员的运营相关，回复率低回复间隔长会打击用户积极互动积极性。长久下去，用户特别是年轻人“不相信”自己的意见“会被人倾听”，“互动式”网络对他们的参与感几乎就没有什么助推作用。[①]如此恶性循环，用户积极参与性将会逐渐消损，减少互动行为，微博也无法反应当下的社情民意，政务微博的设置初衷将不复存在。具体运营人员需注意这一问题，充分利用用户主动交流的机会了解民情，转达民意，及时答复和反馈用户问题，引导网络舆论。

从具体的回复来看，政务人员的回复能够起到答疑解惑、安抚民情的作用。及时的回复可使民众疑惑得以解决，即使未能及时回答也可安抚民情、正确引导舆论走向，同时防止恶意内容舆论的肆意散播。但还要提高微博运营者自身素质能力，努力做到正面回复问题、妥善解决问题、满足用户需求。

（四）“北京发布”内容信息质量较高，能够满足受众需求

问卷设置四道题目来考察已关注“北京发布”的受调查者对于该微博的满意程度，进而分析“北京发布”的实际传播效果。具体结果如下表所示：

“北京发布”发布的内容信息基本能够满足用户需求，众多信息全面反映社会情况。“北京发布”作为社会管理的政务微博，发布内容广泛，经济教育文化历史天气等内容均有涉及，而且形式多样，还多次开办专题微直

① 尼克·库尔德利著，何道宽译：《媒介、社会与世界：社会理论与数字媒介实践》，复旦大学出版社，2014年版，第128页。

	发布的内容是否能传达您需要的信息呢?	能否通过“北京发布”发布的内容了解新政策新规定呢?	“北京发布”发布的内容是否能帮助您了解北京各类生活信息及各类活动信息呢?	“北京发布”能否反映社会民情民意呢?
A. 能	13.51%	21.62%	10.81%	5.41%
B. 大部分能	54.05%	59.46%	54.05%	37.84%
C. 少部分能	27.03%	16.22%	29.73%	48.65%
D. 基本不能	5.41%	2.7%	5.41%	8.11%

播、微热议等活动，进行专题内容普及。开展征选主旋律视频、寻找最美北京人等活动，线上线下互动，弘扬主旋律，引导社会舆论。各种信息满足了用户的不同需求。

在新政策新规定信息上，用户满意度最高，可见“北京发布”作为北京市人民政府新闻办公室的政务微博，传达新政策新规定的网络官方发布平台，做到了及时发布政策信息，传达政府信息，传播效果良好。“北京发布”履行社会管理职能，除政策新闻信息外，生活各类信息及各类活动信息也是发布内容的重要部分。用户对这类内容满意度也较高。有用的日常生活服务信息，为用户生活提供便利信息，使其了解更多有关北京文化历史信息和活动信息，丰富市民生活，同时弘扬北京文化，传播北京精神。在反映社情民意方面，用户满意度虽比较高，但还有待进一步提升。要反映社会民情民意，需要与用户进行交流沟通，了解反馈的意见问题和建议。

最后受访者对“北京发布”打的平均分为7.95分（满分为10分）。这一分数较高，对“北京发布”做出了肯定，但仍还有进步空间。总体来看，“北京发布”具有一定社会影响力，内容能够得到受众认可和接受，但在互动方面仍需进一步加强，密切与用户之间的联系，更多的了解用户意见，反映社情民意。

“北京发布”历经三年发展，已形成固定的运营模式，每日发布内容数量较多，内容面广，质量数量均有所保障，发布形式丰富，活动多样。在传播效果上，“北京发布”基本能够满足用户的信息需求，但在用户互动方面仍需进一步提高，提高回复率，充分利用好微博这一平台，加强与用户的交流沟通，及时了解民情，传达民意。政务微博应展现出政务公开、与公众积极互动的姿态，培养青年人的公民意识和积极的社会参与态度，有效推进政府与公众之间的“公共信任”关系的构建。

（张　瑶：首都师范大学文学院传播学2013级硕士研究生）

凤凰视频平台的互动传播

刘庭梅

摘要：当今世界是一个信息爆炸的时代，信息的传播模式也在不断变化，由传统的单向传播变为互动传播，信息的传播模式使得受众对新闻媒体的要求也越来越多，通过微博、微信、客户端等各种渠道的互动传播正在不断刷新媒体在受众眼中的刻板印象。互动传播时代，媒体也需要转型。

关键词：凤凰视频　新媒体　互动传播

一　互动传播的概念与意义

（一）互动传播的概念

1984年，美国学者拉斯韦尔在其《传播在社会中的结构与功能》的文论中首次提出了传播过程的五种基本要素：Who（谁）、Say what（说了什么）、In which channel（通过什么渠道）、To whom（向谁说）、With what effect（有什么效果）。这个简单的模式向人们介绍了传播的过程，但是在这个模式中明显缺少了受传者的反馈，没有揭示传播过程中的双向性和互动性，而人们对信息刺激产生的生理和心理的反馈恰恰是传播过程中重要的一部分。

网络时代，互动传播给传者中心的传播地位带来巨大震荡，传统的单向传播也发生巨大改变。随着新媒体技术的发展，受众对信息的关注程度不断加深，参与程度也前所未有，受众与传者之间、受众与受众之间可以以讨论、交流、评析的方式对所受到的信息进行处理，这在无形之间增强了媒介信息传播的互动性。互联网互动一般有两种：人与信息的互动以及人与人的互动。

互动传播对应的概念是单向传播，单向传播就是指仅仅实现了传播内容与受者互动，而没有实现传者与受者互动的传播活动。本文所研究的互动传播可以被定义为：能实现传者与受者相互作用的传播活动。

彭红指出，互动传播的一大特点是传者受者身份模糊。为了实现对人际传播现场感、交流感的提升，“通过技术与工具创造一种传播中介的能力，达成个体、群体传播者与参与者之间同步或异步的信息交流与交换”。[①]传播者与受众已经不存在绝对中心，而是一种信息交换交流关系，呈现出去中心化现象，不仅传统的传者中心被打破，以往一对多的单向传播也转变成为传播者与受众之间的双向互动传播。反馈是互动传播的重要部分。而传播地位日益提升的受众对信息的理性解读有益于反馈的形成。因此如何带给用户能激发理性解读的信息是增进互动传播效果的关键。

（二）媒体互动传播的重要性

首先，互动传播可以使媒体对受众有真实的影响意义。媒体对于受众不再是可有可无的存在，互动在一定程度上增强了新闻的实用性，新闻对受众的影响力也远超传统媒体的单向传播。互动传播也在一定程度上将大众传播化为更细的分众传播，极大加快了新闻的传播速度与影响力，新闻的实用性也正逐渐体现。

其次，互动传播可以加强受众的参与度。受众对于新闻媒体的报道不再只局限于接受，而且可以参与新闻事实的传播过程，帮助推动新闻传播，一方面通过受众的传播验证新闻事实，有助于增强新闻的真实性；另一方面也可以通过点击量、转发、评论等数据考察受众的关注焦点与对新闻内容的评判，有助于媒体更深入地了解受众。

再次，互动传播可以使媒体更为亲民，摆脱刻板严肃的形象。在互动传播关系中，传者与受者是平等交流的关系，这与传统新闻媒体高高在上、刻板严肃的形象截然不同，通过互动传播，媒体与受众的平等交流有助于树立媒体的正面形象，从而使受众对其产生信任感与依赖，以便于在新闻媒体众多的信息时代获得生存。

---

① 彭虹：《涌现与互动——网络社会的传播视角》，中国社会科学出版社，2010年版，第134页。

二　凤凰视频发展现状与特点分析

（一）凤凰视频的形成与发展

凤凰卫视是一家总部位于香港的华语电视台，主要服务大中华地区观众。于1996年3月31日启播，覆盖亚太、欧美、拉丁美洲及非洲等一百五十余个国家及地区。凤凰卫视主要有六条频道及两大媒体，分别为中文台、资讯台、欧洲台、美洲台、香港台、电影台；两大媒体分别为《凤凰周刊》与凤凰新媒体。而其中的凤凰新媒体，就是应对互联网时代互动传播应运而生的产品，于北京时间2011年5月12日在纽约交易所上市。

凤凰新媒体主要包括门户凤凰网、手机凤凰网与凤凰视频，其中凤凰视频的传播内容主要是视频类新闻节目，传播载体除了网站，还包括微博、微信、微视、手机客户端等多种新媒体形式。

凤凰视频通过集纳整个凤凰网站与卫视节目中的内容资源，在用户定位上提出了专注于1亿高端网民的口号，汇集凤凰卫视超过60档节目视频，包括《锵锵三人行》《军情观察室》《凤凰大视野》《鲁豫有约》等栏目，同时努力聚合全球优质精品视频，囊括全国各大卫视精彩栏目与新闻资讯，甚至包括国外节目，通过对专业机构制作的版权内容的编整组合，构建独家、优质、服务高品位受众的精品视频媒体平台。范围涵盖新闻、纪实、娱乐、播客、影视、原创等多方面，专注于打造最具媒体价值的综合视频门户。

（二）凤凰视频的特点分析

现在国内著名的各大视频网站的运营主要分为两个方向，一是主打“影院路线”，二是走“资讯路线”。其中，“影院路线”顾名思义，是指以电影、电视剧作为网站吸引受众的主要内容。这也是目前国内大多视频网站的运营方向，短时间来看，确实为网站吸引很多受众群体，但其优势正在慢慢弱化。一方面，这些影剧资源很多并非网站原创，吸引受众的独创性与排他性很难保证；另一方面，其中很多影剧往往是视频网站非法上传，并未得到著作权人的授权许可，这样的违法行为也必然不能长存。百度影音、快播等多家视频网站的极盛与速衰就是前车之鉴。

而另一个方向则是走“资讯路线”，主打视频资讯栏目，其中的典型代表就是凤凰视频。凤凰视频针对自身受众定位，在自制内容生产上以人文和时政类的节目内容为主，同时拓展到综艺娱乐、财经等其他领域，从而尽可能满足主流人群浏览、交流、分享、娱乐、理财等多元化与个性化诉求。事实上，凤凰视频选择媒体差异化路线绝非偶然。不同于优酷等视频分享类网站，凤凰视频具有先天的媒体个性。业界有一些视频网站选择的也是这一模式，但并不是很成功，原因是多方面的，很重要的一个原因是：从人才上，他们缺乏媒体化的人才；从资源上，他们没有独家丰富的媒体内容来源；从用户上，他们没有任何媒体消费的用户基础。而以上这些条件，凤凰视频都具备并且优势明显。[①]

目前国内网络视频行业竞争激烈，作为国内网络视频行业的领头羊，优酷土豆虽然在全球中文应用中排名第三(第一为QQ，第二为微信)，但不合适的发展方向仍使其身陷亏损。优土自2010年上市以来一直没有实现年度盈利，截至今年6月，优土累计亏损17.71亿元。而在2012年与优酷合并前后，土豆也一直处于亏损的泥潭中无法自拔。[②]搜狐视频目前公布的2014年第一季度财报中，也同样处于亏损状态，而凤凰视频依托于凤凰新媒体，2014年8月12日最新公布的第二季度财报显示，凤凰新媒体净利同比增9.1%。[③]真正成功的一家企业，不仅要赢得良好信誉度，拥有一定数量的用户品牌忠诚度，企业的经济效益也是尤为重要的，生存才是衡量企业成功的标准。研究分析凤凰视频在中国互联网视频行业逆局中的互动传播实践，显得尤为有意义。

三　凤凰视频的互动传播实践

目前，凤凰视频的互动传播主要通过凤凰视频网站、凤凰视频媒体加V认证微博、凤凰视频微信、凤凰视频微视、凤凰视频客户端几大媒介途径实现，此外还包括更为细化的分类传播媒介，如@凤凰视频娱乐频道、@凤凰

---

① 做未来中国互联网、电视、移动通信“三网融合”潮流的领导者 http://gz.ifeng.com/wenhua/detail_2011_09/15/83454_0.shtml.

② 优酷土豆视频流量有10倍差距　土豆亏损2到4个亿 http://www.chinairn.com/news/20140922/102808697.shtml.

③ 凤凰新媒体公布二季度财报：净利同比增9.1。http://tech.sina.com.cn/i/2014-08-12/06019548824.shtml.

视频播客、@凤凰视频原创等诸多推广运营账号，本文仅从不细分频道名称的五大媒介传播途径着手，分析凤凰视频平台的互动传播实践。

（一）在网站中，通过帮助用户推广原创视频增强互动传播

凤凰视频一方面为受众提供内容丰富、独家的视频信息，分为资讯、军事、纪实、历史、娱乐、综艺、影视、时尚、播客、公开课、卫视、直播、原创、VIP、游戏等诸多频道，内容丰富且细化。另一方面也积极为受众提供互动渠道，包括对新闻、社会事件、使用满意度等的调查问卷；用户可以轻松使用合作账号绑定凤凰视频登录，无需强制注册；登录用户可以直接在凤凰视频的播客频道上传视频，后台审核过程也并不繁琐严格，优秀的视频还会通过其他社交媒介加以传播推广，种种方式都极大提升用户的参与度与互动性。

对于用户上传的自制原创视频内容，凤凰视频也重视筛选推广，将其中优秀精彩的内容在凤凰视频与凤凰网首页，以及相关各新媒体渠道加以全方位推广。

2014年7月9日，北京警方当场抓获正在参与赌博的郭美美，由此引发网络热议，当时就有网友改编流行歌曲《小苹果》，将对郭美美炫富、被包养、赌博等种种行径的评价写进改编歌词中，并制作成视频，上传至凤凰视频播客频道后，经由多种传播媒介的推广，短时间内获得大量点击关注，目前视频点击量已达600多万次。积极推广优秀原创作品对于建立受众的信任度，有很大的帮助。

（二）在客户端上，通过有奖征集用户体验不断改善自身

凤凰视频新闻客户端一方面关注受众喜好，通过观看记录推荐相关新闻、热点新闻与排行榜新闻。受众可个性化订制自己喜欢的栏目排序，订阅关注的节目内容，便于查看。同时，凤凰视频客户端专设用户使用粉丝团，广泛征集用户体验与改进建议，可通过客户端的“吐槽提意见”或加入“凤凰视频客户端精品粉丝团”的微信群与QQ群，随时反映建议，同时对于有价值的建议发放奖品鼓励。

2014年6月，凤凰视频推出“世界杯”相关活动，包括原创轻松搞笑的节目《戏来了》《趣你的世界杯》，以及各种关于世界杯问题的街头采访等，同时，凤凰视频客户端相应推出“随手拍世界杯”活动，将客户端的随

手拍功能与世界杯话题相关联，号召受众随手拍世界杯相关主题视频，上传网络参与抽奖活动，也在推广自身的同时增进了与受众的互动传播。

（三）在社交媒体中，利用各种新媒体形式加强互动传播

新媒体时代，媒体不能再唱“独角戏”，受众的反馈与互动是不可忽视的一部分。一方面，针对微博、微信、微视等不同新媒体的传播特点与受众喜好，有针对性地发布某一类新闻。如微博账号刊登的内容多是与众多网友切身相关的时效性新闻，或是能够引起大多数人轻松一笑的搞笑视频，而微信账号则发布时效性不那么强、有一定深度的报道或评论。

媒体除了对受众进行传播，同时还要充当受众之间交流的中介，以便于减少偏见。凤凰视频的微博账号除了发布新闻外，也常转发关于某一条微博内容网友幽默或睿智的评论，往往引导受众从另一角度进一步思考与讨论，受众对这一观点可表达同意或否定的态度，从而促进受众表达观点，争取平等互动。

另一方面，凤凰视频的微博微信等账号也会经常推出推广活动，包括新活动的推广与新栏目的推广。活动推广的主要目的是在于增加受众数量，即让更多的受众了解、认识、关注凤凰视频，主要形式一般是参与活动或转发抽奖。而栏目推广的主要目的在于加深受众的关注度，即让受众在关注凤凰视频的基础上，进一步关注某一个栏目，有点击观看、转发分享的兴趣。其形式也更为多样，不仅可以通过某一新闻事件、某一类发布内容引发关注，还可以号召受众参与讨论某一热门话题，通过幽默有趣的段子或轻松诙谐的漫画来进行传播，这些传播主要都是在社交媒体平台上进行，因为受众的及时参与与互动是极为重要的决定因素。

凤凰视频原创节目源源不断，2014年8月起，凤凰视频推出一档原创自制的美食节目《寻味》，其在社交媒体上的推广宣传就采用了多种方式与受众进行互动传播。一开始是简单的介绍，附上节目的宣传预告片，第一期节目开播后没多久，就推出“青年问禅师”系列段子，配图是节目中的截图，通过发挥想象，创造各种搞笑的有关美食的“青年问禅师”问题，引发受众的转发、评论、互动，极大扩大了传播，让更多受众了解新的节目。节目播放几期，在拥有一定数量的受众关注后，微信平台推出简单的flash小游戏，正切合当时“神经猫”等简单小游戏的热潮，让受众在玩游戏的同时更好地了解这一节目，增强了受众的参与度。

利用网络平台的病毒式传播与聚合式传播，凤凰视频的内容逐渐为更多受众所获知。通过种种推广手段，凤凰视频成功达到与受众进行互动传播的目的，不仅有助于更好地实现传播的目的，同时也有助于自身内容产品的不断优化，以及媒体形象的树立。

良好有效的互动传播也在树立品牌知名度与信誉度的同时，为媒体带来可观的经济效益。视频网站的主要盈利来源分为三方面，广告收入、付费内容与版权分销。根据调查数据显示，2014年第一季度，在线视频行业营收份额最高的业务类型仍然是广告为主，其占比高达76.4%，同比上升3.4%；版权分销收入占8.9%；而会员付费收入在第一季度占比达到9%，环比增长1.5%，同比增长2.4%。[①]

由此可见，广告收入仍是视频行业主要的收入来源，而受众则是广告商投资时的重要考量。因此，为了更好地实现经济效益，媒体在坚持新闻报道原则的同时，更要重视从多方面加强互动传播，从而拥有更多忠实受众。

四 对媒体平台互动传播的建议

（一）准确定位受众群体，有针对性推出内容

当前我国互联网行业中诸多媒体并存，受众同质化现象极为明显，唯有先准确分析行业现状，找准受众对象的定位，才能有针对性地推出传播内容，并与受众进一步互动交流。对年轻受众推荐历史纪录片，对中老年受众推荐娱乐八卦新闻都是不切合实际的，自然也不可能指望受众积极与传者进行互动交流。

（二）内容丰富的同时应重视独家性

媒体互联网行业中信息同质化现象也极为严重，传统的媒体报道往往被多家复制，新闻的时效性在网络时代也差别不大，MH370马航坠机事件中，国外媒体的独家报道在短短十几分钟后就被国内媒体引用。因此，在确保信息内容丰富的同时，也应格外重视内容的独创性与排他性。凤凰视频在充分利用凤凰卫视经典栏目的同时，也不断推出新的原创节目，如《又来了》

① 速途研究院：2014年第一季度视频市场分析报告 http://www.sootoo.com/content/490245.shtml.

《凤凰网非常道》《你所不知道的中国》等，不断累积新的受众。

（三）秉承与受众平等互动交流的态度

传统媒体常常是高高在上的态度，与受众间只能单向传播，如今虽然随着网络时代的兴起，许多传统媒体开始转型，也开设微博、微信账号，但仍难摆脱传统媒体的形象束缚，受众对其亲睐度有限。因此，媒体要尽量与受众平等交流，营造一种平等互动的氛围。

（四）不断寻求创新，不满足于现状

互联网时代受众的态度与选择也往往是瞬息万变的，媒体不能仅固守于现状，在要求质量的前提下，逐渐关注受众的点击阅读量；在及时报道新闻的前提下，逐渐追踪网络热点非新闻性话题；在推广经典栏目的前提下，也不断跟随受众关注热点，积极推出新的原创节目。唯有不断寻求创新，才能始终保持与受众的平等互动，从而更好地实现传播。

此外，凤凰视频的互动传播也有一些不可取之处，譬如过于关注官员腐败、战争、暴力、色情等容易引起热议的新闻内容，而忽视了新闻的价值性。2014年7月29日，首都互联网协会新闻评议专业委员会就发表声明，谴责过凤凰网新闻客户端传播情色低俗信息的行为。[①]

新闻媒体要注意避免过于重视互动传播而忽略了媒体的本质，不能因为受众经常喜欢热议某一类新闻而片面集中，互动传播过于泛滥，或将导致信息过剩、产生网络暴力、加深数字鸿沟等情况。新媒体应把握好互动传播的度，通过加强技术控制，提高受众媒介素养等措施，推动良性互动传播。

（刘庭梅：首都师范大学文学院硕士研究生）

① 凤凰网客户端传播低俗信息遭谴责 http://news.xinhuanet.com/newmedia/2014-07/29/c_126808940.htm.

新媒体环境下大学生手机使用习惯调查研究

胡　靓

摘要：在瞬息万变的移动互联时代，手机作为众多移动终端中的一种，以其快捷、精准的信息传递优势拉近人际距离。新媒体环境下，手机因智能而逐渐取代了旧式手持电话，并以日趋成熟的新媒体应用对信息用户实现成功网络。本文以问卷的形式对以手机为移动终端的大学生群体进行了调查与分析，证明由于新媒体技术的渗透与影响，大学生的手机使用习惯发生了改变并对手机形成了一定程度的依赖。

关键词：新媒体　大学生　手机　使用习惯

一　研究目的

新媒体，是相对于传统媒体而言，依托数字技术、互联网络技术、移动通信技术等新技术向受众提供信息服务的新兴媒体。手机继报纸、广播、电视、网络之后成为“第五媒体”，手机以其即时互动、方便携带、个性展示功能特性，在新媒体环境下具有比其他四大媒体更优越的传播特性。艾瑞咨询数据显示，2013年中国智能手机的保有量为5.8亿台，同比增长60.3%。[①]社交类服务流量在PC端和APP端流量逐渐趋近。由此可见，伴随移动终端的更新换代速度加快，手机的使用者将会加速促进人类沟通方式的转变。艾瑞咨询数据显示，2013年，PC网民的规模已达到5.9亿人，增速为6.8%；移动网民的规模在2013年底达到5亿，增速为19.5%。预计到2017年，移动网民将赶超PC网民，成为互联网的第一大用户群体，移动终端将成为网民最

① http://tech.hexun.com/2014-01-23/161699198.html.

主要的上网渠道。[①]在校大学生几乎人手一机，了解在校大学生的手机使用习惯，尤其在新媒体环境下，通过定量分析，研究新媒体技术是否对在校大学生的手机使用习惯产生了一定程度的影响很有必要。

二 研究假设

假设1：新媒体技术对在校大学生的手机使用习惯产生了一定程度的影响。

假设2：新媒体环境下，在校大学生对手机形成了一定程度的依赖。

三 研究方法

根据中国互联网络信息中心（CNNIC）于2011年3月发布的《中国网民手机上网行为研究报告》（以后简称《报告》）可知，手机网民的定义为：半年内使用过移动互联网的6周岁及以上中国公民。[②]手机网民行为是指手机网民通过手机终端和通信网络进行移动互联网的浏览、下载、应用服务使用等行为。由于各方面条件的限制，鉴于问卷调查的可行性与可操作性的考虑，结合大学生较稳定的个性特质及大学校园较单纯的环境背景，本调查的研究对象特定为首都师范大学、首都师范大学科德学院以及少数其他院校的377名在校大学生，根据《报告》对手机网民及手机网民行为的界定，参与问卷调查的有效问卷为367份，其中367名在校大学生均为手机网民，并通过使用手机移动终端和通信网络进行了移动互联网的浏览、下载、应用服务使用等行为。

1、数据收集方式

本研究对首都师范大学、首都师范大学科德学院及其他院校的377名在校大学生于2013年12月2日至20日进行了问卷调查，其中针对首都师范大学、首都师范大学科德学院进行了339份纸质问卷调查，针对其他院校进行38份的网络问卷调查，共计进行了377份问卷调查，其中10份为无效问卷，此次调查最终结果是根据367份有效问卷的数据分析而得出。

---

① http://www.iresearch.com.cn/View/224843.html.

② http://www.cnnic.cn，2011年3月。

2、数据分析方式

在本次调查中，以新媒体环境及其技术的应用为衡量标准，来分析367名在校大学生的日常手机使用习惯的情况。考虑到部分接受调查的学生误填调查问卷的可能，为将误差降至最低，在统计问卷时，对所有问卷进行编码，并对相邻编码的问卷进行了比对，排除了相邻问卷所有选项相同的可能。同时，问卷题目包括了24道客观题和2道主观题，漏答客观题和未答主观题的问卷均为无效问卷，保证了有效问卷的完整性。利用问卷星对367份问卷进行数据统计，并结合问卷内容进行分析。通过内容与数据的结合，对本次调查提出的两种假设进行论证。

四 研究结果的探索性分析

1、研究对象的背景构成

（1）研究对象的性别构成

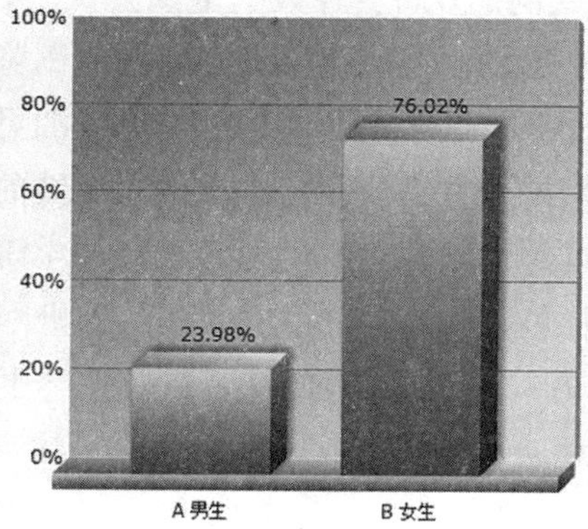

图1

由图1可知，研究对象中女生占76.02%，男生占23.98%。在首都师范大学，对其中的231名大学生进行了纸质问卷调查，其中以文学院的大学生为主，由于文学院男女比例存在失衡的现象，而对首都师范大学科德学院的98名大学生进行纸质问卷调查，其中10份为无效问卷，共计88份有效问卷，由于该学院院系也存在男女失衡的现象，由此构成本次研究对象的性别构成。虽男女失衡，但不对本次调查结果的数据分析产生影响。

（2）研究对象的文化水平构成

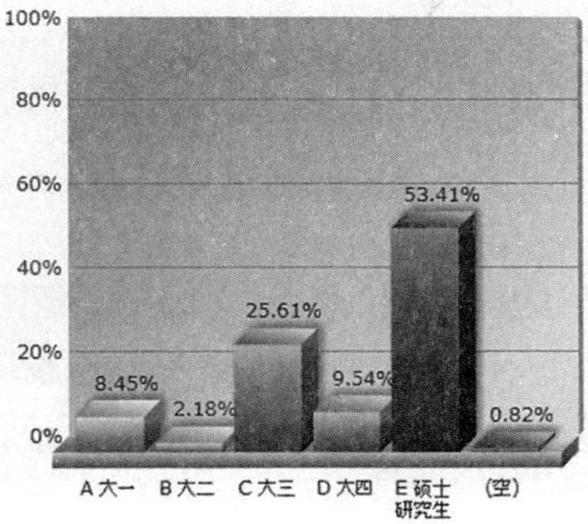

图2

由图2可知，研究对象中，本科生占45.78%，由8.45%的大一学生、2.18%的大二学生、25.61%的大三学生、9.54%的大四学生构成。研究生占53.41%，另外存在0.82%的输入错误。本次研究对象均为在校大学生，根据数据显示本科生和研究生比例基本平衡，为进一步数据分析提供了保证。

2、研究对象的手机使用背景构成

（1）研究对象的手机类型及通信运营商的选择

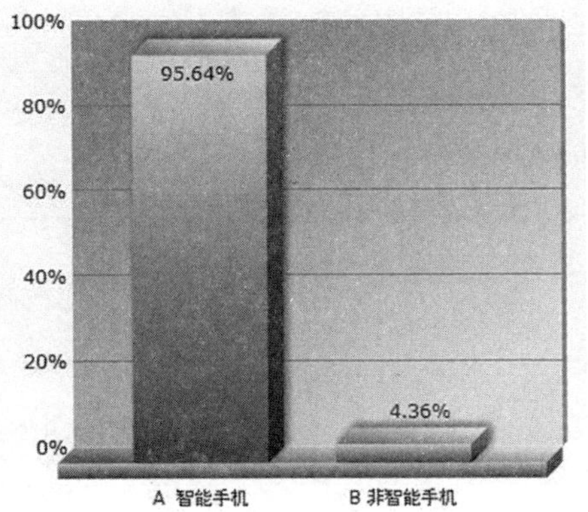

图3

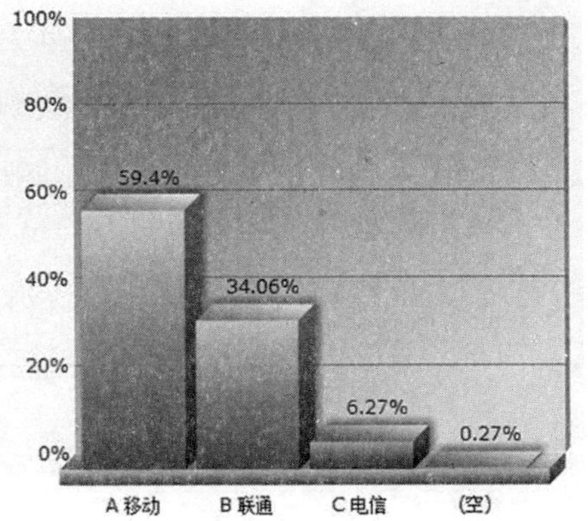

图4

由图3可知，367名大学生中，有95.64%的人选择智能手机，仅有4.36%的人仍然使用非智能手机。由此可知，智能手机较非智能手机而言更具有竞争优势。新媒体技术在互联网及移动通信技术日益发展的基础之上，更能将智能手机的发展推向高潮。由图4可知，367名大学生中，使用移动的人数占59.4%，使用联通的人数占34.06%，使用电信的人数占6.27%。另存在0.27%的输入错误。

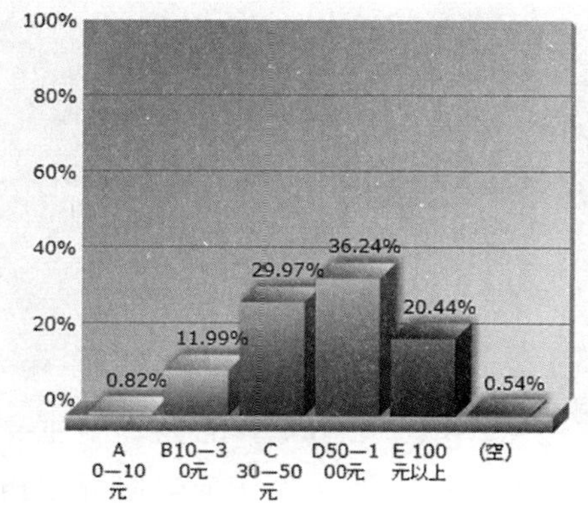

图5

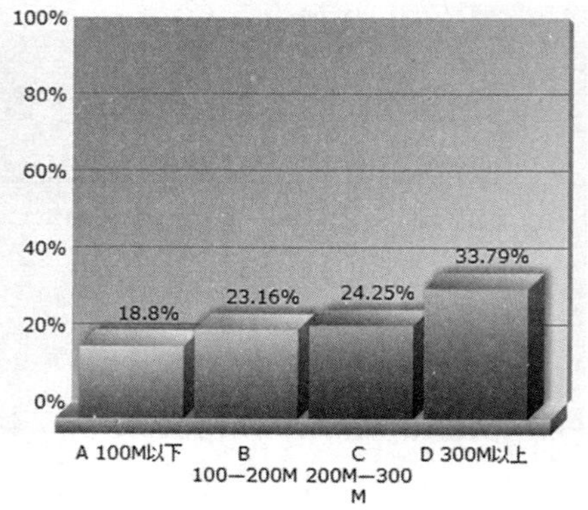

图6

（2）研究对象的每月手机费用及每月手机流量

由图5可知，367名大学生的每个月手机费用在50~100元之间的人数占36.24%，30~50元的人数占29.97%，100元以上的人数占20.44%。由图6可知，367名大学生的每个月手机流量使用情况分别是，300M以上的人数占33.79%，200M~300M的人数占24.25%，100M~200M的人数占23.16%。

3、三大通信运营商的差异影响研究对象的选择

（1）价格因素差异影响研究对象的选择

以北京为例，对三大通信运营商的3G资费套餐进行对比：

表1

	套餐资费（元/月）	免费拨打（分钟/月）	流量（M/月）	短信（条/月）	超出拨打（元/分钟）	超出流量（元/KB）
移动	38	80	280	200	0.12	0.0005
联通	66	50	300	240	0.2	0.0003
电信	待定中（需使用电信合约机）					

由表1可知，电信3G手机资费套餐还未出台。以300M的手机流量为标准，选取了移动动感地带38元网聊套餐与联通的66元3G套餐进行对比。通

过对费用和套餐包括的业务对比可以发现，在不超出套餐内容的情况下，移动费用比联通低28元，移动免费拨打比联通多30分钟/月。联通的流量比移动每月多20M，联通短信比移动每月多40条。

将研究对象每月的手机流量作为自变量，对通信运营商的选择作为因变量进行交叉分析，如图7所示：

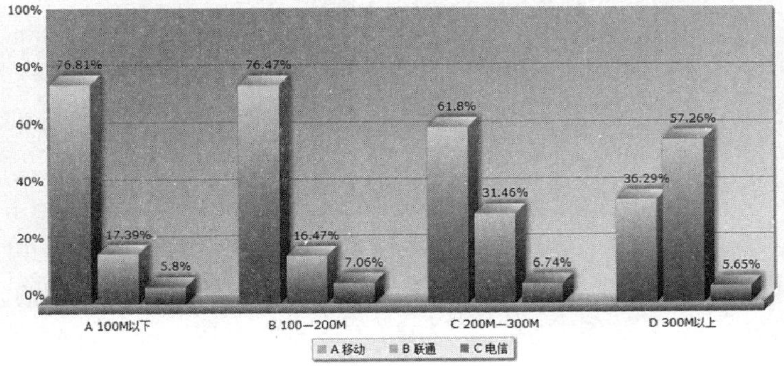

图7

由图7可知，以300M的手机流量为界，当流量大于300M时，选择联通的人数占57.26%，超过了选择移动的人数。当流量少于300M时，选择移动的人数均大大超过选择联通的人数。将表1与图7进行对比，移动38元网聊套餐的流量为280M，对应图7中的第3部分柱状图。此时，有61.8%的人选择移动，仅有31.46%的人选择联通。由此可知，价格便宜的移动会成为研究对象的首选。

（2）网络通信技术差异影响研究对象的选择

三大通信运营商的网络技术各不相同，以目前广泛使用的3G技术为例，移动、联通、电信之间就存在差异。3G为第三代移动通信技术，支持高速数据传输的蜂窝移动通讯技术。移动3G是TD-SCDMA技术，由于技术的限制，它的网络速度较2G并没有进步多少。电信是老牌的固网运营商，电信3G是必须使用电信的CDMA2000手机，因此有一定局限。联通3G是WCDMA，全球90%的3G网络选用，上网速度快。现在全国的联通3G网络均升级到21M，发达地区升级到42M，和4G网络相似，被成为3.75G。此次调查问卷中没有设置有关移动、联通、电信信号强弱的问题及研究对象是否使用了3G网络，存在一定的缺陷。因此，只能根据367名大学生在信号不稳定的情况下，是否会产生焦虑情绪来进行粗略分析。

将研究对象所选择的通信运营商作为自变量，研究对象在手机信号差的情况下是否会感到焦虑作为因变量进行交叉分析，如图8所示：

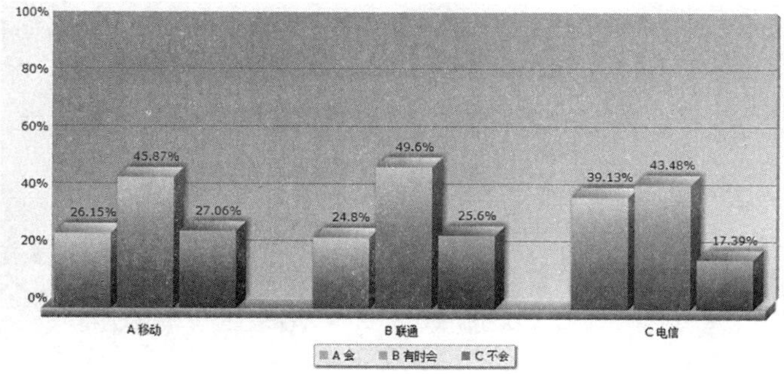

图8

不管研究对象是选择移动、联通、电信三者中的哪一个运营商，都存在因手机信号不稳定而产生的焦虑。手机信号的稳定与运营商目前的网络通信技术相关，研究对象结合自己的实际情况，更倾向于选择技术好，覆盖范围广，信号稳定的运营商。

4、研究对象的APP使用活跃度对其手机使用习惯的影响

（1）研究对象的APP使用背景

手机类型对于APP的安装有一定的限制。如果是非智能手机，那么在安装软件的时候必须是通过非第三方软件，安装与非智能手机相匹配的软件。智能手机就相当于一台具有独立操作系统的电脑，它可以通过移动通讯网络来实现APP的任意下载和安装。使用智能手机下载APP就对手机每月手机流量提出了要求（使用wifi的情况除外）。以367名大学生的调查结果为基础，将研究对象的手机类型作为自变量，每月的手机流量作为因变量进行交叉分析，如图9所示：

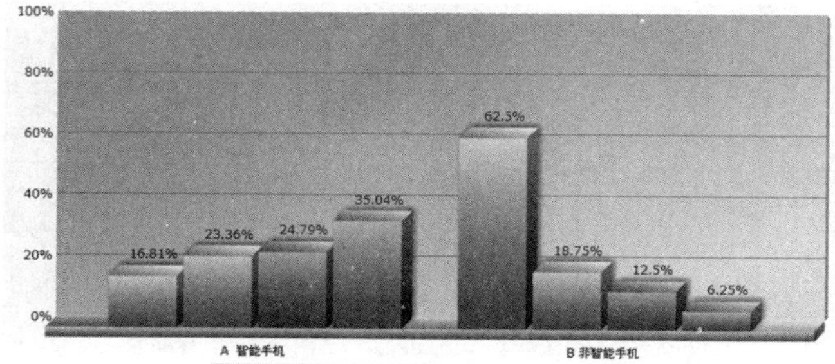

图9

由图9可知，在95.64%的智能手机用户中，手机流量的多少对手机用户的影响很大。手机流量多的手机用户可以在智能手机上进行更多上网行为，实现日常生活中的社交、购物、阅读等其他活动，如下载并更新APP，下载新一期的电子书等等。

（2）研究对象经常使用的APP

根据本调查问卷的第26题：您每天浏览最多的网站或者使用最多的客户端有哪些？将367名参与调查的大学生提供的答案分为新闻门户、搜索引擎及浏览器类，聊天社交类，购物类，影音娱乐类，实用工具类，时尚酷站类。六类调查数据如下六图显示：

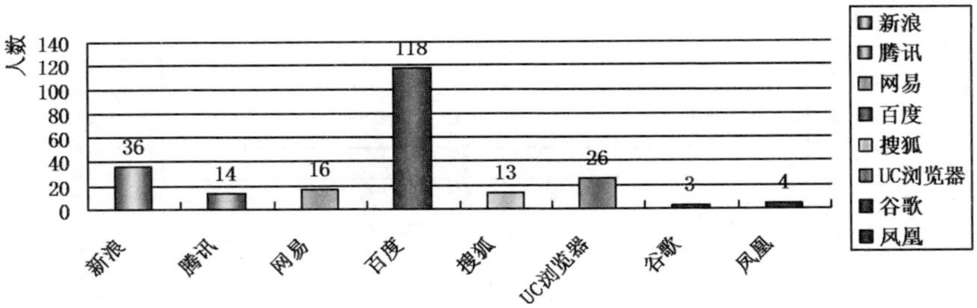

图10 新闻门户、搜索引擎及浏览器类

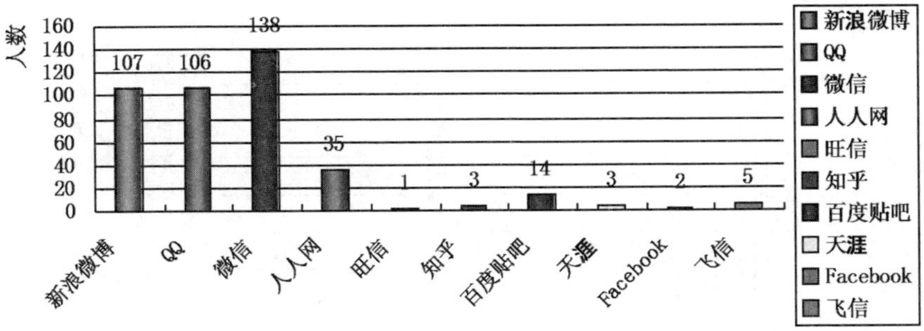

图11 聊天社交类

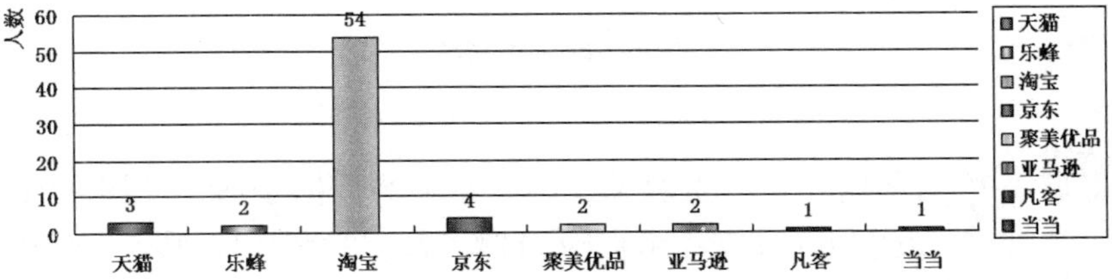

图12购物类

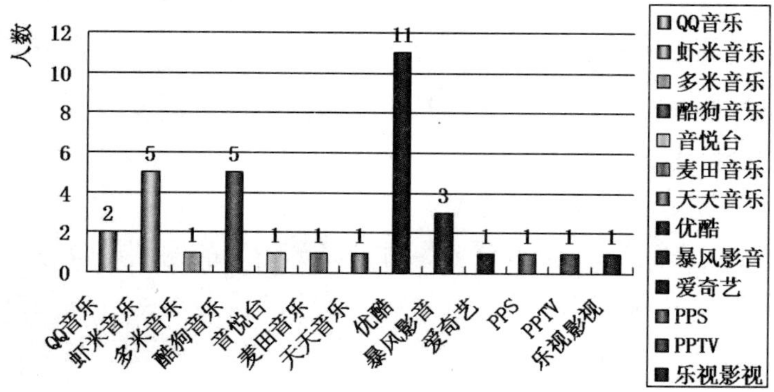

图13 影音娱乐类图

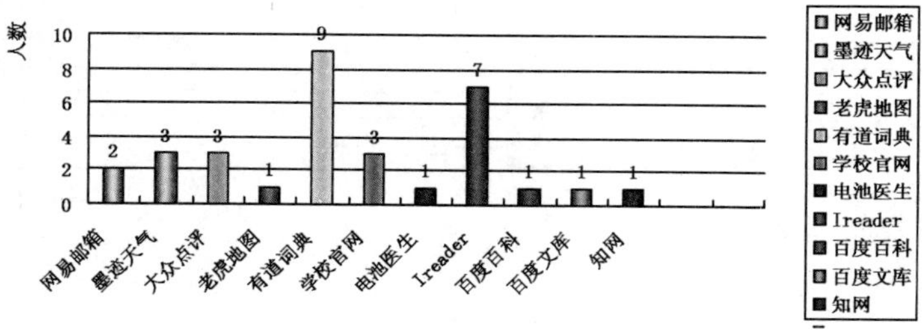

14 实用工具类

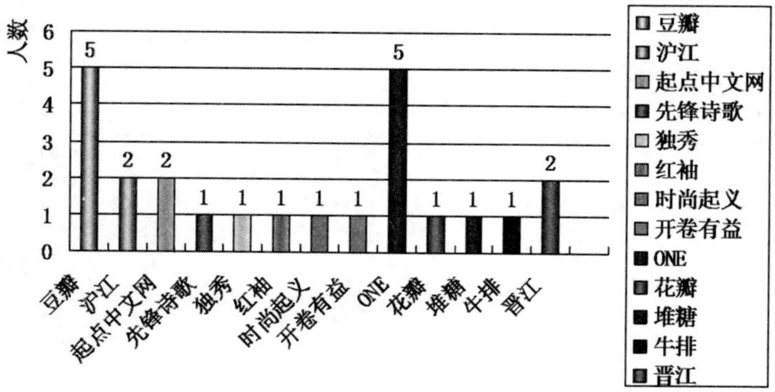

图15 时尚酷站类

根据图10新闻门户、搜索引擎及浏览器类的数据显示，使用人数最多的APP是百度，共118人使用。根据图11聊天社交类的数据显示，使用人数由高到低的前三个APP分别是微信138人、新浪微博107人，QQ106人。根据图12购物类的数据显示，使用人数最多的APP是淘宝，共54人使用。根据图13影音娱乐类的数据显示，使用人数最多的APP是优酷，共11人使用。根据图14实用工具类的数据显示，使用人数最多的APP是有道词典，共有9人使用。根据图15时尚酷站类的数据显示，使用人数最多的APP是豆瓣和ONE。

APP分为企业APP和个人APP。而个人APP又可以根据不同的移动终端来确定。本文主要讨论以手机为移动终端的个人APP。根据以上数据显示，使用人数多的APP分别是百度、微信、微博、QQ、淘宝、优酷、有道词典、豆瓣、ONE。其中，微信、微博、QQ、豆瓣和ONE均属于社交媒体或通信工具。社交媒体是指允许人们撰写、分享、评价、讨论、相互沟通的网站和技术。社交媒体是人们彼此之间用来分享意见、见解、经验和观点的工具和平台，现阶段主要包括社交网站、微博、微信、博客、论坛、播客等。在26题中，参与回答的367名大学生总共提到了86个网页或其客户端，其中社交媒体、社交网络及社交工具超过66.3%。也就是说，互联网的发展与新媒体技术的推动，使得社交及通信在大学生中扮演了越来越重要的角色。这些社交媒体、社交网络及社交工具的使用，使得大学生实现了信息的交流、社会意识的培养、娱乐的需求。大学生具有一定的分析能力，他们具有自己的独特见解，社交媒体在很大程度上满足了大学生表达自我的心理诉求。从另一方面说，社交媒体如果在满足大学生这方面的诉求之外，对大学生的个性化需求做进一步挖掘，大学生中的社交浪潮一定会凶猛袭来。

（3）研究对象当前的手机使用习惯

调查问卷中，有关于研究对象手机使用习惯的8道题显示如下：

第7题：您每天使用手机的平均时长是多少？

第8题：您经常在什么时候使用手机（可多选）？

第11题：您晚上睡觉会关机吗？

第12题：当您用餐时，会不会习惯性地使用手机？

第13题：当您无聊的时候，会不会习惯性地使用手机？

第17题：您上课使用手机吗？

第19题：您出门时，会不会自备移动电源？

第20题：您出门时，会不会自备移动Wifi？

具体数据显示如下：

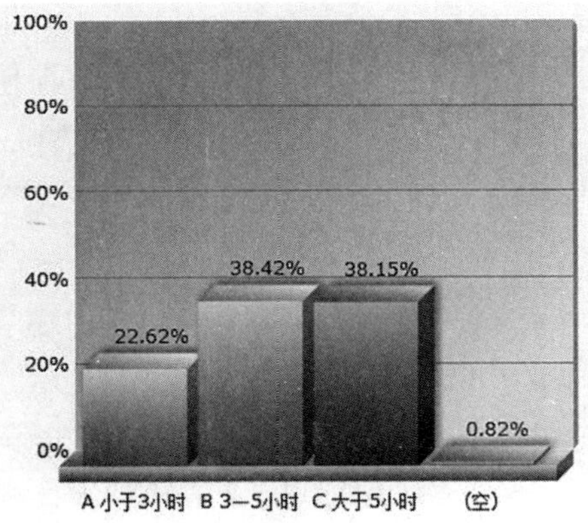

图16（第7题）

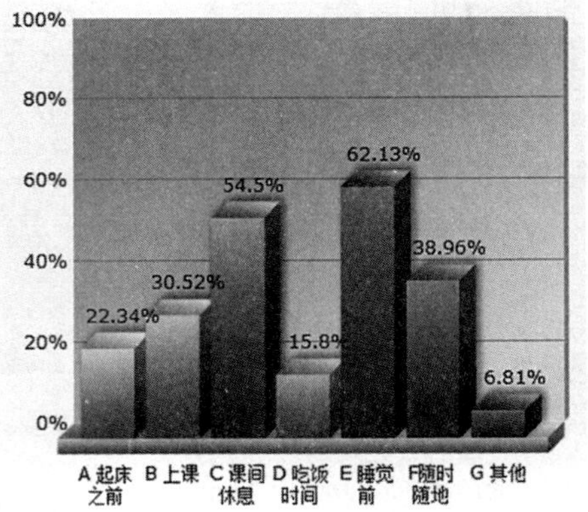

图17（第8题）

由图16（第7题）可知，在参与问卷调查的367名在校大学生中，每天使用手机的平均时长3小时以上者占76.57%，其中5小时以上者占38.15%。这意味着除了每天8小时的睡觉时间之外，76.57%的人要在剩余的16个小时内，花费3小时以上来使用手机，其中有38.15%的人使用手机时间长达5小时以上。也就是说在余下的11个小时内完成上课、吃饭、写作业等其余活动。由图17（第8题）可知，38.96%的人随时随地使用手机。在睡觉前使用手机的人数占62.13%，起床前使用手机的人数占22.34%，课间休息时使用手机的人数占54.5%。也就是说，大学生的碎片化时间大量都被手机所占用。30.52%的人在上课时使用手机，根据“第18题：您上课使用手机的原因是什么”进行分析，67.57%的人因为课程无聊使用手机来打发时间，42.23%的人使用手机跟朋友聊天，38.69%的人使用手机搜索课上题目的答案。也就是说，手机使用除了占用碎片化时间之外，已经开始入侵大学生的学习时间。

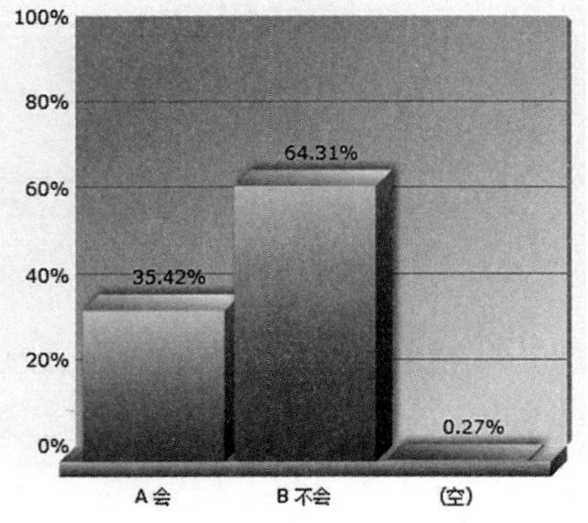

图18（第11题）

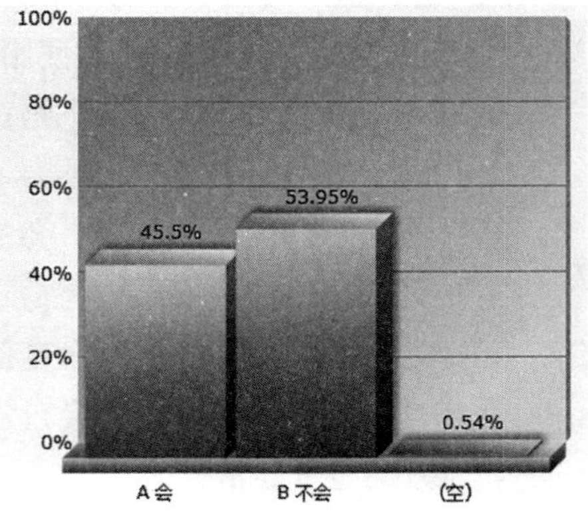

图19（第12题）

由图18（第11题）可知，64.31%的人晚上睡觉时不会关闭手机。由图19（第12题）可知，45.5%的人在用餐时，习惯性地使用手机。

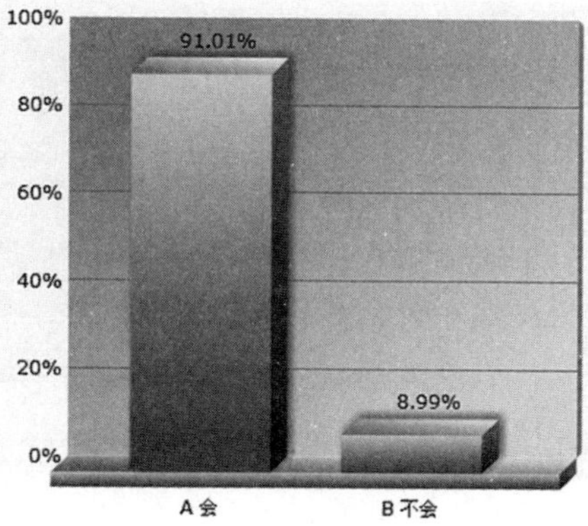

图20（第13题）

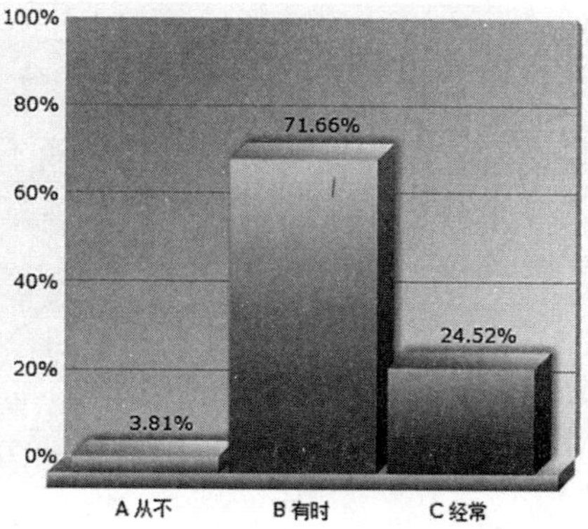

图21（第17题）

由图20（第13题）可知，91.01%的人在无聊时，会习惯性地使用手机。由图21（第17题）可知，71.66%的人有时在上课时使用手机，24.52%的人经常在上课时使用手机，也就是说96.18%的上课使用手机。根据第18题可知上课使用手机的原因，大部分学生使用手机与学习无关。

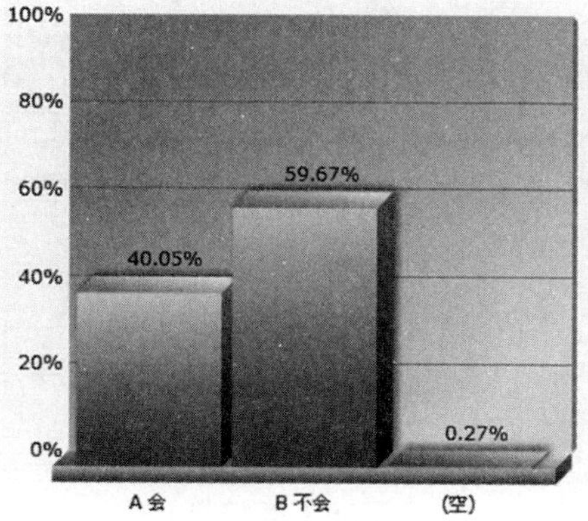

图22（第19题）

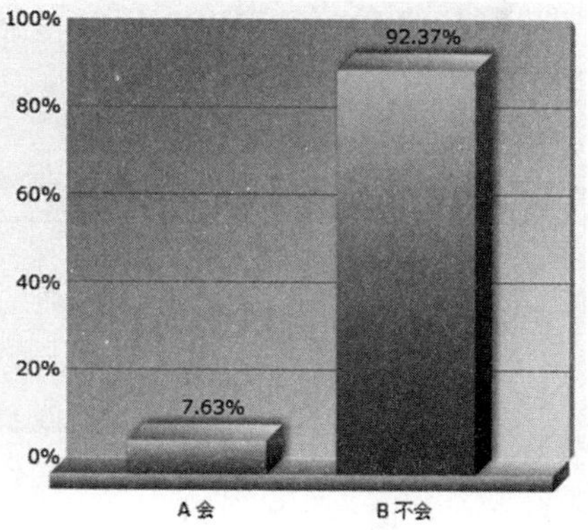

图23（第20题）

由图22（第19题）可知，出门时，有59.67%的人自备移动电源。也就是说，一半以上的人会担心手机电量不足。由图23（第20题）可知，92.37%出门时不会自备移动Wifi。

根据以上8题的数据分析可以看出，参与调查的367名大学生中，大部分学生已经在某种程度上养成了使用手机的习惯，碎片化时间的占用甚至是课上的时间已经开始被占用。超过半数的人晚上睡觉时不会关机，会在无聊时或者上课时习惯性地使用手机。用餐时使用手机的人数也将近半数。大部分学生已经在某种程度上形成了对手机的依赖，并且随着移动通信技术的不断成熟和发展，随着内容提供商不断提供丰富并且个性化的APP，大学生对手机的依赖程度会不断加深，进而影响自己的日常生活。

（4）研究对象在手机使用过程中所反映的心理状况

调查问卷中，有关于研究对象在使用手机中心理状况的6道题目如下：

第14题：当您的手机没有电时，会不会觉得心慌或者着急？

第15题：当您所在的区域没有wifi覆盖时，会不会觉得不方便？

第21题：如果出门忘记带手机，您是否会感到焦虑不安？

第22题：当手机信号差的时候，您是否会感到焦虑不安？

第23题：您有没有经历过“感觉手机响或者震动，但拿出手机来看又没有”？

第24题：在填写此问卷的过程中，您是否会习惯性地看手机？

具体数据显示如下：

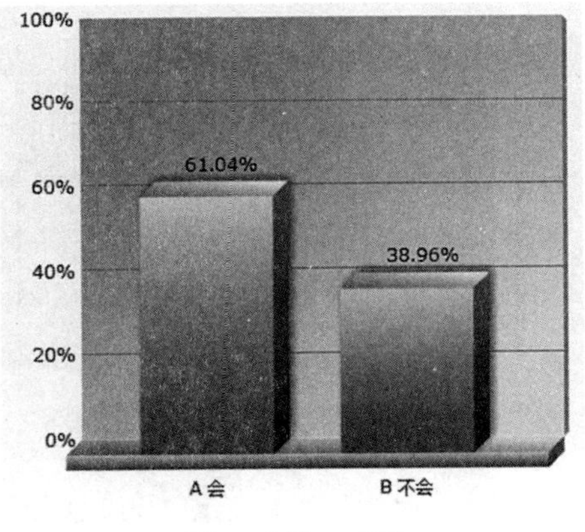

图24（第14题）

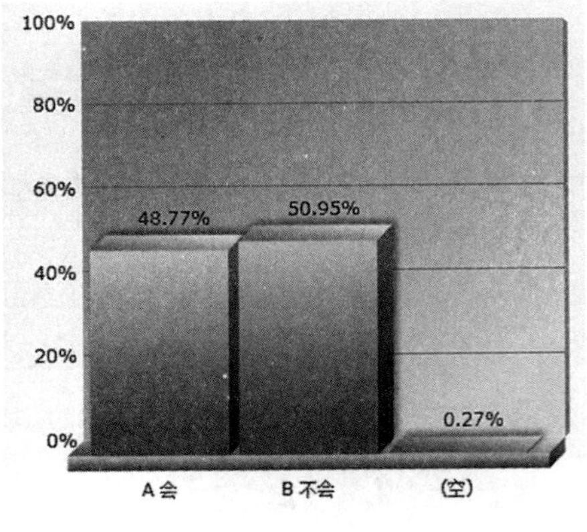

图25（第15题）

由图24（第14题）可知，61.04%的人手机没电时会觉得心慌或者着急。由图25（第15题）可知，48.77%的人在没有Wifi覆盖的区域会觉得不方便。

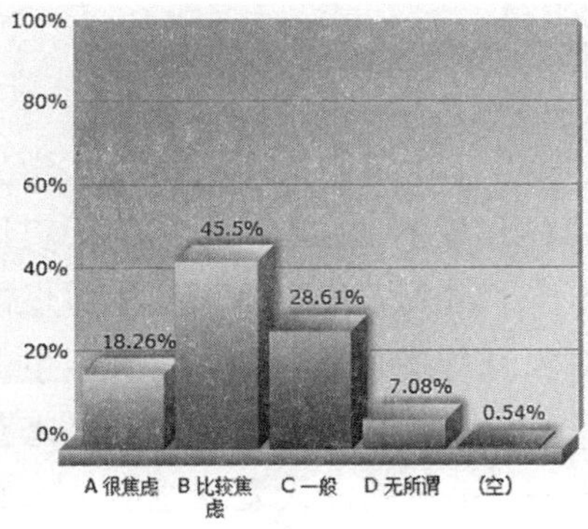

图26（第21题）

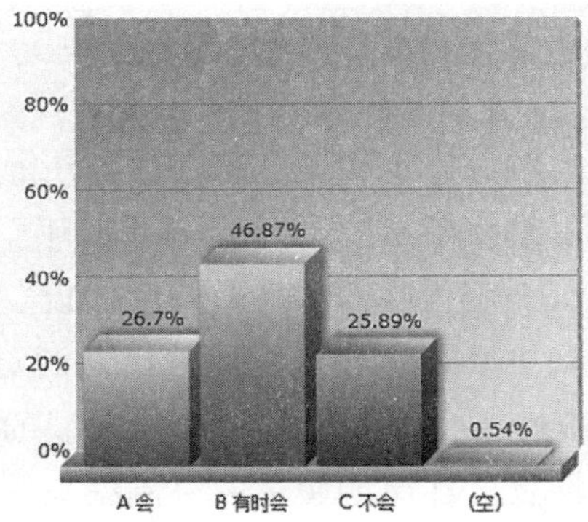

图27（第22题）

由图26（第21题）可知，63.76%的人如果出门忘记带手机，会感到焦虑。其中18.26%的人很焦虑，45.5%的人比较焦虑。由图27（第22题）可知，73.57%的人当手机信号差的时候，会感到焦虑不安。

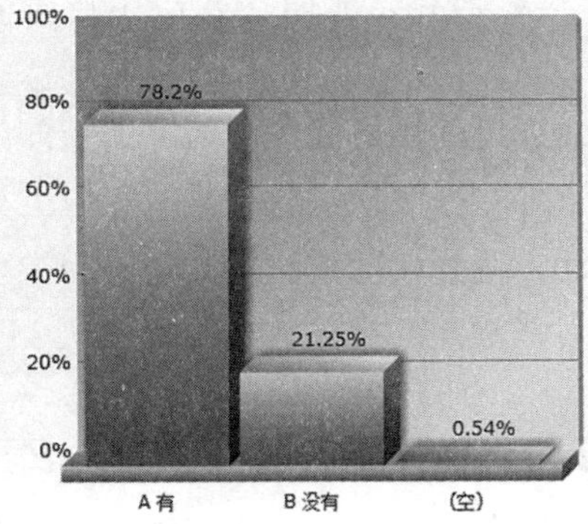

图26（第23题）

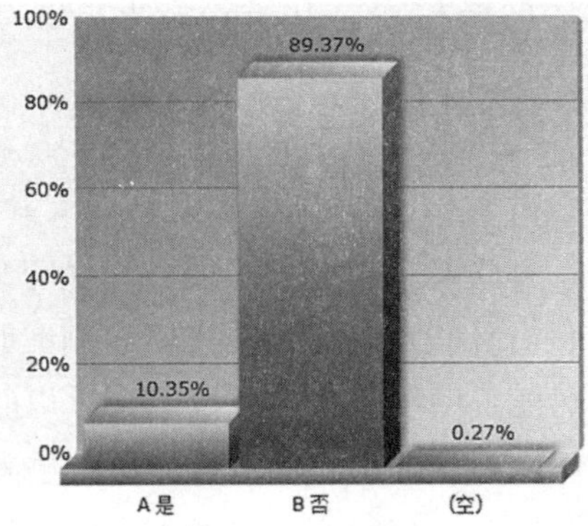

图27（第24题）

由图28（第23题）可知，78.2%的人有过“感觉手机响或者震动，但拿出手机来看又没有”的经历。由图29（第24题）可知，89.37%的人在填写此问卷的过程中，不会习惯性地看手机。

对以上6题的数据进行分析可知，超过半数的人在手机没有电、手机信号差、出门忘记带手机的情况下会感到不同程度的焦虑。同时，78.2%的人出现了手机响或震动的幻觉。由此可见，参与调查的367名大学生中，大部分学生不仅对手机形成了一定的依赖，而且在手机没电、手机信号差、忘记带手机的情况下表现出一定程度的焦虑。这进一步说明了，大部分学生在很大程度上形成了对手机的依赖，并且有进一步加深的趋势。

五 研究结论

对367份问卷调查的数据分析基本证实了“新媒体技术对在校大学生的手机使用习惯产生了一定影响”、“新媒体环境下，在校大学生对手机形成了一定程度的依赖”两个假设。新媒体技术对大学生的手机使用习惯的影响主要体现在三大通信运营商对研究对象选择的影响及367名大学生的APP使用情况上。传统媒体发展的时代，人们依靠电视、报刊、广播来获取信息。在第四媒体——网络与第五媒体——手机的深入发展之后，新媒体的大环境被建构出来。手机成为了在校大学生密不可分的一部分。以移动、联通、电信基于目前3G网络的发展所提供的服务为例，分析了其对367名大学生在选择使用哪个运营商的影响。可以看出，不管是移动、联通还是电信，其提供的通信网络的稳定、套餐资费的高低与服务的好坏会直接影响到大学生是否成为其客户。进一步分析可知，假如某一运营商的通信网络稳定、套餐资费低并且服务好，大学生会选择它并产生连带效应，吸引更多的客户加入其中。

大多数大学生利用手机这一移动终端，通过使用安装在手机上的新闻门户、搜索引擎及浏览器类、聊天社交类、购物类、影音娱乐类、实用工具类、时尚酷站类APP实现与外界的交流互动，逐渐转变被动接受信息为主动发布信息的新媒体传播主体。顺应时代的发展潮流，在校大学生对手机APP的热爱说明了大学生逐渐改变了以收发短信、接听或拨打电话为主的传统手机使用习惯，APP将引领大学生进入新的社交模式。因此，通过三家通信运营商的对比与研究对象的APP使用情况进行数据分析证实了新媒体技术对在校大学生的手机使用习惯产生了一定影响的假设。

“新媒体环境下，在校大学生对手机形成了一定程度的依赖”这一假设也同样得到证实。在假设1中，通过对研究对象当前手机使用习惯和研究对象在手机使用过程中所反映的心理状态进行分析可以得出在校大学生对手机形成了一定程度的依赖。通过有关于研究对象手机使用习惯进行分析,在参与调查的367名在校大学生中，通过每天使用手机的平均时长、觉前使用手机、起床前使用手机、课间休息时使用手机、晚上睡觉时不会关闭手机等方面进行数据比，表明在新媒体环境下，在校大学生对手机形成了一定程度的依赖。另外，研究对象在使用手机的过程中，当手机没电时、没有wifi覆盖时、出门忘带手机时、手机信号差时等情况下所表现出来的焦虑状况进一步说明了在校大学生对手机的依赖程度，并会随着移动通信网络的完善和新媒体技术的发展加深对手机的依赖。

经过分析本次调查问卷，可以发现问卷的内容设置还存在很大问题。首先，调查对象的比例不协调，女生偏多。关于智能手机与非智能手机的手机应用安装差异没有涉及，因此究竟有多少名大学生是在智能手机上安装何种APP无从知晓。另外，在调查了研究对象选择哪一通信运营商之后，没有就是否使用的是3G网络进行调查，因此，在论述三大通信运营商的差异对研究对象选择的影响时还有待进一步完善。问卷中有关Wifi的两道问题还不足以说明研究对象对手机的依赖程度，应该对公共场所是否需要覆盖Wifi以及自己携带或者不携带移动Wifi的原因进行调查。本论文还存在很多不足，需要不断进行修改与完善。

（胡 靓：首都师范大学文学院文化产业系硕士生）

北京人民艺术剧院保留剧目营销传播策略研究①

——以话剧《茶馆》为例

王米琪　衡珊　王艳　白轶德

摘要：北京人民艺术剧院保留剧目是我国话剧界中的瑰宝。经过五十余年风雨洗礼，仍然传承至今。但在商业化程度不断发展、信息流动速度不断加快的今天，本应大力弘扬的北京人民艺术剧院保留剧目也遇到了发展上的瓶颈。宣传方式陈旧，受众群体的差异，青年观众的不认同，都成了其发展道路上的阻碍。本文通过对人艺保留剧目的营销传播现状的调查与分析，总结出当中存在的诸多问题，并在此基础上结合时代特点，探索出人艺保留剧目新媒体时代的多元化营销传播方式。

关键词：北京人艺　保留剧目　营销传播　新媒体

作为中国话剧界的代表之一，北京人民艺术剧院（以下简称“北京人艺”，或“人艺”）话剧以其独特的京味儿特色，大胆的标新立异，悉心的角色演绎，贴近百姓生活的内容获得观众一致认可。其中，《茶馆》《雷雨》《骆驼祥子》等人艺的保留剧目，更是以其深刻艺术内涵与较高的文化价值享誉国内外，成为了话剧界的一面“金字招牌”，一直传承至今。但在当今这个时代，商业气息浓厚，快餐文化盛行，亚文化大行其道，使这些本应流传千古的保留剧目也遇到了发展的瓶颈。宣传方式陈旧，受众群体的差异，青年观众的不认同，这些都成了其发展道路上的阻碍，如何去改变这一现状，值得我们不断探索与思考。本文通过对北京人艺保留剧目发展现状的了解，对目前保留剧目营销传播现状进行调查分析。针对当中出现的弊病，

---

① 本文为首都师范大学本科生科研培育项目“北京人民艺术剧院保留剧目营销传播策略研究——以话剧《茶馆》为例”之阶段性成果。

提出相应的解决方案，并在此基础上，结合时代特征与当下大众接受习惯，以话剧《茶馆》为例，探索出人艺保留剧目的新媒体多元化营销传播新思路。

一 北京人民艺术剧院保留剧目的发展现状

北京人艺保留剧目凝结了无数位艺术家的心血，是我国文化精粹与艺术瑰宝。《蔡文姬》《骆驼祥子》《茶馆》《雷雨》等耳熟能详的佳作均是人艺的保留剧目，在中国乃至世界都有很大的影响。目前，以《茶馆》为代表的保留剧目，仍然保持着每年一次的全国巡演，为我国不同地区观众奉上精美的文化大餐，同时也曾多次走出国门，远赴欧洲、北美、日本、新加坡等地进行演出，将我国优秀文化于海外发扬光大。《茶馆》所演之处场场爆满，入场门票更是一票难求，充分体现了经典艺术的魅力与价值。就其观众构成来看，最近几年，人艺保留剧目的关注群体虽然仍以中年人为主，但场内年轻观众的数量不断增加，显示出了年轻观众群体的良好潜力。

二 北京人民艺术剧院保留剧目的营销传播现状

（一）目标受众定位

从与人艺内部工作人员的访谈中得知，北京人艺剧目目标受众定位在近些年来有一定的改变，并且从简单的受众归类向细分方向发展。例如，曾经的怀旧剧目，目标定位在年龄较大的话剧爱好者以及热爱话剧艺术的年轻人群体。而随着时代的变迁，人艺于2010年推出的剧目《我爱桃花》，以情侣为目标观众，受众定位更为精确和细致。这让我们明显看到人艺在目标受众划分上与时俱进的变化。而对于人艺现有的保留剧目，人艺一直致力于开发新的目标受众人群，但因为保留剧目本身的风格、内容等一系列限制，使得保留剧目在受众转型与发展上有着一定阻碍。据北京人艺市场部员工介绍，由于目前话剧市场竞争的复杂性，目前人艺保留剧目仍将目标受众定位在老一辈，有一定知识阅历的观众；同时，也着力于开发新一代受过良好教育，具有一定艺术素养的年轻观众。前者的年龄往往在35岁以上，受过良好教育，具有较高的文化品位；后者年龄一般在18岁到35岁之间，受过高等教育，具有文化艺术素养，懂得欣赏保留剧目经典价值的青年群体。因地域原因，保留剧目的受众主要针对北京及其周边临近地区的观众，北京地区市场不仅包括北京当地观众，也包括在北京学习、工作的外地观众。

（二）产品市场定位

话剧作为一种传统艺术形式，其表演难度与复杂性大大高于电视剧电影等现代艺术形式，因此，话剧本身就是一种较为高雅的艺术。与其他普通话剧不同，保留剧目具有更加经典的艺术价值与深刻的文化内涵，因此在市场定位上，保留剧目定位为精品话剧类型。为了满足不同消费能力的观众的需求，保留剧目在票价的制定上分为多个档次；同时推出了针对学生推出特别优惠，凭学生证可享受仅售40元的票价，鼓励仍没有固定收入来源的学生群体走入剧院，欣赏经典艺术的魅力。

（三）保留剧目传播的核心价值

北京人艺保留剧目传播的核心价值在于其深厚的文化内涵。保留剧目的剧本大多出自名家之手，人物刻画细腻，情节跌宕起伏，生动地展现了当时的社会特点，历史人情。其承载的话剧文化、北京方言更是当地文化的传承。“老舍的《茶馆》问世之初就引起受众的广泛关注，在政治狂热的年代建立起声誉，又在改革开放的新时代焕发青春，半个世纪里获得国内外众多观众的喜爱，在中国文学史上有着很高的地位和价值”。①人情味儿、北京味儿、艺术味儿三者交融在戏剧作品当中，以各色传统鲜明的形象，让老一辈人追忆那个时代与艺术，让年轻人了解那个时代与艺术。

（四）现有营销传播方式

1、单向信息推送。笔者通过深度访谈及实地考察得知，北京人艺保留剧目现有的营销传播方式仍以单向的信息推送为主。即通过海报的张贴、宣传资料的分发、官方网站以及微博、微信账号等渠道进行信息发布；通过人艺官网、大麦网、剧场售票厅、电话售票等方式出售演出门票。话剧的营销传播仍处在较为传统的阶段。

2、口碑营销传播。保留剧目与其他普通话剧相比，因其舞台表演及剧

---

① 高淑霞、高淮生：《话剧<茶馆>的接受历程与当代启示》，《四川戏剧》，2009年第3期。

目本身的经典，在观众之间形成了口碑营销传播。保留剧目演出周期为每年一次，对观众来说，能够保持一个较为合适的新鲜度；且剧目本身艺术价值较高，即使看过该剧的人也非常愿意再次前来观看。因此经久不衰的好口碑在保留剧目传播中起到了重要的作用。

3、微信平台推广。目前“北京人民艺术剧院”微信平台正处于测试阶段，功能并不完善，但在此平台上，用户依然可以通过回复特定字段来获取2014年人艺话剧演出时间表。从文章的推送上来看，“北京人民艺术剧院”微信账号推送的文章种类丰富多样，主要包括演出信息、排演新闻、经典剧目回顾、艺术讲座等，质量较高、图文精美。尤其在部分推送中，更是插入短小简练的宣传片，时观众能够更好地了解即将演出的剧目，同时也为剧目本身起到了良好的宣传效果。

三　现有营销传播中存在的问题

（一）潜在受众群的问题与开发

从访谈中笔者了解到，目前人艺保留剧目仍将目标受众定位在老一辈，有一定知识阅历的观众；同时，也着力于开发新一代受过良好教育，具有一定艺术素养的年轻观众，符合此类标准的人群主要以大学生为主。此类群体为主仍处在开发阶段，有成长为主要目标受众的潜力，可算作潜在受众群。未能成为主要受众的原因有多种。从市场主体来看，传播方式古板陈旧，效率低下，使得青年群体对相关信息接触面较小；从客体角度看，青年价值观随时代变化而变化，如今易于与保留剧目产生时代距离感，从而产生不认同感；从当下文化环境来看，快餐文化盛行，青年亚文化愈演愈烈，对经典文化产生一定冲击。对此，在保留剧目的传播上，应顺应当下新媒体发展趋势，创新信息的推广，以创新性互动性为出发点，吸引大学生群体的关注和参与；大学生自身也应加强自身文化素质建设，建立正确文化价值观，注重经典文化的学习和吸收，自觉减少快餐文化、垃圾文化的侵蚀。

（二）演出场地有限，供给严重不足

保留剧目作为人艺话剧的金字招牌，因其精湛的表演，深刻的内涵吸引着越来越多的人走进剧院一睹风采。因此保留剧目的门票，无论处于何种票价都往往供不应求，被观众们一抢而空。经典剧目《茶馆》在首都剧场上演

时，被观众称为“永远的一票难求”。我们从中可以看到经典话剧的魅力，也带来了对剧目出演场次及剧场容量问题的思考。目前，人艺保留剧目在北京的演出只在首都剧场进行，剧场容量有限，观众接待力不足，大大限制了更多的观众欣赏保留剧目的诉求，也给自身市场的发展带来了瓶颈。

笔者认为，针对该问题，人艺可打破演出地点的局限，将首都剧场作为主要演出地点的同时，也可将目光放在首都剧场之外，选取北京展览剧场，民族文化宫等大型剧院，包下整个剧场以供保留剧目展演之用。

（三）主体本身缺少宣传诉求

由于场地容量小与观众需求大之间的矛盾，人艺保留剧目的门票常常供不应求，不需大肆宣传，门票已经告罄。因此，对于保留剧目营销传播方面，人艺缺少相应的宣传诉求，认为根本不需投入精力与资源进行宣传。但同时我们应当看到，保留剧目的营销传播，不仅仅在于票务的销售，也应在于其艺术价值与文化内涵的传播、经典文化的传播传承。如今社会文化环境浮躁，文化快餐文化垃圾充斥着人们的视野，因此，象征着经典文化的保留剧目，更应该加强本身的宣传力度，扩大影响范围，使得越来越多的人能够接触高雅文化，感受文化的真正魅力，从而削弱现今社会的不良文化风气，营造良好的文化环境。

四　新媒体营销传播策略探索

随时科技进步与时代发展，媒体的种类日新月异。不同时期不同媒体的使用程度各不相同。若要实现信息传播的高效，就必然要掌握媒体发展趋势与大众接受程度，及时将信息传播与当下新媒体结合，以达到信息传播的覆盖面广，接受效果好的目的。

微信与国内现有的其他社交媒体相比，其最大优势与特点就在于微信与其用户之间存在着更强的互动联系，社交属性更为明显。在微信平台上，微信账号与用户之间形成一对一的互动关系，信息不再是单向发布，发布者与接受者之间能够形成私密的互动联系。“2013年下半年我国微信用户已达6亿户，预计2014年将突破10亿”。[①]如此庞大的用户群体加之其互动性强的

① 《人民日报海外版》，2013年07月25日，第01版。

特点，微信在营销中的作用已不容小觑。相较于微博，在微信上做客服会更加的人性化和多元化，粉丝更加的精准，利用微信进行信息传播与产品营销已经成为发展的必然趋势。

（一）完善微信平台服务

1. 完善"北京人民艺术剧院"微信公众账号。目前"北京人民艺术剧院"微信平台正处于测试阶段，功能并不完善。由于账号建设处于初级阶段，缺少导航菜单。剧目介绍、订票方式、人艺信息等详细信息仍无法通过账号直接获取。此外，微信的导航菜单功能，更能够将不同类型的信息进行分类整合。保留剧目作为北京人艺的金字招牌，有必要将其单独分类，区别于其他人艺话剧，使其在菜单中凸现出来。一方面满足了粉丝查找保留剧目相关信息的诉求，另一方面也使得保留剧目有了一个整体的传播途径。

与微博快速、大量的浏览特点相比，微信账号所传播的内容更具有深度阅读性。目前"北京人民艺术剧院"微信账号每日推送的文章仅有一条，内容较少，对粉丝的吸引度一般；且所推送文章没有固定的栏目分类，内容杂而不精。微信订阅号的核心竞争力就在于其推送内容的质量。"北京人民艺术剧院"若想将其打造成话剧的营销传播前沿阵地，势必要在账号的推送内容上多下工夫。首先，推送的文章不仅局限于演出信息排练情况等新闻类文章，也可以发布些幕后故事、演员轶事这类带有娱乐性质的文章，或与戏剧艺术、行业动态有关的学习性文章。将其打造成既能服务观众，又能娱乐大众，传播与提供相关新闻与学习资料的平台。不仅吸引话剧爱好者，更能引起从戏剧行业的人们的关注，相互学习，形成良性循环。其次，做好推送文章的栏目分类工作，从每天一篇文章逐渐过渡到每天两至三篇文章。将文章所属栏目在题目中区别出来，方便读者阅读符合自己关注点的文章。

2. 尝试微信线上访谈。与微博线上访谈形式相似，"北京人民艺术剧院"微信平台可以尝试不定期邀请保留剧目的主创人员做客，对网友提出的相关问题进行解答。增强与账号粉丝间的互动，加深对北京人艺、对保留剧目演出情况的了解。但与微博访谈不同的是，微信访谈中，每一位嘉宾与账号粉丝之间是一对一的沟通，双方可以畅所欲言。这种一对一访谈营造出一种私密对话的感觉，突出用户的个性化与自我意识，拉近与公众账号之间的距离，增强用户体验。微信访谈的质量也会大大提高。因时间有限，在回答的过程中会选择有价值的问题进行解答，也就保证了问题的质量。但同时因为是一对一传播，信息不能与他人共享，在一定程度上减少了有户信息量的获取。为了解决这个问题，在日后的文章推送中，可以节选微信访谈中较好的问题与解答，以文字形式发送给读者，保证高质量信息的获取度。

3. 信息针对性推送。人艺微信账号在关注用户达到一定数量时，可根据用户反馈，将用户添加分组进行分类，例如分为新客户、老客户、星标组、未分组，后期根据需求可自定义添加客户分组。并利用大数据分析出保留剧目的既有观众和潜在受众群体，方便日后进行针对性地推送信息。

4. 线上互动活动。由于微信账号与用户之间形成一对一的互动关系，在微信平台上进行线上互动更能提高用户兴趣与参与度，拉近信息推送方与信息接收者之间的距离。因此，可据此设计不同种类的线上活动，用户参与回复即可获得奖励。例如："艺术畅想"用户回答定期推送问题，即可获得低价演出票。"我看人艺"用户回答定期推送问题，回答正确的问题达到一定数目，则有机会进入人艺排练场观看。"参与投票"每一部剧目开演之后，观众都可以通过微信参与演员投票活动，为本剧喜欢的演员投票，甚至写下寄语，有助于演员自身的提升。

（二）创新微博传播形式

现今，微博的热度虽已不及微信，但在信息的大范围传播及消息发布的及时性方面仍有着微信不可比拟的优势。发挥微博在话剧营销传播中的作用，仍然尤为重要。

1.名人及大V带动转发。与著名人艺演员或业界大V沟通合作，利用其名人效应，使得所转发微博的传播面更广。保留剧目中的主要演员大部分是人艺的老戏骨，有着一定的名气和声望，在粉丝中有着较大的影响力。如果能够及时在微博账号中发送与演出相关的信息，将对保留剧目的传播起到很好的促进作用。

2.创新微博传播内容。官方微博除了发布相关演出信息、剧照，也可将戏剧表演知识、艺术观点等文章以长微博形式发送，使得传播信息的娱乐性与知识性相结合，自然会吸引越来越多的人转发和关注。

3.微博转发奖励。不定时举办微博有奖转发、@好友免费获赠门票等一系列奖励活动，吸引微博用户关注并转发。

4.编写相关微博话题。利用微博话题功能，把与近期演出的保留剧目相关的信息编写成话题,例如"《茶馆》首演55周年"、"我心中的《茶馆》"

发起微博话题讨论活动，也方便微博用户搜索相关信息，发表自己的看法。

5. 制定有规律的更新频率。每日发出6~20条，一个小时都能发1~2条，频率和节奏把握不好，会让粉丝流失；同时规划好发帖时间微博高峰：上班、午休、下午四点后、晚上八点，要抓住这些高峰人群时间发帖，才可能提高阅读率和高转发率。

（三）移动应用软件开发

相关数据显示："2013年我国电子商务整体市场的规模达到5.4万亿元，增长38.5%。智能手机、智能电视的销量增幅都超过了25%，信息消费正在成为市场新的亮点和热点。"①《茶馆》巡演进院线随着移动设备的广泛使用，各类应用软件的开发层出不穷。因其界面美观，容易操作，方便迅速等特点越来越取代网站，为人们广泛应用。在此趋势下，北京人艺应顺应时代潮流，结合人们使用习惯，开发出一款属于自己的应用软件，方便人们下载到移动设备上，随时查看和使用。例如：

1. 话剧演出信息推送。开始售票前两天向观众推送话剧演出信息，方便观众购票的同时，对于新晋演出剧目又起到了宣传作用。

2. 网上订票，提供选座订票服务。如此一来，观众不必打开电脑，利用手机就可以选票、订票，甚至订购的是电子票，只用出示电子票即可进入剧场观看演出，省去了取票、送票的麻烦。

3. 话剧信息查询渠道。提供剧院介绍、剧院资讯和演出信息的查询服务。

4. 衍生品销售。内置人艺书店的淘宝店，可以直接通过APP购买光盘、书籍、视频（珍贵全版）等衍生品。

5. 下载话剧节选视频。提供观众上传自录话剧视频的平台，提供观众自由下载的平台。

（四）豆瓣线下活动

1. 组建活动小组。在豆瓣开展线下交流活动，目前做得较好的有"北京人艺小组"，成员相约同去看话剧活动，线下将用共同爱好的观众聚到一起，交流讨论。此外，可针对保留剧目组建活动小组，一起访游京城古迹，

① 《人民日报海外版》2013年07月25日，第01版。

寻访剧目背后的历史故事。以话剧《茶馆》为例，可发起“京城茶馆一日寻”、“品茶品戏品人生”等相关主题活动，探寻北京历史文化，同时也加深对保留剧目的了解。

2. 创建保留剧目交流沙龙。不定期请到保留剧目参演的主创人员做客沙龙，与剧目爱好者一起探讨保留剧目的发展，交流文化艺术心得体会，拉近观众与话剧间的距离，加深对其认识和理解。

在新时代、新技术的冲击下，北京人艺保留剧目要想在保持的原有影响力的基础上发掘新的潜在观众，传播经典文化，永葆生命力并不是件难事。在新媒体时代，有效利用利用新媒体多元化传播是保留剧目营销传播的必经之路，只有不断创新、与时俱进才能使《茶馆》《雷雨》等人艺的经典保留剧目，这些文化艺术的瑰宝、中华文化的骄傲，更好地发扬光大，流传千古，让更多的观众尤其是新一代的青年观众群体走进剧院、体会和品味最真实、最原汁原味的戏剧艺术精粹，传承和发扬经典优秀的中国文化。

校园APP开发的可行性及需求研究[①]

——以首都师范大学为例

王紫薇　王瑶瑶　吴　丹　杨欣媛

摘要： APP软件是智能手机全球化发展中的重要产物，而校园APP开发正是未来高校信息传播的重要手段，是宣传校园文化的重要媒介。这意味着开发校园APP已经成为高校提升自身形象的重中之重。本文通过文献学习了解APP相关知识，面向首都师范大学全体师生进行抽样调查，对校园APP内容设置进行了深入研究。研究发现，校园APP应是资讯类和品牌类APP的集合体，它既是提供校园资讯的重要工具，又是传播校园文化的重要媒介。一款校园APP如果能够同时为师生提供量身服务，就应该区分两个板块——教师版和学生版，这种方法具有更高的包容性，并且在用户获取信息时提供了更多的便利性。

关键词： 智能手机　APP　校园APP

一　校园APP研究背景及意义

随着全球信息化的发展，近几年，智能手机在我国适用范围大幅扩展。截至2013年12月，中国手机用户规模达到5亿，年增长率为19.1%，继续保持上网第一大终端地位。网民中使用手机上网比例由74.5%提升至81.0%，远高于其它设备上网的网民比例。[①]

---

① 本文为国家级大学生创新创业训练计划项目“校园APP开发的可行性及需求研究——以首都师范大学为例”之阶段性成果。

② 数据来自：网易科技2014年1月16日报道http://tech.163.com/14/0116/14/9INGJ82F00094MEV.html?f=jsearch.

新的智能终端即智能手机的出现使得移动互联发展迅速。智能手机的一大特征是具有操作系统（iPhone OS、Android、Symbian、Windows Mobile），第二大特征是互联网接入，第三个最为显著的特征就是依托智能手机开发的诸多第三方应用程序——APP（Application）。APP覆盖了沟通、导航、工具、阅读、娱乐、电子商务、支付等多个领域。革命性地改变了人的生活，是新一代智能终端增长的动力。

2011年“Interbrand全球最佳品牌100强”中，91%的品牌拥有自己的APP。其中最多的是电子类品牌，其次是汽车类、商业服务、金融服务类。在拥有自己APP的品牌中，选择iPhone、iPad和Android平台制作品牌APP的分别占86%、66%和59%。[①]在三月份所做的调研(有7000多用户参与)，愿意通过品牌APP去了解品牌的用户已超过30.5%，而愿意通过关注官方微博去了解品牌的用户尚不足25%。[②]在智能手机用户中，下载过品牌APP的比例高达80%，其中下载过十个以上品牌APP的用户有23.2%。

智能手机大部分使用者是中青年群体，高校学生正是这一群体之内的人，因此可以看到在未来，高校学生使用校园APP软件是势在必行。

校园APP的开发目的是希望能够让校园里每一位同学的手机上都拥有一款能与学校随时交流互动的工具，并且通过手机APP标识可以清晰分辨出首师大的学生，能够以此款软件宣传首师大，推广首师大的校园文化，提升首师大知名度。APP对校园宣传的作用远高于普通网页所做的贡献。它能够更加直观地表现出校园最突出的特点以及“为学为师，求实求新”的校园精神。

目前已有一些高校设计并开发了校园APP软件，借鉴其他学校经验可以得出，校园APP的开发是很有必要的，它极大地方便了学校、教师与学生三方之间的交流沟通，会比校网更加方便，随时随地可以收到信息。

二　校园APP调研数据分析

（一）研究方法及样本说明

2013年09月至11月，本小组进行“校园APP的开发及应用研究”。该研

① 数据来自http://auto.163.com/12/0516/09/81K943CE00084TV5.html.

② 数据来自http://auto.163.com/12/0516/09/81K943CE00084TV5.html.

究结合问卷调查和深度访谈，以首都师范大学为案例分别针对教师和学生群体进行调查。对19个院系的2630名教师①进行抽样调查，发放教师版问卷60份，回收有效问卷58份。对17个本科院系的10450名学生和19个研究生院系的5429名学生进行抽样调查。②由于该校以本科生教学为主，因此本次调查共发放学生版问卷300份，其中包括270份本科生问卷和30份硕士生问卷，共回收有效问卷296份。

教师方面来说，本次被调查者中男女比例为1:1，被调查者以授课本科生为主，其中51.72%的被调查者主要教授大三年级；其中教授文科类被调查者占总被调查者的50%，教授理科类被调查者占44.83%，教授艺术体育类被调查者占5.17%。该调查比例有助于反观全校师生总体情况。

学生方面来说，该校为师范类学校，全校学生男女比例为7:3，本次调查中男生人数占总人数的17.57%，女生人数占总人数的82.43%，总比例为2:8符合学生性别整体趋势；该校为综合性大学，分为文科、理科与艺术体育类学生，调查中文科生比例为48.65%，理科生比例为44.93%，艺术体育类学生为6.42%。

随后，本小组在全校范围内随机采访不同院系的10名学生和5名教师以得到与问卷内容相关的更加深入的答案。

（二）师生智能手机及其APP使用率较高

智能手机使用覆盖率相当高，是人们生活的基本交流沟通工具。本次调查显示，教师组中89.66%被调查者使用智能手机，学生组中97.64%被调查者使用智能手机；而在拥有智能手机的被调查者当中，教师组中也有62.07%被调查者表示经常使用APP软件，学生组84.8%被调查者表示经常使用APP软件。且通过调查发现手机APP软件的使用频率与性别、省份、年级等都没有太大关系，由此得出该校教师和学生群体普遍对手机APP软件的使用率偏高。

调查说明校园APP可以建立在大量师生群体基数上进行广泛推广与使

① 数据来源 http://www.cnu.edu.cn/pages/info_details.jsp?seq=2379&classcode=70101&boardid=70101。

② 数据来源 http://www.cnu.edu.cn/pages/info_details.jsp?seq=2379&classcode=70101&boardid=70101。

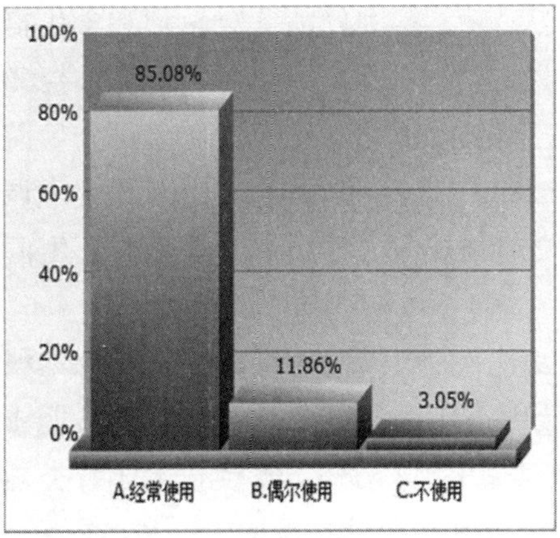

图1 学生手机APP软件使用率调查

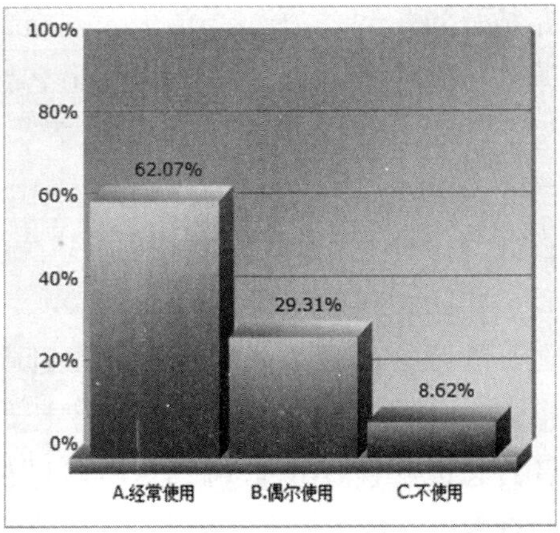

图2 教师手机APP软件使用率调查

用，这是我们开发手机校园APP软件的原因，同时也是一个重要的前提保障。

此外，校园APP软件在内容方面应该和用户其他使用率较高的手机APP软件有相似性，这也为我们在今后的设计中提供了参考标准。通过调查研究，本小组发现无论是教师还是学生在手机APP软件的使用上大多倾向于社交类（59.82%/52.50%）和实用工具类（15.93%/33.23%）软件。具体数据如下图：

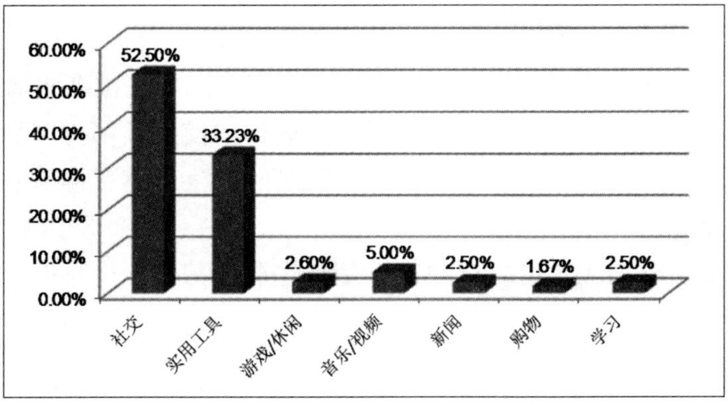

图3 学生手机APP软件使用类别调查

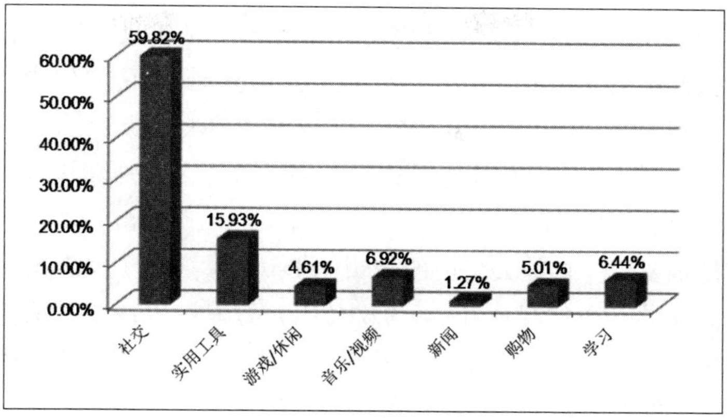

图3 学生手机APP软件使用类别调查

经总结，使用频率高的社交类软件和实用工具类软件应有以下特点：

社交类软件（以微信、微博、人人、QQ为主）特点：互动性强，用户可以实现和身边的亲友、名人明星等进行交流、分享和评论等互动；信息传播、更新速度快，社交类软件上的信息发布和传播速度快，用户可以在社交网站上及时的获得各种新闻以及他们想要获得的信息等；使用方便、操作简单，大多数社交类软件使用起来都比较便捷，操作简单，让人一看就能懂，不需要过多的学习。

实用工具类软件（以相机、地图、闹钟天气等为主）的最主要的特点就是实用性强，可以满足用户的生活基本需求。

（三）教师对校园APP需求研究

1. 开发校园APP十分有必要

对于校园APP的认知，该校教师中除了相关专业的教师对校园APP“十分清楚”（占整体的5.17%）外，绝大多数被调查者对于校园APP这一概念还相对陌生——有25.86%对校园APP“完全没概念”，36.21%被调查者表示“知道一点”。而“大概知道”的占整体的32.76%。可见对于校园APP这一概念的认知与认知水平的构建存在一些关系，但关系不大，校园APP甚至是APP的概念普及还有待提升。因此无论是对学生还是对教师，推广首师大校园APP的时候一定要一起推广APP和校园APP的概念，使广大教师了解到“APP”离我们并不远，我们每天都在使用，进而拉近首师大校园APP和大家的距离，减少疏离感。

教师中有51.72%被调查者认为建立校园APP是比较有必要的，同时有24.14%的被调查者认为大学建立校园APP是十分有必要的。而或许出于对校园APP这一概念及功能的不够了解，有22.41%的被调查者认为不太有必要建立大学的校园APP。但整体上看，绝大多数首师大教师都认为大学需要与时俱进，应当建立自己的校园APP。

对于是否要建立首师大自己的校园APP，绝大多数（74.14%）的被调查者认为是需要的。而被调查者中，8.62%认为不需要和17.24%觉得无所谓的数据也提醒我们，在开发首师大校园APP的时候一定要注意抓住用户心理，建立无可取代的特色功能，使学校教师与教职工逐渐认可首师大校园APP的作用和地位，推动首师大校园APP的普及和发展。

2. 教师对软件基本要求为便捷、省流量

通过对教师的调查研究，本小组了解到教师在使用APP软件时更加注重手机软件是否使用便捷（62.07%）、是否过于费流量（51.72%）、是否免费（44.83%）、是否有骚扰广告（32.76%）以及页面是否美观（25.86%）。

下面将逐一对以上要点进行可行性分析。

首先是软件流量问题，教师更加注重软件是否过于费流量，而更少的注重软件的美观性。相对学生来说教师在有限的时间内只需快速直接地查找到自己所需的信息即可，相对美观性来说他们更注重信息检索的快速性。所以在教师页面上要尽量保证信息查找的快捷性和实用性，并适当的减少图片和视频的排放，以便减少流量的耗费。

其次是免费性问题，校园APP软件开发的意义在于提供便捷服务，软件免费是促使用户产生兴趣并下载的第一要素。

在教师版校园APP中本小组分析认为不应植入广告。调查显示，教师组中有65.52%被调查者坚决反对植入广告。无论从性别角度还是从专业类别角度，不支持广告植入的被调查者都占多数。再者就广告而言，通常针对教师的广告比较少见。为保证教师使用率，本小组决定不在教师版APP中添加广告。

在后期的软件制作过程中，技术人员也会在满足受众需求的前提下尽量使软件的页面更加美观，使用、操作更加便捷。

3. 教师最希望信息查询便捷

在校园APP开发前，学校教师以校园官方网站为主来获取信息，但在调查中本小组发现，某些信息在校园网上查询并不方便。

调查数据结果显示，教师对活动信息、学生成绩和临时通知的查询都比较满意，但对空闲教室查询的满意度并不高，其中认为“说不准”的占38.18%，“不满意”的占25.45%，远远高于其他信息的查询。因此，本小组在对校园APP进行内容设置时会添加“空闲教室查询”功能以方便广大教师借用空教室，合理安排教育教学活动。

在教师问卷中要求被调查者写出3个校园APP软件中最重要的内容时，有48.28%被调查者选择“相关文件查询”，27.93%被调查者选择“临时通知”，36.21%%被调查者选择“活动信息”，31.03%被调查者选择“学生成绩查询”，同时也有31.03%被调查者选择“校内常用电话查询”，调查结果如下图。

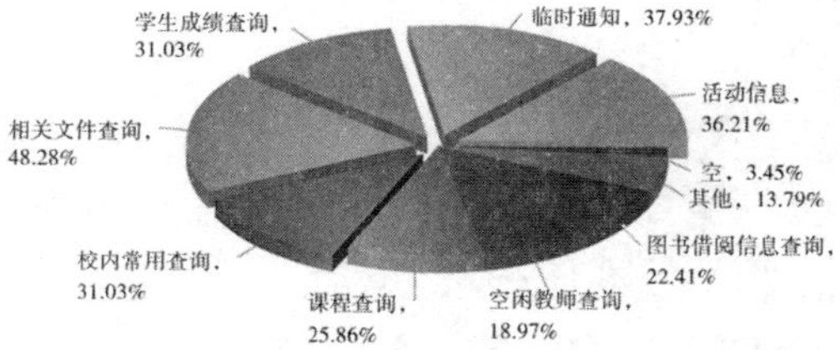

图5 教师手机APP软件功能需求调查

从性别角度来看，某些方面有所区别。首先，无论男女教师都非常关心学校相关文件查询，男性教师会比女性教师更加关心校内常用电话查询(35.71%)，而女性教师对“课程查询”（30%）关注度较高。由此得出，除

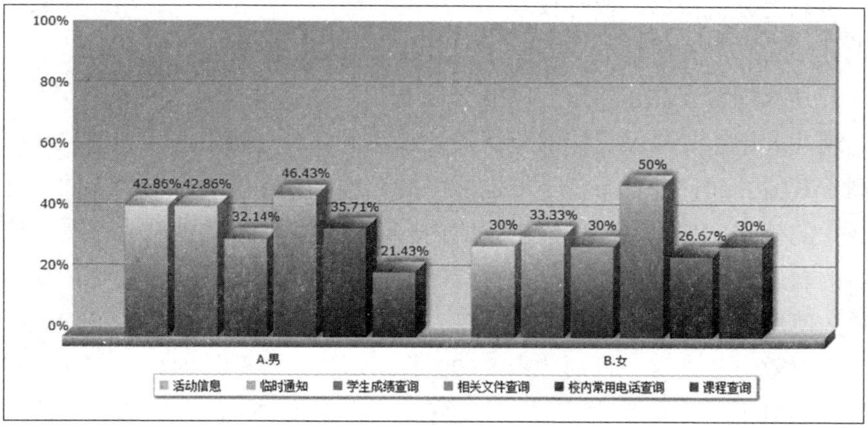

图6 不同性别教师手机APP软件功能需求调查

以上五种必需功能外，适当情况下可增加“课程查询”功能。数据如下图。

从教师授课专业类别角度分析，文科类被调查者虽非常重视“相关文件查询”（62.07%）项，但其对“图书借阅信息”（17.24%）并不是很关注，且超过总体的30%的选项只有3项；理工类被调查者更加重视“临时通知”（42.31%），但对“活动信息”（23.08%）的关注度较另外两类教师少；艺术体育类被调查者对“活动信息”、“学生成绩查询”、“校内常用电话”（均为66.67%）都尤为关注，但对“临时信息”（0%）关注度极少，此外对“图书馆借阅信息”（33.33%）的关注度也高于其他两类教师。具体数据如下图。

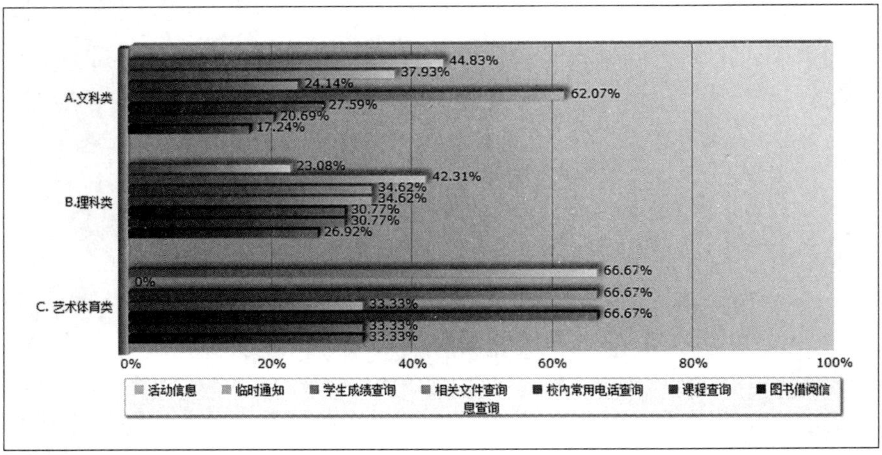

图7 不同专业教师手机APP软件功能需求调查

由以上分析得出，教师校园APP中的功能需求差异很大，因此在软件功能设计中除以上五项基本功能外，本组会根据需要添加其余功能。

4. 建议内容要注意娱乐性以吸引学生

现代大学生受枯燥乏味的应试教育影响下，对于娱乐性活动的关注明显要高于其他方面，并且希望学习也可以是轻松活泼充满娱乐的。因此，如果首师大的校园APP里有一些娱乐化的内容便会吸引学生的注意力、受到广大学生的欢迎，而这种关注无论是在首师大校园APP的前期普及还是后期的用户长久使用上都是十分重要的。而在77.59%的老师眼中，用娱乐性内容吸引学生是有效方法之一；同时也有8.62%的老师认为娱乐化内容会破坏学校严谨的教学氛围、分散学生注意力；还有8%的老师觉得这个问题说不清。因此，我们需要在首师大校园APP中加入娱乐内容以吸引学生关注，但同时也要把握好尺度，不能将学术娱乐化，将文化变为戏说。

（二）学生对校园APP需求研究

1. 开发校园APP十分有必要

同教师一样，很多首师大学生对于APP的认知也是不够的，这一点从调查结果中也得到了认证。只有3.04%的被调查者十分清楚什么是校园APP，而知道一点、完全没概念的分别为36.82%和31.08%，共计占了六成以上。而虽然大概知道什么是校园APP的占总人数的29.05%，但每个人对于“大概”的认识是不同的，因此可以得出，真正意义上了解、知道校园APP的人数只有一成左右。现在大学生使用智能手机APP极为普及，但是却只有较少一部分人知道自己每天使用的手机程序叫APP。所以普及APP和校园APP的概念是我们在推广首师大自己的校园APP时需要注意的。

虽然学生普遍对于校园APP了解不够，却有近八成的被调查者认为大学开发校园APP是有必要的，其中认为十分有必要的占21.62%，比较有必要的为58.45%。

而当被问到首师大是否需要建立自己的校园APP时，学生的态度则十分明确——70.27%被调查者认为首师大需要建立自己的校园APP，4.05%被调查者认为不需要，而出于对校园APP的了解不够以及产品没有上市等原因，25.34%的被调查者认为无所谓。

可见，首师大学生虽然对于校园APP的了解不够深入全面，却普遍觉得首师大需要一个自己的校园APP。从而得出开发首师大校园APP很有必要。

2. 学生对软件基本要求为便捷、免费

调查显示，学生组被调查者更注重手机APP软件是否使用便捷（67.91%）、是否免费（62.50%）、是否有骚扰广告（44.59%）、是否过于消耗流量（43.92%）以及页面是否美观（32.09%）。

根据数据可以得出在“更注重手机哪些方面”上学生和教师的选择基本相似，也是便捷性、免费性、无骚扰广告、不过于费流量和美观性。但是通过数据的比较我们发现与教师相比，学生更加注重软件是否免费，而更少的注重软件流量问题。

学生对于是否有广告的关注度比教师群体高，　数据显示有59.46%被调查者希望手机软件中没有广告，其余40.54%被调查者表示只要不影响正常使用就可以。从不同性别角度来说，其中53.85%的男生群体并不反对广告的存在，而62.3%的女生群体坚决反对广告的出现。

但考虑到手机APP高昂的制作成本和今后的维护成本，本小组认为可以适当的增加学生周边广告，例如考研班、留学班等，他们会对学生今后发展有所帮助，且整个校园APP为教育机构提供了更好地传播平台，这种互惠互利的营销手段是可以被接受的。本小组在设计时也会加入关闭广告的功能以保证所有使用者能够安心使用。如果试用期间广告投放反响并不理想，那么在成本收回后可以取消这一功能。

关于是否过于消耗流量的问题，在软件制作过程中会与制作方沟通使其尽量制作出清晰有效的向导功能，让用户可以直接快速的查找出想要的信息，以免用户在使用过程中获得太多的无效信息而耗费过多流量。

学生和教师的需求虽大致相同，但是仔细看来还是有一定差异的，所以在后期制作过程中本小组会根据教师和学生需求的差异对软件中的学生页面和教师页面的内容设计加以区分，以便更好地迎合不同受众的需求，尽可能地使不同的用户都达到最高的满意度。

3.提供贴近学生生活的信息

在通过何种渠道获取信息这一问题上，学生的选择广泛而集中，有四成以上的被调查者选择的渠道分别有“校园的官方网站”、“教学楼、宿舍楼、食堂门口的公告”、“人人网”、“老师、同学之间的互相推荐”，比例分别为52.03%、45.95%、40.2%和40.54%。由此可见，无论是登录校园网还是活跃于社交网站，首师大学生较为偏爱自己主动寻找校园信息，而其中尤以官方公示发布的信息最受学生的喜爱和欢迎。同时，也有30.41%的学生通过“校园中张贴的海报、布标”获取校园信息，而通过“学生会、社团通知”渠道获取信息的比例也占了23.31%，通过“校园中有人发放的广告单、宣传单”的有17.91%。由此可见，首师大校园信息的发布不仅需要官方的公示公告，更需要通过同学间相互的交流、社交活动传播。

但即使学生获取信息渠道多样，但依然对某些信息的查询获取感到不满。调查数据显示，多数学生对临时通知和就业信息两项内容查询认为“说不准”，而对二手买卖信息大家普遍感到不满意，认为“说不准”的有43.43%，认为“不满意”的为36.65%。由此可见，首师大校园信息的发布更新不够及时迅速，同时一些与学生生活息息相关的信息并没有得到校方的重视，并没能从真正意义上给首师学子提供全面便捷的信息。由此得出，首师大校园APP需在二手买卖、就业信息方面做出改进和加强。

而对于首师大校园信息的查询，同学们普遍“满意”以及“非常满意”于成绩查询、课程查询、考试安排查询、图书借阅查询、校园卡信息查询，但对校内常用电话查询、空闲教室查询、欠费查询都不甚满意，尤其是对于校内常用电话查询和空闲教室查询的不满意度最高，分别为20.5%和21.98%，远远高于其他选项。可见学校对于学生课业信息的查询做得比较好，而对一些常用却非学科成绩类的信息服务有很大的提升发展空间。

推广校园APP最有效的方案是内容更贴近学生生活（如校车时间表、熄灯提醒等），被调查者中有87.16%的被调查者选择该项，而“将老师布置的作业内容和答案放到校园APP上”（35.81%）和“登陆积分可换奖品等激励政策”（33.78%）也是比较有效的方法。能够利用现有功能吸引更多用户并方便广大师生也是本小组制作APP的初衷。

在学生问卷中要求被调查者写出3个校园APP软件中最重要的内容时，有32.09%被调查者选择“活动信息”，27.36%被调查者选择“讲座信息”，27.03%被调查者选择“临时通知”，25.34%被调查者选择“就业信息”，23.31%被调查者选择“成绩查询”，21.96%被调查者选择“课程查询”，调查结果如下图：

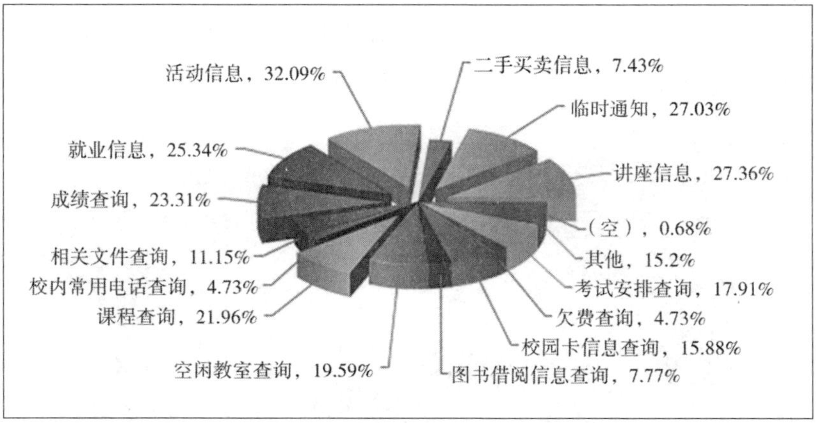

图8 学生手机APP软件功能需求调查

从性别角度来看，以上六项功能选择均超过了总人数的20%，即不同性别学生对于校园APP功能需求区别并不明显。如下图所示：

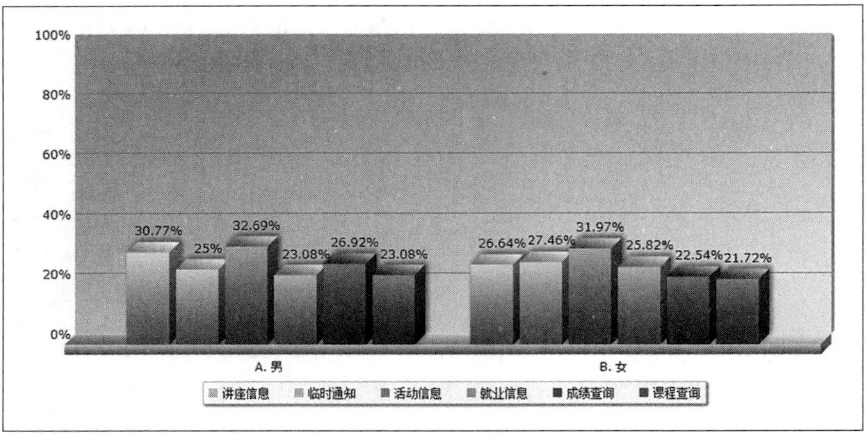

图9　不同性别学生手机APP软件功能需求调查

从学生专业类别角度分析，虽然文科类被调查者更加重视“活动信息”（36%）项，但其对“成绩查询”（15.28%）并不是很关注，且超过总体的20%的选项只有5项；理工类被调查者更加重视“成绩查询”（30.83%），但对“课程查询”（18.05%）的关注度并没有另外两类学生多，此外，该类被调查者对“空闲教室查询”（21.8%）的关注度高于其他两类专业被调查者；艺术体育类被调查者对“课程查询”（56.52%）尤为关注，但对“就业信息”（18.75%）并不是很关注，此外对“考试安排查询”（25%）的关注度也高于其他两类学生。具体数据如下图所示：

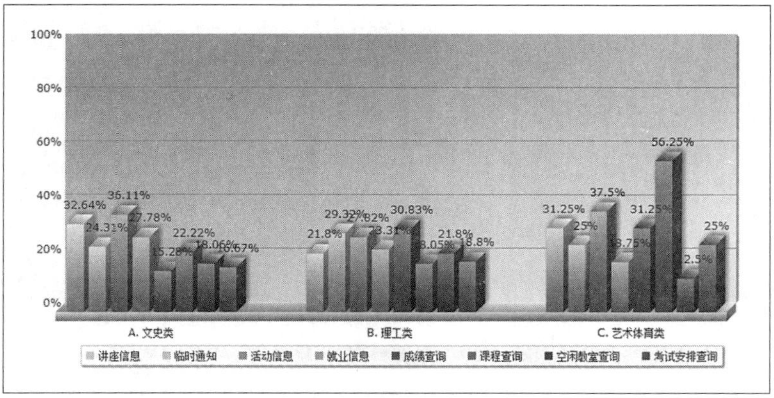

图10　不同专业学生手机APP软件功能需求调查

造成以上调查结论区别可能是由于学生的专业和校区差异的原因，因此在设计过程中，本组会将基本功能纳入软件，其余重要功能也会根据需要纳入其中。

三 校园APP研究成果展示

（一）校园APP内容设置说明

根据以上调查和分析，本小组得出校园APP内容设计的基本要求是：操作简单；外观简洁大气；覆盖校园信息量大，及时更新；突出评论分享功能；突出校园文化，形成品牌效应。

具体来看，校园APP分为教师版和学生版两个版本。因此，在APP首页就设置有“教师”、“学生”和“校外入口”三个选项，用户可根据不同的身份和需求进行选择。而为了突出校园文化，首页背景会以校园风景为主，并定期更新；首页上方的校徽和中部的校训能更好地向校内师生和社会人士宣传了我校的校园文化和精神内涵。

图9 首师大校园APP首页概念图

（二）教师版APP

教师版APP的主色调以素雅的蓝白色为主，一是与校徽标致相呼应，二是可使整款APP更显简洁大气，符合教师群体的需求。而校徽作为首师大的视觉标识，也会融入到界面背景中，突出了首师大的品牌形象。另外，在教师版APP中不会植入广告。

本款APP主要分为“公告栏”、“信息查询”、“订阅”和“我”四个大板块。

1. 公告栏。“公告栏”部分具有校园信息的发布功能，包括“临时通知”、“活动信息”和“新闻动态”三个小版块。用户还可以通过页面右上方的“院系”选项选择自己想要浏览的院系信息，使信息的呈现更加精确化。另外，本款APP充分利用了用户的自发性，设置了“我要发布”功能，使用户不仅可以作为信息的接收者，还作为信息的发布者，更加注重信息的广度，使校园信息可以达到真正的及时更新。

为方便用户的使用和阅读，本款APP也会以小红旗和五角星来标识用户已读和收藏的阅读行为。另外，用户对每条信息也可以进行评论和分享至微博等其他社交网站，突出互动性的特点。

图10图11　教师版APP“公告栏”版块概念图

2. 信息查询。“信息查询”部分具有校园信息和用户个人信息的查询功能，包括“常用信息”和“个人信息”两个小版块。“常用信息”不需登录即可查询，包括“相关文件查询”、“校内常用电话查询”、“空闲教室查询”和“班车查询”，其中“空闲教室查询”作为比较贴近教师实际需要的一个弱势功能，会着重加强建设；而由于我校多数教师需去良乡校区授课或讲座，学校班车查询可方便教师的出行和时间安排。“个人信息”需要用户登录才可查询，包括“学生成绩查询”、“课程查询”和“图书借阅信息查询”，用户使用工号和密码登录后，系统会自动与校园网的相关功能相链接，进行信息的简化呈现。

另外，为体现首师大的校园活力，本版块的按钮链接也不同于一般APP的矩形或圆形按钮，而是以充满波浪感的图形进行呈现。

图12 教师版APP“信息查询”版块概念图

3. 订阅。“订阅”版块可设置出如“檀作文老师语录”等与校园生活相关的趣味专题形式，也可由每个专业师生维护一个与本专业相关的专题版块，进行定期更新。

4. 我。“我”部分主要负责的是用户个人信息的管理和设置，需要用户登录，包括“我的消息”、“我的收藏”、“作业布置”和“设置”四个小版块。用户可在“我的消息”板块中接收、回复评论，以及接收院系推送的一些重要消息；在“我的收藏”版块找到在“公告栏”收藏的信息，方便查看；在“作业布置”版块可以进行网上作业布置，并与学生进行在线讨论；在“设置”中，对个人信息和APP功能进行基本设置。

“设置”版块主要分为“绑定账号”、“要闻及时推送”、“阅读模式”、“字号”、“夜间模式”、“闹钟”、“清理缓存”和“版本”八项功能。其中，比较有校园特色的是“闹钟”功能，用户可以通过对此功能的设置，选择具有校园特色的闹钟铃声，初步设想为首师大校歌、首师大活力调频校园广播、类似58同城“找工作啦”的声音和“迟到啦”等音效。

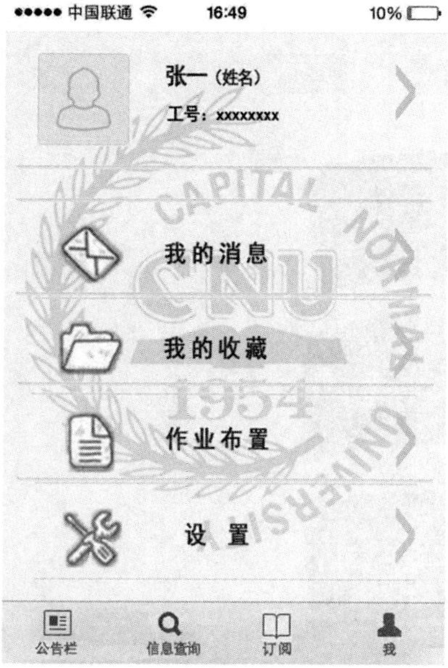

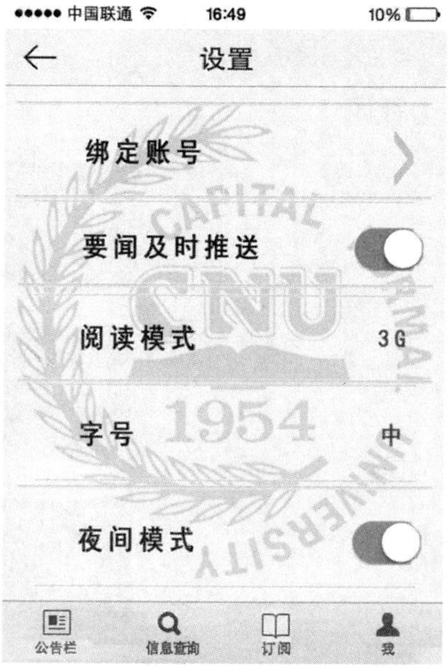

图13 图14 教师版APP“我”版块和其内部“设置”版

（三）学生版APP

学生版APP在蓝白色调的基础上，会加以绿色的搭配，一是可以突显学生的活力，二是首师大历经六十年的发展，校园中的参天大树可以说是一个很好的体现，也可以说是首师大的一个特色。由此可见，绿色是首师大历史与活力很好融合的代表色彩。而校徽也会继续作为首师大的视觉标识，融入到界面背景中。另外，从调查中得出，学生群体可以接受一定的广告植入，因此在学生版APP中会植入一些广告，但本着“少而精”的原则，广告的植入会集中于考研班，留学班，学校周边外卖等等，并且设置可关闭功能。

而本款APP的四个大板块与教师版相比并无变化，分别是“公告栏”、“信息查询”、“订阅”和“我”版块。

1. 公告栏。与教师版APP不同的是，学生版APP在此版块加入了“讲座信息”、“就业信息”和“二手买卖信息”版块。其中“二手买卖信息”版块作为校园发布中比较弱势，但比较符合学生群体需求的信息，会重点加以建设和运行。

2. 信息查询。在“信息查询”版块，学生版APP与教师版APP基本相同，只是在“个人信息”板块更加完善，加入了“考试安排查询”和“校园卡信息查询”，更加完善了学生的需求。

3. 订阅。“订阅”版块除了趣味专题和专业专题，也可由团委学生会和各个社团负责，进行定期更新，将此板块建立成一个校园文化展示的平台，对校内可以吸引新成员加入，对校外可以展示首师大丰富且充满活力的校园文化。

4. 我。在“我”版块，学生版APP有三大创新：

（1）积分制度增加用户使用黏性。学生版APP的“我”版块中，上方个人信息的右侧会显示用户的登录积分，连续登录和登录次数的累加，会与用户积分相挂钩。而达到一定的积分，用户就可以换取奖品，奖品形式可以是广告商赞助的电子优惠券，也可以是APP中一些特定创新功能的限期使用权等。

（2）娱乐版块适当加入，寓教于乐。学生版APP的“我”版块中，还会加入“游戏”功能。但区别于其他APP的是，这里的游戏以教育类为主，并且可以具有首师大特色。可以以“疯狂猜图”和“填字游戏”等比较受学生喜爱的游戏为蓝本，置入符合首师大校园文化或者与学生专业相关的内容，达到寓教于乐的目的。

（3）熄灯提醒，更贴近学生生活。在“设置”版块，学生版APP还会加入“熄灯提醒”功能。开启这项功能后，系统会在学校宿舍熄灯前半小时自动推送熄灯时间提醒的提示，更加贴近了学生的生活，体现了校园APP的专属特色。

四　研究发现及未来展望

(一) APP内容设置的不足

自2013年5月本小组实施项目以来，先后研读与APP页面设计、功能定位相关的书籍；在网上查阅、分析成功品牌APP界面设计案例，并进行问卷调查，目前，本小组基本能得出首都师范大学校园APP应具备的各项功能，并初步设计出校园APP的页面效果。

APP页面的初步设计基本上满足的我们预期的效果，但本小组通过商讨后认为还有一些可改进的地方。

1. 为突出学校特色，本小组拟定校园APP以蓝白色为基调，但页面整体颜色还是稍显单一，在今后的探讨中，相信本小组能设计出更加优秀的页面色调。

2. 由于一款APP所能呈现的信息有限，本小组根据调查结果将被调查者认为比较重要的功能加入校园APP，但还有一些功能在校园APP中并没有体现，在全校推广一段时间后的信息反馈中如果显示APP中有一些还没有的功能具有存在的必要性，本小组会协助技术人员进行修改。

(二) 产品外包制作

由于手机APP软件制作需要过硬的技术以及人力物力的支持，本小组在缺乏技术和资金的情况下很难呈现最终产品，所以本小组会把调研结果和预期软件形式、功能、页面设计等展示给外包团队，并根据预期效果来制作校园APP软件。

外包制作虽然能够保证APP软件的质量和技术水平，但是其中一个最大的问题就是制作费用高昂，所以本小组计划在软件发行前，与校园周边的教育机构、兼职机构、外卖等商家进行沟通，向他们介绍校园APP产品，并与他们签订广告合作。

(三) 校园APP软件投放及推广

经过一系列的前期调研、总结以及制作工作后，校园APP将会以成品形式呈现出来，并会进行推广和投放使用。

我们将通过以下几个方面对校园APP进行投放和推广：1.通过校园显示屏、校园广播、以及学生会社联人人微博、微信账号同步传播，介绍校园APP内在含义并对其功能和特点进行介绍。让全校师生可以在最短的时间内了解该软件。2.发动身边的同学、朋友下载安装该APP软件，并请他们帮忙宣传。3.在校园内搞一些宣传活动，适当发放小礼品，鼓励我校师生下载安装APP。4.联系学校周边的教育、兼职等机构，与他们进行广告合作，赚取一些广告费以维持APP的正常运行。5.在运营校园APP后，聘请工作团队进行日常维护更新工作以保证软件内容的及时更新，费用资金可以从广告费中支取。6.试运营一段时间后进行使用状况反馈调查，分析软件优缺点并进行改进，以便提供更完善的服务。

（四）校园APP未来发展及影响

随着手机和APP软件的普及，人们越来越习惯用移动端快速获取信息。校园APP的发展是一个必然的趋势，它在未来很可能替代校园网成为学校师生以及周边人群获取校园信息的更高效的途径。

本小组成员此次的项目调研既是一个学习APP设计原理的过程，也是一个通过对受众调查而逐步改进设计方案的过程。在发放问卷的过程中，多数被调查者都对本项目表示了极大的期待和支持。相信在APP成功设计研发后，一定会极大地方便广大师生，并有效提升首都师范大学在高校中的影响力。

校园APP的开发自然是一件好事，但是在今后开发和投放使用的过程中也必将面临各种的难题：APP软件制作成本高；软件投放使用后，缺乏专业团队维持运作，很难保证软件的质量和预期效果；校园APP软件的运作需要校方的大力支持，以及学校强大的数据库支持，才可能实现其功能和效果；制作团队毕业后，交接运作困难，不能保证软件完善的持久运营。

日后，本小组也会对软件中存在的缺点以及今后软件所面临的难题进行更加深入地分析，及时解决校园APP中存在的诸多问题和隐患。

本小组此次调研对象为首都师范大学，经过深入调查后制作出一套完全符合师大特色的APP。其他高校虽不能完全照搬调研成果，但其制作基础、调研形式和校园APP中的特色与侧重点是具有借鉴意义的。在信息化到来的时代，本小组也由衷地希望全国高校可以普及校园APP这种实用便捷的学生沟通软件。

附录1 调查问卷（教师版）校园APP的开发及应用——以首都师范大学为例

老师您好！我是首都师范大学文学院的学生，我们受文化产业管理系的委托，就我校校园APP内容设置与开发进行调查。我们根据严格的科学抽样方法选定您为首都师范大学的教师代表。这份问卷的填写不会占用您很多时间，希望您能在百忙之中填写一下，帮助我们获取教师们关于校园APP的看法，有助于未来我校APP的设计和使用。谢谢！

第一部分 基本信息

1.您的性别是？

A 男 B 女

2.您的家乡是| | |省

3.请问您所教授的年级（或主要年级）是？

A 大一 B 大二 C 大三 D 大四 E 研究生

4.请问您来自哪类院系？

A 文科类 B 理科类 C 艺术体育类

第二部分 手机APP应用调查

5.您目前使用的手机是智能手机吗？

A 是 B 不是

6.您平时使用手机APP吗？（APP即智能手机中每一个可点击的小方块‘应用程序’）

A 经常使用 B 偶尔使用 C 不使用

7.请您举出5个您使用最频繁的手机APP软件

（1） （2） （3）

（4） （5）

8.您平时下载手机软件比较注重的是APP的哪些方面（可多选）

A 是否过于消耗流量 B 是否是官方非山寨应用

C 是否是免费软件 D 是否界面美观

E 是否使用方便快捷 F 是否有过多的骚扰广告

G 是否经常需要对软件进行更新 H 其他方面________________

第三部分 首师大校园APP调查

9.您了解什么是校园APP吗？

A 十分清楚 B 大概知道 C 知道一点 D 完全没概念

10.您认为大学建立校园APP有必要吗?

A 十分有必要 B 比较有必要 C 不太有必要 D 完全没必要

11.您认为首师大需要建立自己的校园APP吗?

A 需要 B 不需要 C 无所谓

12.您觉得如果首师大的校园APP希望通过一些娱乐化的内容吸引学生使用是好事吗?

A 是。可以更好地吸引学生使用，更好地宣传学校相关事宜

B 不是。从官方角度破坏了学校严谨的教学氛围，同时分散学生的注意力，使校园APP失去了它最初的建立目的。

C 说不清

13.您认为您所在的校园对于信息发布及查询的满意程度（5分为非常满意，4分为满意，3分为说不准，2分为不满意，1分为很不满意。）

	非常满意	满意	说不准	不满意	很不满意
活动信息	5	4	3	2	1
临时通知	5	4	3	2	1
学生成绩查询	5	4	3	2	1
相关文件查询	5	4	3	2	1
校内常用电话查询	5	4	3	2	1
课程查询	5	4	3	2	1
空闲教室查询	5	4	3	2	1
图书借阅信息查询	5	4	3	2	1

14.请写出3个您认为校园APP软件中最重要的内容（以上所列举的或其他）

____

15.你对于手机软件中的广告的态度是

A 非常讨厌，希望手机软件中没有广告

B 一般，只要不影响正常的使用就可以

C 无所谓，广告不会影响使用

16.您认为怎样才能更好地推广校园APP呢?（可多选）

A 校方强制学生和老师安装

B 放些八卦内容或游戏

C 内容更贴近学生生活（如校车时间表、熄灯提醒等）

D　将作业布置内容和答案放到校园APP上

E　登陆积分可换奖品等激励政策

F　其他________________________

17.您认为从整体来看，高校使用校园APP的难度在哪？（可多选）

A　建立和维护成本高

B　学生不感兴趣，不易推广

C　对校外人来说难以知道，只能小范围校内使用起不到提高学校知名度的目的

D　内容更新慢，信息滞后

E　其他_________________

18.如果这款软件投入使用，您对它的态度是

A　愿意尝试下载

B　无所谓，这个软件可有可无

C　比较抗拒，还是偏爱传统方法

19.对于首师大自己的校园APP，您有什么样的意见或建议？

____

附录2　调查问卷（学生版）校园APP的开发及应用——以首都师范大学为例

同学您好！我是首都师范大学文学院的学生，我们受文化产业管理系的委托，就我校校园APP内容设置与开发进行调查。我们根据严格的科学抽样方法选定您为首都师范大学的学生代表。这份问卷的填写不会占用您很多时间，希望您能在百忙之中填写一下，帮助我们获取学生们关于校园APP的看法，有助于未来我校APP的设计和使用。谢谢！

第一部分　基本信息

1.您的性别是

A　男　B　女

2.您的家乡是|　|　|省

3.您目前的年级是

A　大一　B　大二　C　大三　D　大四　E　研究生

4.您的专业是

A　文科类　B　理科类　C　艺术体育类

5.您所在的学院是______________

6.您每月消费是?

A 500以下 B 500–1000 C 1001–1500 D 1500以上

第二部分 手机APP应用调查

7.您目前使用的手机是智能手机吗?

A 是 B 不是

8.您平时使用手机APP吗?（APP即智能手机中每一个可点击的小方块‘应用程序’）

A 经常使用 B 偶尔使用 C 不使用

9.请您举出5个您使用最频繁的手机APP软件

（1） （2） （3）

（4） （5）

10.您平时下载手机软件比较注重的是APP的哪些方面（可多选）

A 是否过于消耗流量 B 是否是官方非山寨应用

C 是否是免费软件 D 是否界面美观

E 是否使用方便快捷 F 是否有过多的骚扰广告

G 是否经常需要对软件进行更新 H 其他方面__________________

第三部分 首师大校园APP调查

11.您平时是通过什么渠道获取校园的信息

A 校园的官方网站 B 学生会、社团通知（拉赞助的讲座或活动）

C 百度贴吧 D 教学楼、宿舍楼、食堂门口的公告

E 校园中张贴的海报、布标 F 校园中有人发放的广告单、宣传单

G 人人网 H 老师、同学之间的互相推荐

I 其他途径__________________

12.您了解什么是校园APP吗?

A 十分清楚 B 大概知道 C 知道一点 D 完全没概念

13.您认为大学建立校园APP有必要吗?

A 十分有必要 B 比较有必要 C 不太有必要 D 完全没必要

14.您认为首师大需要建立自己的校园APP吗?

A 需要 B 不需要 C 无所谓

15.您认为您所在的校园对于信息发布的满意程度（5分为非常满意，4分为满意，3分为说不准，2分为不满意，1分为很不满意。）

	非常满意	满意	说不准	不满意	很不满意
讲座信息	5	4	3	2	1
临时通知	5	4	3	2	1
二手买卖信息	5	4	3	2	1
活动信息	5	4	3	2	1
就业信息	5	4	3	2	1

16.您认为您所在的校园对于信息查询的满意程度（5分为非常满意，4分为满意，3分为说不准，2分为不满意，1分为很不满意。）

	非常满意	满意	说不准	不满意	很不满意
成绩查询	5	4	3	2	1
相关文件查询	5	4	3	2	1
校内常用电话查询	5	4	3	2	1
课程查询	5	4	3	2	1
空闲教室查询	5	4	3	2	1
图书借阅信息查询					
校园卡信息查询					
欠费查询					
考试安排查询					

17.请写出3个您认为校园APP软件中最重要的内容（以上两题所列举的或其他）

____

18.你对于手机软件中的广告的态度是

A　非常讨厌，希望手机软件中没有广告

B　一般，只要不影响正常的使用就可以

C　无所谓，广告不会影响使用

19.您认为怎样才能更好地推广校园APP呢？（可多选）

A　校方强制学生和老师安装

B　放些八卦内容或游戏

C　内容更贴近学生生活（如校车时间表、熄灯提醒等）

D　将作业布置内容和答案放到校园APP上

E　登陆积分可换奖品等激励政策

F　其他__________________

20.您认为从整体来看，高校使用校园APP的难度在哪？（可多选）

A 建立和维护成本高

B 学生不感兴趣，不易推广

C 对校外人来说难以知道，只能小范围校内使用起不到提高学校知名度的目的

D 内容更新慢，信息滞后

E 其他__________________

21.如果这款软件投入使用，您对它的态度是

A 愿意尝试下载

B 无所谓，这个软件可有可无

C 比较抗拒，还是偏爱传统方法

22.对于首师大自己的校园APP，您有什么样的意见或建议？

____

附录3 深度访谈提纲

1.您觉得首师大的校园风格是怎样的？能用几个词或一句话形容一下吗？

2.您通常都是通过什么途径了解和查询校园信息的？您觉得这些途径方便吗？有没有什么存在的问题（让您觉得不方便的地方）？

3.您平时使用手机APP的次数多吗？手机上大约安装了多少个APP，都是什么类型的？您通常都是通过什么途径知道这些APP进而下载的？

4.您能推荐两个比较好的新闻类或品牌类的APP软件吗？为什么选择这两个软件？

5.如果首师大有了自己的校园APP，您更注重这款APP的信息浏览功能（如信息查询、信息发布等）还是互动功能（如校内聊天讨论、与学生/老师交流等）？为什么？您希望首师大的校园APP在这方面的呈现是什么样的？

6.除了上述几种应用功能，您还希望这款校园APP具备什么功能？能具体说一下吗？

7.您希望首师大的校园APP是更偏向学术化，还是更偏向生活化？为什么？

8.那如果这款APP中加入类似于微信打飞机似的游戏版块，您赞同吗？为什么？

9.如果将这款APP与您的人人、微博等社交媒体链接起来，您赞同吗？为什么？

10.如果这款APP也设有类似于人人、微博的等级升级奖励制度，您会每天都登录使用吗？

11.如果首师大校园APP具备了您刚才所说的功能应用和风格特点，您会考虑下载安装吗？您会推荐给学生/老师下载安装吗？为什么？

12.若首师大的校园APP有校外板块可供校外人员了解学校情况，您觉得校外板块应该展示什么内容，才能充分展现首师大的校园风格呢？那如果这款app具备了您刚才所说的内容，您会推荐给周围的人下载这款app来了解首师大吗？

13.（教师）若在使用首师大的校园APP过程中，看到有关培训机构的广告，如四六级、考研、雅思托福等等，您是会浏览一下并推荐给学生还是只会感到厌烦？为什么？

（学生）若在使用首师大的校园APP过程中，看到有关培训机构的广告，如四六级、考研、雅思托福等等，您是会根据需求查看一下还是只是感到厌烦？为什么？

14.您听说过首师青梅这款APP吗？那您使用过吗？你感觉用得如何？您觉得这款APP是理想的校园助手吗？您觉得它已经具备了哪些优势？在那些方面还需要改进？

编后语

本卷学刊的编辑工作接近终点，照例有几句话要说。

第一句话，关于学刊的学术质量。自2010年创刊以来，学刊的主办者一直把学术质量和学术声誉看得比什么都重要。其实还不仅于此，我们内心的要求是希望把学刊变成一个创新的平台，渴望通过它有效地推动首都乃至全国的文化创意产业和传媒文化的发展。熟悉哲学史的人都知道，历史上一些著名思想家的伟大创新著作是在类似“学刊”的刊物上首先发表的，比如胡塞尔的《逻辑研究》，海德格尔的《存在与时间》，似乎都是如此。那样的刊物所达到的水平与声誉是难以企及的，因为它所刊发的著作是独一无二的。现在看，刊物本身其实并不重要，重要的是它提供了合适的平台，让伟大的思想在上面自由绽放。我们的学刊能否让独一无二的创新型思想在平台上出场呢？我们经常扪心自问，我们知道这才是真正的方向。

第二句话，我们还能走多久？除了永恒的星空和精神，任何事物都有始有终。我们的学刊诞生于2010年，它还能坚持多久呢？这是我们不愿意想又不能不想的一个问题。目前学刊已经出版到第5卷，第6卷就面临着改版与革新，它将由新成立的首都师范大学创意产业与传媒文化研究中心继续主办。其实，这个中心与原来的主办者文化产业系关系密切，可以看做是文化产业系在学术研究领域的一次拓展和创新。我们的愿望之一是通过它让学刊走得更好和更远。

最后一句话，本卷学刊的出版恰逢首都师范大学文学院文化产业系十周年系庆。大学里的一个系建立刚刚十年，大家都会觉得它幼稚、年轻。与那些历史悠久、早已成名的院系相比，事实确乎如此。然而，在人的一生中，十年的时间并不算短，如果这十年还是你生命中最具各种可能性和创造性的十年，就更加弥足珍贵。我们当中的许多同仁，正是把自己生命中的黄金十年投入到了文化产业系看似青涩的十年发展岁月，这真的令人感叹。我们相信，将来还会有更多的人愿意将自己的生命做这样的投入，熔铸文化产业系未来的十年。如果几代学人都坚持这样的努力，文化产业系将会越办越好。

在本卷学刊结束编辑工作的时候，我们竭诚呼吁学刊的作者支持我们的事业，让你们的创意智慧之花在学刊上绽放！

编者谨记

2014年11月11日

《燕京文化创意产业学刊》第6卷稿约

《燕京创意文化产业学刊》自第6卷起将由首都师范大学“文化创意与传媒文化研究中心”主办，其办刊宗旨是立足于首都北京，面向国内外文化创意和传媒产业、高等院校和研究机构、政府部门，发表科研、教学、管理等方面的优秀科研成果，积极推进文化创意产、学、研三者的深度融合，为繁荣我国文化创意产业做出应有的贡献。

《燕京文化创意产业学刊》（第6卷）以文化创意产业的发展历史、现状、趋势和问题为主要研究对象，同时兼及传媒文化领域的发展问题，介绍并分析世界先进国家和地区文化创意产业发展经验。以窗口形式集中反映首都文化创意产业研究者、管理者、从业者的最新研究成果。以一定篇幅反映文化创意产业学科建设的学理性思考和成就。以一定篇幅反映创新平台孵化的成果。

第6卷学刊的征稿重点侧重如下问题：1.文化创意产业发展的“新常态”问题；2.媒介生产、经营和市场问题；3.传统媒体在移动互联网时代面临的困境及其创新与发展问题；4.移动互联网时代人的发展问题。

衷心欢迎您将相关未发表的最新研究成果惠寄给我们。论文字数控制在8000~10000字，特约稿不受此限。论文摘要150字左右，不超过200字。关键词3~5个。请您务必提交作者简介（姓名、出生年月、供职单位、职务或职称、学术研究方向与主要成就）。来稿请寄：首都师范大学文化产业系（请写明：北京海淀区西三环北路83号，首都师范大学文学院文化产业系包晓光老师收。邮编100089），同时请务必将稿件电子版发送到yjwhcycyxk2009@sina.com。请注明真实姓名、工作单位、职称、职务、通讯地址、邮政编码、电子邮件地址等信息。来稿请自留底稿，未用稿一律不退，三个月内未收到录用通知，作者可自行处理。《燕京文化创意产业学刊》第6卷截稿日期为2015年11月31日。本刊常年收稿，择优采用。

为提高研究生培养质量，鼓励研究生从事相关领域科学研究，本刊在《创意孵化器》栏目，面向校内外在读研究生征集优秀论文稿件，论文篇幅不少于5000字，其他要求与一般学术文稿相同。自本卷学刊起，凡研究生稿件，一律附导师推荐意见，文后附署指导老师名字。

附：来稿格式要求

1. 注释。原稿中的引文注释，格式要保持统一。一般要求写成脚注，每页重新编号，不采用随文注和集中注。脚注要按照学术规范注明出处（作者、书名、卷次、译者、出版社、出版年份、页码）。例如：

（1）乌家培等：《经济信息与信息经济》，中国经济出版社1991年版，第145~146页。

（2）高铭暄主编：《刑法学原理》，第3卷，中国人民大学出版社1994年版，第516页。

（3）[德]黑格尔：《美学》，第一卷，朱光潜译，商务印书馆1979年版，第323页。

（4）张敏：《培养创新意识和创新能力》，《光明日报》，1998年9月23日。

（5）黄蓉：《自有云霄万里高》，《中国图书评论》，1998年第4期。

（6）许慎：《说文解字》，四部丛刊本，卷六上，第九页。

（7）英文注释：英文注释格式与中文注释的要求基本一致，只有一些技术上的差别。英文注释的文章名用引号，书名和期刊名用斜体。再次引用同一外文文献，只需注明作者姓名、文献名和页码（请注意斜体部分）。

①专著

Michael S.Werner (ed.),*Concise Encyclopedia of Mexico*,Chicago and London, Fitzroy Dearborn Publishers,2001,p.366(pp.890~892).

②论文

Peter Kingstone, “Elites, Democracy,and Market Reforms in Latin America”, *Latin American Politics and Society*,Vol.43, No.3, Fall 2001, p.139.

③文集中的文章

David William Foster, “Tango, Buenos Aires, Borges: Cultural Production and Urban Sexual Regulation” ,in Eva P. Bueno and Terry Caesar (eds.),*Imagination Beyond Nation: Latin American Popular Culture*,Pittsburgh,University of Pittsburgh

Press,1998,pp.167~168.

（8）互联网资料

如果资料来源于互联网，请注明详细网址。如果网址太长，可注上一级网址，但应使读者能够方便查找。要注明进入时间。例：www//:……,xxxx年x月x日。

2. 引文。文稿中引用他人著作或文章中的言论，必须认真核对原文（包括标点符号），并注明原文具体出处。一篇论文中引用同一书名，第二次及以后出现时可省略出版社与出版年代；若引用报刊，第二次及以后出现时可省略报刊名、出版年、期、月、日等。请各位作者务必按照原文认真核对引文，确保无误。

3. 标点符号。一律按照国家技术监督局1995年12月13日发布（1996年6月1日起实施）的《标点符号用法》，准确地使用（请使用中文状态下的标点符号）。

4. 其他要求。正文用五号宋体字。脚注用小五号宋体字。一级标题用三号黑体字，居中。副标题用四号宋体字，加粗。页边距取默认值。论文提要不超过150字，字体用五号宋体。关键词3~5个，字体用五号宋体。论文篇幅在8000~12000字之间。

同一页原稿中有两个以上注释时，按其出现的先后，顺序编列序号①，②，③……（仅有一个注释时，编“①”）。若引用完整的一段话，句号在引号内；若引用不完整的一段话，即引文出现在行文的从句中，句号在引号外。引文内句子后面的问号、感叹号均在引号内。引文内若有省略（含引文里的注或其他符号），请注上省略号。

声明：本刊提倡严谨的学术规范与学术道德，在此方面有瑕疵者，一经发现即取消采用资格。凡投稿给本刊者，本刊视为同意此项要求并自愿受此约束。鉴于本刊人力有限，无法逐句逐段逐篇进行检索，如出现剽窃等违反学术规范与学术道德行为，由作者承担责任。凡涉嫌违反四项基本原则、违法、违纪的言论，本刊一概不予发表。

本刊不收作者版面费。在本刊发表的论文不支付稿酬。

首都师范大学文化创意与传媒文化研究中心

《燕京文化创意产业学刊》编辑部

2014年11月11日